Smart-TV aus datenschutzrechtlicher Perspektive

Europäische Hochschulschriften Recht

European University Studies in Law

Publications Universitaires Européennes de Droit

Band/ Volume **6266**

Inga Maaske

Smart-TV aus datenschutzrechtlicher Perspektive

Anforderungen und Gestaltungsoptionen für den rechtskonformen Einsatz intelligenter Fernsehgeräte

PETER LANG

Bibliografische Information der Deutschen Nationalbibliothek
Die Deutsche Nationalbibliothek verzeichnet diese Publikation in der Deutschen Nationalbibliografie; detaillierte bibliografische Daten sind im Internet über http://dnb.d-nb.de abrufbar.

Zugl.: Münster (Westfalen), Univ., Diss., 2021

Gedruckt auf alterungsbeständigem, säurefreiem Papier.

D 6
ISSN 0531-7312
ISBN 978-3-631-86712-9 (Print)
E-ISBN 978-3-631-86517-0 (E-PDF)
E-ISBN 978-3-631-86848-5 (EPUB)
DOI 10.3726/b19138

Diese Publikation wurde begutachtet.

www.peterlang.com

Vorwort

Die vorliegende Arbeit wurde im Wintersemester 2020 von der Deutschen Hochschule der Polizei Münster als Dissertation angenommen. Normgebung, Rechtsprechung und Literatur sind auf dem Stand Oktober 2020.

Dank gilt zunächst meinem Doktorvater, Herrn Professor Dr. Dieter Kugelmann, für die Betreuung dieser Promotion und für die mir gewährte Freiheit bei der Auswahl und Gestaltung des Themas. Für die äußerst schnelle Erstellung des Zweitgutachtens danke ich ganz herzlich Frau Professorin Dr. Louisa Specht-Riemenschneider.

Schließlich gilt mein größter Dank meiner Familie und meinen Freunden, zuvörderst meiner Großmutter Gerda Maaske sowie meinen lieben Freundinnen, Mia Alikhah und Charlotte Müller, die meine Dissertationszeit begleitet und mich nicht nur fachlich, sondern vor allem auch persönlich stets unterstützt haben.

Ganz besonders bedanken möchte ich mich an dieser Stelle zudem bei Marius Dicke für die bedingungslose Unterstützung und den unentwegten Zuspruch während der Erstellung dieser Arbeit.

Inhaltsverzeichnis

Abkürzungsverzeichnis

a.A.	andere Ansicht
Abs.	Absatz
a.E.	am Ende
a.F.	alte Fassung
Art.	Artikel
Aufl.	Auflage
Az.	Aktenzeichen
Beschl.	Beschluss
BGB	Bürgerliches Gesetzbuch
BGBl.	Bundesgesetzblatt
BGH	Bundesgerichtshof
BGHZ	Entscheidungen des Bundesgerichtshofs in Zivilsachen
BT-Drucks.	Bundestagsdrucksache
BVerfG	Bundesverfassungsgericht
BVerfGE	Entscheidungen des Bundesverfassungsgerichts
bzw.	beziehungsweise
d.h.	das heißt
etc.	et cetera
EuGH	Europäischer Gerichtshof
f.	folgende
ff.	fortfolgende
Fn.	Fußnote
GbR	Gesellschaft bürgerlichen Rechts
GG	Grundgesetz
ggf.	gegebenenfalls
Hrsg.	Herausgeber
i.S.d.	im Sinne des/der
i.S.v.	im Sinne von
i.V.m.	in Verbindung mit
LG	Landgericht
Mio.	Million(en)
n.F.	neue Fassung
Nr.	Nummer
OLG	Oberlandesgericht
Rn.	Randnummer

Rspr.	Rechtsprechung
S.	Seite
sog.	sogenannt
u.a.	und andere/unter anderem
Urt.	Urteil
USA	United States of America
v.	von/vom
Var.	Variante
z.B.	zum Beispiel

Kapitel 1: Einleitung

A. Einführung in die Thematik

> „Der Teleschirm war Sende- und Empfangsgerät zugleich. Jedes von Winston verursachte Geräusch, das über ein gedämpftes Flüstern hinausging, würde registriert werden; außerdem konnte er, solange er in dem von der Metallplatte kontrollierten Sichtfeld blieb, ebenso gut gesehen wie gehört werden. Man konnte natürlich nie wissen, ob man im Augenblick gerade beobachtet wurde oder nicht."[1]

Dieses Zitat stammt aus dem Roman *1984* von *George Orwell* aus dem Jahr 1948. *Orwells* Dystopie schildert eine Welt in der sog. Teleschirme die Bürger permanent überwachen. Ein im Jahr 1948 kaum vorstellbares Zukunftsszenario ist heute, im Jahr 2020, zumindest in technischer Hinsicht, realisierbar. Die SmartTV-Technologie ermöglicht aufgrund des internetbasierten Rückkanals eine Überwachung des Nutzers in den eigenen vier Wänden. Durch den Einzug des Internets in das vormals analoge Fernsehgerät können Dritte an Informationen über den Fernsehnutzer gelangen. Hinzu kommen Sensoren, wie Mikrophone und Kameras, die das Verhalten des Nutzers zusätzlich aufzeichnen und dadurch in bedrohlicher Weise sogar in die Intimsphäre des Zuschauers eindringen können.

Aufgrund dieser Gegebenheiten ist Smart-TV ein anschauliches Beispiel dafür, dass das digitale Zeitalter und das damit verbundene Zusammenwachsen vormals klar getrennter Medienbereiche zu einem erheblichen Risiko für die informationelle Selbstbestimmung führen. Die moderne Technik bietet nicht nur Vorteile sowie scheinbar unbegrenzte Möglichkeiten, mit ihr gehen ebenso Gefahren für die Privatsphäre des Einzelnen einher.

Durch die fortschreitende Ausstattung, die Vernetzung verschiedener Medien und die Interaktivität des Nutzers sammeln sich auf einem Smart-TV-Gerät Unmengen an personenbezogenen Daten. Die Gesamtheit der anfallenden Daten kann analysiert und verknüpft werden, sodass im Ergebnis detaillierte Persönlichkeitsprofile entstehen.

Solch personenbezogene Datensammlungen besitzen generell einen enormen ökonomischen Wert. Im Zeitalter der Digitalisierung und dem Internet der Dinge

---

1 Zitat aus dem Buch *1984* von *George Orwell*, Ullstein Verlag, Berlin 1994, S. 9.

gilt: „*Daten sind das Öl des 21. Jahrhunderts*"[2] – ihre wirtschaftliche Bedeutung und damit zusammenhängend die Begierde nach personenbezogenen Daten steigt kontinuierlich.[3] Dies gilt umso mehr für die Daten im Zusammenhang mit SmartTV. Denn Fernsehdaten besitzen eine besondere Attraktivität. Der Grund hierfür ist die hohe Aussagekraft solcher Daten. So gibt das Fernsehverhalten eines Nutzers in hohem Maße Rückschlüsse auf seine Persönlichkeit preis. Die Datensammlungen auf dem SmartTV können Aufschluss über persönliche Vorlieben, Interessen und das Verhalten der Nutzer geben.[4] Diesen Informationen ist ein erhebliches Wertschöpfungspotential inhärent, was die verschiedenen SmartTV-Akteure immer mehr erkennen und sukzessive versuchen werden dieses Potential vollständig auszuschöpfen.[5]

Vor diesem Hintergrund gilt es die personenbezogenen Daten im TVGerät zu schützen und der informationellen Selbstbestimmung des Einzelnen zur Geltung zu verhelfen. Insofern sollte eine vollumfängliche Datensouveränität des Nutzers angestrebt werden. Dies ist nur möglich, wenn er trotz der Komplexität der Technologie nachvollziehen kann, inwieweit Daten über ihn erhoben werden.

In seiner Rolle als altbewährter Alltagsgegenstand ist ein SmartTV besonders gefährdet. Die smarten Fernsehgeräte befinden sich in der überwiegenden Anzahl der Fälle in der privaten Wohnung eines Nutzers. In dieser vertraulichen Sphäre rechnet kaum jemand mit einer umfassenden Überwachung seines Verhaltens.

---

2 Diese Redewendung hat sich mittlerweile weitläufig etabliert, vgl. etwa: *Paal/Hennemann*, NJW 2017, 1697, 1697 oder das Buch „Daten - das Öl des 21. Jahrhunderts?" von *Malte Spitz*, Hamburg 2017.

3 Personenbezogene Daten gelten schon seit geraumer Zeit als „als neue Währung der Internetwirtschaft", so u.a.: *Hoeren*, WuW 2013, 463.

4 Bayerisches Landesamt für Datenschutzaufsicht, Tätigkeitsbericht 2013/14, S. 169; Eikenberg, c´t 2014, 78, 79; Weichert, DuD 2014, 528, 528, 530; Schneider/Schneider, Handbuch EDV-Recht, Allg. Teil, A., I., 2., Rn. 87; Zoche ua, Forschungsbericht Smart-TV, S. 11.

5 Beispielsweise steigt das Interesse an der Einblendung von personalisierter Werbung auf dem Smart-TV-Portal stetig und Werbeeinblendungen auf dem SmartTV werden nach Ansicht des *Bundeskartellamts* in Zukunft zunehmen, vgl. *Bundeskartellamt*, Sektoruntersuchung Smart-TV, S. 221. Siehe zudem: *Breithut, Jörg*, Spiegel-Online Artikel v. 01.10.2020 abrufbar unter: https://www.spiegel.de/netzwelt/netzpolitik/samsung-bundeskartellamt-kritisiert-werbebanner-auf-fernsehern-a-8ca474e4-8040-4d03-85e3-11773d4084dd.

Aufgrund des SmartTV immanenten Gefährdungspotentials und der damit einhergehenden akuten Bedrohung der Privatheit bedarf es für die Datenverarbeitungen auf einem intelligenten Fernsehgerät klarer Grenzen.

Ist der SmartTV ein undurchschaubarer oder gar manipulierender Spion im Wohnzimmer?

Dieser Frage soll in der vorliegenden Arbeit nachgegangen werden.

Für diesen Zweck soll die folgende Abhandlung die datenschutzrechtlichen Anforderungen an den rechtskonformen Einsatz intelligenter Fernsehgeräte herausarbeiten, deren Einhaltung in der Praxis kritisch würdigen und abschließend bewerten, ob die Anforderungen dem Schutz personenbezogener Daten sowie dem Recht des Nutzers auf informationelle Selbstbestimmung im digitalen Zeitalter hinreichend Rechnung tragen.

B. Gang der Arbeit

Die Arbeit gliedert sich in fünf Kapitel. Im Anschluss an die Einführung erläutert Kapitel 2 die Grundlagen des intelligenten Fernsehens. Aufbauend auf dem Phänomen des Zusammenschmelzens von Fernsehen und Internet führt die Arbeit an das Thema Datenschutz bei SmartTV heran. Die Wichtigkeit der Thematik soll sodann anhand der Nutzungsintensität von Fernsehen und Internet in der Gesellschaft sowie des Einflusses von SmartTV auf die Nutzung dieser Medien verdeutlicht werden. Dabei wird von der These ausgegangen, dass der SmartTV-Technologie eine erhebliche Breitenwirkung zukommt und sie gesellschaftsübergreifende Akzeptanz erfährt. In Anbetracht dessen schafft die Arbeit zum Ende des zweiten Kapitels nicht nur ein grundlegendes Verständnis über die Technik des intelligenten Fernsehens, sondern beleuchtet auch die Entwicklung und Verbreitung von SmartTV.

Kapitel 3 analysiert die Gefahren, welche in datenschutzrechtlicher Hinsicht aus der neuartigen Technologie resultieren und legt damit die Grundlagen für die rechtliche Untersuchung. Dass die Bedenken in Bezug auf das Recht auf informationelle Selbstbestimmung sowie die Sicherheit der Endgeräte nicht bloß theoretischer Natur sind, soll unter Beiziehung konkreter Fälle aus der Praxis aufgezeigt werden.

Den Hauptteil der Arbeit bildet schließlich Kapitel 4, welches den Datenschutz bei SmartTV im Detail untersucht. Insofern sollen zunächst die für die Datenverarbeitungsvorgänge einschlägigen Datenschutzgesetze identifiziert werden. Darauf basierend soll die Abhandlung in einem nächsten Schritt prüfen, ob der Anwendungsbereich der jeweiligen Gesetze eröffnet ist. Da es für die Einschlägigkeit datenschutzrechtlicher Vorschriften stets einer Verarbeitung personenbezogener Daten bedarf, ist es maßgeblich herauszuarbeiten, inwiefern personenbezogene Daten bei SmartTV konkret verarbeitet werden. In diesem Zusammenhang soll ein Fokus auf die juristische Diskussion gelegt werden, ob Informationen, wie die IP-Adresse oder Cookies, stets personenbezogen sind. Im Anschluss an diese Erörterung stellt die Bestimmung, welche Akteure für die einzelnen Datenverarbeitungsvorgänge in datenschutzrechtlicher Hinsicht verantwortlich bzw. gemeinsam verantwortlich sind, einen Schwerpunkt dieser Arbeit dar. Insbesondere vor dem Hintergrund der jüngeren Rechtsprechung des *EuGH* zu dem Thema der gemeinsamen Verantwortlichkeit soll der Begriff des datenschutzrechtlich Verantwortlichen einer umfassenden rechtsdogmatischen Analyse unterzogen werden. Insoweit wird es notwendig sein, die einschlägigen Bestimmungen der Datenschutz-Grundverordnung[6] auszulegen, um vor allem den Begriff der gemeinsamen Verantwortlichkeit greifbarer zu machen. Für diesen Zweck konzipiert Abschnitt E. VI. ein Modell zur Bestimmung gemeinsam Verantwortlicher bei SmartTV und anderen intelligenten Endgeräten. Zum Abschluss der datenschutzrechtlichen Auseinandersetzung sollen die stattfindenden Datenverarbeitungsvorgänge sodann auf ihre Rechtmäßigkeit sowie die Einhaltung weiterer Datenschutzgrundsätze geprüft werden. In diesem Zusammenhang werden die Grenzen, welche das Datenschutzrecht der Verarbeitung von personenbezogenen Daten auf intelligenten Endgeräten setzt, aufgezeigt. Das Ziel des vierten Kapitels ist es, zu evaluieren, ob die SmartTV-Akteure die datenschutzrechtlichen Anforderungen bereits einhalten. Hierbei soll neben der generellen Gewährleistung der Rechtmäßigkeit ein Fokus auf die adäquate Schaffung von Transparenz sowie den technischen Datenschutz gelegt werden.

Die Arbeit endet mit dem fünften Kapitel, in dem neben der Zusammenfassung der Ergebnisse Handlungsempfehlungen sowie konkrete Gestaltungsoptionen für einen rechtskonformen Einsatz intelligenter Fernsehgeräte erarbeitet werden. Diese sollen als Hilfestellung für die Praxis dienen. Das Kapitel schließt mit einer Bewertung der aktuellen Rechtslage sowie der Antwort auf die Frage, ob etwaiger Regulierungsbedarf besteht, damit letztlich ein rechtskonformer Einsatz intelligenter Endgeräte gewährleistet werden kann.

6 Verordnung (EU) 2016/679 des europäischen Parlaments und des Rates vom 27. April 2016 zum Schutz natürlicher Personen bei der Verarbeitung personenbezogener Daten, zum freien Datenverkehr und zur Aufhebung der Richtlinie 95/46/EG (Datenschutz-Grundverordnung). Im Folgenden: DSGVO.

Kapitel 2: Grundlagen des intelligenten Fernsehens

A. Medienkonvergenz[7] als Ursprung der Datenschutzproblematik

Der Begriff Medienkonvergenz[8] bezeichnet den Transformationsprozess der Annäherung bis hin zur Verschmelzung verschiedener medialer Subsektoren in technologischer und inhaltlicher Hinsicht.[9] Dabei handelt es sich jedoch nicht unbedingt um eine Implosion der Medien zu etwas Neuem, sondern es lassen sich vor allem neue Mischformen, partielle Kombinationen und Überschneidungen beobachten.[10] Die Digitalisierung begünstigt den Transformationsprozess in hohem Maße und wird deshalb als Motor und Basis der Medienkonvergenz bezeichnet.[11] Der technische Markt hat sich durch die Digitalisierung maßgeblich gewandelt: Frequenzknappheit der analogen Übertragungstechnik gehört fortan der Vergangenheit an, Diversifikation sowie die Entwicklung neuer Dienste und

7 Der Begriff der „Konvergenz" (spätlateinisch: „convergere" „sich hinneigen", „zusammenlaufen") stammt ursprünglich aus der Mathematik und Medizin und bedeutet im allgemeinen Sprachgebrauch Annäherung, Zusammenlaufen, Streben nach demselben Ziel, Übereinstimmung, *Zerdick/Picot/Schrape* ua, Internet-Ökonomie, S. 140.

8 Für weitergehende Details vgl. *EU-Kommission,* Grünbuch Konvergenz, KOM (97) 623, S. 1 ff.; *Hoffmann-Riem/W. Schulz/Held,* Konvergenz und Regulierung; *Zerdick/Picot/Schrape* ua, Internet-Ökonomie, S. 140 ff.; *Gounalakis,* Konvergenz der Medien, C 12 ff.; *Zagouras,* Konvergenz und Kartellrecht, S. 3 ff.; *Metze-Mangold,* in: *Schiwy/Schütz/Dörr* (Hrsg.), Konvergenz, 300, 300 ff.; *Naumann,* Connected-TV, S. 8 ff.

9 *EU-Kommission,* Grünbuch Konvergenz, KOM (97) 623, S. 1 ff.; *Latzer,* Mediamatik, S. 16 f.; *Gounalakis,* Konvergenz der Medien, C 12; *Hain,* K&R 2006, 325, 325; *Hain,* AfP 2012, 313, 313; Binder/Vesting/*Vesting,* Beck'scher Kommentar zum Rundfunkrecht, Einführung, Rn. 18 ff.; Dauses/Ludwigs/*Oster/Wagner,* EU-WirtschaftsR-HdB., E. V. 1., Rn. 3; *Fechner,* Medienrecht, S. 5.

10 *BT-Drucks.*, 17/11959; *Ricke,* IPTV und Mobile TV, S. 35.

11 *EU-Kommission,* Grünbuch Konvergenz, KOM (97) 623, iv.; *Blaue,* ZUM 2005, 30, 31; *Thaenert,* MMR 2005, 279, 279; *Boos,* Hybrid-TV, S. 4; *Klickermann/Lotz,* MMR 2012, 801, 801 f.; Hoeren/Sieber/Holznagel/*Holznagel/Hartmann,* Handbuch Multimedia-Recht, Teil 3, Rn. 2 ff.; Schwartmann/*Janik,* Praxishandbuch Medienrecht, 1. Teil, 8. Kap., Rn. 1.

Empfangsgeräte sind die Zukunft.[12] Eng verbunden mit der Digitalisierung ist die technische Konvergenz in Bezug auf Infrastrukturen und Übertragungsnetze, technische Dienste sowie Endgeräte.[13] Fokussierte die *Europäische Kommission* 1997 noch den Vorsprung der Konvergenz der Netze[14], rückte fortan die Konvergenz der Endgeräte in den Mittelpunkt.[15] Ein besonders anschauliches Beispiel für den rasanten Fortschritt der Endgeräte-Konvergenz ist die Entwicklung des Smart-TVs.[16] Das multifunktionale Empfangsgerät verknüpft Internet und Fernsehen spezifisch miteinander, denn neben dem klassischen TV-Zugang weist Smart-TV einen Internet Zugang auf.[17] Diese Entwicklung zeigt, dass die technische Konvergenz bereits Realität geworden ist und nach und nach in die heimischen Wohnzimmer der Fernsehgemeinde einzieht.[18]

Doch die konvergente Medienwelt bietet mit ihren neuartigen Angeboten und Diensten nicht nur vielfältige Möglichkeiten für die Nutzer sowie Chancen für die Wirtschaft – sie lässt daneben die strengen Grenzen einer vormals traditionellen Medienlandschaft verschwimmen und führt zu Rechtsproblemen, die einer analogen Welt weitestgehend fremd waren.[19] Während unterschiedliche Dienste zusammenwuchsen und sich gänzlich neue Erscheinungsformen entwickelten, waren die rechtlichen Grenzen lange Zeit streng gezogen.[20] Vor

---

12 *EU-Kommission,* Grünbuch Konvergenz, KOM (97) 623, S. 3 ff.; *Holznagel,* NJW 2002, 2351, 2351 f.; *Klickermann,* in: *Taeger* (Hrsg.), Hybrides Fernsehen, 707, 707 f.; Schwartmann/*Janik,* Praxishandbuch Medienrecht, 1. Teil, 8. Kap., Rn. 1; Dauses/Ludwigs/*Oster/Wagner,* EU-WirtschaftsR-HdB., E. V. 1., Rn. 3 f.

13 *Hoffmann-Riem/W. Schulz/Held,* Konvergenz und Regulierung, S. 20; *Boos,* Hybrid-TV, S. 4; *Hain,* AfP 2012, 313, 313.

14 *EU-Kommission,* Grünbuch Konvergenz, KOM (97) 623, viii.

15 *Roßnagel/Kleist/Scheuer,* Regulierung, S. 26; *Hain,* AfP 2012, 313, 313; *EU-Kommission,* Grünbuch vollständige Konvergenz, COM (2013) 231, S. 3 ff.

16 *Broemel,* ZUM 2012, 866, 867; *Krogmann,* ZUM 2013, 180, 181; *Chardon/Heyeckhaus,* ZUM 2015, 21, 21; *Bund-Länder-Kommission,* Bericht zur Medienkonvergenz 2016, S. 24.

17 *Zoche ua,* White Paper - Das versteckte Internet, S. 9 f.; *Düsseldorfer Kreis,* Orientierungshilfe Smart-TV, S. 7; *EAI,* Smart-TV, S. 12.

18 *Krogmann,* ZUM 2013, 180, 182; *Ladeur/Gostomzyk,* CR 2014, 28, 28; *Bund-Länder-Kommission,* Bericht zur Medienkonvergenz 2016, S. 24; *Beaujean,* MMR 2018, 3, 3.

19 *Holznagel,* NJW 2002, 2351, 2354; *Metze-Mangold,* in: *Schiwy/Schütz/Dörr* (Hrsg.), Konvergenz, 300, 302 f.; *Beaujean,* MMR 2018, 3, 3.

20 Bis heute unterliegen Rundfunk und Internet nicht den gleichen regulatorischen Anforderungen, obwohl die Dienste bei Smart-TV miteinander verschmelzen. Mit Inkrafttreten des Medienstaatsvertrags wurde die divergierende Regulierung von

diesem Hintergrund wurde die Forderung nach einer konvergenten Medienregulierung allgemein, aber auch nach Liberalisierung immer lauter.[21] Einen elementaren Beitrag zur Lösung der medienrechtlichen Problematik hat der

---

Rundfunk und Internet allerdings abgeschwächt, vgl.: *Siara*, MMR 2020, 370. Zu der medienrechtlichen Problematik allgemein, vgl.: *Naumann*, Connected-TV, S. 51 ff.

21 *Hoffmann-Riem/W. Schulz/Held*, Konvergenz und Regulierung, S. 83 ff.; *Hain*, K&R 2006, 325, 326 ff.; *Metze-Mangold*, in: *Schiwy/Schütz/Dörr* (Hrsg.), Konvergenz, 300, 302; *Ricke*, IPTV und Mobile TV, S. 39; *Hans-Bredow-Institut*, Konvergenz, S. 8; *Hans-Bredow-Institut*, Entwicklung der Medien 2013-2016, S. 221; *Schütz*, MMR 2017, 437, 437 f.; *Schütz*, MMR 2018, 36, 36; *BT-Drucks.*, 19/6970.
Die medienrechtliche Problematik rund um Smart-TV ist nicht Thema dieser Arbeit. Vgl. dazu im Detail: *Naumann*, Connected-TV. Im Kern geht es darum, einen konvergenten Rechtsrahmen für Rundfunk, Telemedien und Telekommunikation zu schaffen. Dies strebte die europäische Kommission bereits im Jahr 2000 an, *Metze-Mangold*, in: *Schiwy/Schütz/Dörr* (Hrsg.), Konvergenz, 300, 303. Auf nationaler Ebene reagierte der Gesetzgeber auf die Entstehung neuer Dienste und Kommunikationsformen erstmals im Jahr 2002 mit der Einführung des Jugendmedienschutz-Staatsvertrags (Staatsvertrag über den Schutz der Menschenwürde und den Jugendschutz in Rundfunk und Telemedien (Jugendmedienschutz-Staatsvertrag – JMStV) v. 10.09.2002, zuletzt geändert durch den Neunzehnten Rundfunkänderungsstaatsvertrag vom 3. bis 7. Dezember 2015. Zum JMStV vgl. *Fechner*, Medienrecht, S. 176 ff.). Im Jahr 2007 folgte das neue Telemediengesetz (Verkündet als Art. 1 Elektronischer-Geschäftsverkehr-VereinheitlichungsG v. 26.02.2007 (BGBl. I, 179).) sowie der Neunte Rundfunkänderungsstaatsvertrag (Neunter Staatsvertrag zur Änderung rundfunkrechtlicher Staatsverträge v. 31.07.2006, z.B. GV NRW. v. 30.01.2007, 107.). 2014 haben Bund und Länder die *Bund-Länder-Kommission* zur Medienkonvergenz ins Leben gerufen, die sich mit den Herausforderungen einer konvergenten Medienwelt befasst. Die Kommission war bestrebt neuere Angebotsformen in Zukunft regulatorisch zu erfassen, *Bund-Länder-Kommission*, Bericht zur Medienkonvergenz 2016, S. 24. Zudem sah sie vor allem Anpassungsbedarf im Hinblick auf den Rundfunkstaatsvertrag. Dieser sollte für neuartige Entwicklungen der zukünftigen Medienwelt flexibel ausgestaltet werden, *Bund-Länder-Kommission*, Bericht zur Medienkonvergenz 2016, S. 23 ff. In diesem Zusammenhang erarbeitete die Rundfunkkommission der Länder einen Arbeitsentwurf zur Änderung des Rundfunkstaatsvertrags. Der neue Medienstaatsvertrag, welcher den Rundfunkstaatsvertrag ersetzt, soll insbesondere die Regulierung von Plattformen und Intermediären betreffen und damit jahrelange juristische und politische Debatten lösen, *Beaujean*, MMR 2018, 3, 6. Sobald das parlamentarische Ratifizierungsverfahren abgeschlossen ist, ist der Vertrag bindendes Landesrecht, siehe FAQ zum Medienstaatsvertrag, abrufbar unter: https://www.rlp.de/de/regierung/staatskanzlei/medienpolitik/medienstaatsvertrag/faq-und-hinweise/ (Abruf v. 12.10.2020).

Medienstaatsvertrag[22] aus dem Jahr 2019 gebracht. Es bleibt abzuwarten, ob die neuen Regelungen, der konvergenten Medienwelt vollständig gerecht werden können.

Neben diesen Herausforderungen für das Medienrecht ist die Konvergenz aber vor allem der Ursprung der datenschutzrechtlichen Problematik in Bezug auf das moderne Fernsehen. Denn erst der Einzug des Internets eröffnete Anbietern die Möglichkeit, an Informationen über die Fernsehzuschauer zu gelangen und stellt somit einen Risikofaktor für die informationelle Selbstbestimmung dar.[23]

B. Nutzung und Verbreitung der verschiedenen Medien

Sofern das Phänomen Smart-TV dazu führt, dass mehr Menschen ihr Fernsehgerät mit dem Internet verbinden, rückt der Schutz ihrer personenbezogenen Daten auf dem Gerät zunehmend in den Fokus. Aufgrund dessen wird im Folgenden die Nutzung und Verbreitung der verschiedenen Medien sowie der Einfluss von Smart-TV, insbesondere auf die Internetnutzung, beleuchtet.

Der wirtschaftliche Erfolg neuer Angebote hängt maßgeblich von der Akzeptanz der Nutzer ab.[24] Diese wird hauptsächlich durch drei Faktoren beeinflusst: Die Bedienbarkeit des Angebots, die finanziellen Rahmenbedingungen und die vorhandene Medienkompetenz.[25] Bei näherer Betrachtung dieser Faktoren liegt es nahe, dass sich das klassische Fernsehen jahrelang als Leitmedium etabliert hat.[26]

---

22 Staatsvertrag zur Modernisierung der Medienordnung in Deutschland v. 06.12.2019, abrufbar unter: https://www.rlp.de/fileadmin/rlp-stk/pdf-Dateien/Medienpolitik/Medienstaatsvertrag.pdf (Abruf v. 12.10.2020). Zu den Änderungen durch den neuen Medienstaatsvertrag vgl.: Begründung zum Staatsvertrag zur Modernisierung der Medienordnung in Deutschland, abrufbar unter: https://www.rlp.de/fileadmin/rlp-stk/pdf-Dateien/Medienpolitik/Medienstaatsvertrag_Begru__ndung.pdf (Abruf v. 12.10.2020) sowie: *Siara*, MMR 2020, 370.

23 Siehe dazu: Kap. 2 C. I. sowie Kap. 3 A.

24 Hoeren/Sieber/Holznagel/*Holznagel/Hartmann*, Handbuch Multimedia-Recht, Teil 3, Rn. 11.

25 Hoeren/Sieber/Holznagel/*Holznagel/Hartmann*, Handbuch Multimedia-Recht, Teil 3, Rn. 11.

26 *BVerfG*, Urt. v. 16.6.1981, 1 BvL 89/78, BVerfGE 57, 296, 320 ff.; *BVerfG*, Urt. v. 17.2.1998, 1 BvF 1/91, BVerfGE 97, 228, 257; *BT-Drucks.*, 17/11959; *Hans-Bredow-Institut*, Leitmedium Internet, S. 66; *Seufert/Gundlach*, Medienregulierung, S. 207; *Fechner*, Medienrecht, S. 282 ff.; Hoeren/Sieber/Holznagel/*Holznagel/Hartmann*, Handbuch Multimedia-Recht, Teil 3, Rn. 1; Binder/Vesting/*Rossen-Stadtfeld*, Beck'scher Kommentar zum Rundfunkrecht, § 4, Rn. 2.

I. Das klassische Fernsehen

Zu der etablierten Rolle des klassischen Fernsehens trägt zunächst die simple Bedienung bei: Mit nur einem Knopfdruck startet das Gerät und die Bewegtbilder laufen unmittelbar über den Bildschirm. Komplizierte Installationen oder Anpassung von Einstellungen sind kaum erforderlich.

Des Weiteren begünstigen die finanziellen Bedingungen die starke Stellung des Fernsehens in Deutschland. Die Preise für Endgeräte sinken stetig.[27]

Zudem ist die Medienkompetenz in Bezug auf das klassische Fernsehen in der gesamten Gesellschaft bereits sehr gut ausgeprägt, was ebenfalls zu seiner generationsübergreifenden Beliebtheit beiträgt. Die *EU-Kommission* definiert Medienkompetenz[28] als die Fähigkeit, die Medien zu nutzen, die verschiedenen Aspekte der Medien und Medieninhalte zu verstehen und kritisch zu bewerten sowie selbst in vielfältigen Kontexten zu kommunizieren.[29] In Bezug auf das klassische Fernsehen ist de facto jedermann, unabhängig von Alter oder Kenntnisstand, in der Lage das Medium zu nutzen. Verständnis und kritisches Hinterfragen der Inhalte werden bereits im frühen Kindesalter erlernt. Der Umgang mit dem klassischen Rundfunk hat sich seit Jahren etabliert und gehört zum Alltag der Menschen. Mithin ist die Medienkompetenz in diesem Bereich kaum verbesserungswürdig.[30] Darüber hinaus ist das Fernsehen das Medium mit der höchsten Suggestivkraft: Es kombiniert Text, Bewegtbild und Ton und vermittelt auf diese Weise den Anschein hoher Authentizität.[31] Hinzu kommen die Aktualität und Breitenwirkung des Fernsehens.[32]

---

27 Siehe u.a. Meldung auf *heise-online* v. 28.08.2018 abrufbar unter: https://www.heise.de/newsticker/meldung/TV-Preise-im-Sinkflug-auch-OLEDs-werden-langsam-erschwinglich-4146760.html (Abruf v. 12.10.2020).

28 Der Erziehungswissenschaftler und Medienpädagoge *Dieter Baacke* führte den Begriff „Medienkompetenz“ in 1970er Jahren ein, vgl. vertiefend: *Baacke,* Medienpädagogik.

29 *EU-Kommission,* Mitteilung Kompetenz, KOM (2007) 833 endg., S. 4; *EU-Kommission,* Grünbuch vollständige Konvergenz, COM (2013) 231, S. 14.

30 Aus diesem Grund fördert das *Bundesministerium für Familie, Senioren, Frauen und Jugend* aktuell vor allem Medienkompetenz im Bereich der neuen, digitalen Medien. Diesbezüglich gibt es eine Reihe von Initiativen und Maßnahmen, welche schwerpunktmäßig Risiken des Internets, wie Fake-News, Hassreden etc., ins Auge fassen und insoweit aufklären sollen, vgl. *BT-Drucks.*, 19/3649.

31 *BVerfG,* Urt. v. 22.2.1994, 1 BvL 30/88, BVerfGE 90, 60, 87; *BVerfG,* Urt. v. 11.9.2007, 1 BvR 2270/05 u.a., BVerfGE 119, 181, 214 f.

32 *BVerfG,* Urt. v. 22.2.1994, 1 BvL 30/88, BVerfGE 90, 60, 87; *BT-Drucks.*, 17/11959.

In Zeiten des Internets und Video-on-Demand stellt sich jedoch die Frage, ob die herausragende Stellung des linearen Fernsehens noch immer berechtigt ist und sich das klassische Fernsehen in Zukunft weiterhin als Leitmedium etablieren kann. Der Begriff des Leitmediums[33] wird primär in der Medien- und Kommunikationswissenschaft verwendet.[34] Eine spezifisch rechtliche Bedeutung wohnt dem Begriff nicht inne.[35] Die Rechtswissenschaft versteht unter einem Leitmedium ein Medium, dem ein besonderes Wirkungspotential sowie eine besondere Bedeutung in der Gesellschaft zukommt.[36] Maßgeblich ist demnach, wie relevant ein Medium für die öffentliche Meinungsbildung ist.[37] Für die Deutschen ist das lineare Fernsehen neben dem Internet die wichtigste Informationsquelle.[38] Sie informieren sich schwerpunktmäßig mit Hilfe von Nachrichtensendungen im Fernsehen über das aktuelle Weltgeschehen und bilden sich dadurch unter anderem ihre Meinung in Bezug auf politische Themen.[39] Somit kommt dem klassischen Fernsehen, insbesondere für die Information der Bevölkerung, nach wie vor eine besondere Bedeutung zu.[40] Dies verdeutlichen die Nutzerzahlen sowie die Nutzungsdauer in Bezug auf dieses Medium. Bei näherer Betrachtung der Fernsehgewohnheiten in der Bevölkerung über die letzten Jahre zeigt sich zwar

---

33 Vgl. zum Begriff Leitmedium und seiner Entwicklung: *Schanze*, in: *Ligensa/Müller/Gendolla* (Hrsg.), Macht des Fernsehens, 53, 53 ff.; *Hans-Bredow-Institut,* Leitmedium Internet, S. 17 ff.

34 *Hans-Bredow-Institut,* Leitmedium Internet, S. 7.

35 *Hans-Bredow-Institut,* Leitmedium Internet, S. 33.

36 *Hans-Bredow-Institut,* Leitmedium Internet, 33. Insgesamt nutzt die Rechtswissenschaft den Begriff „Leitmedium" aber nur selten.

37 *Dörr,* ZUM 2015, 6, 9.

38 *die medienanstalten,* Mediengewichtungsstudie 2020-I, 7, 16. Das klassische Fernsehen hatte 2018 noch das höchste Meinungsbildungsgewicht von 33,4 Prozent und war damit in Deutschland das wichtigste Medium für die Meinungsbildung, *die medienanstalten,* Medien- und Kommunikationsbericht 2018, S. 7; *die medienanstalten,* Digitalisierungsbericht 2019, S. 42 f. 2020 liegt der Anteil nur noch bei 31,2 Prozent, *die medienanstalten,* Mediengewichtungsstudie 2020-I, S. 30. Das Internet hat ein Meinungsbildungsgewicht von 31,7 Prozent und damit erstmalig das Fernsehen überholt, *die medienanstalten,* Mediengewichtungsstudie 2020-I, S. 30. Siehe auch: *Hans-Bredow-Institut,* Informationsrepertoires, S. 71.

39 *Hans-Bredow-Institut,* Informationsrepertoires, S. 71; *Hölig/Hasebrink,* MP 2018, 574, 574.

40 *Hans-Bredow-Institut,* Informationsrepertoires, S. 71; *Dörr,* ZUM 2015, 6, 9; *Engel/Mai/Müller,* MP 2018, 330, 331; *die medienanstalten,* Mediengewichtungsstudie 2020-I, 7, 16, 45.

eine leicht negative Tendenz, dennoch prägt der Fernsehkonsum den Alltag der Bevölkerung weiterhin fundamental.[41] Rund 75 Prozent der Deutschen ab 14 Jahren nutzten im ersten Halbjahr 2020 jeden Tag das Fernsehen; vor etwa zehn Jahren lag dieser Anteil noch bei 86 Prozent.[42] Die Nutzung des linearen Fernsehens hängt jedoch vom Alter ab: Bislang verliert dieses primär bei dem jüngeren Publikum nach und nach an Bedeutung.[43] So liegt der Nutzungsanteil des linearen Fernsehens bei Personen zwischen 14 und 29 Jahren pro Tag nur noch bei 32 Prozent.[44] Der Rückgang des klassischen Fernsehkonsums in Bezug auf die jüngeren Nutzer lässt sich überwiegend auf non-lineare Streaming-Angebote zurückführen.[45] Der Nutzungsanteil von Video-on-Demand-Diensten liegt bei den 14- bis 29-Jährigen bei um die 50 Prozent und übersteigt damit mittlerweile den Wert der klassischen Fernsehnutzung.[46] In der Generation ab 30 nimmt die Nutzung von klassischen Fernsehangeboten hingegen immer noch den größten Anteil ein.[47] Bei Zuschauern ab 50 Jahren beträgt der Nutzungsanteil im Durchschnitt sogar um die 90 Prozent; d.h. umso älter der Zuschauer, desto höher ist der Fernsehkonsum.[48] Dies spiegelt sich nicht allein bei den Reichweiten wider,

---

41 *Kupferschmitt/Müller*, MP 2020, 390, 390 ff.

42 *Hans-Bredow-Institut*, Entwicklung der Medien 2013-2016, S. 48, 225; *Engel/Mai/Müller*, MP 2018, 330, 338; *die medienanstalten*, Mediengewichtungsstudie 2020-I, S. 13 f.

43 *Berghofer*, in: *die medienanstalten* (Hrsg.), Stand der Digitalisierung 2018, 34, 46 f.; *Engel/Mai/Müller*, MP 2018, 330, 338 f.; *BT-Drucks.*, 19/6970; *die medienanstalten*, Digitalisierungsbericht 2019, S. 41 ff.; *Breunig/Handel/Kessle*, MP 2020, 410, 417; *Kupferschmitt/Müller*, MP 2020, 390, 392.

44 *Breunig/Handel/Kessle*, MP 2020, 410, 417.

45 *die medienanstalten*, Medien- und Kommunikationsbericht 2018, S. 4; *BT-Drucks.*, 19/6970; *die medienanstalten*, Digitalisierungsbericht 2019, S. 42 f.; *Zubayr/Haddad/Hartmann*, MP 2020, 110, 111 ff.; *Breunig/Handel/Kessle*, MP 2020, 410, 417; *Kupferschmitt/Müller*, MP 2020, 390, 392 f.

46 *Berghofer*, in: *die medienanstalten* (Hrsg.), Stand der Digitalisierung 2018, 34, 44 f.; *BT-Drucks.*, 19/6970; *die medienanstalten*, Digitalisierungsbericht 2019, S. 42 f.; *Zubayr/Haddad/Hartmann*, MP 2020, 110, 113 ff.; *Breunig/Handel/Kessle*, MP 2020, 410, 417.

47 *Berghofer*, in: *die medienanstalten* (Hrsg.), Stand der Digitalisierung 2018, 34, 47; *BT-Drucks.*, 19/6970; *die medienanstalten*, Digitalisierungsbericht 2019, S. 42 f.; *Zubayr/Haddad/Hartmann*, MP 2020, 110, 113; *Kupferschmitt/Müller*, MP 2020, 390, 392 f.

48 *Berghofer*, in: *die medienanstalten* (Hrsg.), Stand der Digitalisierung 2018, 34, 47; *Engel/Mai/Müller*, MP 2018, 330, 332; *die medienanstalten*, Digitalisierungsbericht 2019, S. 42 f.; *Zubayr/Haddad/Hartmann*, MP 2020, 110, 113; *Breunig/Handel/Kessle*, MP 2020, 410, 417; *Kupferschmitt/Müller*, MP 2020, 390, 392.

sondern auch bei der Nutzungsdauer. Personen ab 50 Jahren schauen dreimal so lange Fernsehen pro Tag wie Personen zwischen 14 und 29 Jahren.[49]

Auf die deutsche Gesamtbevölkerung betrachtet, zeigt sich im Hinblick auf die Fernsehdauer über die letzten zehn Jahre ein sinkendes Bild.[50] Seit den 70er Jahren ist die Dauer der Fernsehnutzung zunächst kontinuierlich gestiegen: 1970 lag die durchschnittliche Sehdauer bei 104 Minuten pro Tag, 2010, vierzig Jahre später, bei 220 Minuten.[51] Im Jahr 2020 liegt die durchschnittliche Dauer der Fernsehnutzung nur noch bei 165 Minuten pro Tag.[52]

Dennoch zeigt sich anhand dieser Zahlen, dass das klassische Fernsehen nach wie vor ein reichweitenstarkes Medium und die beliebteste Freizeitbeschäftigung der Deutschen ist.[53] Mitentscheidend für diese starke Stellung ist das große Vertrauen, das die Bevölkerung insbesondere den Nachrichtensendungen der öffentlich-rechtlichen Sender[54] entgegenbringt.[55] Hingegen zeigen Studien[56], dass das Vertrauen in Bezug auf Internetangebote rapide abnimmt.[57] Ein Grund hierfür ist die erhöhte Gefahr von Falschmeldungen im Internet. Dies verdeutlichen die fortlaufend geführten Debatten im Hinblick auf das Thema „Fake-News“ im Internet.[58] Derartige Vorwürfe werden insbesondere in Bezug

---

49 *Zubayr/Gerhard*, MP 2018, 102, 102; *Zubayr/Haddad/Hartmann*, MP 2020, 110, 111; *Breunig/Handel/Kessle*, MP 2020, 410, 419 f.

50 *Zubayr/Gerhard*, MP 2013, 130, 130; *Zubayr/Gerhard*, MP 2018, 102, 103; *Breunig/Handel/Kessle*, MP 2020, 410, 419.

51 *Reitze/Ridder*, Massenkommunikation VIII, S. 57.

52 *Breunig/Handel/Kessle*, MP 2020, 410, 419.

53 *Engel/Mai/Müller*, MP 2018, 330, 341; *Frees/Koch*, MP 2018, 398, 412 f.; *die medienanstalten*, Digitalisierungsbericht 2019, S. 42; *die medienanstalten*, Mediengewichtungsstudie 2020-I, S. 45; *Kupferschmitt/Müller*, MP 2020, 390, 390.

54 Die „*Tagesschau*“ ist die mit Abstand meistgesehenste Sendung im deutschen Fernsehen und die beliebteste Nachrichtensendung, *Zubayr/Gerhard*, MP 2018, 102, 108 f.; *Maurer/Wagner/Weiß*, MP 2020, 62, 63.

55 *Blöbaum*, MP 2018, 601, 605; *Simon*, MP 2018, 210, 212; *Ziegele/Schultz/Jackob* ua, MP 2018, 150, 151; *BT-Drucks.*, 19/6970; *Schultz/Ziegele/Jakobs* ua, MP 2020, 322, 323 ff.

56 Vgl. Mainzer Langzeitstudie „Medienvertrauen“, *Institut für Publizistik an der Johannes-Gutenberg-Universität Mainz*, Ergebnisse sind abrufbar unter: https://medienvertrauen.uni-mainz.de/ (Abruf v. 12.10.2020).

57 Nur noch 10 Prozent der Bevölkerung stufen das Internet als vertrauenswürdig ein und sogar nur 5 Prozent halten soziale Medien für glaubwürdig, *Simon*, MP 2018, 210, 212 f.; *Ziegele/Schultz/Jackob* ua, MP 2018, 150, 155. Vgl. zudem: *Schultz/Ziegele/Jakobs* ua, MP 2020, 322.

58 Vgl. zur Fake-News Debatte allgemein: *Ziegele/Schultz/Jackob* ua, MP 2018, 150, 156 f.

auf soziale Netzwerke laut, da gerade in diesem Bereich das Risiko eines Missbrauchs oder der Manipulation von Beiträgen signifikant erhöht ist. Im Vergleich dazu bestehen derartige Gefahren in Bezug auf eine Rundfunksendung im streng regulierten linearen Fernsehen kaum.

Vor diesem Hintergrund ist das klassische Fernsehen gegenwärtig noch als Leitmedium zu klassifizieren und dürfte diese Rolle in den kommenden Jahren weiterhin einnehmen.[59]

II. Das Internet

Doch auch das Internet hat sich in den letzten Jahren in Deutschland vollständig etabliert. Das World Wide Web wird mittlerweile von einem Großteil der Deutschen genutzt und ist vollumfänglich akzeptiert. Im Jahr 2018 ist der Anteil der Internetnutzer erstmals auf über 90 Prozent gestiegen.[60] Damit waren fortan mehr als drei Viertel der Deutschen täglich im Internet.[61] Der Aufstieg des Internets ist rasant verlaufen: Innerhalb von zwanzig Jahren hat sich die Anzahl der Online-Nutzer mehr als verzehnfacht.[62] Im Jahr 1997 waren lediglich 4,1 Millionen Deutsche gelegentlich online, 2000 waren es 18,3 Millionen und 2017 schließlich 62,4 Millionen.[63] Aktuell nutzen 51 Millionen der deutschsprachigen Bevölkerung ab 14 Jahren sogar täglich das Internet, Tendenz steigend.[64] Damit sind 72 Prozent der deutschen Gesamtbevölkerung täglich online. Ein solch kometenhafter Aufstieg zeigt sich ebenso hinsichtlich der Nutzungsdauer: Im Jahr 2000 betrug die durchschnittliche Nutzungsdauer[65] des Internets

59 *BVerfG*, Urt. v. 17.2.1998, 1 BvF 1/91, BVerfGE 97, 228, 256; *Schanze*, in: *Ligensa/Müller/Gendolla* (Hrsg.), Macht des Fernsehens, 53, 56 ff.; *Hans-Bredow-Institut*, Informationsrepertoires, S. 71; *BT-Drucks.*, 17/11959; *Dörr*, ZUM 2015, 6; *Wellhausen*, Staatsferner Rundfunk durch Telekommunikationsunternehmen, S. 69; *Seufert/Gundlach*, Medienregulierung, S. 207; *Frees/Koch*, MP 2018, 398, 412 f.; Binder/Vesting/*Rossen-Stadtfeld*, Beck'scher Kommentar zum Rundfunkrecht, § 4, Rn. 2; *Fechner*, Medienrecht, S. 282 ff.; Hoeren/Sieber/Holznagel/*Holznagel/Hartmann*, Handbuch Multimedia-Recht, Teil 3, Rn. 1.

60 *Frees/Koch*, MP 2018, 398, 398

61 *Frees/Koch*, MP 2018, 398, 398.

62 *Frees/Koch*, MP 2018, 398, 399.

63 Deutschsprachige Bevölkerung ab 14 Jahren, gelegentliche Onlinenutzung *Eimeren/Frees*, MP 2012, 362, 363 f.; *Frees/Koch*, MP 2018, 398, 399; *Beisch/Schäfer*, MP 2020, 462, 463.

64 *Beisch/Schäfer*, MP 2020, 462, 463.

65 Bezogen auf deutsche Onlinenutzer ab 14 Jahren.

17 Minuten und ist bis zum Jahr 2010 kontinuierlich auf 77 Minuten gestiegen.[66] 2020 liegt der Wert bei 204 Minuten pro Tag.[67]

Wie bei der Nutzung des klassischen Fernsehens variiert die Nutzungsintensität des Internets je nach Alter des Users.[68] Hier zeigt sich jedoch ein genau gegenläufiges Bild zu dem des Fernsehens, denn je älter der Nutzer, desto geringer ist der Internetkonsum.[69] Dies erklärt sich konsequenterweise damit, dass in einem digitalen Zeitalter die junge Generation der 14- bis 29Jährigen bereits mit dem Internet aufgewachsen ist.[70] Bei diesen sogenannten *Digital Natives*[71] ist die Internetnutzung am stärksten ausgeprägt: Mittlerweile sind 100 Prozent dieser Altersgruppe gelegentlich online und sogar 97 Prozent täglich.[72] Die über 30- bzw. 35-Jährigen bilden die Gruppe der *Digital Immigrants*,[73] von denen ca. 98 Prozent das Netz gelegentlich nutzen.[74] Die *Digital Immigrants* sind zwar regelmäßig online, begegnen dem Internet aber mit mehr Skepsis und nutzen es eher selektiv.[75] Die dritte Gruppe bilden die *Digital Outsiders*,[76] worunter heutzutage wohl alle Menschen ab 70 Jahren fallen. Dabei handelt es sich um Personen, die das Netz eher selten oder teilweise gar nicht nutzen.[77] Immerhin nutzen mittlerweile aber 75 Prozent dieser Gruppe gelegentlich das Internet.[78] Im Jahr 2010 lag dieser Wert noch unter 20 Prozent.[79] Die *Digital Outsiders* sind im Gegensatz zu den *Digital Natives* nicht mit dem Internet aufgewachsen; es fällt ihnen schwer sich an die neue Technologie zu gewöhnen.[80] Ihnen fehlt letztendlich die erforderliche Medienkompetenz.

---

66 *Eimeren/Frees*, MP 2012, 362, 377.

67 Der Wert teilt sich in 120 Minuten mediale Internetnutzung und die restlichen Minuten nicht-mediale Internetnutzung, *Kupferschmitt/Müller*, MP 2020, 390, 392; *Beisch/Schäfer*, MP 2020, 462, 469.

68 *Hans-Bredow-Institut,* Entwicklung der Medien 2013-2016, S. 225; *Frees/Koch*, MP 2018, 398, 399 f.; *Beisch/Schäfer*, MP 2020, 462, 469 ff.

69 *Frees/Koch*, MP 2018, 398, 399 f.; *Beisch/Schäfer*, MP 2020, 462, 470.

70 *BT-Drucks.*, 17/11959; *Eimeren/Frees*, MP 2012, 362, 364.

71 Der Begriff stammt von US-Autor *Marc Prensky*, vgl. *Prensky*, On the Horizon 2001, 1.

72 *Beisch/Schäfer*, MP 2020, 462, 464.

73 *BT-Drucks.*, 17/11959; *Eimeren/Frees*, MP 2012, 362, 364.

74 *Beisch/Schäfer*, MP 2020, 462, 464.

75 *BT-Drucks.*, 17/11959; *Eimeren/Frees*, MP 2012, 362, 364.

76 *Eimeren/Frees*, MP 2012, 362, 364.

77 *Eimeren/Frees*, MP 2012, 362, 364.

78 *Beisch/Schäfer*, MP 2020, 462, 464.

79 *Frees/Koch*, MP 2018, 398, 399.

80 *BT-Drucks.*, 17/11959; *Eimeren/Frees*, MP 2012, 362, 364.

Diese Entwicklung macht deutlich, dass das Internet in der Gesellschaft immer mehr an Bedeutung gewinnt. Das Meinungsbildungsgewicht liegt mittlerweile bei 31,7 Prozent.[81] Das Internet ist insbesondere für die jüngere Generation eine der wichtigsten Informationsquellen.[82] Über die neusten Vorkommnisse des Weltgeschehens informieren Presse- sowie Rundfunkveranstalter zunächst über ihre Mobile-Apps per Eilmeldung auf dem Smartphone oder teilen diese Neuigkeiten in sozialen Netzwerken. Der Großteil der Gesellschaft aktualisiert mehrmals am Tag sein Smartphone, Tablet oder Computer und hält sich auf diese Weise auf dem neusten Stand.[83] Das klassische Fernsehen schaltet er größtenteils erst gegen Abend zur *Tagessschau* ein oder um einen aktuellen „Brennpunkt“[84] anzusehen.

Die steigende Beliebtheit des Internets zeigt, dass sich das Internet in Zukunft neben dem klassischen Fernsehen zu einem Leitmedium entwickeln wird.[85] Vor allem einzelne Online-Angebote können eine Stellung als Leitmedium beanspruchen.[86] Beispielsweise gilt *Spiegel-Online* bereits heute als Leitmedium.[87] Um sich endgültig als Leitmedium zu etablieren, muss das Internet jedoch das Vertrauen der Gesellschaft gewinnen. Schließlich stellt die Glaubwürdigkeit eines Mediums einen wichtigen Faktor für dessen Einordnung als Leitmedium dar. An diesem Punkt können insbesondere Presse- und Rundfunkveranstalter mit ihren Online-Angeboten ansetzen. Darüber hinaus sollte der Gesetzgeber tätig werden und Maßnahmen ergreifen, um gegen „Fake-News“ und Hasskommentare im Netz effektiver vorgehen zu können. Die *Bundesregierung* fördert

---

81 *die medienanstalten,* Mediengewichtungsstudie 2020-I, S. 10.

82 *Hans-Bredow-Institut,* Entwicklung der Medien 2013-2016, S. 228; *die medienanstalten,* Mediengewichtungsstudie 2020-I, S. 18. Die Nutzung von Onlinenachrichten wird allgemein immer beliebter, siehe: *Hölig/Hasebrink,* MP 2018, 574, 575; *Beisch/Schäfer,* MP 2020, 462, 473.

83 Vgl. zur Intensität der wöchentlich genutzten Nachrichtenquellen im Internet, *Hölig/Hasebrink,* MP 2018, 574, 577.

84 Dies ist eine ARD-Fernsehsendung, die die gewöhnliche Berichterstattung bei wichtigen Ereignissen ergänzt. Andere Sender bieten derartige Formate ebenfalls an.

85 In diese Richtung auch: *Hans-Bredow-Institut,* Leitmedium Internet; *Wellhausen,* Staatsferner Rundfunk durch Telekommunikationsunternehmen, S. 69; *Hans-Bredow-Institut,* Entwicklung der Medien 2013-2016. Bejahend: *Pscheida,* in: *Ligensa/Müller/Gendolla* (Hrsg.), Internet als Leitmedium, 247, 247 ff.

86 *Hans-Bredow-Institut,* Leitmedium Internet, S. 107.

87 *Hans-Bredow-Institut,* Leitmedium Internet, S. 105.

bereits viele Initiativen, die Medienkompetenz im digitalen Bereich stärken sollen und die daran arbeiten Phänomene wie „Fake-News“ zu bekämpfen.[88]

III. Einfluss von Smart-TV auf die Nutzung von Internet und Fernsehen

Der digitale Fortschritt der letzten Jahre hat wesentlich zum positiven Trend des Internets beigetragen. Die Digitalisierung sorgt nicht nur für schnelleres und besseres Surfen im Netz, sondern ermöglicht aufgrund der „fortschreitenden Mediatisierung aller Lebensbereiche“[89] über den Computer hinaus Zugriff auf Online-Inhalte über multifunktionale Endgeräte.[90] Neben Smartphones und Tablets, ist der SmartTV ein anschauliches Beispiel für ein solches Endgerät, denn dieser eröffnet neben der Nutzung des klassischen Rundfunks Zutritt in die Online-Welt. Aufgrund dieser zusätzlichen Nutzungsoption ist davon auszugehen, dass das Phänomen SmartTV die starke Stellung des Internets weiter verbessert. Allerdings erhöht sich wohl kaum die Anzahl der Internetnutzer generell, da die smarten Fernseher eines Anschlusses zum Internet bedürfen, um die erweiterten Funktionen nutzbar zu machen. Aufgrund der erleichterten Bedienung können jedoch Personen hinzugewonnen werden, die das Internet bislang kaum nutzen.[91] Schließlich ist es mit einem einfachen Knopfdruck möglich, vom klassischen Fernsehen in die Online-Umgebung zu wechseln.[92] Letztendlich trägt Smart-TV aber primär dazu bei, dass sich die tägliche Nutzungsdauer des Internets in der Bevölkerung weiter erhöht. Ein Großteil der Bevölkerung surft bereits parallel zum Fernsehen im Netz.[93] Dies geschieht häufig über Smartphones oder Tablets, ist aber mit einem Smart-TV noch einfacher zu realisieren. Der Nutzer benötigt kein weiteres Endgerät, sondern kann direkt über den Fernseher parallel auf internetbasierte Zusatzangebote zugreifen. In diesem Zusammenhang ist allerdings zu beachten, dass noch nicht alle Smart-TV-Geräte mit dem Internet verbunden sind. Zwar nimmt die Anzahl der verbundenen Geräte kontinuierlich zu, bislang sind aber lediglich knapp 70 Prozent

---

88 Vgl. *BT-Drucks.*, 19/3649.

89 *Hans-Bredow-Institut,* Entwicklung der Medien 2013-2016, S. 199; *BT-Drucks.*, 19/6970.

90 *BT-Drucks.*, 19/6970.

91 So auch: *Boos,* Hybrid-TV, S. 7.

92 Zu der genauen Funktionsweise von Smart-TV siehe Kap. 2 C. I.

93 *Wellhausen,* Staatsferner Rundfunk durch Telekommunikationsunternehmen, S. 91.

der SmartTVs an das Internet angeschlossen.[94] In den Jahren 2012 und 2013 waren etwa die Hälfte aller Geräte an das Internet angeschlossen.[95] Überdies nimmt der Abruf von Online-Inhalten über den Smart-TV seit Jahren stetig zu.[96]

Ein solch positiver Trend ist generell im Hinblick auf die parallele Nutzung von Fernsehen und Internet zu beobachten.[97] Vor allem für junge Nutzer ist es besonders attraktiv sich parallel zum laufenden Programm über die aktuelle Sendung oder Produkte aus der Fernsehwerbung zu informieren.[98] Zudem tauschen sich die Zuschauer u.a. in sozialen Netzwerken über das laufende Programm aus.[99]

Bereits vor einigen Jahren haben Experten prognostiziert, dass sich das Phänomen Smart-TV negativ auf den linearen Fernsehkonsum auswirken wird.[100] Selbst wenn in der Gesamtbetrachtung das lineare Fernsehen bis dato eine wichtige Rolle in der Gesellschaft einnimmt, so zeigt sich doch eine negative Tendenz. Gerade die jüngere Generation, der 14- bis 29-Jährigen, wechselt immer mehr vom klassischen Fernsehen zu non-linearen Medienangeboten.[101] Smart-TV bedingt diese Entwicklung in gewisser Hinsicht, indem es einen einfachen und schnellen Zugriff auf non-lineare Angebote wie die beliebten Streaming-Dienste

---

94 *Berghofer*, in: *die medienanstalten* (Hrsg.), Stand der Digitalisierung 2018, 34, 38; *Berghofer*, in: *die medienanstalten* (Hrsg.), Stand der Digitalisierung 2019, 32, 37. Das entspricht 15 Millionen Haushalten.

95 *Kaufmanns*, in: *die medienanstalten – ALM GbR* (Hrsg.), Smart-TV, 7, 10; *Wellhausen*, Staatsferner Rundfunk durch Telekommunikationsunternehmen, S. 90.

96 *BITKOM*, Die Zukunft der Consumer Electronics, S. 10; *Frees/Eimeren*, MP 2013, 373, 373; *Wellhausen*, Staatsferner Rundfunk durch Telekommunikationsunternehmen, S. 90; *Engel/Meys*, MP 2018, 532, 539. Am häufigsten verwenden die Nutzer die Internetfunktion des Smart-TV für Video-on-Demand Plattformen wie *Netflix* oder *Amazon Prime*. Danach folgen die Mediatheken der Fernsehsender. Vgl. *Engel/Meys*, MP 2018, 532, 540 f.; *Berghofer*, in: *die medienanstalten* (Hrsg.), Stand der Digitalisierung 2019, 32, 49. Siehe zur Nutzung der Smart-TV-Funktionen allgemein: *Bundeskartellamt*, Sektoruntersuchung Smart-TV, S. 28.

97 *Wellhausen*, Staatsferner Rundfunk durch Telekommunikationsunternehmen, S. 91.

98 *Frees/Eimeren*, MP 2013, 373, 380 f.; *Wellhausen*, Staatsferner Rundfunk durch Telekommunikationsunternehmen, S. 91.

99 *Wellhausen*, Staatsferner Rundfunk durch Telekommunikationsunternehmen, S. 91.

100 So etwa: *Kurp*, TENDENZ 2011, 6, 9 f.; *BITKOM*, Die Zukunft der Consumer Electronics, S. 10.

101 *Berghofer*, in: *die medienanstalten* (Hrsg.), Stand der Digitalisierung 2019, 32, 42 f.

ermöglicht.[102] Dabei muss der Zuschauer kein weiteres Gerät zur Hilfe nehmen und daher nicht an Sehqualität einbüßen.

Es ist davon auszugehen, dass sich non-lineare Angebote weiter ausbreiten und in wenigen Jahren die Generation 40 plus erreichen werden. Mit dem Altern der Gesellschaft wird sich das Medienverhalten ändern: Die *Digital Natives* werden den Großteil der Gesellschaft ausmachen und die *Digital Outsiders* werden eine Seltenheit, weshalb die Bedeutung des klassischen Fernsehens auf lange Sicht zwangsläufig abnehmen wird. Schließlich sind es gerade die *Digital Outsiders*, die den überwiegenden Anteil bei der klassischen Fernsehnutzung ausmachen.

IV. Zwischenergebnis

Das klassische Fernsehen ist nach wie vor ein Leitmedium der Deutschen. Dies liegt nicht allein an der einfachen Bedienung und den günstigen Preisen der TV-Geräte, sondern vor allem daran, dass das klassische Fernsehen die wichtigste Informationsquelle für die deutsche Bevölkerung darstellt. Das ändert bislang auch die starke Entwicklung des Internets nicht. Lediglich bei dem jüngeren Publikum nimmt die Beliebtheit des klassischen Fernsehens ab. Sie nutzen vorwiegend non-lineare Video-on-Demand Angebote wie *Netflix* oder *Amazon Prime*.[103] Dennoch zeigt sich in Bezug auf das Internet, dass das Medium im Laufe der Zeit ebenfalls die Stellung eines Leitmediums einnehmen wird. Mittlerweile nutzt über 90 Prozent der deutschen Bevölkerung das Internet. Dabei dient das Internet insbesondere der jungen Generation als primäre Informationsquelle. Ob es das klassische Fernsehen aus seiner Leitbildfunktion verdrängt, bleibt abzuwarten. Eine völlige Ablösung ist in naher Zukunft aber wohl zweifelhaft.

Smart-TV begünstigt die positive Entwicklung des Internets und führt zu einer längeren Nutzungsdauer. Insbesondere nimmt der Trend zur parallelen Nutzung von Fernsehen und Internet durch Smart-TV weiter zu. Die andere Seite der Medaille ist aber, dass sich dies in Zukunft zu Lasten des linearen Fernsehkonsums auswirken wird.

---

102 Für mehr als die Hälfte (56,6 Prozent) der Bevölkerung ist der Fernseher das wichtigste Gerät für die Bewegtbildnutzung, *Berghofer*, in: *die medienanstalten* (Hrsg.), Stand der Digitalisierung 2019, 32, 41.

103 Die beiden Video-on-Demand-Dienste bieten Zugang zu verschiedenen Filmen und Serien per Streaming über das Internet.

C. Technik und Entwicklung von Smart-TV

Smart-TV, ebenfalls bekannt als Connected-TV oder Hybrid-TV ist ein sog. Multiempfangsgerät.[104] Der Name deutet bereits an, dass ein solches Gerät fähig ist, mehrere Technologien zu verbinden, indem es lineare Rundfunkangebote mit nonlinearen Diensten kombiniert.[105] Dabei werden Fernsehen und Internet auf einem Bildschirm dargestellt, sodass beide parallel oder sogar synchron genutzt werden können.[106] Selbstverständlich kann der Zuschauer mit den Geräten Fernseh- und Internetinhalte weiterhin getrennt voneinander konsumieren.

Bei klassischen Smart-TVs handelt es sich um Geräte mit integriertem Internetanschluss, d.h. die Geräte benötigen keine externen Hilfsmittel, um sich mit dem Internet zu verbinden.[107] Das Gerät baut direkt über LAN[108] oder WLAN[109] eine Verbindung mit dem Internet auf.[110]

Im Gegensatz dazu steht der Begriff „Connected-TV" für Geräte, welche die Internetverbindung über externe Rechner oder Set-Top-Boxen[111] herstellen.[112] Daneben dienen Blu-ray-Player, Receiver oder Spiele-Konsolen als

---

104 *Gottberg/Graubner/Chardon, tv diskurs 2011, 54, 56; Kurp, TENDENZ 2011, 6, 9; Kammerevert, promedia 2013, 13, 13.*

105 *Schmid*, ZUM 2011, 457, 458; *Boos*, MMR 2012, 364, 364 f.; *Broemel*, ZUM 2012, 866, 866 f.; *Deutsche TV-Plattform e.V.*, White Book, S. 6.

106 *Becker*, ZUM 2011, 449, 449 ff.; *Sewczyk*, tv diskurs 2011, 32, 32.

107 *Zoche ua*, Forschungsbericht Smart-TV, S. 7.

108 Local Area Network (lokales Netzwerk). „Computernetzwerk, welches sich auf eine begrenzte Fläche beschränkt", Taeger/Pohle/*Wißner/Jäger*, Computerrechts-Hb, 3. Abschnitt, 300 Technisches Lexikon, Rn. 14.

109 Wireless Local Area Network (WLAN). „Bezeichnet einen vom Institute of Electrical and Electronics Engineers (IEEE) unter der Bezeichnung IEEE 802.11 verabschiedeten Industriestandard (1997) für drahtlose funkbasierte lokale Netzwerke. Mittels der WLAN-Technologie können einzelne Computer oder Netzwerkgeräte wie beispielsweise Drucker oder DSL-Access Points drahtlos an ein bestehendes lokales Netzwerk angebunden oder aber lokale Netzwerke vollständig drahtlos aufgebaut werden", Taeger/Pohle/*Wißner/Jäger*, Computerrechts-Hb, 3. Abschnitt, 300 Technisches Lexikon, Rn. 24.

110 *Sewczyk*, tv diskurs 2011, 32, 33.

111 *„Set-Top-Box"* kann als Oberbegriff für alle Geräte fungieren, die mit einem Fernseher verbunden werden können und weitere Funktionen eröffnen. Überwiegend wird der Begriff aber für Geräte wie die Apple-TV-Box oder den Amazon Fire TV-Stick verwendet.

112 *Zoche ua*, Forschungsbericht Smart-TV, S. 7.

Verbindungsmittel.[113]

I. Technischer Hintergrund von Smart-TV

1. Funktionsweise: Per Knopfdruck vom Fernsehbild ins Netz

Um den Wechsel vom Fernsehbild in das World Wide Web zu ermöglichen, müssen die Smart-TV-Geräte über einen Internetanschluss verfügen.[114] Überdies ist eine ausreichende Bandbreite der Verbindung erforderlich. [115] Nur so können die Online-Inhalte in entsprechender Qualität und ohne Unterbrechung auf dem Fernsehbildschirm abgespielt werden.[116] Eine Bandbreite von 2 Mbit/s bis zu 4 Mbit/s sollte mindestens gegeben sein.[117] Dies stellt heutzutage allerdings kein Problem mehr dar, da eine Bandbreite von über 30 Mbit/s mittlerweile Standard in deutschen Haushalten ist.[118] Ca. 92 Prozent der Haushalte verfügen über einen Breitbandanschluss mit Bandbreiten von mindestens 30 Mbit/s und in ca. 90 Prozent der Haushalte sind sogar mindestens 50 Mbit/s verfügbar.[119]

Die erforderliche Hardware zur Darstellung der Internetinhalte ist in Form von Chip-Sätzen aus der Computerindustrie in die Smart-TVs eingebaut, wodurch den Herstellern kaum Mehrkosten entstehen.[120] Die Technologien variieren je nach Hersteller: Einige Geräte basieren auf CE-HTML,[121] eine Weiterentwicklung des Standard-Internet-Formats HTML[122], mit dessen Hilfe sich

113 *Kurp*, TENDENZ 2011, 6, 6.

114 *Klickermann*, in: *Taeger* (Hrsg.), Hybrides Fernsehen, 707, 709; *Sewczyk*, tv diskurs 2011, 32, 32 f.; *Deutsche TV-Plattform e.V.*, White Book, S. 7.

115 *Kurp*, TENDENZ 2011, 6, 7.

116 *Sewczyk*, tv diskurs 2011, 32, 33.

117 *Kurp*, TENDENZ 2011, 6, 7; *Sewczyk*, tv diskurs 2011, 32, 33.

118 Vgl. hierzu Breitbandatlas des *Bundesministeriums für Verkehr und digitale Infrastruktur*, abrufbar unter: https://www.bmvi.de/DE/Themen/Digitales/Breitbandausbau/Breitbandatlas-Karte/start.html (Abruf v. 12.10.2020).

119 *Bundesministerium für Verkehr und digitale Infrastruktur (BMVI)*, Bericht: Aktuelle Breitbandverfügbarkeit in Deutschland (Stand: Mitte 2019), S. 2 ff., abrufbar unter: https://www.bmvi.de/SharedDocs/DE/Publikationen/DG/breitband-verfuegbarkeit-mitte-2019.pdf?__blob=publicationFile (Abruf v. 12.10.2020).

120 *Kurp*, TENDENZ 2011, 6, 6; *Sewczyk*, tv diskurs 2011, 32, 32.

121 Consumer Electronis-Hyper Text Markup Language.

122 Hyper Text Markup Language: Seitenbeschreibungssprache, in der die Seiten des World Wide Web (WWW) geschrieben sind, Taeger/Pohle/*Wißner/Jäger*, Computerrechts-Hb, 3. Abschnitt, 300 Technisches Lexikon, Rn. 12.

die Web-Inhalte für den TV-Bildschirm optimieren lassen.[123] Teilweise verwenden die Hersteller IT-Lösungen, die auf der Programmiersprache Java bzw. JavaScript beruhen.[124] Weitere Voraussetzung für das Auslesen der Dateien ist ein installierter Browser.[125]

Allerdings bilden die technischen Voraussetzungen lediglich die Basis für den Abruf der Online-Inhalte. Damit diese auf einem Fernsehbildschirm richtig dargestellt werden können, findet zuvor mit Hilfe von entsprechenden Vorlagen eine Aufbereitung statt.[126] Insbesondere müssen Grafiken und Texte vergrößert und das Layout an den großen TV-Display angepasst werden.[127] Schließlich muss der Inhalt aus mehreren Metern Entfernung mühelos lesbar sein. Die angepassten Inhalte werden sodann über eine spezielle technische Schnittstelle (RSS Feed/XML) aus dem Online Content Management System für den Fernseher abgeholt,[128] per Internetprotokoll transportiert und letztlich mit Hilfe des integrierten Browsers auf dem Bildschirm angezeigt.[129]

Im Ergebnis kann der Nutzer das Gerät als klassischen Fernseher nutzen sowie begleitend Internetinhalte in hochauflösender Qualität abrufen. Hierfür muss er über die Fernbedienung Applikationen, sog. Widgets[130], auf dem Portal seines Smart-TVs öffnen.[131] Auf diese Weise gelangt er per Knopfdruck vom TV-Bild ins Netz. Die Online-Inhalte können über oder in einem getrennten Fenster neben das Fernsehbild projiziert werden.[132] Das System ist mit dem der Smartphone-Applikationen vergleichbar.[133] Auch in einem Smart-TV-Portal

---

123 *Kurp*, TENDENZ 2011, 6, 9; *Sewczyk*, tv diskurs 2011, 32, 34.

124 *Sewczyk*, tv diskurs 2011, 32, 34; *Deutsche TV-Plattform e.V.*, Marktanalyse Smart-TV, S. 7.

125 *Sewczyk*, tv diskurs 2011, 32, 34.

126 *Wagner*, in: *Kleist/Roßnagel/Scheuer* (Hrsg.), Hybrides Fernsehen, 325, 325. Diese Aufbereitung wird in der Regel durch spezialisierte Agenturen vorgenommen, *Sewczyk*, tv diskurs 2011, 32, 34 f.

127 *Sewczyk*, tv diskurs 2011, 32, 35.

128 So wörtlich: *Sewczyk*, tv diskurs 2011, 32, 35.

129 *Kurp*, TENDENZ 2011, 6, 9; *Sewczyk*, tv diskurs 2011, 32, 35.

130 Kleine Programme, die als Symbole auf dem TV-Bildschirm (oder PC-Desktop) erscheinen. Mit ihrer Hilfe können bestimmte Internet- Dienste genutzt werden, *Deutsche TV-Plattform e.V.*, Marktanalyse Smart-TV, S. 54.

131 *Kitz*, in: *Kleist/Roßnagel/Scheuer* (Hrsg.), Hybride Empfangsgeräte, 337, 337; *Schmid*, ZUM 2011, 457, 458.

132 *Kitz*, in: *Kleist/Roßnagel/Scheuer* (Hrsg.), Hybride Empfangsgeräte, 337, 337; *Schmid*, ZUM 2011, 457, 458.

133 *Kurp, TENDENZ 2011, 6, 9; Schmid, ZUM 2011, 457, 458.*

sind die Widgets grundsätzlich mit einem Kachel-Symbol gekennzeichnet, welches eindeutig erkennen lässt, um welches konkrete Angebot es sich handelt.

Die Navigation findet zumeist über die Pfeiltasten der Fernbedienung statt. Einige Geräte integrieren in ihren Fernbedienungen Tastaturen, Touchpads oder Pointer-Funktionen, teilweise lassen sich Smart-TVs zudem über Gesten- und Sprache steuern.[134] Darüber hinaus stehen zur Bedienung des Smart-TVs mittlerweile viele Smartphone-Applikationen zur Verfügung.[135]

Das Spektrum der verfügbaren Anwendungen reicht von Video-on-Demand-Angeboten und Mediatheken über Nachrichtendienste bis zu Spielen und E-Commerce-Diensten. Die Smart-TV-Portale geben meist einen vorinstallierten Katalog an Anwendungen vor.[136] Dieser ist bei modernen Geräten, wie bei einem Smartphone, erweiterbar, indem der Nutzer weitere Applikationen über Online-App-Stores herunterlädt.[137] Zum Teil setzen Applikationen für ihre Nutzung eine Registrierung oder Zahlung voraus. Einige Geräte bieten mittlerweile über (teils rudimentäre) Browser Zugriff auf das gesamte Internet.[138] Der Nutzer muss dafür lediglich eine URL[139] in den Browser eingeben. Allerdings ist technisch nicht immer gewährleistet, dass die Geräte die Inhalte einwandfrei wiedergegeben können. Beispielsweise basieren Videos im Internet überwiegend auf der Software Flash, die noch nicht auf allen Smart-TV-Geräten verfügbar ist.[140]

---

134 *Deutsche TV-Plattform e.V.,* Marktanalyse Smart-TV, S. 9; *Bundeskartellamt,* Sektoruntersuchung Smart-TV, S. 27.

135 So bietet u.a. der Play Store von *Android* entsprechende Apps an. Z.B. die „Entertain Remote Control"-App von der *Telekom Deutschland GmbH* oder die „LG TV Remote"-App von *LG Electronics, Inc.*

136 *Bundeskartellamt,* Sektoruntersuchung Smart-TV, S. 31 f. Dies betrifft nicht nur vorinstallierte Applikationen und Dienste, sondern auch andere Software, wie Sprachassistenten oder Empfehlungsdienste, *Bundeskartellamt,* Sektoruntersuchung Smart-TV, S. 153.

137 *Deutsche TV-Plattform e.V.,* Marktanalyse Smart-TV, S. 11; *Chardon/Heyeckhaus,* ZUM 2015, 21, 22; *Zoche ua,* Forschungsbericht Smart-TV, S. 8.

138 Die früheren Geräte konnten noch nicht auf das gesamte Internet zugreifen, siehe etwa *Kurp,* TENDENZ 2011, 6, 9; *Schmid,* ZUM 2011, 457, 461.

139 Universal Resource Locater (einheitliche Ressourcenadresse). Weltweit eindeutige Adresse für ein Dokument im WWW, welche den Ort und den Namen des Dokumentes angibt, Taeger/Pohle/*Wißner/Jäger,* Computerrechts-Hb, 3. Abschnitt, 300 Technisches Lexikon, Rn. 23.

140 Zu Beginn verfügte noch kein Smart-TV über die integrierte Flash Technologie, *Kurp,* TENDENZ 2011, 6, 7; *Sewczyk,* tv diskurs 2011, 32, 33.

Die Endgerätehersteller entwickeln zum Teil ihre eigenen Plattformen, zum Teil nutzen sie die Portale von Drittanbietern.[141] Neben Design und Bedienstruktur variieren vor allem die Inhalte der einzelnen Portale.[142] Daneben divergieren die technischen Anforderungen der Geräte im Hinblick auf die Darstellung von Inhalten, sodass in der Folge jede Internetanwendung an die einzelnen, proprietären Portale angepasst werden muss.[143]

2. *Zusätzliche Funktionen*

Neben dem Zugang zum Internet stellen einige Smart-TVs weitere Funktionen bereit, die über die eines klassischen Fernsehgeräts hinaus gehen. Die Geräte eröffnen durch eingebaute Sensoren ein interaktives Fernseherlebnis. So sind moderne Smart-TVs mit Mikrofonen, Kameras, Bewegungs-, Temperatur- und sogar Luftfeuchtigkeitssensoren ausgestattet.[144] Auf diese Weise kann der Zuschauer beispielsweise über den Fernseherbildschirm Videotelefonie-Dienste nutzen oder auf andere Weise interagieren. Zudem kann der Nutzer das TV-Gerät mit weiteren Smart-Home-Geräten oder dem Smartphone verbinden.[145]

Jedoch bietet die neuartige Technik dem Nutzer nicht nur vielfältige neue Möglichkeiten, sie bringt aufgrund ihrer Multifunktionalität ebenso zahlreiche Probleme mit sich.[146]

3. *Hybrid Broadcast Broadband TV (HbbTV)*

Die ersten Probleme im Zusammenhang mit Smart-TV zeigten sich bereits unmittelbar nach dessen Einführung: Unter anderem verwendeten die verschiedenen Gerätehersteller für ihre eigenen Plattformen jeweils unterschiedliche Techniken.[147] So basierten die Geräte beispielsweise auf unterschiedlichen Browsern.[148] Folglich mussten die Inhalteanbieter ihre Dienste speziell für jeden einzelnen Hersteller anpassen, was nicht nur mit einem enormen Aufwand

141 *Bundeskartellamt,* Sektoruntersuchung Smart-TV, S. 150 f.

142 *Kurp,* TENDENZ 2011, 6, 9; *Deutsche TV-Plattform e.V.,* Marktanalyse Smart-TV, S. 8.

143 *Blödorn/Mohr,* MP 2011, 242, 242; *Ricke,* MMR 2011, 642, 647; *Wagner,* ZUM 2011, 462, 463; *Deutsche TV-Plattform e.V.,* Marktanalyse Smart-TV, S. 11.

144 *Geminn,* DuD 2016, 575, 575; *Zoche ua,* Forschungsbericht Smart-TV, S. 7.

145 *Deutsche TV-Plattform e.V.,* Marktanalyse Smart-TV, S. 5; *Zoche ua,* Forschungsbericht Smart-TV, S. 8.

146 Siehe hierzu Kap. 3.

147 *Blödorn/Mohr,* MP 2011, 242, 242; *Wagner,* ZUM 2011, 462, 462.

148 *Deutsche TV-Plattform e.V.,* Marktanalyse Smart-TV, S. 11.

verbunden war, sondern auch zur Diskriminierung einzelner Inhalte führen konnte.[149] Ferner war es nicht gewährleistet, dass die Rundfunkveranstalter ihre non-linearen Angebote passend zum Fernsehprogramm zur Verfügung stellen konnten. Um dieses Problem zu lösen, haben einige Marktteilnehmer aus der Unterhaltungsindustrie im Jahr 2009 das europäische System Hybrid Broadcast Broadband TV (HbbTV)[150] entwickelt.[151]

HbbTV ist ein europaweiter offener Industriestandard, welchen das Europäischen Institut für Telekommunikation (ETSI) im Jahr 2010 offiziell anerkannte.[152] Das HbbTV-System basiert auf CE-HTML und setzt einen einheitlichen Standard für Smart-TV.[153] Sofern die Inhalteanbieter sich an diesen Standard halten, müssen sie die Angebote nicht einzeln an die verschiedenen Portale der jeweiligen Hersteller anpassen, sondern ein und dieselbe Anwendung funktioniert auf allen Endgeräten, welche HbbTV unterstützen.[154] HbbTV stellt somit eine herstellerübergreifende Lösung dar.

Wie der Name schon andeutet,[155] bietet HbbTV zudem eine Möglichkeit, lineare und non-lineare Angebote auf intelligente Weise zu verknüpfen: Schließlich ist es mit der integrierten Red-Button-Funktion möglich, spezifische Zusatzangebote zum Fernsehprogramm zu erhalten, wodurch jeder Rundfunkveranstalter die Chance bekommt sein Angebot zu erweitern.[156] Der sog.

---

149 *Blödorn/Mohr*, MP 2011, 242, 242; *Klickermann/Lotz*, MMR 2012, 801, 802; *Deutsche TV-Plattform e.V.*, Marktanalyse Smart-TV, S. 11.

150 Vgl. hierzu im Detail: *Deutsche TV-Plattform e.V.*, Marktanalyse Smart-TV, S. 11 ff.

151 *Blödorn/Mohr*, MP 2011, 242, 242; *Kurp*, TENDENZ 2011, 6, 7; *Sewczyk*, tv diskurs 2011, 32, 34; *Deutsche TV-Plattform e.V.*, Marktanalyse Smart-TV, S. 12.

152 Standard vom 10.06.2010 – ETSI TS 102 796 V1.1.1 (2010-06); *Kurp*, TENDENZ 2011, 6, 7; *Deutsche TV-Plattform e.V.*, Marktanalyse Smart-TV, S. 12.

153 *Kurp*, TENDENZ 2011, 6, 7; *Sewczyk*, tv diskurs 2011, 32, 34; *Deutsche TV-Plattform e.V.*, Marktanalyse Smart-TV, S. 12.

154 *Blödorn/Mohr*, MP 2011, 242, 242; *Kurp*, TENDENZ 2011, 6, 7; *Wagner*, ZUM 2011, 462, 462; *Weber*, ZUM 2011, 452, 452; *Klickermann/Lotz*, MMR 2012, 801, 802; *Deutsche TV-Plattform e.V.*, Marktanalyse Smart-TV, S. 12. Mittlerweile unterstützen über 90 Prozent der verkauften Smart-TVs in Deutschland den Standard HbbTV, *Deutsche TV-Plattform*, Markt für TV-Geräte wächst leicht trotz Corona-Krise, https://www.tv-plattform.de/de/service/thema/thema-smart-media (Abruf v. 12.10.2020).

155 Das Wort „Hybrid" stammt aus dem Lateinischen und bedeutet Vermischung. HbbTV vermischt demnach Broadcast (Verbreitung von klassischem Rundfunk) und Broadband (Abruf von Inhalten über ein Breitbandnetz), *Blödorn/Mohr*, MP 2011, 242, 242.

156 Dies wird von allen großen TV-Sendern angeboten. *Blödorn/Mohr*, MP 2011, 242, 242; *Klickermann*, in: *Taeger* (Hrsg.), Hybrides Fernsehen, 707, 709 f.; *Schmidtmann/Schwiering*, ZD 2014, 448, 448; *Zoche ua*, Forschungsbericht Smart-TV, S. 7.

Red-Button befindet sich grundsätzlich auf der Fernbedienung eines Smart-TV-Geräts und kann jederzeit gedrückt werden. Überdies können die Fernsehsender den roten Knopf im laufenden Programm einblenden und auf diese Weise interaktives Fernsehen ermöglichen.[157] Folglich eröffnet HbbTV Zugriff auf non-linearen Inhalte, losgelöst vom Smart-TV-Portal der Hersteller.[158] Unkontrolliertes Einblenden von Inhalten in das laufende Programm soll der HbbTV-Standard hingegen verhindern.[159] Die Rundfunkveranstalter können zudem erweiterte Videotextangebote bieten, weshalb HbbTV als Teletext 2.0 gilt und diesen langfristig ersetzen soll.[160] Neben dem überwiegenden Teil der Gerätehersteller unterstützen mittlerweile alle großen Fernsehsender in Deutschland den HbbTV-Standard.[161]

Seit 2009 hat sich die zugrundliegende Technik fortentwickelt[162]: Im Jahr 2015 brachte die HbbTV Version 2.0[163] vielfältige Erweiterungen und neue Leistungen in Bezug auf HbbTV. Beispielsweise beinhaltet HbbTV 2.0 nun HTML5 und unterstützt Ultra HD.[164] Zudem sollte die neue Version die Sicherheit von HbbTV verbessern.[165] Seit Juli 2020 ist die aktuellste Version von HbbTV verfügbar.[166]

Der HbbTV-Standard kann einerseits eine akzeptable Lösung darstellen, um Interoperabilität zwischen den verschiedenen Portalen zu schaffen. Andererseits kann er den Rundfunkveranstaltern Zugänglichkeit zu ihren non-linearen

---

157 *Sewczyk*, tv diskurs 2011, 32, 34; *Zoche ua*, Forschungsbericht Smart-TV, S. 7 f.

158 *Chardon/Heyeckhaus*, ZUM 2015, 21, 22.

159 *Deutsche TV-Plattform e.V.*, Marktanalyse Smart-TV, S. 12.

160 *Blödorn/Mohr*, MP 2011, 242, 242 ff.; *Zoche ua*, Forschungsbericht Smart-TV, S. 8.

161 *Deutsche TV-Plattform*, Zahlen, Fakten, News, abrufbar unter:, https://www.tv-plattform.de/de/service/thema/thema-smart-media (Abruf v. 12.10.2020); *Schmidtmann/Schwiering*, ZD 2014, 448, 448; *Bundeskartellamt*, Sektoruntersuchung Smart-TV, S. 28.

162 Zur Entwicklung siehe: *Institut für Rundfunktechnik GmbH*, Vortrag im Rahmen des IRT-Kolloquiums, v. 05.12.2016, abrufbar unter: https://www.irt.de/fileadmin/media/downloads/Kolloquien/2016/20161205_Kolloquium_HbbTV.pdf (Abruf v. 12.10.2020).

163 Standard ETSI TS 102 796 V1.3.1.

164 *Deutsche TV-Plattform*, HbbTV, abrufbar unter: https://www.tv-plattform.de/de/service/thema/thema-smart-media (Abruf v. 12.10.2020).

165 *Deutsche TV-Plattform*, HbbTV, abrufbar unter: https://www.tv-plattform.de/de/service/thema/thema-smart-media (Abruf v. 12.10.2020).

166 Standard ETSI TS 102 796 V 1.5.1. Die Version modifiziert die Vorversion nur in einigen Punkten und dient vornehmlich zur Fehlerbehebung.

Zusatzangeboten gewährleisten. Damit trägt HbbTV einen Schritt zur Meinungsvielfalt bei und sollte daher deutschland- bzw. europaweit Pflicht für die Hersteller werden.

HbbTV bringt aber auch Probleme mit sich. Der Standard wirft vor allem in datenschutzrechtlicher Hinsicht Fragen auf. Denn mit Hilfe des HbbTV-Standards können Rückschlüsse auf das individuelle Fernsehverhalten der Zuschauer gezogen werden, weshalb er ein erhebliches Sicherheitsrisiko darstellt.[167]

II. Entwicklung und Wachstum von Smart-TV

Die Idee zur Entwicklung eines konvergenten Fernsehcomputers entstammt bereits den 80er Jahren.[168] Im Jahr 2001 brachte der deutsche Hersteller *Loewe* ein Gerät auf den Markt, mit dem es zumindest in der Theorie möglich war, einige Internetoptionen zu nutzen.[169] Allerdings fehlte es zu dieser Zeit an den erforderlichen technischen Voraussetzungen, weshalb das Interesse der Nutzer und damit der Erfolg vorerst ausblieb.[170]

Der Durchbruch der vernetzten Fernseher begann aber nur wenige Jahre später mit der Markteinführung von Smart-TV zwischen den Jahren 2005 und 2008.[171] Im Jahr 2008 brachte der Hersteller *Samsung* sein erstes SmartTV-Gerät offiziell auf den Markt.[172] In Deutschland kamen die ersten Smart-TV-Geräte Anfang 2009 auf den Markt.[173] Heute, etwa zehn Jahre später, ist die Kombination von klassischem Fernsehen und Internet kein bloßes Zukunftsphänomen mehr: Der Begriff SmartTV beherrscht mittlerweile die Fernsehszene der Gegenwart und gehört zu einem der wichtigsten Trends am TV-Markt.[174] Dies zeigt

---

167 *Keber*, RDV 2013, 236, 237; Schwartmann/*Keber*, Praxishandbuch Medienrecht, 3. Teil, 20. Kap., Rn. 71. Siehe hierzu ausführlich Kap. 3.

168 *Kurp*, TENDENZ 2011, 6, 6.

169 *Kurp*, TENDENZ 2011, 6, 6.

170 *Kurp*, TENDENZ 2011, 6, 6; *Deutsche TV-Plattform e.V.*, Marktanalyse Smart-TV, S. 11.

171 Ein konkretes Datum steht diesbezüglich nicht fest, *M. Ghiglieri*, Smart-TV, S. 1.

172 So zumindest die Angaben auf der offiziellen Internetseite von *Samsung*, abrufbar unter https://www.samsung.com/sa_en/offer/TV_History/ (Abruf v. 12.10.2020).

173 *Kitz*, in: *Kleist/Roßnagel/Scheuer* (Hrsg.), Hybride Empfangsgeräte, 337, 337; *Deutsche TV-Plattform e.V.*, Marktanalyse Smart-TV, S. 5; *Bundeskartellamt*, Sektoruntersuchung Smart-TV, S. 27.

174 *Engel/Meys*, MP 2018, 532, 538; *Müller*, AG 2018, R228-R229, R228. Siehe zudem: *Deutsche TV-Plattform*, Markt für TV-Geräte wächst leicht trotz Corona-Krise, abrufbar unter: https://www.tv-plattform.de/de/service/thema/thema-smart-media (Abruf v. 12.10.2020).

das rasante Wachstum der Smart-TV-Gerätepopulation[175] in Deutschland: Bis 2011 verkauften sich insgesamt lediglich 2,7 Millionen internetfähige Fernseher.[176] Allein im Jahr 2012 waren es bereits 4,4 Millionen.[177] Zu diesem Zeitpunkt verfügte jeder vierte Haushalt in Deutschland über einen Smart-TV.[178] Diese Zahl hat sich bis heute mehr als verdoppelt: Aktuell befindet sich in mehr als jedem zweiten deutschen Haushalt mindestens ein Smart-TV, was in etwa 20 Millionen Haushalten entspricht.[179] Der Trend geht dahin, sogar mehr als einen SmartTV im Haushalt zu besitzen. So verfügt bereits jeder neunte Haushalt über zwei oder mehr smarte TV-Geräte.[180] Es ist davon auszugehen, dass in wenigen Jahren nahezu alle Haushalte mit mindestens einem Smart-TV ausgestattet sein werden.[181] Während die Verbreitung damit insgesamt stetig stieg, blieben die Verkaufszahlen allerdings seit 2012 relativ stabil.[182]

---

175 Die zugrundeliegenden Zahlen beziehen sich lediglich auf internetfähige Fernsehgeräte. Zählten Blu-ray-Player, Set-Top-Boxen, TV-Sticks u.ä. hinzu, wären diese Zahlen noch höher.

176 *Sewczyk, Jürgen*, Vortrag v. 02.09.2016 auf der IFA Messe in Berlin, abrufbar unter: https://www.tv-plattform.de/images/stories/archiv/2016/IFA-PK-Sewczyk.pdf (Abruf v. 12.10.2020). Die Angaben beruhen auf Erhebungen der GfK Retail & Technology GmbH.

177 *Sewczyk, Jürgen*, Vortrag v. 02.09.2016 auf der IFA Messe in Berlin, abrufbar unter: https://www.tv-plattform.de/images/stories/archiv/2016/IFA-PK-Sewczyk.pdf (Abruf v. 12.10.2020). Die Angaben beruhen auf Erhebungen der GfK Retail & Technology GmbH.

178 *BITKOM*, Die Zukunft der Consumer Electronics, S. 10.

179 *Berghofer*, in: *die medienanstalten* (Hrsg.), Stand der Digitalisierung 2018, 34, 38; *Berghofer*, in: *die medienanstalten* (Hrsg.), Stand der Digitalisierung 2019, 32, 36-37; *Bundeskartellamt*, Sektoruntersuchung Smart-TV, S. 28.

180 *Berghofer*, in: *die medienanstalten* (Hrsg.), Stand der Digitalisierung 2018, 34, 38; *Berghofer*, in: *die medienanstalten* (Hrsg.), Stand der Digitalisierung 2019, 32, 37.

181 *Engel/Meys*, MP 2018, 532, 535.

182 Der Absatz betrug jährlich um die vier Millionen, *Sewczyk, Jürgen*, Vortrag v. 02.09.2016 auf der IFA Messe in Berlin, abrufbar unter: https://www.tv-plattform.de/images/stories/archiv/2016/IFA-PK-Sewczyk.pdf (Abruf v. 12.10.2020). Die Angaben beruhen auf Erhebungen der GfK Retail & Technology GmbH. Siehe zu den aktuellen Zahlen: *Deutsche TV-Plattform*, abrufbar unter: https://www.tv-plattform.de/de/service/thema/thema-smart-media (Abruf v. 12.10.2020).

III. Abgrenzung zu IPTV und Web-TV

Die Begriffe Smart-TV bzw. Hybrid-TV, IPTV und Web-TV werden teilweise ungenau oder sogar synonym gebraucht. Dabei handelt es sich um gänzlich unterschiedliche Technologien. Gemein ist ihnen lediglich, dass sie allesamt mit Hilfe der Infrastruktur des Internets Informationen übertragen und somit in gewisser Hinsicht Rundfunk und Internet verknüpfen.[183]

1. Internet Protocol Television (IPTV)[184]

IPTV bedeutet Internet Protocol Television. Die von Microsoft entwickelte Technologie zur Übertragung von digitalem Fernsehen ist seit 2006 auf dem deutschen Markt.[185] IPTV überträgt audiovisuelle Inhalte mit Hilfe des Internetprotokolls in garantierter Qualität, wobei die Inhalte in kontrollierten und geschlossenen Netzwerken auf ein Fernsehgerät transportiert werden.[186] Einfach gesprochen handelt es sich bei IPTV um DSL-Fernsehen.[187] Somit bietet IPTV, neben Kabel, Satellit und Antenne, eine weitere Möglichkeit, um klassischen Rundfunk zu übertragen.[188] Daneben ist der Empfang von non-linearen Inhalten, wie Video-on-Demand-Diensten, möglich.[189]

Mit Hilfe einer IPTV-Box können die Programme auf einem TV-Bildschirm angezeigt werden.[190] Allerdings reicht nicht allein der Erwerb einer solchen TV-Box, zusätzlich muss der Nutzer einen Vertrag mit einem IPTV-Anbieter abschließen und zudem über einen Breitband-Internetanschluss verfügen.[191] Bekannte IPTV-Anbieter sind die *deutsche Telekom AG* mit *Magenta-TV* sowie die *Vodafone GmbH* mit *GigaTV Net*.[192]

---

183 *Deutsche TV-Plattform e.V.,* Marktanalyse Smart-TV, S. 5; *Holtmann,* Hybrid-TV, S. 16; *Wellhausen,* Staatsferner Rundfunk durch Telekommunikationsunternehmen, S. 86 f.

184 Zu dem Thema IPTV vgl. *Ricke,* IPTV und Mobile TV; *Hoeren/Neurauter/Golla,* IPTV.

185 *Stender-Vorwachs/Theißen,* ZUM 2006, 362, 366.

186 *Breunig,* MP 2007, 478, 478; *Flatau,* ZUM 2007, 1, 2; *Kurp,* TENDENZ 2011, 6, 9; *Ricke,* IPTV und Mobile TV, S. 61; *Deutsche TV-Plattform e.V.,* Marktanalyse Smart-TV, S. 5.

187 *Ricke,* IPTV und Mobile TV, S. 61.

188 *Breunig,* MP 2007, 478, 490; *Deutsche TV-Plattform e.V.,* Marktanalyse Smart-TV, S. 5.

189 *Stender-Vorwachs/Theißen,* ZUM 2006, 362, 366; *Hoeren,* MMR 2008, 139, 139.

190 *Flatau,* ZUM 2007, 1, 2; *Hoeren,* MMR 2008, 139, 139; *Holtmann,* Hybrid-TV, S. 17.

191 *Stender-Vorwachs/Theißen,* ZUM 2006, 362, 366; *Hoeren,* MMR 2008, 139, 139; *Deutsche TV-Plattform e.V.,* Marktanalyse Smart-TV, S. 5.

192 *Hoeren,* MMR 2008, 139, 139.

Der Unterschied zu Smart-TV besteht darin, dass bei IPTV sowohl Internet als auch Rundfunk über dasselbe Protokoll und meist über dasselbe Kabel mit Hilfe des Internets übertragen werden.[193] D.h. ohne Internetverbindung bleibt der Fernsehbildschirm schwarz. Smart-TV hingegen kombiniert eine klassische Rundfunkübertragung via Kabel, DVB-T[194] oder Satellit mit einem zusätzlichen, separaten Internetzugang. Allerdings haben beide Angebote auch eine Gemeinsamkeit: sie zielen beide vornehmlich auf den Fernseher als Endgerät ab.

2. *Web-TV*[195]

In Abgrenzung zu IPTV ist Web-TV vornehmlich auf Endgeräten wie Computern, Laptops, Tablets oder Smartphones anwendbar.[196] Zudem werden die audiovisuellen Inhalte in einem offenen, unkontrollierten Netz in geringerer Qualität als bei IPTV übertragen.[197] Unter Web-TV fallen insbesondere Angebote wie Livestreams von Rundfunkprogrammen über das World Wide Web sowie zeitversetzte Videostreams.[198] Da für derartige Angebote eine ausreichende Bandbreite der Verbindung erforderlich ist, ist bei Web-TV ebenfalls ein Breitbandzugang zwingend notwendig.[199] WebTV benötigt weder zusätzliche Hardware, wie eine TV-Box, noch muss der Nutzer Verträge mit bestimmten Anbietern abschließen.[200] In der Regel sind die Angebote gratis zu nutzen, einige Angebote sind hingegen kostenpflichtig oder erfordern eine vorherige Registrierung.[201]

Im Gegensatz zu Smart-TV und IPTV ist Web-TV nicht darauf ausgelegt klassisches Fernsehen zu ersetzen, sondern dieses vielmehr zu ergänzen.[202]

---

193 *Holtmann,* Hybrid-TV, S. 17.

194 „Digital Video Broadcasting – Terrestrial" = Digitale Videoübertragung – Antennenfernsehen.

195 Auch bekannt unter dem Begriffen Internet-TV, Online-Rundfunk oder Webcasting, *Ricke,* IPTV und Mobile TV, S. 63.

196 *Ricke,* IPTV und Mobile TV, S. 62; *Keber,* RDV 2013, 236, 237; *Leuschen,* Internetfernsehen, S. 77.

197 *Hoeren,* MMR 2008, 139, 139; *Ricke,* IPTV und Mobile TV, S. 62; *Deutsche TV-Plattform e.V.,* Marktanalyse Smart-TV, S. 5; *Leuschen,* Internetfernsehen, S. 77.

198 *Breunig,* MP 2007, 478, 479; *KEK,* Jahresbericht 2008/2009, S. 330 ff.

199 *Breunig,* MP 2007, 478, 479.

200 *KEK,* Jahresbericht 2008/2009, S. 330; *Wellhausen,* Staatsferner Rundfunk durch Telekommunikationsunternehmen, S. 87.

201 *KEK,* Jahresbericht 2008/2009, S. 332.

202 *Breunig,* MP 2007, 478, 490.

Insoweit ist eine Kombination von Web-TV-Angeboten und Smart-TV möglich. Schließlich können die smarten TV-Geräte bekannte Web-TV Angebote, wie beispielsweise *YouTube*, abspielen, welche ursprünglich für den Abruf auf dem Computer konzipiert wurden. Dies verdeutlicht besonders anschaulich, dass mit dem digitalen Fortschritt die Grenzen zwischen den verschiedenen Technologien immer mehr verschwimmen und insbesondere durch Phänomene wie Smart-TV der Sektor „Internetfernsehen" weiter zusammenwächst.

IV. Zwischenergebnis

Die vorgenannten Ausführungen verdeutlichen den Einzug der Konvergenz der Medien in die deutschen Wohnzimmer. Über die vergangenen Jahre ist die technische Entwicklung im Fernsehbereich rasant fortgeschritten. Bei Smart-TV verschwimmen die Grenzen zwischen den verschiedenen Medien: Internet und Fernsehen verschmelzen auf einem Gerät. Doch die Technologie bietet mehr als ein bloß monotones Surfen im Netz. SmartTV fungiert als interaktiver Fernsehcomputer, der dem Nutzer scheinbar unbegrenzte Möglichkeiten eröffnet.

Kapitel 3: Risiken und Herausforderungen bei Smart-TV

Die moderne Technik birgt neben Vorteilen, aber auch erhebliche Gefahren. Durch die fortschreitende Ausstattung, die Vernetzung verschiedener Medien und die Interaktivität des Nutzers sammelt sich auf nur einem Gerät eine Vielzahl personenbezogener Daten.[203] Auslöser der Big Data Problematik bei Smart-TV ist der internetbasierte Rückkanal der Fernsehgeräte.[204] Dieser ermöglicht es, dass die Daten an Gerätehersteller, Portal- bzw. App-Betreiber, Fernsehsender oder andere Personen fließen.[205] Mithin eröffnet der Rückkanal Dritten potentiell den Zugriff auf die Daten im TV-Gerät.[206] Auf diese Weise entsteht durch Smart-TV ein erhebliches Sicherheitsrisiko für die Persönlichkeitsrechte des Zuschauers.[207] Denn die Datenansammlungen können aufschlussreiche Einblicke in das Verhalten und die Gewohnheiten des jeweiligen Nutzers geben.[208] Aufgrund der Aussagekraft der Daten bei Smart-TV sowie des steigenden Werts im Hinblick auf Daten allgemein, stellt Smart-TV ein attraktives Ziel für potentielle Angreifer dar.[209] Ein solcher Angriff ist ein realistisches Szenario, weshalb der effektive Schutz der Daten an oberster Stelle stehen sollte und die Gewährleistung von Informationssicherheit eine der größten Herausforderungen bei Smart-TV ist.

---

203 *Keber*, RDV 2013, 236, 236; *EAI*, Smart-TV, S. 1.; *Bundeskartellamt*, Sektoruntersuchung Smart-TV, S. 221. Siehe hierzu im Detail: Kap. 4, C.

204 *Keber*, RDV 2013, 236, 236; *Weichert*, DuD 2014, 528, 530; Schwartmann/*Keber*, Praxishandbuch Medienrecht, 3. Teil, 20. Kap., Rn. 69.

205 *Steinhoff*, jurisPR-DSR 2015, Anm. 3, C.; *EAI*, Smart-TV, S. 8; Schneider/*Schneider*, Handbuch EDV-Recht, Allg. Teil, A., I., 2., Rn. 87; Schwartmann/*Keber*, Praxishandbuch Medienrecht, 3. Teil, 20. Kap., Rn. 69.

206 *Ghiglieri ua*, HbbTV, S. 2; *EAI*, Smart-TV, S. 1; Schneider/*Schneider*, Handbuch EDV-Recht, Allg. Teil, A., I., 2., Rn. 87.

207 *Weichert*, DuD 2014, 528, 528 ff.; *EAI*, Smart-TV, S. 1; *Geminn*, DuD 2016, 575, 576; *Jaritz/Lo Iacono*, DuD 2016, 511, 511; *Zoche ua*, Forschungsbericht Smart-TV, S. 19; *Vogel*, K&R 2017, 441, 443.; *Bundeskartellamt*, Sektoruntersuchung Smart-TV, S. 178. Das Risikopotential von Applikationen zeigt: Solmecke/Taeger/Feldmann/*Taeger*, Mobile Apps, Kap. 5 Datenschutz, S. 215 ff.

208 *Weichert*, DuD 2014, 528, 528; Schneider/*Schneider*, Handbuch EDV-Recht, Allg. Teil, A., I., 2., Rn. 87.

209 So auch: *Geminn*, DuD 2016, 575, 576; *Zoche ua*, Forschungsbericht Smart-TV, S. 12.

A. Risiken für die informationelle Selbstbestimmung

Smart-TV stellt ein hohes Bedrohungspotential für die informationelle Selbstbestimmung der Nutzer dar.[210] Die große Menge an Daten, die im intelligenten Fernsehgerät anfallen, eröffnet die Möglichkeit, wertvolle Erkenntnisse über den Nutzer zu ziehen.[211] Daher besteht ein Anreiz diese Daten systematisch zu erfassen, auszuwerten und im Anschluss lukrativ zu nutzen.[212]

I. Ausforschung des Nutzers sowie Bildung detaillierter Persönlichkeitsprofile

SmartTV ermöglicht die Erfassung des TV-Konsums sowie weiterer Informationen in Bezug auf die Nutzung von Applikationen und Online-Diensten.[213] Zudem können die Geräte die Zuschauer über die gegebenenfalls integrierte Kamera beobachten und mit Hilfe des Mikrofons abhören.[214] Die dadurch anfallenden Daten können verschiedenste Akteure auslesen und letztlich miteinander verknüpfen.[215] Auf diese Weise ist eine umfassende Ausforschung von Personen möglich.[216] Insbesondere in Verbindung mit dem Standard HbbTV können Fernsehsender und Dritte das Fernsehverhalten der Zuschauer umfänglich analysieren.[217] Mit Hilfe solcher Fernsehdaten lässt sich der Tagesablauf eines Nutzers in gewisser Hinsicht nachvollziehen. Schaltet dieser etwa von montags bis freitags um 18 Uhr den Fernseher an, lassen sich daraus Rückschlüsse auf

---

210 *Bayerisches Landesamt für Datenschutzaufsicht,* Tätigkeitsbericht 2013/14, S. 167; *Weichert*, DuD 2014, 528, 529 ff.; *Geminn*, DuD 2016, 575, 576; *Zoche ua,* Forschungsbericht Smart-TV, S. 19; *Vogel*, K&R 2017, 441, 443.

211 *Weichert*, DuD 2014, 528, 530; *EAI,* Smart-TV, S. 1; Schneider/*Schneider,* Handbuch EDV-Recht, Allg. Teil, A., I., 2., Rn. 87.

212 *Zoche ua,* Forschungsbericht Smart-TV, S. 19.

213 *Düsseldorfer Kreis,* Orientierungshilfe Smart-TV, S. 6 f.; *EAI,* Smart-TV, S. 8; *Zoche ua,* Forschungsbericht Smart-TV, S. 30 f.

214 *Weichert*, DuD 2014, 528, 530; *Düsseldorfer Kreis,* Orientierungshilfe Smart-TV, S. 27; *Zoche ua,* Forschungsbericht Smart-TV, S. 20; *Rüscher*, NStZ 2018, 687, 687.

215 *Weichert*, DuD 2014, 528, 530; *Düsseldorfer Kreis,* Orientierungshilfe Smart-TV, S. 24; *Zoche ua,* Forschungsbericht Smart-TV, S. 19.

216 *Ghiglieri ua,* HbbTV, S. 9; *Weichert*, DuD 2014, 528, 528 ff.; *Zoche ua,* Forschungsbericht Smart-TV, S. 20; *Grigorjew/Nebel*, ZD-Aktuell 2017, 5532, II. 4.

217 *Ghiglieri ua,* HbbTV, S. 1 ff.; *Keber*, RDV 2013, 236, 238; *Eikenberg*, c´t 2014, 78, 79; *Weichert*, DuD 2014, 528, 530; *Zoche ua,* Forschungsbericht Smart-TV, S. 19 f.; Schwartmann/*Keber,* Praxishandbuch Medienrecht, 3. Teil, 20. Kap., Rn. 71.

die Arbeitszeiten und Gewohnheiten der betroffenen Person ziehen.[218] Aus den Informationen, welche Sendungen der Betroffene schaut und welche Inhalte er konsumiert, lassen sich Interessen, individuelle Vorlieben, Geschlecht, Alter und sogar politische Meinungen oder kulturelle bzw. religiöse Hintergründe ableiten.[219] Teilweise setzen Akteure Tracking-Methoden ein, mit deren Hilfe sie das Verhalten des Zuschauers ohne dessen Wissen verfolgen.[220]

Letztendlich ist eine umfassende Analyse des Nutzers möglich.[221]

Personen, die Zugriff auf die Daten im Smart-TV haben oder sich einen solchen verschaffen, können die Informationen zusammenführen und im Ergebnis detaillierte Persönlichkeitsprofile von Nutzern erstellen.[222] Derartige Profile bilden die Konsumentenpersönlichkeit umfassend ab und eröffnen daher die Möglichkeit die gewonnenen Daten rentabel einzusetzen.[223] Schließlich kommt solchen Informationsansammlungen im Zeitalter von Big Data ein erheblicher ökonomischer Wert zu.[224] Nicht umsonst gilt heute: „*Daten sind das Öl des 21. Jahrhunderts*".[225]

---

218 In diese Richtung auch: *Weichert*, DuD 2014, 528, 530; *Zoche ua*, Forschungsbericht Smart-TV, S. 11.

219 *Bayerisches Landesamt für Datenschutzaufsicht*, Tätigkeitsbericht 2013/14, S. 169; *Eikenberg*, c't 2014, 78, 79; *Weichert*, DuD 2014, 528, 530; *Zoche ua*, Forschungsbericht Smart-TV, S. 11.

220 *Ghiglieri ua*, HbbTV, S. 9; *Eikenberg*, c't 2014, 78, 79; *Düsseldorfer Kreis*, Orientierungshilfe Smart-TV, S. 25; *Zoche ua*, Forschungsbericht Smart-TV, S. 19 f.; *Vogel*, K&R 2017, 441, 443.

221 *Weichert*, DuD 2014, 528, 528; *Zoche ua*, Forschungsbericht Smart-TV, S. 11; Schneider/*Schneider*, Handbuch EDV-Recht, Allg. Teil, A., I., 2., Rn. 87.

222 ZD-Aktuell 2014, 04082; *Geminn*, DuD 2016, 575, 576; *Zoche ua*, Forschungsbericht Smart-TV, S. 19.

223 Pressemitteilung der *LfM NRW* vom 23.05.2014 abrufbar unter: https://www.presseportal.de/pm/63026/2745217 (Abruf v. 12.10.2020). Das Interesse, personalisierte Werbung auf der Smart-TV-Plattform zu schalten, wächst stetig, *Bundeskartellamt*, Sektoruntersuchung Smart-TV, S. 221.

224 Vgl. zu dieser Thematik: Studie „Big Data – die ungezähmte Macht" von *Deutsche Bank Research*, abrufbar unter: https://www.dbresearch.de/PROD/RPS_DE-PROD/PROD0000000000444436/Big_Data_%C2%96_die_ungez%C3%A4hmte_Macht.PDF (Abruf v. 12.10.2020). Vgl. bereits: *Simitis*, NJW 1998, 2473, 2476 ff. sowie: *Wandte*, MMR 2017, 6, 6 ff.

225 Diese Redewendung hat sich mittlerweile weitläufig etabliert, vgl. etwa: *Paal/Hennemann*, NJW 2017, 1697, 1697 oder das Buch „Daten - das Öl des 21. Jahrhunderts?" von *Malte Spitz*, Hamburg 2017.

II. Zweckfremde Verwendung der Daten

Daten können zu vielen Zwecken ge- und vor allem missbraucht werden.[226] Der überwiegende Anteil von Datenmissbräuchen ist finanziell motiviert, d.h. die Angreifer versuchen die Daten zu kapitalisieren oder für kommerzielle Zwecke zu nutzen.[227] Beispielsweise können sie die Daten heimlich sammeln, verknüpfen und letztendlich an Dritte weiter verkaufen.[228] Eine zweckentfremdete Weiterverarbeitung kann bereits in personalisierter Werbung liegen.[229] Daneben können die jeweiligen Anbieter die Daten zur Optimierung ihrer Dienste und Angebote verwenden.[230]

III. Intransparenz

Problematisch ist weiter, dass der Nutzer größtenteils nicht weiß, wann das Gerät Daten erfasst und welche Daten konkret betroffen sind.[231] Dies liegt insbesondere daran, dass die Smart-TV-Akteure die Betroffenen nicht hinreichend aufklären.[232] Die Datenschutzerklärungen enthalten nicht die erforderlichen Informationen, um Transparenz zu schaffen und sind zudem schwer verständlich.[233] In der Folge findet die Datenverarbeitung häufig unbemerkt statt und es kommt zur unbewussten Preisgabe von Daten durch die Nutzer.[234]

---

226 *Weichert*, DuD 2014, 528, 530; *Zoche ua*, Forschungsbericht Smart-TV, S. 19; *M. Ghiglieri*, Smart-TV, S. v.

227 *Scholz*, Internet-Einkauf, S. 108; *Zoche ua*, Forschungsbericht Smart-TV, S. 14

228 *Weichert*, DuD 2014, 528, 531; *Zoche ua*, Forschungsbericht Smart-TV, S. 19.

229 *Ghiglieri ua*, HbbTV, S. 12; *Keber*, RDV 2013, 236, 238; *Weichert*, DuD 2014, 528, 530 f.; *Düsseldorfer Kreis*, Orientierungshilfe Smart-TV, S. 16; *Zoche ua*, Forschungsbericht Smart-TV, S. 20; *M. Ghiglieri*, Smart-TV, S. v; Schneider/*Schneider*, Handbuch EDV-Recht, Allg. Teil, A., I., 2., Rn. 88.

230 *Weichert*, DuD 2014, 528, 530; *EAI*, Smart-TV, S. 1; *M. Ghiglieri*, Smart-TV, S. v.

231 *Zoche ua*, Forschungsbericht Smart-TV, S. 19; *M. Ghiglieri*, Smart-TV, S. vi.

232 Pressemitteilung des *Bundeskartellamts* vom 13.12.2017, abrufbar unter: https://www.bundeskartellamt.de/SharedDocs/Publikation/DE/Pressemitteilungen/2017/13_12_2017_SU_SmartTV.pdf?__blob=publicationFile&v=3 (Abruf v. 12.10.2020).

233 Siehe hierzu: Kap. 4 G. I. 2.

234 *Zoche ua*, Forschungsbericht Smart-TV, S. 19; Pressemitteilung des *Bundeskartellamts* vom 13.12.2017, abrufbar unter: https://www.bundeskartellamt.de/SharedDocs/Publikation/DE/Pressemitteilungen/2017/13_12_2017_SU_SmartTV.pdf?__blob=publicationFile&v=3 (Abruf v. 12.10.2020). Zur Intransparenz der Internetnutzung allgemein vgl. *Scholz*, Internet-Einkauf, S. 104 ff.

Hinzu kommt, dass es sich bei einem Fernsehgerät um einen Alltagsgegenstand handelt, der sich in der überwiegenden Anzahl der Fälle in der privaten Wohnung eines Nutzers befindet. In dieser privaten Sphäre rechnen die Nutzer nicht mit einer permanenten Überwachung ihres Verhaltens.[235] Teilweise wissen diese nicht einmal, dass das Gerät mit dem Internet verbunden ist.[236]

Generell ist im Zusammenhang mit Smart-TV noch nicht vollumfänglich geklärt, ob und in welchem Umfang personenbezogene Daten erhoben und weitergegeben werden.[237] Folglich ist die Datenverarbeitung bei Smart-TV nicht transparent.

IV. Zwischenergebnis

Der Smart-TV-Technologie ist ein großes Gefährdungspotential in Bezug auf die informationelle Selbstbestimmung des Nutzers inhärent. Durch die technische Ausstattung wird Smart-TV zum potentiellen Spion im Wohnzimmer, der eine weitgehende Ausforschung des Zuschauers möglich macht. Aufgrund der Attraktivität der anfallenden Daten besteht bei Dritten zudem ein hoher Anreiz diese profitabel zu nutzen. Für den Betroffenen, der seine Daten schützen möchte, darf es nicht nur das Abschalten des Internets und HbbTV als Lösung geben. Datenschutz und damit zusammenhängend das Recht auf informationelle Selbstbestimmung müssen bei SmartTV garantiert sein.

Selbst wenn tatsächlich keine Ausforschung des Nutzers erfolgt, kann sich der Betroffene durch einen Smart-TV in seinem Wohnbereich permanent überwacht und beobachtet fühlen.[238] Dies kann dazu führen, dass der Nutzer sein individuelles Verhalten anpasst und sich in der Entfaltung seiner Persönlichkeit

---

235 Gerade Alltagsgegenständen, wie dem privaten Fernsehgerät, schenkt der Konsument ein erhöhtes Vertrauen, vgl. Schantz/Wolff/*Wolff*, Das neue Datenschutzrecht, D. II., Rn. 670; Simitis/Hornung/Spiecker gen. Döhmann/*Schantz*, DS-GVO/BDSG, Art. 6 Abs. 1, Rn. 121.

236 *Zoche ua*, Forschungsbericht Smart-TV, S. 19.

237 So wörtlich: Pressemitteilung des *Bundeskartellamts* vom 13.12.2017, abrufbar unter: https://www.bundeskartellamt.de/SharedDocs/Publikation/DE/Pressemitteilungen/2017/13_12_2017_SU_SmartTV.pdf?__blob=publicationFile&v=3 (Abruf v. 12.10.2020); *Bayerisches Landesamt für Datenschutzaufsicht*, Tätigkeitsbericht 2013/14, S. 31; *Weichert*, DuD 2014, 528, 535; *Düsseldorfer Kreis*, Orientierungshilfe Smart-TV, S. 4. Das *Bundeskartellamt* versucht mit seinem Bericht zur Sektoruntersuchung Smart-TVs für mehr Klarheit zu sorgen, siehe: *Bundeskartellamt*, Sektoruntersuchung Smart-TV Bericht gemäß § 32e GWB, v. 01.07.2020.

238 *Zoche ua*, Forschungsbericht Smart-TV, S. 21; *Rüscher*, NStZ 2018, 687, 687.

einschränkt.[239] Überdies kann er aus Angst vor Datenmissbrauch auf die Nutzung eines Smart-TVs gänzlich verzichten.

Aufgrund dessen sollte ein weiteres Ziel bei Smart-TV sein, dem Nutzer mehr Sicherheit zu vermitteln. Er sollte erkennen können, welche Anbieter mit seinen personenbezogenen Daten sorgsam umgehen und dem Datenschutz eine hohe Priorität einräumen.

B. Gewährleistung von Informationssicherheit als Herausforderung

Die benannten Gefahren im Hinblick auf die informationelle Selbstbestimmung können durch eine entsprechende Informationssicherheit eingedämmt werden.[240] Das System ist vor externen Störeinflüssen zu schützen und der Zugriff Dritter auf die sensiblen Daten im Smart-TV-Gerät zu verhindern. Allerdings weisen Smart-TV-Geräte aktuell noch Schwachstellen auf und sind angreifbar.[241]

I. Potentielle Angriffsflächen

Zunächst bietet die auf dem Gerät integrierte Soft- und Hardware Angriffsfläche für Dritte.[242] Insbesondere die Applikationen auf dem Smart-TV-Gerät, die Browser[243] und die Ausführung von Multimedia-Inhalten weisen Schwächen auf.[244] Überdies stellen die vorhandenen Sensoren, wie Kameras und Mikrofone,

---

239 *Albers,* Informationelle Selbstbestimmung, S. 457 f.; *Zoche ua,* Forschungsbericht Smart-TV, S. 21.

240 *Düsseldorfer Kreis,* Orientierungshilfe Smart-TV, S. 21 f.

241 *Eikenberg,* c´t 2014, 78, 78; *Zoche ua,* Forschungsbericht Smart-TV, S. 14 ff.; *Stark,* com! professional 24.3.2017, abrufbar unter: https://www.com-magazin.de/news/smart-tv/so-einfach-hackt-smart-tv-1207946.html (Abruf v. 12.10.2020); *Rüscher,* NStZ 2018, 687, 687. Für Applikationen siehe: Solmecke/Taeger/Feldmann/*Taeger,* Mobile Apps, Kap. 5 Datenschutz, S. 216 ff. Nach Ansicht des *Bundeskartellamts* sei aktuell jedoch ein Bemühen der Hersteller um ein hohes Datensicherheitsniveau erkennbar, *Bundeskartellamt,* Sektoruntersuchung Smart-TV, S. 210.

242 *Zoche ua,* Forschungsbericht Smart-TV, S. 14.

243 Erhebliche Risiken ergeben sich v.a. bei dem HbbTV-Browser. vgl. *M. Ghiglieri,* Smart-TV.

244 *Eikenberg,* c´t 2014, 78, 81; *Düsseldorfer Kreis,* Orientierungshilfe Smart-TV, S. 21; *Zoche ua,* Forschungsbericht Smart-TV, S. 14; *Stark,* com! professional 24.3.2017, abrufbar unter: https://www.com-magazin.de/news/smart-tv/so-einfach-hackt-smart-tv-1207946.html (Abruf v. 12.10.2020).

sowie Hardware-Schnittstellen attraktive Angriffsziele dar.[245] Daneben können die Kommunikationsnetze zwischen Smart-TV-Gerät und externen Dritten angegriffen werden.[246]

II. Potentielle Angreifer

Aufgrund der Begehrlichkeit in Bezug auf die Daten im Smart-TV-Gerät ist das Risiko eines Angriffs allgegenwärtig. Dabei kommen verschiedene Personen als mögliche Angreifer in Betracht. Zunächst kann ein Angriff von Seiten der bei Smart-TV involvierten Akteure erfolgen. Der Hersteller, Sender oder Inhalteanbieter selbst kann die Daten auslesen und für kommerzielle Zwecke entfremden.[247] Darüber hinaus besteht die Gefahr eines organisierten Zugriffs seitens professioneller Hacker, die wiederum für verschiedene Organisationen tätig sein können.[248] Auch hier stehen überwiegend finanzielle Motive im Vordergrund.[249] Allerdings kann ein solcher Hacker-Angriff ebenso der Gefahrenabwehr dienen und beispielsweise von Strafverfolgungsbehörden oder Geheimdiensten initiiert sein.[250] Daneben können Privatpersonen Interesse an den Daten haben;[251] sei es aus reiner Neugier oder anderen Motiven, wie etwa Rache. Zudem ist es vorstellbar, dass Angriffe politisch motiviert sein können.[252]

III. Potentielle Angriffe[253]

Über die vorhandenen Schwachstellen, wie Applikationen oder den Browser, können die Angreifer Zugriff auf die Daten im Smart-TV-Gerät erlangen und

245 *Zoche ua,* Forschungsbericht Smart-TV, S. 16; *M. Ghiglieri,* Smart-TV, S. v.

246 *Zoche ua,* Forschungsbericht Smart-TV, S. 16.

247 *Zoche ua,* Forschungsbericht Smart-TV, S. 13; *M. Ghiglieri,* Smart-TV, S. v.

248 *Weichert,* DuD 2014, 528, 531; *Zoche ua,* Forschungsbericht Smart-TV, S. 13; *Rüscher,* NStZ 2018, 687, 687.

249 *Zoche ua,* Forschungsbericht Smart-TV, S. 13.

250 Vgl. zu der Thematik Strafverfolgung allgemein: *Blechschmitt,* MMR 2018, 361, 361 ff. Im Zusammenhang mit Smart-TV: *Weichert,* DuD 2014, 528, 531; *Zoche ua,* Forschungsbericht Smart-TV, S. 20; *Rüscher,* NStZ 2018, 687, 687.

251 *Zoche ua,* Forschungsbericht Smart-TV, S. 13.

252 *Zoche ua,* Forschungsbericht Smart-TV, S. 20.

253 Vgl. zu möglichen Bedrohungs- und Angriffsszenarien in Bezug auf die Industrie 4.0: Sassenberg/Faber/*Mantz/Spittka,* Rechtshandbuch Industrie 4.0, Kap. 2, § 6, Rn. 139 ff.

diese auslesen.[254] Sie können die Informationen zudem manipulieren oder löschen.[255] Bei HbbTV ist eine Manipulation der Inhalte selbst möglich.[256] Szenarien wie Massen-Datendiebstähle mit der Folge von Datenhandel sind realistische Bedrohungen.[257]

Ferner bieten die Sicherheitsdefizite eine Möglichkeit Schadsoftware[258] einzuschleusen und beispielsweise Denial-of-Service-Attacken[259] auszuführen.[260] Kameras und Mikrofone können Dritte ausnutzen, um den Nutzer auszuspionieren und abzuhören.[261] Auf diese Weise kann eine systematische Überwachung des Zuschauers in seinem privaten Lebensraum erfolgen.[262]

C. Konkrete Bedrohungsszenarien aus der Praxis

Hinter Smart-TVs können sich gefährliche Datenschleudern verbergen, von denen erhebliche Risiken für die Persönlichkeitsrechte der Konsumenten ausgehen. Dies liegt primär in den unzureichenden Sicherheitsvorkehrungen begründet. Aktuelle Fälle zeigen, dass diese Bedenken in Bezug auf die Sicherheit nicht bloß theoretischer Natur sind.

---

254 *Eikenberg*, c´t 2014, 78, 81; *Jaritz/Lo Iacono*, DuD 2016, 511, 513; *Zoche ua*, Forschungsbericht Smart-TV, S. 14; *M. Ghiglieri*, Smart-TV, S. v.

255 *Düsseldorfer Kreis*, Orientierungshilfe Smart-TV, S. 22; *EAI*, Smart-TV, S. 1; *M. Ghiglieri*, Smart-TV, S. vi; *Stark*, com! professional 24.3.2017, abrufbar unter: https://www.com-magazin.de/news/smart-tv/so-einfach-hackt-smart-tv-1207946.html (Abruf v. 12.10.2020).

256 *Zoche ua*, Forschungsbericht Smart-TV, S. 16; *M. Ghiglieri*, Smart-TV, S. vi.

257 *Zoche ua*, Forschungsbericht Smart-TV, S. 21.

258 Beispielsweise Trojanische Pferde oder andere Spähsoftware.

259 Vgl. hierzu im Detail: Auer-Reinsdorff/Conrad/*Schmidt/Pruß*, Handbuch IT- und Datenschutzrecht, Teil A, § 3, Rn. 265 ff., insb. 271 ff.

260 *Eikenberg*, c´t 2014, 78, 81; *Zoche ua*, Forschungsbericht Smart-TV, S. 14 f.; *Stark*, com! professional 24.3.2017, abrufbar unter: https://www.com-magazin.de/news/smart-tv/so-einfach-hackt-smart-tv-1207946.html (Abruf v. 12.10.2020).

261 Dabei können sogar die LED-Anzeigen der Sensoren so manipuliert werden, dass der Nutzer deren Aktivität nicht bemerkt, *Ghiglieri ua*, HbbTV, S. 9; *Eikenberg*, c´t 2014, 78, 81; *Zoche ua*, Forschungsbericht Smart-TV, S. 16; *Stark*, com! professional 24.3.2017, abrufbar unter: https://www.com-magazin.de/news/smart-tv/so-einfach-hackt-smart-tv-1207946.html (Abruf v. 12.10.2020); *Vogel*, K&R 2017, 441, 443; *Rüscher*, NStZ 2018, 687, 687.

262 *Ghiglieri ua*, HbbTV, S. 9; *Zoche ua*, Forschungsbericht Smart-TV, S. 13; *Rüscher*, NStZ 2018, 687, 687.

I. Aktuelle Fälle

Anfang 2017 erhob *Wikileaks* den Vorwurf, dass die *CIA* Smart-TVs mit Hilfe von Schadsoftware überwache.[263] Zudem haben die USA einen Fernsehhersteller bereits beim systematischen Ausspionieren seiner Zuschauer entdeckt: Das Unternehmen *Vizio Inc.* erfasste zwei Jahre lang die Fernsehgewohnheiten der Zuschauer, kombinierte diese Informationen mit weiteren persönlichen Daten der Fernsehnutzer und erstellte Profile über ihr Konsumverhalten.[264] Die gewonnenen Datensätze soll das Unternehmen an Dritte verkauft haben.[265] Neben Geheimdiensten, Sicherheitsbehörden und Herstellern sind es aber vor allem private Hacker, die eine Gefahr bei SmartTV darstellen. Dies zeigt folgender Fall aus Großbritannien: Ein Unbekannter filmte ein Paar heimlich beim Liebesspiel über die Kamera eines Smart-TVs und stellte das Video online.[266] Die genannten Fälle ereigneten sich zwar in den USA und Großbritannien, doch auch die deutschen Aufsichtsbehörden und IT-Sicherheitsexperten warnen vor erheblichen Risiken und Schwachstellen im Zusammenhang mit SmartTV.[267] Beispielsweise wies die *Landesanstalt für Medien NRW* bereits 2014 auf erhebliche Sicherheitslücken im Zusammenhang mit HbbTV hin:[268] So könne das individuelle Nutzungsverhalten über den Rückkanal erfasst und ausgewertet werden.[269]

---

263 *Kühl, Eike*, ZEIT ONLINE, 04.04.2017, abrufbar unter: https://www.zeit.de/digital/datenschutz/2017-04/smart-tv-hacker-angriff-rundfunksignal-cia (Abruf v. 12.10.2020); *Vogel*, K&R 2017, 441, 443.

264 *Mansholt, Malte*, STERN.de, 08.02.2017, abrufbar unter: https://www.stern.de/digital/homeentertainment/fernseher-beim-spitzeln-erwischt--wie-neugierig-ist-ihr-smart-tv--7318400.html (Abruf v. 12.10.2020).

265 *Datenschutz PRAXIS*, 09.02.2017, abrufbar unter: https://www.datenschutz-praxis.de/fachnews/smart-tv-datenschutz-verstoss-kostet-millionen/ (zuletzt verfügbar am 20.09.2019).

266 *Záboji, Niklas*, FAZ, 08.06.2016, abrufbar unter: https://www.faz.net/aktuell/feuilleton/medien/smart-tv-wird-gehackt-und-filmt-paar-heimlich-beim-sex-14268177.html (Abruf v. 12.10.2020).

267 Vgl. dazu etwa: *Eikenberg*, c´t 2014, 78, 78 ff.; *Schmundt, Hilmar*, Der Spiegel 8/2014, S. 128; *Kühl, Eike*, ZEIT ONLINE, 04.04.2017, abrufbar unter: https://www.zeit.de/digital/datenschutz/2017-04/smart-tv-hacker-angriff-rundfunksignal-cia (Abruf v. 12.10.2020); *Rüscher*, NStZ 2018, 687, 687.

268 ZD-Aktuell 2014, 04082.

269 Pressemitteilung der *LfM NRW* vom 23.05.2014 abrufbar unter: https://www.presseportal.de/pm/63026/2745217 (Abruf v. 12.10.2020).

II. Auswirkungen in Deutschland

> „Smart-TVs sind aufgrund ihrer großen Verbreitung eines der attraktivsten Ziele für Hacker, um in den vernetzten Haushalt einzudringen. Die Sicherheitsvorkehrungen der Geräte sind teils haarsträubend schlecht.“[270]

Derartige Schlagzeilen und die oben genannten Warnungen weisen auf die Brisanz des Themas hin. Daten- und Verbraucherschützer haben Smart-TVs bereits auf dem Radar. Bereits im Jahr 2013 begann das *Bayerische Landesamt für Datenschutzaufsicht* eine erste datenschutzrechtliche Prüfung von Smart-TV.[271] Schließlich verklagte die *Verbraucherzentrale NRW* 2016 den Hersteller *Samsung Electronics GmbH* vor dem Landgericht Frankfurt am Main und warf dem Unternehmen vor, den Datenschutz nicht hinreichend zu beachten.[272] Das Gericht gab der Klage teilweise statt, u.a. da *Samsung* nicht ausreichend über die Datenverarbeitungsprozesse aufgeklärt habe.

Zuletzt leitete das *Bundeskartellamt* im Dezember 2017 eine Sektoruntersuchung zu Smart-TV ein. Die Sektoruntersuchung soll aufklären, ob und in welchem Umfang personenbezogen Daten erhoben, weitergegeben und kommerziell verwertet werden. Im Juli 2020 veröffentlichte das *Bundeskartellamt* seinen Abschlussbericht.[273]

Die Gefahren im Zusammenhang mit smarten Endgeräten sieht mittlerweile auch der Gesetzgeber. 2016 hat der *Bundesrat* eine Gesetzesinitiative zum digitalen Hausfriedensbruch in den Bundestag eingebracht.[274] Der Straftatbestand soll den Strafverfolgungsbehörden ermöglichen, besser gegen Hacker vorgehen zu können.

---

270 So wörtlich: *Kühl, Eike*, ZEIT ONLINE, 04.04.2017, abrufbar unter: https://www.zeit.de/digital/datenschutz/2017-04/smart-tv-hacker-angriff-rundfunksignal-cia (Abruf v. 12.10.2020).

271 *Bayerisches Landesamt für Datenschutzaufsicht,* Tätigkeitsbericht 2013/14, S. 31.

272 *LG Frankfurt a.M.*, Urt. v. 10.6.2016, 2-03 O 364/15, ZD 2016, 494 ff.

273 *Bundeskartellamt,* Sektoruntersuchung Smart-TV Bericht gemäß § 32e GWB, v. 1.7.2020.

274 *Beck-Meldung* v. 09.08.2017, Nordrhein-Westfalen dringt auf neuen Straftatbestand „digitaler Hausfriedensbruch, abrufbar unter: Becklink 2007506. Siehe zudem den Gesetzesentwurf des Bundesrates v. 18.04.2018: *BT-Drucks.* 19/1716.

Kapitel 4: Datenschutzrechtliche Einordnung von Smart-TV

A. Einführung[275]

Die Ausführungen in Kapitel 2 und 3 haben gezeigt, dass die Bedeutung des Datenschutzrechts im Zusammenhang mit Smart-TV immens ist. Durch die vernetzten Fernsehcomputer entsteht eine erhebliche Gefahr für das „Grundrecht auf Datenschutz“[276]. Die große Begehrlichkeit in Bezug auf die aussagekräftigen Datensammlungen im TV-Gerät und die bestehenden Sicherheitslücken bei Smart-TV begünstigen diese Gefahrenlage, welche allgemein bei omnipräsenten Computersystemen besteht.[277] Daher ist das Risiko eines Missbrauchs der Daten dem technisch unsicheren System inhärent. Aufgabe des Datenschutzrechts ist es u.a. einen derartigen Datenmissbrauch zu verhindern.[278]

Der Einzelne soll davor geschützt werden, dass er durch den Umgang mit seinen personenbezogenen Daten in seinem Persönlichkeitsrecht beeinträchtigt wird.[279] Genauer geht es um das Recht auf informationelle Selbstbestimmung aus Art. 2 Abs. 1 i.V.m. Art. 1 Abs. 1 GG als Ausprägung des allgemeinen

---

275 Vgl. zu den Grundlagen des Datenschutzrechts im Detail: *Kühling/Klar/Sackmann,* Datenschutzrecht.

276 Einige sehen das Recht auf informationelle Selbstbestimmung aus Art. 2 Abs. 1 i.V.m. Art. 1 Abs. 1 GG als eigenständiges „Grundrecht auf Datenschutz“ an, so z.B.: *BVerfG,* Urt. v. 27.6.1991, 2 BvR 1493/89, BVerfGE 84, 239, 280 – *Zinsurteil;* Ehmann/Selmayr/*Selmayr/Ehmann,* DS-GVO, Einführung, Rn. 21; Jarass/Pieroth/*Jarass,* GG, Art. 2, Rn. 37; Brink/Wolff/*Brink,* BeckOK DSR, Grundlagen, Syst. C., Rn. 59. Kritisch: Maunz/Dürig/*Di Fabio,* GG, Art. 2 Abs. 1, Rn. 173. Das Grundrecht ist auf europäischer Ebene in Art. 8 GRCh ausdrücklich normiert.

277 Vgl. zur Gefahrenlage für persönliche Daten durch Digitalisierung und Vernetzung: Ehmann/Selmayr/*Selmayr/Ehmann,* DS-GVO, Einführung, Rn. 19 ff.

278 Maunz/Dürig/*Di Fabio,* GG, Art. 2 Abs. 1, Rn. 173; Ehmann/Selmayr/*Selmayr/Ehmann,* DS-GVO, Einführung, Rn. 21. Aufgabe des Datenschutzes ist nicht primär der Schutz der Daten, sondern der Schutz des Einzelnen, *Albrecht/Jotzo,* Datenschutzrecht der EU, Teil 3, Rn. 3; Gola/*Pötters,* DS-GVO, Art. 1, Rn. 8. Zu den Schutzgütern des Datenschutzes, vgl. Auernhammer/*Lewinski,* DSGVO/BDSG, Einführung, Rn. 16 ff.

279 Dieser Zweck wird ausdrücklich in den Vorschriften zum Datenschutz festgelegt, vgl. schon § 1 Abs. 1 BDSG a.F. und heute § 1 Abs. 1, 2 DS-GVO.

Persönlichkeitsrechts.[280] Dieses Recht gewährleistet die Befugnis des Einzelnen, grundsätzlich selbst über die Preisgabe und Verwendung seiner persönlichen Daten zu bestimmen.[281] Das BVerfG hat das Recht auf informationelle Selbstbestimmung seit dem Volkszählungsurteil[282] im Jahr 1983 stetig weiterentwickelt und schließlich das Recht auf Vertraulichkeit und Integrität informationstechnischer Systeme, das sog. Computergrundrecht, geschaffen.[283] Dies schützt vor unberechtigtem Zugriff Dritter auf informationstechnische Systeme,[284] wobei es lediglich ergänzend herangezogen wird, soweit der Schutzbereich anderer Grundrechte nicht eröffnet ist.[285] Smart-TV stellt ein solch informationstechnisches System dar.

Folglich müssen sowohl das Recht auf informationelle Selbstbestimmung als auch das Recht auf Vertraulichkeit und Integrität informationstechnischer Systeme bei Smart-TV gewährleistet sein. Daneben gibt es eine Reihe von Prinzipien und Anforderungen, die es nach den Vorschriften des Datenschutzrechts zu beachten gilt.[286]

B. Anwendbares Datenschutzrecht bei Smart-TV

Im Datenschutzrecht gilt das sog. „Erlaubnisprinzip"[287]. Dieses besagt, dass personenbezogene Daten nur verarbeitet werden dürfen, wenn eine gesetzliche

---

280 *BVerfG*, Urt. v. 2.3.2006, 2 BvR 2099/04, BVerfGE 115, 166, 187; *BVerfG*, Urt. v. 13.2.2007, 1 BvR 421/05, 117, 202, 228; Jarass/Pieroth/*Jarass*, GG, Art. 2, Rn. 37.

281 *BVerfG*, Urt. v. 15.12.1983, 1 BvR 209/83 u.a., BVerfGE 65, 1, 43; *BVerfG*, Urt. v. 2.3.2006, 2 BvR 2099/04, BVerfGE 115, 166, 188; *BVerfG*, Urt. v. 13.2.2007, 1 BvR 421/05, BVerfGE 117, 202, 228; Jarass/Pieroth/*Jarass*, GG, Art. 2, Rn. 37, 42; Sachs/*Murswiek*, GG, Art. 2, Rn. 72.

282 *BVerfG*, Urt. v. 15.12.1983, 1 BvR 209/83 u.a., BVerfGE 65, 1, 43.

283 *BVerfG*, Urt. v. 27.2.2008, 1 BvR 370/07, BVerfGE 120, 274, 313.

284 *BVerfG*, Urt. v. 27.2.2008, 1 BvR 370/07, BVerfGE 120, 274 , 313.; *Luch*, MMR 2011, 75, 75 ff.; Jarass/Pieroth/*Jarass*, GG, Art. 2, Rn. 46; Brink/Wolff/*Brink*, BeckOK DSR, Grundlagen, Syst. C., Rn. 144.

285 *BVerfG*, Beschl. v. 16.6.2009, 2 BvR 902/06, BVerfGE 124, 43, 57; Jarass/Pieroth/*Jarass*, GG, Art. 2, Rn. 37a; Brink/Wolff/*Brink*, BeckOK DSR, Grundlagen, Syst. C., Rn. 144.

286 Hierzu: Kap. 4 G.

287 Siehe hierzu: *Roßnagel*, NJW 2019, 1. Ähnlich auch: Simitis/Hornung/Spiecker gen. Döhmann/*Albrecht*, DS-GVO/BDSG, Einführung zu Art. 6, Rn. 1. Andere nehmen an, dass im Datenschutzrecht das Verbot mit Erlaubnisvorbehalt gilt: *Buchner*, DuD 2016, 155, 157; Schantz/Wolff/ *Wolff*, Das neue Datenschutzrecht, D. I., Rn. 389.; Ehmann/Selmayr/*Heberlein*, DS-GVO, Art. 6, Rn. 1; Gola/*Schulz*, DS-GVO, Art. 6, Rn, 2; Kühling/Buchner/*Buchner/Petri*, DS-GVO/BDSG, Art. 6, Rn. 1, 11 ff.; *Kühling/Klar/*

Ermächtigungsgrundlage eine solche Datenverarbeitung legitimiert oder der Nutzer in eine solche eingewilligt hat.[288] Um Klarheit darüber zu schaffen, welche gesetzlichen Legitimationsgrundlagen im Einzelnen in Betracht kommen, müssen zunächst die für Smart-TV einschlägigen Datenschutzgesetze bestimmt werden. Im Anschluss ist Schritt für Schritt zu prüfen, ob für die verschiedenen Datenumgänge im Zusammenhang mit Smart-TV der Anwendungsbereich der einschlägigen Gesetze eröffnet ist. Sodann ist der jeweils Verantwortliche zu identifizieren und zu untersuchen, welche Anforderungen er nach dem anwendbaren Datenschutzrecht erfüllen muss, damit die intelligenten Fernsehgeräte rechtskonform eingesetzt werden können.

Ob die datenschutzrechtlichen Bestimmungen de lege lata bereits ausreichen, um einen wirksamen Schutz vor den persönlichkeitsrechtlichen Risiken im Zusammenhang mit Smart-TV zu bieten, wird in Kapitel 5 dieser Arbeit behandelt. Dort soll zudem über etwaigen Regulierungsbedarf nachgedacht werden.

I. Datenschutz-Grundverordnung

Seit dem Jahr 2018 ist das Datenschutzrecht grundlegend in der DS-GVO geregelt. Die Verordnung entfaltet gemäß Art. 288 Abs. 2 AEUV unmittelbare Wirkung in den Mitgliedstaaten der Union und gewährleistet auf diese Weise ein unionsweit einheitliches Datenschutzniveau. Die DS-GVO ist technologieneutral und erfasst daher internetfähige Endgeräte wie Smart-TV.[289] Folglich müssen im Bereich des intelligenten Fernsehens die Anforderungen der DS-GVO eingehalten werden.

II. Ausblick auf die ePrivacy-Verordnung

Neben der DSGVO wird in Zukunft die ePrivacy-Verordnung (ePrivacyVO) für Smart-TV Bedeutung erlangen.[290]

Sackmann, Datenschutzrecht, Rn, 323; Paal/Pauly/*Frenzel*, DS-GVO, Art. 6, Rn. 1; Plath/*Plath*, DSGVO/BDSG, Artikel 6, Rn. 2.

288 *Roßnagel*, NJW 2019, 1, 5. Im Grundsatz auch: *Kühling/Klar/Sackmann*, Datenschutzrecht, Rn. 323; Paal/Pauly/*Frenzel*, DS-GVO, Art. 6, Rn. 1; Brink/Wolff/*Wolff*, BeckOK DSR, Grundlagen, Syst. A., Rn. 18.

289 Vgl. ErwG 15 DS-GVO. Siehe zudem: *Schleipfer*, ZD 2017, 460, 466.

290 Diese Arbeit sieht jedoch von einer intensiven Auseinandersetzung mit der zukünftigen Verordnung ab. Dies liegt darin begründet, dass zum einen im weiteren Verlauf des Gesetzgebungsverfahrens noch signifikante Änderungen zu erwarten sind und zum anderen mit einem Inkrafttreten der Verordnung in absehbarer Zeit nicht zu rechnen ist. Vgl. dazu: *Hemmert-Halswick*, MMR-Aktuell 2019, 422777.

1. Das Scheitern der ersten Verhandlungen

Das Inkrafttreten der ePrivacy-VO war bereits zum Jahr 2018 parallel mit der DSGVO geplant.[291] Am 10.1.2017 hatte die *EU-Kommission* einen ersten Entwurf der ePrivacy-VO vorgelegt.[292] Da der Rat bis zuletzt erheblichen Nachbesserungsbedarf in Bezug auf den überarbeiteten Entwurf sah, sind die ersten Verhandlungen zur ePrivacy-VO im Dezember 2019 vorerst gescheitert.[293]

Anfang 2020 hat die kroatische Ratspräsidentschaft die Verhandlungen wieder aufgegriffen und Änderungen des ePrivacy-VO-Entwurfs vorgeschlagen.[294] Nachdem die *Bundesrepublik Deutschland* die Ratspräsidentschaft im Juli 2020 übernommen hatte, hat sie mit einem Diskussionspapier zu neuen Debatten angeregt.[295] Im Mittelpunkt dieser Diskussionen steht insbesondere Art. 8 ePrivacy-VO-E, welcher dem Schutz von in Endeinrichtungen der Nutzer gespeicherten Informationen dient. Bei der Norm handelt es sich um die zentrale Vorschrift im Zusammenhang mit Cookies und anderen Tracking-Methoden.

---

291 *Kühling/Klar/Sackmann*, Datenschutzrecht, Rn. 895; *Hemmert-Halswick*, MMR-Aktuell 2019, 422777; *Hemmert-Halswick*, MMR-Aktuell 2020, 425643.

292 Vorschlag für eine Verordnung des Europäischen Parlaments und des Rates über die Achtung des Privatlebens und den Schutz personenbezogener Daten in der elektronischen Kommunikation und zur Aufhebung der RL 2002/58/EG (Verordnung über Privatsphäre und elektronische Kommunikation) v. 10.1.2017, KOM (2017) 10 endg. Zu dem weiteren Verlauf des Gesetzgebungsverfahrens vgl.: Brink/Wolff/*Spoerr*, BeckOK DSR, DS-GVO, Art. 26, Rn. 4; Simitis/Hornung/Spiecker gen. Döhmann/*Roßnagel*, DS-GVO/BDSG, Art. 98, Rn. 13 ff.; *Spindler*, NJW 2020, 2513, 2516 f. Zu dem Inhalt des ursprünglichen Entwurfs vgl. u.a.: *Engeler/Felber*, ZD 2017, 251; *Schleipfer*, ZD 2017, 460, 463 ff.; *Rauer/Ettig*, ZD 2018, 255, 256 ff.; *Spindler*, NJW 2020, 2513, 2516 f.

293 *Hemmert-Halswick*, MMR-Aktuell 2019, 422777; *Hemmert-Halswick*, MMR-Aktuell 2020, 425643; *Spindler*, NJW 2020, 2513, 2516.

294 *Council of the European Union*, 21 February 2020, 5979/20, abrufbar unter: https://eur-lex.europa.eu/legal-content/EN/TXT/PDF/?uri=CONSIL:ST_5979_2020_INIT (Abruf v. 12.10.2020). Die Änderungen betreffen die Artikel 6 und 8 sowie die zugehörigen Erwägungsgründe des Entwurfs der ePrivacy-VO.

295 *Council of the European Union*, 6 July 2020, 9243/20, abrufbar unter: https://data.consilium.europa.eu/doc/document/ST-9243-2020-INIT/en/pdf (Abruf v. 12.10.2020). Deutschland hat sich vorgenommen noch im Jahr 2020 eine Einigung zu erzielen. Dabei verfolgt sie insbesondere das Ziel, einen klaren Rechtsrahmen für Trackingmethoden zu normieren, *Weiden*, GRUR 2020, 958, 958.

Es bleibt abzuwarten, ob sich die europäischen Gesetzgebungsinstitutionen in absehbarer Zeit auf eine finale Fassung einigen können. Vor Ende 2021 ist mit einer solchen Einigung jedoch nicht zu rechnen.[296]

2. *Ausblick und Bedeutung für Smart-TV*

Die künftige ePrivacy-VO soll die ePrivacy-Richtlinie[297] ersetzen und die DSGVO bereichsspezifisch ergänzen.[298] Sie dient allgemein der Vertraulichkeit von elektronischer Kommunikation.[299] Insofern ist sie insbesondere für das Tracking auf Smart-TV relevant.[300] Ziel der Verordnung ist es u.a., in Bezug auf die undurchsichtige Rechtslage im Zusammenhang mit der Nutzung von Tracking-Methoden, wie Cookies, für Klarheit zu sorgen.[301]

Fraglich ist, ob die endgültige Fassung der Verordnung generell eine Einwilligung für Tracking-Maßnahmen fordern wird. Bislang sah Art. 8 ePrivacyVOE grundsätzlich ein solches Einwilligungserfordernis vor.[302] Allerdings ist diese Vorschrift die Grundlage unzähliger Diskussionen.[303] Vor allem die Wirtschaft sieht die Gefahr, dass durch zu strenge Vorgaben werbefinanzierten Geschäftsmodellen de facto ein Riegel vorgeschoben wird.[304]

---

296 Vgl. *Weiden*, GRUR 2020, 958, 960.

297 Richtlinie 2002/58/EG des Europäischen Parlaments und des Rates vom 12. Juli 2002 über die Verarbeitung personenbezogener Daten und den Schutz der Privatsphäre in der elektronischen Kommunikation (Datenschutz-Richtlinie für elektronische Kommunikation).

298 So wortwörtlich: Simitis/Hornung/Spiecker gen. Döhmann/*Roßnagel*, DS-GVO/BDSG, Art. 98, Rn. 13. Vgl. auch: *Kühling/Klar/Sackmann*, Datenschutzrecht, Rn. 191, 896.

299 *Kühling/Klar/Sackmann*, Datenschutzrecht, Rn. 896, 900.

300 Zu Tracking-Maßnahmen auf dem Smart-TV und deren Rechtmäßigkeit unter der DSGVO, siehe: Kap. 4 D. II. sowie Kap. 4 F. II. 4. c).

301 *Schleipfer*, ZD 2017, 460, 463; *Weiden*, GRUR 2020, 958, 958.

302 Der erste Entwurf basiert grundsätzlich auf dem Konzept der Einwilligung, siehe: Art. 8 Abs. 1 Satz 1 lit. b) ePrivacyVOE. Vgl. zudem: *Spindler*, NJW 2020, 2513, 2516 sowie: *Rauer/Ettig*, ZD 2018, 255, 256 ff.; *Kühling/Klar/Sackmann*, Datenschutzrecht, Rn. 901. Zu den Ausnahmen vom Einwilligungserfordernis vgl. *Schleipfer*, ZD 2017, 460, 464.

303 Vgl. hierzu u.a.: Simitis/Hornung/Spiecker gen. Döhmann/*Roßnagel*, DS-GVO/BDSG, Art. 98, Rn. 15; *Weiden*, GRUR 2020, 958, 959 f.

304 Siehe z.B. Stellungnahme der *BITKOM* v. 06.02.2017, abrufbar unter: https://www.bitkom.org/sites/default/files/file/import/20171402-Erste-Einschaetzung-Bitkom-e-Privacy-FIN.pdf (Abruf v. 12.10.2020) sowie Factsheet des *BVDW* v. 27.02.2017,

Ob das Festhalten an einem generellen Einwilligungserfordernis geboten ist, wird zum Ende dieser Arbeit behandelt.[305] Dort wird ferner die Frage aufgeworfen, ob spezifische Regelungen de lege ferenda für Trackingmaßnahmen neben den datenschutzrechtlichen Bestimmungen de lege lata überhaupt erforderlich sind.

III. Nationale Besonderheiten

Aufgrund der unmittelbaren Wirkung der DS-GVO in den Mitgliedsstaaten, ist fraglich, inwieweit überhaupt noch Raum für nationale Regelungen verbleibt. Die DS-GVO beansprucht Anwendungsvorrang vor mitgliedsstaatlichen Vorschriften und ist grundsätzlich abschließend.[306] Allerdings enthält die Verordnung zahlreiche Öffnungsklauseln, die dem nationalen Gesetzgeber einen eigenen Gestaltungsspielraum einräumen.[307]

1. Das Bundesdatenschutzgesetz

Im deutschen Datenschutzrecht ist vor allem das Bundesdatenschutzgesetz (BDSG) von Relevanz. Dieses wurde mit Inkrafttreten der DS-GVO grundlegend neu gefasst. Das BDSG enthält jedoch keine besonderen Vorschriften, die auf internetfähige Endgeräte wie Smart-TV anwendbar wären.

2. Das Telemediengesetz

Im Zusammenhang mit Smart-TV könnten aber die nationalen Bestimmungen des Telemediengesetzes (TMG) Bedeutung erlangen. Das Gesetz gilt gemäß § 1 Abs. 1 Satz 1 TMG für alle elektronischen Informations- und Kommunikationsdienste, soweit sie nicht Telekommunikationsdienste nach § 3 Nr. 24 des Telekommunikationsgesetzes, die ganz in der Übertragung von Signalen über Telekommunikationsnetze bestehen, telekommunikationsgestützte Dienste nach

---

Punkt 3, abrufbar unter: https://www.bvdw.org/fileadmin/bvdw/upload/dokumente/recht/e_privacy_verordnung/Die_neue_ePrivacy-Verordnung-Factsheet_170227.pdf (Abruf v. 12.10.2020).

305 Kap. 5 C.

306 *Keppeler*, MMR 2015, 779, 780; *Kühling/Martini/Heberlein* ua, DS-GVO und das nationale Recht, S. 3 f.; *Jandt*, ZD 2018, 405, 405; *DSK*, Orientierungshilfe für Anbieter von Telemedien, S. 2; Grabitz/Hilf/Nettesheim/*Nettesheim*, EUV/AEUV, Art. 288 AEUV, Rn. 53.

307 *DSK*, Orientierungshilfe für Anbieter von Telemedien, S. 2.; *Sesing*, MMR 2019, 347, 347. Zu den Öffnungsklauseln im Einzelnen vgl.: *Kühling/Martini/Heberlein* ua, DS-GVO und das nationale Recht, S. 14 ff.

§ 3 Nr. 25 des Telekommunikationsgesetzes oder Rundfunk nach § 2 des Rundfunkstaatsvertrages sind. Unter den Begriff der Telemedien fallen somit die typischen Angebote im Online-Bereich, wie Internet-Suchmaschinen, Online-Shops, elektronische Presseangebote oder Video-on-Demand-Dienste.[308] Das TMG gilt folglich für sämtliche Online-Angebote auf einem Smart-TV, die keine klassischen Rundfunkangebote darstellen.[309]

Das Gesetz normiert in den §§ 11 ff. TMG spezielle Datenschutzvorschriften für den Bereich der Telemedien, welche in ihrem Anwendungsbereich den Regelungen des BDSG a.F. vorgingen.[310] Mit Inkrafttreten der DSGVO stellt sich jedoch die Frage, ob die datenschutzrechtlichen Vorschriften des TMG weiterhin zur Anwendung gelangen.[311]

Die Verordnung beinhaltet in Art. 95 DS-GVO eine Kollisionsregel, die das Verhältnis zwischen der ePrivacy-Richtlinie und der DS-GVO festlegt.[312] Danach gelten nationale Sonderbestimmungen im Bereich der elektronischen Kommunikation lediglich dann fort, wenn sie eine Umsetzung der ePrivacy-Richtlinie darstellen.[313] Fehlt es an dieser Voraussetzung, kann die nationale Vorschrift nicht angewendet werden und es greifen allein die Vorschriften der DSGVO.

Außerhalb des Anwendungsbereichs des Art. 95 DS-GVO wären die bereichsspezifischen Vorschriften des TMG nur bei Vorliegen einer entsprechenden Öffnungsklausel in der DSGVO anwendbar. Zumindest für nicht-öffentliche Stellen ist in Bezug auf den Online-Bereich keine der Öffnungsklauseln

---

308 *BT-Drucks.*, 16/3078, S. 13. Der Begriff „Telemedien" umfasst de facto jeden Internet-Auftritt, Müller-Broich/*Müller-Broich*, TMG, § 1, Rn. 6.

309 *Zoche ua*, Forschungsbericht Smart-TV, S. 32 f. Beispiele für derartige Online-Angebote bei SmartTV sind: Video-on-Demand-Dienste, Mediatheken oder Social-Media-Angebote. Das TMG erhält in Zukunft eine neue Fassung, vgl.: *Bundesregierung*, Entwurf eines Gesetzes zur Änderung des Telemediengesetzes und weiterer Gesetze v. 27.04.2020, Drucks. 19/18789. Danach werden nun z.B. ausdrücklich Videosharingplattform-Dienste in den Anwendungsbereich einbezogen, § 2 Satz 1 Nr. 10 TMG n.F.

310 Vgl. § 1 Abs. 3 Satz 1 BDSG a.F., § 12 Abs. 3 TMG. Das TMG erfasst allerdings nur Bestands- und Nutzungsdaten, §§ 14, 15 TMG. Für Inhaltsdaten galt bereits vor Inkrafttreten der DS-GVO das BDSG a.F., *Keppeler*, MMR 2015, 779, 779 f.; Auernhammer/*Schreibauer*, DSGVO/BDSG, Vorbem. zu §§ 11 bis 16 TMG, Rn. 27.

311 Zum Streitstand siehe: *Sesing*, MMR 2019, 347, 348 ff.

312 ErWG 173; *Jandt*, ZD 2018, 405, 405; Gola/*Piltz*, DS-GVO, Art. 95, Rn. 15; *Sesing*, MMR 2019, 347, 348; Taeger/Gabel/*Golland*, DSGVO/BDSG, Art. 95, Rn. 3 ff.

313 *BGH*, Urt. v. 28.5.2020, I ZR 7/16, *Cookie-Einwilligung II*, GRUR-RS 2020, 14332, Rn. 60 ff.; *Keppeler*, MMR 2015, 779, 781; *Jandt*, ZD 2018, 405, 406; Gola/*Piltz*, DS-GVO, Art. 95, Rn. 15.

einschlägig, sodass nationale Sonderregelungen für Telemedien in dieser Hinsicht ausscheiden.[314]

Im Hinblick auf die datenschutzrechtlichen Vorschriften des TMG ist demnach zu untersuchen, ob die Regelungen als Umsetzung der ePrivacy-Richtlinie anzusehen sind. Seit geraumer Zeit wird in Deutschland insbesondere die Umsetzung des im Jahr 2009 geänderten Art. 5 Abs. 3 ePrivacyRichtlinie[315] durch die Vorschriften in §§ 11 ff. TMG kontrovers diskutiert.[316]

Während die *Bundesregierung*[317], die *EU-Kommission*[318], die *Artikel-29-Datenschutzgruppe*[319] sowie der *BGH*[320] von einer ausreichenden Umsetzung

---

314 *Keppeler*, MMR 2015, 779, 780 f.; *Buchner*, DuD 2016, 155, 161; *Jandt*, ZD 2018, 405, 407; Kühling/Buchner/*Buchner/Kühling*, DS-GVO/BDSG, Art. 7, Rn. 75; Spindler/Schmitz/Liesching/*Schmitz*, TMG, Vor §§ 11 ff., Rn. 10; *DSK*, Orientierungshilfe für Anbieter von Telemedien, S. 6; Spindler/Schuster/*Nink*, Recht der elektr. Medien, § 15 TMG, Rn. 4.

315 In der Fassung Richtlinie 2009/136/EG des europäischen Parlaments und des Rates vom 25. November 2009 zur Änderung der Richtlinie 2002/22/EG, der Richtlinie 2002/58/EG und der Verordnung (EG) Nr. 2006/2004 (sog. Cookie-Richtlinie). In der Ursprungsfassung aus dem Jahr 2002 forderte die Norm lediglich, dass der Diensteanbieter den Nutzer klar und umfassend insbesondere über den Zweck der Verarbeitung informiert und ihn auf das Recht hinweist, die Verarbeitung zu verweigern. Erst die Änderung der Norm im Jahr 2009 führte ein ausdrückliches Einwilligungserfordernis ein.

316 *Gierschmann*, ZD 2018, 297, 298; *Jandt*, ZD 2018, 405, 406; Gola/*Piltz*, DS-GVO, Art. 95, Rn. 18; *Sesing*, MMR 2019, 347, 349; Taeger/Gabel/*Golland*, DSGVO/BDSG, Art. 95, Rn. 21. Lediglich Art. 5 Abs. 3 ePrivacy-Richtlinie adressiert explizit Anbieter eines Dienstes der Informationsgesellschaft.

317 *Europäischen Kommission*, Arbeitsdokument COCOM11-20 v. 04.10.2011, S. 3 ff., abrufbar unter: https://www.telemedicus.info/uploads/Dokumente/COCOM11-20QuestionnaireonArt.53e-PrivacyDir.pdf (Abruf v. 12.10.2020).

318 *Schneider*, Beitrag auf Telemedicus v. 05.02.2014: EU-Kommission: Cookie-Richtlinie ist in Deutschland umgesetzt, abrufbar unter: https://www.telemedicus.info/article/2716-EU-Kommission-Cookie-Richtlinie-ist-in-Deutschland-umgesetzt.html (Abruf v. 12.10.2020). Dies später in Frage gestellt: *European Commission*, ePrivacy Directive: assessment of transposition, S. 63.

319 *Art.-29-Gruppe*, WP 208, S. 2. Die *Artikel-29-Datenschutzgruppe* war ein unabhängiges Beratungsgremium der *EU-Kommission* zu datenschutzrechtlichen Fragestellungen. Mit Geltung der DS-GVO wurde sie durch den *Europäischen Datenschutzausschuss* (EDSA) abgelöst.

320 *BGH*, Urt. v. 28.5.2020, I ZR 7/16, *Cookie-Einwilligung II*, GRUR-RS 2020, 14332, Rn. 53 ff., 58.

des Art. 5 Abs. 3 ePrivacy-Richtlinie im deutschen TMG ausgehen, wird dies von dem überwiegenden Teil der Literatur[321] sowie den Aufsichtsbehörden[322] verneint. Ebenso geht der Generalanwalt *Szpunar* in seinen Schlussanträgen zu dem Verfahren *Planet49* davon aus, dass die Anforderungen des Art. 5 Abs. 3 ePrivacyRichtlinie in Deutschland nicht ausreichend umgesetzt worden sind.[323]

Diese Ansicht überzeugt, sodass im Ergebnis von keiner ausreichenden Umsetzung des Art. 5 Abs. 3 ePrivacy-Richtlinie in Deutschland ausgegangen werden kann. Das Umsetzungsdefizit zeigt sich in § 15 Abs. 3 TMG deutlich. Diese Vorschrift bietet Diensteanbietern die Möglichkeit, u.a. für Zwecke der Werbung Nutzerprofile ohne Einwilligung des Nutzers zu erstellen, soweit hierfür Pseudonyme verwendet werden. Nach dem Wortlaut der Norm reicht es aus, dass der Nutzer der Profibildung nicht widerspricht; einer Einwilligung des Nutzers bedarf es nicht. Dies steht aber der klaren Intention des Art. 5 Abs. 3 ePrivacy-Richtlinie entgegen, der derartige Verarbeitungen von Informationen ausschließlich mit der Einwilligung des jeweiligen Nutzers gestattet. Aufgrund dessen kann nicht davon ausgegangen werden, dass § 15 Abs. 3 TMG eine Umsetzung des Art. 5 Abs. 3 ePrivacy-Richtlinie darstellt.[324] Eine direkte Anwendung von § 15 Abs. 3 TMG über Art. 95 DSGVO ist somit nicht möglich.[325]

---

321 *Rauer/Ettig*, ZD 2016, 423, 424; *Schmidt/Babilon*, K&R 2016, 86, 89; Roßnagel/*Geminn/Richter*, EU-DSGVO, § 4 IX., Rn. 278, 295; *Breyer*, ZD 2018, 302, 303; *Jandt*, ZD 2018, 405, 407; Auernhammer/*Schreibauer*, DSGVO/BDSG, Vorbem. zu §§ 11 bis 16 TMG, Rn. 29; Gola/*Schulz*, DS-GVO, Art. 6, Rn. 88; *DSK*, Orientierungshilfe für Anbieter von Telemedien, S. 3 ff.; *Sesing*, MMR 2019, 347, 349. In andere Richtung tendierend: *Gierschmann*, ZD 2018, 297, 298 f.

322 *Düsseldorfer Kreis*, Beschl. v. 24./25.11.2010, Umsetzung der Datenschutzrichtlinie für elektronische Kommunikationsdienste; *DSK*, Orientierungshilfe für Anbieter von Telemedien, S. 3 ff.

323 *Szpunar*, Schlussantrag v. 21.3.2019, C-673/17, ECLI:EU:C:2019:246, Rn. 109 – *Planet49*. Gegen eine ausreichende Umsetzung spricht bereits: *BGH*, Beschl. v. 5.10.2017, I ZR 7/16, MMR 2018, 90 ff.

324 So auch: *Schmidt/Babilon*, K&R 2016, 86, 89; Roßnagel/*Geminn/Richter*, EU-DSGVO, § 4 IX., Rn. 295; *Jandt*, ZD 2018, 405, 407; Plath/*Hullen/Roggenkamp*, TMG, § 15, Rn. 2; Laue/Kremer/*Kremer*, Hb. Datenschutzrecht, § 2, Rn. 13; Taeger/Gabel/*Golland*, DSGVO/BDSG, Art. 95, Rn. 21.

325 *Breyer*, ZD 2018, 302, 303; *DSK*, Orientierungshilfe für Anbieter von Telemedien, S. 5; *Drewes*, CR 2020, 602, 605.

Ferner scheidet eine richtlinienkonforme Auslegung des § 15 Abs. 3 TMG aus.[326] Die Norm steht schließlich im klaren Widerspruch zum Einwilligungserfordernis des Art. 5 Abs. 3 ePrivacy-Richtlinie, weshalb sich eine Auslegung contra legem verbietet.[327] Das Hineinlesen eines Einwilligungserfordernisses lässt der eindeutige Wortlaut des § 15 Abs. 3 TMG, entgegen der Ansicht des *BGH*,[328] rechtsmethodisch nicht zu.[329]

Überdies stellen auch die weiteren datenschutzrechtlichen Sondervorschriften des TMG keine Umsetzung der ePrivacy-Richtlinie dar.[330] Dies zeigt sich u.a. darin, dass die Gesetzesbegründung des TMG die ePrivacy-Richtlinie an keiner Stelle erwähnt.[331] Vielmehr beruhen die §§ 11 ff. TMG zum größten Teil auf der Datenschutz-Richtlinie[332].[333]

---

326 *Moos*, K&R 2012, 635, 637; *Rauer/Ettig*, ZD 2016, 423, 424; *Schmidt/Babilon*, K&R 2016, 86, 89 f.; *DSK*, Orientierungshilfe für Anbieter von Telemedien, S. 5 f.; *Hanloser*, ZD 2019, 264, 266; *Lang*, K&R 2019, 698, 700. A.A. *BGH*, Urt. v. 28.5.2020, I ZR 7/16, *Cookie-Einwilligung II*, GRUR-RS 2020, 14332, Rn. 54 f.; *Gierschmann*, ZD 2018, 297, 300; Spindler/Schmitz/Liesching/*Schmitz*, TMG, Vor §§ 11 ff., Rn. 11. Vgl. im Detail: *Moos*, K&R 2012, 635, 637 f.; *Schmidt/Babilon*, K&R 2016, 86, 89 f.

327 So auch: *Schmidt/Babilon*, K&R 2016, 86, 90; *Hanloser*, ZD 2019, 556, 562. Vgl. zudem *EuGH*, Urt. v. 4.7.2006, C-212/04, ECLI:EU:C:2006:443 – *Adeneler u.a.; Spindler*, NJW 2020, 2513, 2515.

328 *BGH*, Urt. v. 28.5.2020, I ZR 7/16, *Cookie-Einwilligung II*, GRUR-RS 2020, 14332, Rn. 54 f.

329 Das Vorgehen des *BGH* bewertet auch: *Spindler*, NJW 2020, 2513, 2515 f. als „waghalsiges rechtsmethodisches Manöver". Ebenso zweifelnd: *Baumgartner/Hansch*, ZD 2020, 435, 436 f.; *Lang*, K&R 2020, 611, 616; *Moos/Strassemeyer*, DSB 2020, 207, 209.

330 *Keppeler*, MMR 2015, 779, 781; *Jandt*, ZD 2018, 405, 406; Gola/*Piltz*, DS-GVO, Art. 95, Rn. 19; Sydow/*Sydow*, DSGVO, Einleitung, Rn. 43; Auer-Reinsdorff/Conrad/*Kremer*, Hb. IT- und Datenschutzrecht, Teil D., § 28, Rn. 55; Laue/Kremer/*Kremer*, Hb. Datenschutzrecht, § 2, Rn. 13; Spindler/Schuster/*Nink*, Recht der elektr. Medien, § 15 TMG, Rn. 3; *Sesing*, MMR 2019, 347, 349. Im Einzelnen vgl.: Roßnagel/*Geminn/Richter*, EU-DSGVO, § 4 IX., Rn. 271 ff.

331 *BT-Drucks.* 16/3078, insb. S. 15 f.

332 Richtlinie 95/46/EG des Europäischen Parlaments und des Rates vom 24. Oktober 1995 zum Schutz natürlicher Personen bei der Verarbeitung personenbezogener Daten und zum freien Datenverkehr.

333 Roßnagel/*Geminn/Richter*, EU-DSGVO, § 4 IX., Rn. 276 ff.; Gola/*Piltz*, DS-GVO, Art. 95, Rn. 19; Plath/*Hullen/Roggenkamp*, TMG, § 12, Rn. 2; Sydow/*Sydow*, DSGVO, Einleitung, Rn. 43; *DSK*, Orientierungshilfe für Anbieter von Telemedien, S. 4; Taeger/Gabel/*Golland*, DSGVO/BDSG, Art. 95, Rn. 20.

Ergo fallen die nationalen Datenschutzregeln des TMG nach hier vertretener Ansicht nicht unter Art. 95 DSGVO.

Darüber hinaus besteht keine Möglichkeit die ePrivacy-Richtlinie im Verhältnis zu privaten Stellen direkt anzuwenden.[334]

Trotz des obigen Disputs hat der deutsche Gesetzgeber an den §§ 11 ff. TMG mit Einführung der DS-GVO keinerlei Anpassungen vorgenommen. Dabei musste es sich ihm nahezu aufdrängen, dass mit Inkrafttreten der Verordnung die Anwendbarkeit der bereichsspezifischen Regelungen des TMG in Frage gestellt ist.[335] Dies könnte wiederum dafürsprechen, die telemedienrechtlichen Vorschriften bis zu einer gesetzgeberischen Klarstellung anzuwenden. Grund für die Untätigkeit des Gesetzgebers ist voraussichtlich, dass er das Inkrafttreten der sich aktuell in Bearbeitung befindenden ePrivacy-VO abwartet. Ein solches Abwarten führt allerdings zu einer erheblichen Rechtsunsicherheit für die Praxis und ist daher nicht hinzunehmen. Das gilt umso mehr, da mit dem Inkrafttreten der ePrivacy-VO in absehbarer Zeit nicht zu rechnen ist.[336] Hinzu kommt, dass der *BGH* in einer aktuellen Entscheidung[337] § 15 Abs. 3 Satz 1 TMG richtlinienkonform auslegt und die Norm trotz Inkrafttreten der DSGVO unverständlicherweise anwendet.[338] Das Urteil des *BGH* verstärkt die Unsicherheit in der Praxis und zeigt, dass der nationale Gesetzgeber intervenieren muss. Er hat die Datenschutzvorschriften des TMG klarstellend abzuschaffen.[339]

Unabhängig von einer solch klarstellenden Entscheidung des Gesetzgebers sind die datenschutzrechtlichen Vorschriften des TMG nicht weiter anzuwenden,

---

334 *Rauer/Ettig*, ZD 2016, 423, 424; *Schmidt/Babilon*, K&R 2016, 86, 90; *Gierschmann*, ZD 2018, 297, 298; *Jandt*, ZD 2018, 405, 407; Plath/*Hullen/Roggenkamp*, TMG, § 15, Rn. 2; *DSK*, Orientierungshilfe für Anbieter von Telemedien, S. 6; *Lang*, K&R 2019, 698, 700. „Keine horizontale Drittwirkung von Richtlinien" vgl. im Detail: *Moos*, K&R 2012, 635, 638 f.

335 Dass dem Gesetzgeber die Kontroverse rund um die Umsetzung des TMG bewusst ist, zeigt: *BT-Drucks.* 18/12356, S. 28: *„Mit der Aufhebung des bereichsspezifischen Telemediendatenschutzes werden für die Telemedien dann die Vorschriften der Datenschutz-Grundverordnung und des Bundesdatenschutzgesetzes gelten, …"*.

336 Siehe: Kap. 4 B. II.

337 *BGH*, Urt. v. 28.5.2020, I ZR 7/16, *Cookie-Einwilligung II*, GRUR-RS 2020, 14332.

338 *BGH*, Urt. v. 28.5.2020, I ZR 7/16, *Cookie-Einwilligung II*, GRUR-RS 2020, 14332, Rn. 57.

339 *Jandt*, ZD 2018, 405, 405; Taeger/Gabel/*Golland*, DSGVO/BDSG, Art. 95, Rn. 20. Siehe auch: *BT-Drucks.* 19/14050. Dringenden Handlungsbedarf seitens des Gesetzgebers sehen auch: *Drewes*, CR 2020, 602, 605, 607; *Spindler*, NJW 2020, 2513, 2517.

sondern es gelten für den Multimedia- und Online-Bereich bis Inkrafttreten der ePrivacy-VO allein die Bestimmungen der DSGVO.[340]

3. *Rundfunkrecht*

Im Rundfunkrecht verwies § 47 RStV ebenfalls auf die Datenschutzbestimmungen des TMG. Diese galten soweit bei der Veranstaltung und Verbreitung von Rundfunk personenbezogene Daten erhoben, verarbeitet oder genutzt wurden. Mit Inkrafttreten der DSGVO haben die Landesgesetzgeber durch den 21. Rundfunkänderungsstaatsvertag[341] § 47 RStV aufgehoben. Sie gehen ebenfalls davon aus, dass die §§ 11 ff. TMG nicht weiter zur Anwendung kommen und fortan allein die Vorschriften der DSGVO gelten.[342] Dies wird dem Willen der Landesgesetzgeber, „den Datenschutz für alle elektronischen Medien übergreifend und einheitlich zu regeln"[343], ohnehin gerecht.

---

340 *Keppeler*, MMR 2015, 779, 781; *Buchner*, DuD 2016, 155, 161; *Hennemann*, ZUM 2017, 544, 545 f.; *Vogel*, K&R 2017, 441, 445; *Jandt*, ZD 2018, 405, 407 f.; Auernhammer/*Schreibauer*, DSGVO/BDSG, Vorbem. zu §§ 11 bis 16 TMG, Rn. 29; Gola/*Schulz*, DS-GVO, Art. 6, Rn. 87 f.; Jandt/Steidle/*Jandt/Karg*, Datenschutz im Internet, A. II. 3., Rn. 114; Jandt/Steidle/*Richter*, Datenschutz im Internet, B. II. 2. b) Art. 6 Abs. 1 S. 1 lit. f, Rn. 56; Kühling/Buchner/*Buchner/Kühling*, DS-GVO/BDSG, Art. 7, Rn. 74 f.; Plath/*Hullen/Roggenkamp*, TMG, Einleitung, Rn. 5; Sydow/*Sydow*, DSGVO, Einleitung, Rn. 43; *DSK*, Orientierungshilfe für Anbieter von Telemedien, S. 2 ff.; Laue/Kremer/*Kremer*, Hb. Datenschutzrecht, § 2, Rn. 13; *Sesing*, MMR 2019, 347, 349; Taeger/Gabel/*Golland*, DSGVO/BDSG, Art. 95, Rn. 20 f.; Schwartmann/Jaspers/Thüsing/Kugelmann/*Richter*, DS-GVO/BDSG, Art. 95, Rn. 11. A.A.: *BGH*, Urt. v. 28.5.2020, I ZR 7/16, *Cookie-Einwilligung II*, GRUR-RS 2020, 14332, Rn. 58 ff.; *Breyer*, ZD 2018, 302, 303; *Gierschmann*, ZD 2018, 297, 299; Spindler/Schmitz/Liesching/*Schmitz*, TMG, Vor §§ 11 ff., Rn. 11. Sich nicht klar festlegend: Gola/*Piltz*, DS-GVO, Art. 95, Rn. 18 f. Vgl. zu den einzelnen Bestimmungen des TMG: Roßnagel/*Geminn/Richter*, EU-DSGVO, § 4 IX., Rn. 273 ff. Zu § 13 TMG siehe: *OLG Hamburg*, Hinweisbeschluss v. 10.12.2019, 15 U 148/19, ZD 2020, 359 sowie *OLG Stuttgart*, Urt. v. 27.2.2020, 2 U 257/19, ZD 2020, 472.

341 21. Staatsvertrag zur Änderung rundfunkrechtlicher Staatsverträge November 2017, in Kraft getreten zum 25. Mai 2018 abrufbar unter: https://www.rlp.de/fileadmin/rlp-stk/pdf-Dateien/Medienpolitik/21_RAEStV_Text.pdf (Abruf v. 12.10.2020).

342 Begründung zum 21. Rundfunkänderungsstaatsvertrag, S. 13, abrufbar unter: https://www.rlp.de/fileadmin/rlp-stk/pdf-Dateien/Medienpolitik/21_RAEStV_Begruendung.pdf (Abruf v. 12.10.2020).

343 Begründung zum 9. Rundfunkänderungsstaatsvertrag, abrufbar unter: https://www.urheberrecht.org/law/normen/rstv/RStV-09/materialien/begruendung_A.php (Abruf v. 12.10.2020).

IV. Zwischenergebnis

Das nationale Datenschutzrecht bietet keine bereichspezifischen Vorschriften, die auf intelligente Endgeräte, wie Smart-TV, anwendbar sind. Mangels entsprechender Öffnungsklauseln in der DS-GVO verbleibt dem nationalen Gesetzgeber in diesem Bereich kaum eigener Gestaltungsspielraum.

Im Ergebnis bleibt es daher allein bei der Anwendbarkeit des europäischen Datenschutzrechts. Mithin haben sich die Hersteller von Smart-TV-Geräten, die Anbieter von Online-Diensten eines Smart-TVs sowie die Sender allein an den Vorschriften der DS-GVO sowie in Zukunft zusätzlich an denen der ePrivacy-VO auszurichten.[344]

Sonderregelungen speziell für internetfähige Endgeräte existieren weder auf nationaler noch auf europäischer Ebene. Ebenso wenig normiert die DSGVO überhaupt internetspezifische Rechtsgrundlagen.[345]

C. Personenbezogene Daten

I. Allgemein

Der Anwendungsbereich der DS-GVO ist nach Art. 2 Abs. 1 DSGVO eröffnet, wenn eine Verarbeitung personenbezogener Daten vorliegt. Damit nimmt der Begriff des personenbezogenen Datums eine zentrale Rolle im Datenschutzrecht ein. Art. 4 Nr. 1 DSGVO definiert personenbezogene Daten als alle Informationen, die sich auf eine identifizierte oder identifizierbare natürliche Person beziehen. Der Wortlaut der Norm indiziert bereits die weite Auslegung des Begriffs des personenbezogenen Datums.[346] Allerdings umfasst er lediglich Informationen in Bezug auf natürliche Personen. Informationen, die sich auf juristische

---

344 Mit dem Inkrafttreten der ePrivacy-VO ist in naher Zukunft allerdings nicht zu rechnen, vgl. Kap. 4 B. II.

345 Dies wird teilweise kritisiert, u.a.: *Breyer*, ZD 2018, 302, 302.

346 Die weite Auslegung des Begriffs personenbezogenes Datum entspricht der herrschenden Meinung, vgl. *EuGH*, Urt. v. 20.5.2003, C-465/00, C-138/01 und C-139/01, ECLI:EU:C:2003:294, Rn. 43 – *Österreichischer Rundfunk u.a.*; *EuGH*, Urt. v. 7.5.2009, C-553/07, ECLI:EU:C:2009:293, Rn. 59 – *Rijkeboer*; *EuGH*, Urt. v. 19.10.2016, C-582/14, ECLI:EU:C:2016:779, Rn. 40 ff. – *Breyer*; *Art.-29-Gruppe*, WP 136, S. 4; *Härting*, Internetrecht, Rn. 19; *Kühling/Klar/Sackmann*, Datenschutzrecht, Rn. 251; Paal/Pauly/*Ernst*, DS-GVO, Art. 4, Rn. 3; Simitis/Hornung/Spiecker gen. Döhmann/*Karg*, DS-GVO/BDSG, Art. 4 Nr. 1, Rn. 3; Taeger/Gabel/*Arning/Rothkegel*, DSGVO/BDSG, Art. 4, Rn. 5.

Personen, Personenmehrheiten oder Personengruppen beziehen, sind nicht personenbezogen.[347]

Zwischen der Information und der betroffenen Person muss eine Verbindung bestehen, denn nach der Definition muss sich die Information auf eine identifizierte oder identifizierbare Person beziehen. Identifiziertheit einer Person ist gegeben, wenn sich die Identität der Person unmittelbar aus der Information selbst ergibt.[348] Bei der Namensnennung einer Person ist dies regelmäßig der Fall.[349]

Nach Art. 4 Nr. 1 DSGVO wird eine natürliche Person als identifizierbar angesehen, wenn sie direkt oder indirekt identifiziert werden kann, insbesondere mittels Zuordnung zu einer Kennung wie einem Namen, zu einer Kennnummer, zu Standortdaten, zu einer Online-Kennung oder zu einem oder mehreren besonderen Merkmalen, die Ausdruck der physischen, physiologischen, genetischen, psychischen, wirtschaftlichen, kulturellen oder sozialen Identität dieser natürlichen Person sind. Identifizierbarkeit bedeutet damit, dass zusätzliche Informationen oder Schritte nötig sind, um eine Person zu individualisieren.[350] In der Regel werden solch zusätzliche Informationen für eine sichere Identifizierung benötigt.[351]

Dabei kann entweder eine einzelne Information einbezogen werden, die allein die betroffene Person identifiziert oder mehrere Informationen, die für

---

347 Gola/*Gola*, DS-GVO, Art. 4, Rn. 23; Paal/Pauly/*Ernst*, DS-GVO, Art. 4, Rn. 5; Simitis/Hornung/Spiecker gen. Döhmann/*Karg*, DS-GVO/BDSG, Art. 4 Nr. 1, Rn. 38; Taeger/Gabel/*Arning/Rothkegel*, DSGVO/BDSG, Art. 4, Rn. 16.

348 *EuGH*, Urt. v. 19.10.2016, C-582/14, ECLI:EU:C:2016:779; Rn. 38 – *Breyer*; Schaffland/Wiltfang/*Schaffland/Holthaus*, DS-GVO, Art. 4, Rn. 5; Gola/*Gola*, DS-GVO, Art. 4, Rn. 5; *Kühling/Klar/Sackmann*, Datenschutzrecht, Rn. 254; Simitis/Hornung/Spiecker gen. Döhmann/*Karg*, DS-GVO/BDSG, Art. 4 Nr. 1, Rn. 54 ff.

349 *Art.-29-Gruppe*, WP 136, S. 15; Auernhammer/*Eßer*, DSGVO/BDSG, Art. 4, Rn. 17; Gola/*Gola*, DS-GVO, Art. 4, Rn. 4. Allerdings kann eine Person nicht in jedem Fall durch einen Allerweltsnamen wie „Hans Meyer" unmittelbar identifiziert werden. Es kommt stets auf den jeweiligen Kontext an, *Art.-29-Gruppe*, WP 136, S. 15; Schaffland/Wiltfang/*Schaffland/Holthaus*, DS-GVO, Art. 4, Rn. 34; Taeger/Gabel/*Arning/Rothkegel*, DSGVO/BDSG, Art. 4, Rn. 25.

350 *Art.-29-Gruppe*, WP 136, S. 15 f.; *Kühling/Klar/Sackmann*, Datenschutzrecht, Rn. 255; Simitis/Hornung/Spiecker gen. Döhmann/*Karg*, DS-GVO/BDSG, Art. 4 Nr. 1, Rn. 47; Taeger/Gabel/*Arning/Rothkegel*, DSGVO/BDSG, Art. 4, Rn. 30.

351 Simitis/Hornung/Spiecker gen. Döhmann/*Karg*, DS-GVO/BDSG, Art. 4 Nr. 1, Rn. 56.

sich genommen noch nicht personenbezogen sind, werden derartig kombiniert, dass sich in der Zusammenschau ein unverwechselbares Bild ergibt.[352]

Seit geraumer Zeit besteht ein Streit darüber, wie weit der Begriff der Identifizierbarkeit auszulegen ist.[353] Fraglich ist, ob zur Identifizierbarkeit einer Person das Zusatzwissen und die Mittel beliebiger Dritter einbezogen werden können.[354]

Die absolute Theorie[355] geht hiervon aus. Maßgeblich ist danach allein, dass irgendein Dritter in objektiver Hinsicht die Möglichkeit hat, die betroffene Person potentiell zu identifizieren.[356] Auf welche Weise dabei die Identifizierung gelingt, ist unerheblich. Maßgeblich ist allein, dass der Dritte über das erforderliche Zusatzwissen bzw. die erforderlichen Mittel verfügt, wobei auch ein rechtswidriger Zugriff auf Daten in Betracht zu ziehen ist.[357]

Die relative Theorie[358] hingegen berücksichtigt allein den Kenntnisstand des Verantwortlichen. Entscheidend ist, ob dieser aus rein subjektiver Sicht fähig ist, ohne Weiteres zwischen dem Datum und der betroffenen Person mit Hilfe der

---

352 *Art.-29-Gruppe,* WP 136, S. 15; Auernhammer/*Eßer,* DSGVO/BDSG, Art. 4, Rn. 19; Taeger/Gabel/*Arning/Rothkegel,* DSGVO/BDSG, Art. 4, Rn. 29.

353 Vgl. zu der früheren Rechtslage die detaillierte Zusammenstellung des Streits mit weiteren gemischten Theorien bei *Bergt,* ZD 2015, 365, 365 ff. Zudem: *BGH,* Beschl. v. 28.10.2014, VI ZR 135/13, MMR 2015, 131, 132 f.; *Klein,* Personenbilder, S. 7 ff. Mit Einführung der DS-GVO ist dieser Streit nicht obsolet, da die Verordnung die Frage ebenfalls nicht abschließend beantwortet.

354 Taeger/Gabel/*Arning/Rothkegel,* DSGVO/BDSG, Art. 4, Rn. 33.

355 *LG Berlin,* Urt. v. 6.9.2007, 23 S 3/07, MMR 2007, 799, 800 f.; *Schaar,* Datenschutz im Internet, S. 19 f.; *Art.-29-Gruppe,* WP 136, S. 19 f.; *Pahlen-Brandt,* DuD 2008, 34, 39 f.; *Pahlen-Brandt,* K&R 2008, 288, 290 ff.; *Düsseldorfer Kreis,* Beschl. v. 26./27.11.2009 in Bezug auf IP-Adressen; *Weichert,* VuR 2009, 323, 326; *Karg,* MMR 2011, 345, 346; *Brennscheidt,* Cloud Computing, S. 51; *Breyer,* ZD 2014, 400, 405; *Buchner,* DuD 2016, 155, 156; *Härting,* DSGVO, Rn. 281 ff.; *Albrecht/Jotzo,* Datenschutzrecht der EU, Teil 3, Rn. 3; Däubler/Wedde/Weichert/Sommer/*Weichert,* EU-DSGVO/BDSG, Art. 4, Rn. 19. In diese Richtung auch: Simitis/Hornung/Spiecker gen. Döhmann/*Karg,* DS-GVO/BDSG, Art. 4 Nr. 1, Rn. 65.

356 *Weichert,* DuD 2007, 113, 115 ff.; *Bergt,* ZD 2015, 365, 367; Simitis/Hornung/Spiecker gen. Döhmann/*Karg,* DS-GVO/BDSG, Art. 4 Nr. 1, Rn. 58.

357 Simitis/Hornung/Spiecker gen. Döhmann/*Karg,* DS-GVO/BDSG, Art. 4 Nr. 1, Rn. 58; Taeger/Gabel/*Arning/Rothkegel,* DSGVO/BDSG, Art. 4, Rn. 33.

358 *Roßnagel/Scholz,* MMR 2000, 721, 723; *Meyerdierks,* MMR 2009, 8, 13; *Kühling/Klar,* NJW 2013, 3611, 3614 f.; *Roßnagel/Kroschwald,* ZD 2014, 495, 496 f.; *Eckhardt,* CR 2016, 786, 789; *Schantz,* NJW 2016, 1841, 1842 f.; Bussche/Voigt/*Voigt,* Konzerndatenschutz RechtsHb, Teil 4, Kap. 1; Paal/Pauly/*Ernst,* DS-GVO, Art. 4, Rn. 11.

ihm grundsätzlich zur Verfügung stehenden Mitteln eine Verbindung herzustellen.[359] Ist dies nicht möglich, fehlt es an einem Personenbezug.

Als herrschend in der Literatur und Rechtsprechung hat sich seit der EuGH-Entscheidung[360] zu den dynamischen IP-Adressen allerdings eine vermittelnde Theorie[361] entwickelt, welche die beiden oben genannten Ansichten in gewisser Hinsicht vermischt bzw. jeweils modifiziert. Danach kommt es primär auf das Wissen und die Mittel des Verantwortlichen an. Hinzu kommen aber Informationen Dritter, die er sich mit rechtmäßigen Mitteln verschaffen kann, wobei es wahrscheinlich sein muss, dass er diese Mittel nutzt.[362] In diesem Sinne muss dem Verantwortlichen eine Kenntnisnahme nicht unmittelbar möglich sein, sondern vielmehr genügt es, wenn er sich die Informationen auf bestimmte Weise über Dritte zugänglich machen kann.

Auf den ersten Blick scheint diese Ansicht zu überzeugen. Sie orientiert sich nicht nur an der Rechtsprechung des *EuGH* im Fall *Breyer*, sondern harmoniert zudem mit den Wertungen der DS-GVO.[363]

Im Fall *Breyer* entschied der *EuGH*, dass dynamische IP-Adressen für einen Webseitenbetreiber als personenbezogene Daten einzuordnen sind, soweit diesem rechtliche Mittel zu stehen, um das erforderliche Zusatzwissen zur

---

359 *Voigt*, MMR 2009, 377, 379; *Bergt*, ZD 2015, 365, 365 f.; Simitis/Hornung/Spiecker gen. Döhmann/*Karg*, DS-GVO/BDSG, Art. 4 Nr. 1, Rn. 59; Taeger/Gabel/*Arning/Rothkegel*, DSGVO/BDSG, Art. 4, Rn. 34.

360 *EuGH*, Urt. v. 19.10.2016, C-582/14, ECLI:EU:C:2016:779 – *Breyer*.

361 *BGH*, Urt. v. 16.5.2017, VI ZR 135/13, BGHZ 215, 55; *Specht/Müller-Riemenschneider*, ZD 2014, 71, 74 f.; *Brink/Eckhardt*, ZD 2015, 205, 212; *Karg*, DuD 2015, 520, 525; *Hansen/Struwe*, GRUR-Prax 2016, 503, 503; *Kring/Marosi*, K&R 2016, 773, 774 ff.; *Dregelies*, VuR 2017, 256, 257; *Hofmann/Johannes*, ZD 2017, 221, 225 f.; *Kipker/Kubis*, MMR 2017, 605, 609; *Klein*, Personenbilder, S. 9 ff.; *Kühling/Klar*, ZD 2017, 24, 29; Schantz/Wolff/*Schantz*, Das neue Datenschutzrecht, C. II., Rn. 278 ff.; Gierschmann/Schlender/Stentzel/Veil/*Buchholtz/Stentzel*, DS-GVO, Artikel 4 Nr. 1, Rn. 12; Gola/*Gola*, DS-GVO, Art. 4, Rn. 18 f.; Kühling/Buchner/*Klar/Kühling*, DS-GVO/BDSG, Art. 4 Nr. 1, Rn. 26 ff.; Plath/*Schreiber*, DSGVO/BDSG, Artikel 4, Rn. 8; Schwartmann/Jaspers/Thüsing/Kugelmann/*Schwartmann/Mühlenbeck*, DS-GVO/BDSG, Art. 4 Nr. 1, Rn. 40; Sydow/*Ziebarth*, DSGVO, Art. 4 Nr. 1, Rn. 38 ff.; Taeger/Gabel/*Arning/Rothkegel*, DSGVO/BDSG, Art. 4, Rn. 35; Auernhammer/*Eßer*, DSGVO/BDSG, Art. 4, Rn. 20

362 Schantz/Wolff/*Schantz*, Das neue Datenschutzrecht, C. II., Rn. 278; Simitis/Hornung/Spiecker gen. Döhmann/*Karg*, DS-GVO/BDSG, Art. 4 Nr. 1, Rn. 61; Taeger/Gabel/*Arning/Rothkegel*, DSGVO/BDSG, Art. 4, Rn. 35.

363 So auch: Schantz/Wolff/*Schantz*, Das neue Datenschutzrecht, C. II., Rn. 279.

Identifizierung über die IP-Adresse von einem Dritten heraus zu verlangen.[364] Offen blieb allerdings, ob diese rechtlichen Mittel im konkreten Fall tatsächlich bestehen müssen oder die rein abstrakte Möglichkeit einer Zugänglichmachung ausreicht, weshalb aus der Entscheidung keine eindeutige Tendenz in Richtung einer der strikten Theorien abgeleitet werden kann.[365] Im Ergebnis ordnete der *EuGH* dynamische IP-Adressen weder generell als personenbezogene Daten ein, noch forderte er, dass sich alle zur Identifizierung der betreffenden Person erforderlichen Informationen in den Händen einer einzigen Person befinden,[366] sodass sich der Gerichtshof weder klar auf Seiten eines rein absoluten noch eines streng relativen Verständnisses positioniert.

Ebenso wenig nimmt die DSGVO eine solch eindeutige Positionierung ein.[367] Zwar müssen nach ErwG 26 Satz 3 DSGVO auch alle Mittel berücksichtigt werden, die von einer anderen Person genutzt werden, um die natürliche Person direkt oder indirekt zu identifizieren, was den streng relativen Ansatz ausschließt. Allerdings schränkt die Verordnung zugleich ein, dass diese Mittel nach allgemeinem Ermessen wahrscheinlich genutzt werden müssen. Danach reicht es eben nicht aus, dass die erforderlichen Informationen für einen beliebigen Dritten überhaupt zugänglich sind; er muss die Mittel zu Identifizierung mit gewisser Wahrscheinlichkeit nutzen. Insoweit spricht die DS-GVO gegen einen rein absoluten Ansatz.[368]

Jedoch überzeugt die vermittelnde Ansicht allein in der Theorie. In der Praxis führt sie hingegen zu einer erheblichen Rechtsunsicherheit bezüglich der Anwendbarkeit datenschutzrechtlicher Vorschriften.[369] Unter praktischen Gesichtspunkten muss bedacht werden, dass im Zeitalter von Big Data und dem Internet der Dinge die verarbeitenden Stellen nicht unbedingt überblicken können, ob ein Personenbezug herstellbar ist. Insbesondere auf intelligenten Endgeräten fallen Datenmengen an, deren Ausmaß nicht von vorneherein absehbar ist. Zudem bestehen immer mehr technische Möglichkeiten, Informationen

364 *EuGH*, Urt. v. 19.10.2016, C-582/14, ECLI:EU:C:2016:779 – *Breyer*.

365 So auch: Taeger/Gabel/*Arning/Rothkegel*, DSGVO/BDSG, Art. 4, Rn. 37 f.

366 *EuGH*, Urt. v. 19.10.2016, C-582/14, ECLI:EU:C:2016:779, Rn. 43 – *Breyer*.

367 So auch: *Härting*, DSGVO, Rn. 282; Schantz/Wolff/*Schantz*, Das neue Datenschutzrecht, C. II., Rn. 279 ff.; Simitis/Hornung/Spiecker gen. Döhmann/*Karg*, DS-GVO/BDSG, Art. 4 Nr. 1, Rn. 63.

368 So auch: *Klein*, Personenbilder, S. 16.

369 So auch: Simitis/Hornung/Spiecker gen. Döhmann/*Karg*, DS-GVO/BDSG, Art. 4 Nr. 1, Rn. 59.

zusammenzuführen sowie aufzuschlüsseln.[370] Teilweise ist Zusatzwissen bei Dritten mit verhältnismäßigem Aufwand zugänglich, obwohl dies auf den ersten Blick nicht so erscheint. All diese tatsächlichen Gegebenheiten auf Seiten des Verantwortlichen sind für außenstehende Personen noch weniger transparent.[371]

Aufgrund dieser Umstände droht unter der vermittelnden Theorie die Nichtanwendung datenschutzrechtlicher Vorgaben in Fällen, in denen ein Schutz eigentlich erforderlich wäre. Betroffenen könnte der Schutz ihrer personenbezogenen Daten vorenthalten und ihre Rechte übergangen werden, ohne dass dies überhaupt offen zu Tage treten müsste.

Rechtssicherheit kann lediglich erreicht werden, wenn die Praxis nahezu jedes Datum als personenbezogen behandelt.[372] Allein auf diese Weise können Schutzlücken verhindert werden.[373] Der technische Fortschritt und die damit zusammenhängende vereinfachte Möglichkeit Informationen zu verknüpfen, sprechen für einen weiten Anwendungsbereich der DSGVO.[374] Diese geht in ErwG 26 Satz 4 a.E. selbst davon aus, dass im Rahmen der Identifizierbarkeit die technologische Entwicklung zu berücksichtigen ist. Im Ergebnis ist somit jedenfalls für die Praxis die absolute Theorie vorzugswürdig.[375]

Allein wenn eine Verbindung zwischen der Information und der Person in keiner Weise herstellbar und eine Identifizierung selbst mit Zusatzinformationen

---

370 Däubler/Wedde/Weichert/Sommer/*Weichert*, EU-DSGVO/BDSG, Art. 4, Rn. 20; Simitis/Hornung/Spiecker gen. Döhmann/*Karg*, DS-GVO/BDSG, Art. 4 Nr. 1, Rn. 65. Diese Entwicklung soll auch nach der DS-GVO berücksichtigt werden, siehe ErwG 26 Satz 4 a.E.

371 *Spiecker gen. Döhmann*, CR 2010, 311, 313; Simitis/Hornung/Spiecker gen. Döhmann/*Karg*, DS-GVO/BDSG, Art. 4 Nr. 1, Rn. 59.

372 So auch: *Pahlen-Brandt*, DuD 2008, 34, 34; *Härting*, DSGVO, Rn. 269.

373 Simitis/Hornung/Spiecker gen. Döhmann/*Karg*, DS-GVO/BDSG, Art. 4 Nr. 1, Rn. 58.

374 So auch: *Karg*, MMR 2011, 345, 346; Simitis/Hornung/Spiecker gen. Döhmann/*Karg*, DS-GVO/BDSG, Art. 4 Nr. 1, Rn. 65.

375 Hierfür spricht zudem, dass die Datenschutzbehörden diese Ansicht vertreten, weshalb die Praxis sich daran orientieren sollte, *Schaar*, Datenschutz im Internet, Rn. 175; *Pahlen-Brandt*, DuD 2008, 34, 39 f.; *Düsseldorfer Kreis*, Orientierungshilfe Apps, S. 5; Däubler/Wedde/Weichert/Sommer/*Weichert*, EU-DSGVO/BDSG, Art. 4, Rn. 19. Vgl. zudem *Unabhängiges Landeszentrum für Datenschutz Schleswig-Holstein* zu IP-Adressen, abrufbar unter: https://www.datenschutzzentrum.de/artikel/575-IP-Adressen-und-andere-Nutzungsdaten-Haeufig-gestellte-Fragen.html#extended (Abruf v. 12.10.2020). Außerdem sorgt nur die absoulte Theorie in Grenzfällen – wie bei IP-Adressen und Cookies – für eindeutige Ergebnisse, siehe Kap. 4 C. II. 2.

Dritter nicht möglich ist, fehlt es an einem Personenbezug.[376] Dies ist zumindest bei anonymen Daten der Fall, bei denen eine Re-Identifizierung technisch ausgeschlossen ist.[377] Eine bloße Pseudonymisierung steht einem Personenbezug allerdings nicht entgegen.[378]

II. Personenbezogene Daten im Zusammenhang mit Smart-TV

Bei der Nutzung eines Smart-TVs fallen, beginnend mit der ersten Inbetriebnahme, über die Konsumierung verschiedener Fernsehinhalte, bis hin zur Nutzung diverser Online-Dienste und Applikationen, zahlreiche Daten an. Damit diese auf dem TV-Gerät anfallenden Daten den Schutz des Datenschutzrechts genießen, muss es sich bei ihnen überhaupt um personenbezogene Daten handeln. In diesem Zusammenhang ist zunächst zu analysieren, welche verschiedenen Arten von Daten ein Smart-TV erhebt bzw. erfasst. In einem zweiten Schritt ist zu prüfen, ob diese einen Personenbezug aufweisen.

Die Daten auf einem intelligenten Fernsehgerät lassen sich grob in drei Kategorien einteilen:[379] Die erste Kategorie bilden Daten im Zusammenhang mit der Inbetriebnahme des Geräts, der Kontoeinrichtung und Registrierung von Diensten. So muss der Nutzer nach dem Kauf eines Smart-TV-Geräts verschiedene Informationen im Rahmen der Erstinbetriebnahme eingeben und zum Teil verpflichtend ein individuelles Nutzerkonto bei dem Hersteller einrichten.[380] Häufig muss er sich darüber hinaus bei verschiedenen Online-Diensten und Applikationen auf dem Gerät registrieren, um diese nutzen zu können.[381] In die zweite Kategorie fallen die gerätespezifischen Daten. Dies sind Informationen, die ein bestimmtes Gerät und dessen technische Eigenschaften auszeichnen.[382]

---

376 *Härting*, DSGVO, Rn. 267 ff.; Simitis/Hornung/Spiecker gen. Döhmann/*Karg*, DS-GVO/BDSG, Art. 4 Nr. 1, Rn. 19.

377 ErwG 26 Satz 5 DS-GVO; *Art.-29-Gruppe*, WP 136, S. 24; *Kühling/Klar/Sackmann*, Datenschutzrecht, Rn. 262 ff.; Däubler/Wedde/Weichert/Sommer/*Weichert*, EU-DSGVO/BDSG, Art. 4, Rn. 19; Simitis/Hornung/Spiecker gen. Döhmann/*Karg*, DS-GVO/BDSG, Art. 4 Nr. 1, Rn. 19.

378 ErwG 26 Satz 2 DS-GVO; *Art.-29-Gruppe*, WP 136, S. 21; *Kühling/Klar/Sackmann*, Datenschutzrecht, Rn. 266 ff.

379 Die hier vorgenommene Einteilung in drei Kategorien orientiert sich an: *Zoche ua*, Forschungsbericht Smart-TV, S. 10 ff.; *Vogel*, K&R 2017, 441, 442.

380 *Zoche ua*, Forschungsbericht Smart-TV, S. 10; *Bundeskartellamt*, Sektoruntersuchung Smart-TV, S. 130.

381 *Zoche ua*, Forschungsbericht Smart-TV, S. 10.

382 Ähnlich auch: *Zoche ua*, Forschungsbericht Smart-TV, S. 11.

Zu der dritten Kategorie zählen die verhaltensspezifischen Daten. Mithin alle Daten, die im Zusammenhang mit der tatsächlichen Nutzung des Smart-TV-Geräts und seiner verschiedenen Dienste anfallen.[383] Durch die Kombination und Verknüpfung der verschiedenen Verhaltensdaten lassen sich weitere Informationen über den Nutzer gewinnen.[384]

1. Daten im Zusammenhang mit der Inbetriebnahme, Kontoeinrichtung und Registrierung

Die Erstinbetriebnahme eines Smart-TV-Geräts erfordert je nach Hersteller die Eingabe verschiedener Daten.[385] Nachdem der Nutzer das Gerät eingeschaltet hat, muss er eine Sprache wählen, eine Verbindung zum Internet via LAN oder WLAN herstellen sowie seinen Standort, Zeitzone bzw. Postleitzahl angeben. Schließlich sind zur Nutzung der Smart-TV-Dienste zum Teil ein Nutzerkonto sowie eine Registrierung des Geräts erforderlich.[386] In diesem Zusammenhang muss der Nutzer entweder seine E-Mail-Adresse und Passwort eines bereits bestehenden Kontos eingeben oder ein neues Konto einrichten. Für die Kontoeinrichtung und Registrierung von Diensten fordert der Hersteller bzw. der jeweilige Diensteanbieter verschiedene Informationen des Nutzers, wie dessen Name, Geburtsdatum, Geschlecht, Adresse, Kontodaten und E-Mail-Adresse.[387] Gleiches gilt für die Nutzung verschiedener Applikationen.

Bei diesen persönlichen Informationen handelt es sich größtenteils ohne Zweifel um personenbezogene Daten.[388] Sie geben allesamt entweder bereits

---

383 *Zoche ua,* Forschungsbericht Smart-TV, S. 10 f.

384 Wie zum Beispiel sein Alter oder das Geschlecht; *Zoche ua,* Forschungsbericht Smart-TV, S. 11 f.

385 Die genauen Anforderungen variieren je nach Hersteller. Der grobe Ablauf ist allerdings ähnlich, sodass hier der Hersteller *Samsung* mit dem Modell UE-43RU7099 als Anschauungsbeispiel gewählt wurde. Die Erläuterungen zeichnen den praktischen Prozess der Inbetriebnahme nach.

386 *EAI,* Smart-TV, S. 16; *Zoche ua,* Forschungsbericht Smart-TV, S. 10; *Vogel,* K&R 2017, 441, 442.

387 *Düsseldorfer Kreis,* Orientierungshilfe Smart-TV, S. 7; *EAI,* Smart-TV, S. 26; *Jaritz/Lo Iacono,* DuD 2016, 511, 513; *Zoche ua,* Forschungsbericht Smart-TV, S. 10; *Vogel,* K&R 2017, 441, 442. Siehe auch: Solmecke/Taeger/Feldmann/*Taeger,* Mobile Apps, Kap. 5 Datenschutz, S. 220.

388 Identifikationsmerkmale wie Name, Adresse, Geburtsdatum sowie äußerliche Merkmale wie das Geschlecht sind personenbezogene Daten, vgl. *Düsseldorfer Kreis,* Orientierungshilfe Apps, S. 6; *EAI,* Smart-TV, S. 62; *Kühling/Klar/Sackmann,*

unmittelbar aus dem Einzeldatum selbst oder durch Kombination der einzelnen zur Verfügung stehenden Informationen Aufschluss über die Identität des betroffenen Smart-TV-Inhabers bzw. Nutzers. Das gilt auch für Daten wie die Sprache, den Standort des Geräts, die Zeitzone und die Postleitzahl der betroffenen Person, die ebenfalls im Zusammenspiel mit den weiteren Informationen eine Person identifizierbar machen.[389] Dafür bedarf es keines weiteren Zusatzwissens externer Stellen, sondern die bei der datenerhebenden Stelle vorhandenen Informationen spiegeln bereits das Bild einer bestimmten Person wider.[390]

Eine differenzierende Betrachtung ist grundsätzlich in Bezug auf die EMail-Adresse vorzunehmen. Setzt sich diese aus einem Vor- und Nachnamen zusammen, so ist fast immer von einem Personenbezug auszugehen.[391] Anderes kann gelten, soweit die Adresse aus einem Pseudonym besteht.[392] Im Zusammenhang mit der Kontoeinrichtung oder Registrierung bei einem Smart-TV-Hersteller oder bei spezifischen Diensten ist hingegen stets von einem Personenbezug auszugehen. Schließlich kann die datenerhebende Stelle bereits nach der relativen Theorie einen Personenbezug mit Hilfe der zusätzlich erhobenen Daten herstellen; darüberhinausgehenden Zusatzwissens Dritter bedarf es insoweit nicht.[393]

2. *Gerätespezifische Daten*

Unter die gerätespezifischen Daten fallen die Identifikationsnummer des Geräts,[394] die Modellbezeichnung, das Betriebssystem und andere Kennzeichen

---

Datenschutzrecht, Rn. 251; Paal/Pauly/*Ernst,* DS-GVO, Art. 4, Rn. 14; *Simitis/Hornung/Spiecker gen. Döhmann* in Datenschutzrecht, Rn. 72.

389 Für Standortdaten explizit: Auernhammer/*Eßer,* DSGVO/BDSG, Art. 4, Rn. 22; Gola/*Gola,* DS-GVO, Art. 4, Rn. 6; Paal/Pauly/*Ernst,* DS-GVO, Art. 4, Rn. 15.

390 Dies gilt in jedem Fall soweit der Nutzer beim Hersteller oder Diensteanbieter ein Konto eröffnet. Ohne ein solches Konto kann der Hersteller die Daten zumindest mit der spezifischen Geräte-ID des jeweiligen Nutzers verknüpfen.

391 Auernhammer/*Eßer,* DSGVO/BDSG, Art. 4, Rn. 21; Kühling/Buchner/*Klar/Kühling,* DS-GVO/BDSG, Art. 4 Nr. 1, Rn. 39. Anderes kann für Allerweltsnamen, wie *„Hans Müller"* gelten.

392 Vgl. allgemein zu pseudonymisierten E-Mail-Adressen: *Härting,* Internetrecht, Rn. 109 ff.; Auernhammer/*Eßer,* DSGVO/BDSG, Art. 4, Rn. 21; Gola/*Gola,* DS-GVO, Art. 4, Rn. 20; Taeger/Gabel/*Arning/Rothkegel,* DSGVO/BDSG, Art. 4, Rn. 28.

393 Bei Smart-TV erhebt der Hersteller oder Diensteanbieter die E-Mail-Adresse nie isoliert, sondern in der Regel in Verbindung mit weiteren Informationen, wie Name, Geburtsdatum etc.

394 Diese kann der Nutzer nicht verändern, sodass mit Hilfe der Nummer eine eindeutige Indentifizierung möglich ist, *Bundeskartellamt,* Sektoruntersuchung Smart-TV, S. 34 f.

sowie Soft- und Hardwaremerkmale[395].[396] Darüber hinaus lassen sich Verbindungsdaten wie die IP-Adresse, Cookies und vergleichbare Technologien sowie Standortdaten in diese Kategorie einordnen.[397]

Bei der Identifikationsnummer des Geräts handelt es sich um ein personenbezogenes Datum.[398] Zumindest der Hersteller kann ohne Weiteres identifizieren, welchem Smart-TV-Inhaber die spezifische Kennnummer zugeordnet ist. Ob dies ebenso für andere Stellen gilt, ist fraglich. Unter Zugrundlegung der absoluten Theorie ist allerdings auch in diesem Fall stets von einem Personenbezug auszugehen.

Weiter gibt der Standort des Geräts Aufschluss über den Smart-TV-Nutzer, indem er seinen Aufenthaltsort offenbart. Folglich kommt den Standortdaten ebenfalls ein Personenbezug zu.[399] Schließlich können Dritte eine Person im Einzelfall über ihre Adresse ermitteln.

Informationen wie die Modellbezeichnung, das Betriebssystem sowie allgemeine Soft- und Hardwaremerkmale stellen hingegen grundsätzlich keine personenbezogenen Daten dar, sondern sind ausschließlich sachbezogen.[400]

---

395 Auch Sensorgeräte und weitere angeschlossene Geräte aus der Umgebung gehören zu den gerätespezifischen Hardwaremerkmalen, *Zoche ua,* Forschungsbericht Smart-TV, S. 11; *Vogel,* K&R 2017, 441, 442; *Bundeskartellamt,* Sektoruntersuchung Smart-TV, S. 33.

396 *Düsseldorfer Kreis,* Orientierungshilfe Smart-TV, S. 6; *EAI,* Smart-TV, S. 26; *Zoche ua,* Forschungsbericht Smart-TV, S. 11; *Vogel,* K&R 2017, 441, 442; *Bundeskartellamt,* Sektoruntersuchung Smart-TV, S. 33.

397 *EAI,* Smart-TV, S. 26; *Zoche ua,* Forschungsbericht Smart-TV, S. 11; *Vogel,* K&R 2017, 441, 442; *Bundeskartellamt,* Sektoruntersuchung Smart-TV, S. 33.

398 *Weichert,* DuD 2014, 528, 530; *Düsseldorfer Kreis,* Orientierungshilfe Smart-TV, S. 6; *EAI,* Smart-TV, S. 26; *Jaritz/Lo Iacono,* DuD 2016, 511, 517 f.; Simitis/Hornung/Spiecker gen. Döhmann/*Karg,* DS-GVO/BDSG, Art. 4 Nr. 1, Rn. 66. So auch bereits für IMEI, UDID, IMSI, MAC-Adresse und MSISDN: *Art.-29-Gruppe,* WP 202, S. 10; *Düsseldorfer Kreis,* Orientierungshilfe Apps, S. 5 Für die UDID siehe: Solmecke/Taeger/Feldmann/*Taeger,* Mobile Apps, Kap. 5 Datenschutz, S. 221; Auer-Reinsdorff/Conrad/*Kremer,* Hb. IT- und Datenschutzrecht, Teil D., § 28, Rn. 47.

399 *Art.-29-Gruppe,* WP 202, S. 10; Auernhammer/*Eßer,* DSGVO/BDSG, Art. 4, Rn. 22 f.; Gola/*Gola,* DS-GVO, Art. 4, Rn. 6; Paal/Pauly/*Ernst,* DS-GVO, Art. 4, , Rn. 15.

400 Paal/Pauly/*Ernst,* DS-GVO, Art. 4, Rn. 6; Taeger/Gabel/*Arning/Rothkegel,* DSGVO/BDSG, Art. 4, Rn. 10.

Probleme wirft die Beurteilung des Personenbezugs vor allem im Zusammenhang mit IP-Adressen[401] und Cookies[402] auf. Im Kern geht es dabei um die obige Streitfrage des zu berücksichtigenden Zusatzwissens und der zu berücksichtigenden Mittel im Rahmen der Identifizierbarkeit. Da der Datenschutz bei der Erfassung von IP-Adressen und der Verwendung von Cookies auf Messers Schneide steht, sind diese Fälle in der rechtswissenschaftlichen Literatur und Rechtsprechung besonders umstritten. Wegen ihrer erheblichen Bedeutung für die Praxis, sind sie losgelöst von der allgemeinen Streitfrage noch einmal gesondert zu betrachten. Die beiden Beispiele legen den Finger unmittelbar in die Wunde der relativen Theorie und verdeutlichen besonders augenscheinlich, weswegen in der Praxis der absoluten Theorie zu folgen ist.

a) IP-Adressen

Zunächst ist zwischen statischen und dynamischen IP-Adressen zu unterscheiden. Statische IP-Adressen werden vom Internetzugangsanbieter fest an ein bestimmtes Endgerät bzw. an einen Rechner vergeben.[403] Bei diesen handelt es sich nach ganz h.M. um personenbezogene Daten, da sich der hinter der Adresse stehende Nutzer mit Hilfe von öffentlich zugänglichen Datenbanken[404] identifizieren lässt.[405]

---

401 Internetprotokoll-Adresse: eine Abfolge von Nummern, die ein Endgerät bzw. Rechner fest oder zeitweilig zugeteilt bekommt, um im Internet zu kommunizieren, *Härting*, Internetrecht, Rn. 228; Schantz/Wolff/*Schantz*, Das neue Datenschutzrecht, C. II., Rn. 285; Auernhammer/*Eßer*, DSGVO/BDSG, Art. 4, Rn. 24; Jandt/Steidle/*Jandt*, Datenschutz im Internet, A. I., 1. Internet, Rn. 6 ff.

402 Cookies sind kleine Dateien, die von einem Internetanbieter auf dem Rechner des Nutzers - zumeist ohne dessen Kenntnis - abgelegt werden, um Informationen über den Nutzer zu sammeln, so wörtlich: *Härting*, Internetrecht, Rn. 223. Vgl. allgemein zu Cookies auch: *Perlitz/Kneuper*, DuD 2019, 502, 503.

403 Auernhammer/*Eßer*, DSGVO/BDSG, Art. 4, Rn. 24.

404 Siehe die Datenbank der RIPE: https://www.ripe.net/manage-ips-and-asns/db. Die *Réseaux IP Européens (RIPE)* ist für die Vergabe von IP-Adressen in Europa zuständig.

405 *BGH*, Beschl. v. 28.10.2014, VI ZR 135/13, Rn. 16 (Juris); KG, Beschl. v. 29.4.2011, 5 W 88/11, Rn. 23 f. (Juris); *LG Frankfurt a.M.*, Urt. v. 10.6.2016, 2-03 O 364/15, Rn. 139 (Juris); *Voigt*, MMR 2009, 377, 378; *Heidrich/Wegener*, DuD 2010, 172, 174; *Eckhardt*, CR 2011, 339, 340; *Hoeren*, ZD 2011, 3, 4; *Venzke*, ZD 2011, 114, 116 f.; *Wegener/Heidrich*, CR 2011, 479, 483; *Gerlach*, CR 2013, 478, 480 ff.; *Bergt*, ZD 2015, 365, 370; *Härting*, Internetrecht, Rn. 230; Schantz/Wolff/*Schantz*, Das neue Datenschutzrecht, C. II., Rn. 286; Auernhammer/*Eßer*, DSGVO/BDSG, Art. 4, Rn. 24; Däubler/Wedde/

Überwiegend vergibt der Internetzugangsanbieter allerdings dynamische IP-Adressen.[406] Bei diesen ist fraglich, wer über das erforderliche Zusatzwissen verfügt, um die Adresse einer konkreten Person zuzuordnen. Der Internetzugangsanbieter weist den Nutzern die IP-Adressen zeitweilig zu und dokumentiert diesen Vorgang regelmäßig.[407] Aufgrund dessen kann er erkennen, wann er wem welche IP-Adresse zugeordnet hat und im Ergebnis die hinter der IP-Adresse stehende Person identifizieren. Demnach weisen dynamische IP-Adressen zumindest für den Internetzugangsanbieter einen Personenbezug auf.[408] Problematisch ist hingegen, ob die dynamische IP-Adresse zudem für Betreiber einer Webseite, eines Online-Dienstes oder einer Smart-TV-Applikation ein personenbezogenes Datum darstellt. Nicht immer verfügen diese selbst über die erforderlichen Informationen, um in Kombination mit der IP-Adresse eine Verbindung zu einer bestimmten Person herzustellen.[409] Folgt man wie oben in diesem konkreten Fall der absoluten Theorie, so reicht es bereits aus, dass dem Internetzugangsanbieter, d.h. einem Dritten, die Informationen zugänglich sind.

Derartig weitgehend ist die oben benannte EuGH-Entscheidung *Breyer*, die sich spezifisch auf IP-Adressen bezieht, allerdings nicht zu verstehen. Dort hat der *Gerichtshof* in Bezug auf einen Webseitenbetreiber zwar entschieden, dass es für die Identifizierbarkeit einer Person mit Hilfe der dynamischen IP-Adresse ausreiche, wenn für den Betreiber rechtliche Möglichkeiten beständen, über die erforderlichen Informationen von dem Internetzugangsanbieter Auskunft zu verlangen.[410] Er selbst muss demnach nicht unbedingt über die erforderlichen

---

Weichert/Sommer/*Weichert,* EU-DSGVO/BDSG, Art. 4, Rn. 22; Forgó/Helfrich/Schneider/*Arning/Born,* Betrieblicher Datenschutz RechtHb., Teil XI. Kap. 2, Rn. 97. A.A. *Meyerdierks,* MMR 2013, 705, 705 ff.

406 Schantz/Wolff/*Schantz,* Das neue Datenschutzrecht, C. II., Rn. 285.

407 Dies ist erforderlich, um etwaige Störungen zu beseitigen, vgl. Schantz/Wolff/*Schantz,* Das neue Datenschutzrecht, C. II., Rn. 286.

408 *EuGH*, Urt. v. 29.1.2008, C-275/06, ECLI:EU:C:2008:54, Rn. 45 – *Promusicae*; *EuGH*, Urt. v. 24.11.2011, C-70/10, ECLI:EU:C:2011:771, Rn. 51 – *Scarlet Extended.*; *EuGH*, Urt. v. 19.4.2012, C-461/10, ECLI:EU:C:2012:219, Rn. 52 – *Bonnier Audio AB*; *Specht/Müller-Riemenschneider*, ZD 2014, 71, 72; *Bergt*, ZD 2015, 365, 370; Schantz/Wolff/*Schantz,* Das neue Datenschutzrecht, C. II., Rn. 286; Gola/*Gola,* DS-GVO, Art. 4, Rn. 21; Kühling/Buchner/*Klar/Kühling,* DS-GVO/BDSG, Art. 4 Nr. 1, Rn. 35; Simitis/Hornung/Spiecker gen. Döhmann/*Karg,* DS-GVO/BDSG, Art. 4 Nr. 1, Rn. 66.

409 So auch: Schantz/Wolff/*Schantz,* Das neue Datenschutzrecht, C. II., Rn. 286. Dies ist nur der Fall, wenn der Anbieter die Informationen etwa durch die Eingabe der Daten auf der Webseite erlangt.

410 *EuGH*, Urt. v. 19.10.2016, C-582/14, ECLI:EU:C:2016:779, Rn. 39 ff. – *Breyer*.

Informationen verfügen. Allerdings muss er über Mittel verfügen, die vernünftigerweise eingesetzt werden könnten, um mit Hilfe Dritter, die betreffende Person anhand der gespeicherten IP-Adressen bestimmen zu lassen.[411] Nach Ansicht des *EuGH* gelte dies insbesondere im Fall von Cyberattacken, bei welchen sich der Betreiber an die zuständige Behörde wenden könne.[412]

Der *BGH* hat sich dem *EuGH* weitestgehend angeschlossen und festgestellt, dass dynamische IP-Adressen für den Anbieter von Online-Mediendiensten personenbezogene Daten darstellen, da dieser über die erforderlichen rechtlichen Mittel verfügten.[413] Der *BGH* beschränkt sich insofern aber auf den Fall, dass konkrete Schädigungen drohen oder bereits eingetreten sind,[414] was eher einem modifiziert relativen Verständnis entspricht.

Ein genereller Personenbezug von dynamischen IP-Adressen kann aus den Entscheidungen indes nicht unmittelbar gefolgert werden. Abzuwarten bleibt, wie die Rechtsprechung in anders gelagerten Fällen entscheiden wird.

Ebenso wenig bietet die DS-GVO für die lang umstrittene Frage des Personenbezugs von dynamischen IP-Adressen eine klare Antwort. Sie erwähnt die IP-Adressen in ErwG 30 jedoch als mögliches Identifizierungsmittel für eine Person. Dies spricht dafür, IP-Adressen allgemein als personenbezogen einzuordnen.[415]

Die Datenschutzbehörden[416] und einige Vertreter in der Literatur[417] tendieren ebenfalls dazu einen generellen Personenbezug von dynamischen IP-Adressen anzunehmen.[418]

Wie bereits der obige Streit[419] bezüglich der Identifizierbarkeit per se ist auch der Streit im Hinblick auf den konkreten Fall der dynamischen IP-Adressen rein theoretischer Natur und hat keine Auswirkungen für die Anbieter von

---

411 *EuGH*, Urt. v. 19.10.2016, C-582/14, ECLI:EU:C:2016:779, Rn. 48 ff. – *Breyer*.

412 *EuGH*, Urt. v. 19.10.2016, C-582/14, ECLI:EU:C:2016:779, Rn. 47 – *Breyer*.

413 *BGH*, Urt. v. 16.5.2017, VI ZR 135/13, BGHZ 215, 55, Rn. 25 f.

414 *BGH*, Urt. v. 16.5.2017, VI ZR 135/13, BGHZ 215, 55, Rn. 26.

415 So auch: *Härting*, DSGVO, Rn. 279 f.; Jandt/Steidle/*Krasemann*, Datenschutz im Internet, B. III. 1. Webdienste, Rn. 8.

416 *Art.-29-Gruppe*, WP 136, S. 19 f.; *Art.-29-Gruppe*, WP 148, S. 9; *Düsseldorfer Kreis*, Orientierungshilfe Apps, S. 5.

417 So u.a.: *Schmidtmann/Schwiering*, ZD 2014, 448, 450; *Kipker/Kubis*, MMR 2017, 605, 609.

418 Ebenso: Generalanwalt *Sánchez-Bordona*, Schlussantrag v. 12.5.2016, C-582-14, ECLI:EU:C:2016:339, Rn. 74 – *Breyer*.

419 Kap. 4 C. I.

Online-Diensten bei Smart-TV. Denn gerade dort sind die verschiedenen Dienste und Applikationen häufig mit einem festen Benutzer-Konto verbunden, sodass den Anbietern bereits weitere Informationen zugänglich sind, die in Kombination mit der IP-Adresse eine Identifizierung ermöglichen. Derartige Zusatzinformationen können die Betreiber etwa durch die Eingabe von persönlichen Informationen, beispielsweise in ein Kontaktformular einer Webseite, erhalten.[420]

Daneben können sie sich, wie von der Rechtsprechung bestätigt, zumindest in bestimmten Fällen an den Provider wenden und auf diese Weise die Person hinter der IP-Adresse ermitteln.[421]

In den übrigen Fällen ist zu beachten, dass für die Anbieter nicht von vorneherein ersichtlich ist, ob sie bei der jeweiligen IP-Adresse einen Personenbezug herstellen können.[422] Sie wissen nicht einmal, ob es sich bei der verarbeiteten IP-Adresse ausnahmsweise um eine statische Adresse handelt.[423] Um IP-Adressen in datenschutzrechtlicher Hinsicht rechtssicher zu verarbeiten, bleibt ihnen daher allein die Möglichkeit, IP-Adressen generell als personenbezogene Daten zu behandeln.[424] Schließlich können sie einen Personenbezug nicht mit Sicherheit ausschließen.

Im Ergebnis sind die bei Smart-TV verarbeiteten IP-Adressen somit als personenbezogene Daten zu klassifizieren.[425]

---

420 In diese Richtung auch: *Bergt*, ZD 2015, 365, 370.

421 *Bergt*, ZD 2015, 365, 370; Schantz/Wolff/*Schantz*, Das neue Datenschutzrecht, C. II., Rn. 287.

422 *Bergt*, ZD 2015, 365, 370 f.

423 Vgl. hierzu auch: *LG Frankfurt a.M.*, Urt. v. 10.6.2016, 2-03 O 364/15, Rn. 138 (Juris) sowie *Specht/Müller-Riemenschneider*, ZD 2014, 71, 75.

424 So auch: Generalanwalt *Sánchez-Bordona*, Schlussantrag v. 12.5.2016, C-582-14, ECLI:EU:C:2016:339, Rn. 74 – *Breyer*; *Art.-29-Gruppe*, WP 136, S. 20; *Specht/Müller-Riemenschneider*, ZD 2014, 71, 75; *Bergt*, ZD 2015, 365, 370 f.; Forgó/Helfrich/Schneider/*Arning/Born*, Betrieblicher Datenschutz RechtHb., Teil XI. Kap. 2, Rn. 97; Jandt/Steidle/*Krasemann*, Datenschutz im Internet, B. III. 1. Webdienste, Rn. 8. Dies gilt vor allem im Hinblick auf die Entwicklung des IPv6, *Bergt*, ZD 2015, 365, 370; Schantz/Wolff/*Schantz*, Das neue Datenschutzrecht, C. II., Rn. 285. Vgl. allgemein zu IPv6-Adressen: *Freund/Schnabel*, MMR 2011, 495, 496; *Gerlach*, CR 2013, 478.

425 So auch: *Keber*, RDV 2013, 236, 239; *Schmidtmann/Schwiering*, ZD 2014, 448, 450; *Düsseldorfer Kreis*, Orientierungshilfe Smart-TV, S. 6; *EAI*, Smart-TV, S. 26; *Zoche ua*, Forschungsbericht Smart-TV, S. 29; *Vogel*, K&R 2017, 441, 442.

b) Cookies und vergleichbare Technologien

Cookies dienen Online-Diensteanbietern u.a. als „kleine Helfer", um das Surfverhalten eines Nutzers im Internet zu beobachten und dadurch seine spezifischen Interessen und Vorlieben herauszukristallisieren.[426] Mit Hilfe der gesammelten Informationen ist es möglich, ein Profil des Internetnutzers zu erstellen und in der Folge beispielsweise personalisierte „Bannerwerbung" anzuzeigen.[427]

In Bezug auf Cookies stellt sich ebenso wie bei den IP-Adressen die Frage des Personenbezugs. Cookies per se sind nicht als personenbezogene Daten einzuordnen.[428] Denn sie geben zunächst einmal lediglich Aufschluss über das Interaktionsverhalten zwischen Rechner und Server.[429]

Allerdings kann Cookies je nach Art ihrer Verwendung und je nach ihrem Inhalt sehr wohl ein Personenbezug zukommen.[430] Dies ist etwa der Fall, wenn der Datensatz selbst mit persönlichen Informationen, wie dem Namen oder der E-Mail-Adresse des Nutzers, angereichert ist.[431] Überdies kann der Anbieter die Cookie-Datei mit den bei ihm vorhandenen Informationen, wie etwa einer

---

426 *Bizer*, DuD 1998, 277, 277 f.; *Wichert*, DuD 1998, 273, 273 ff.; Taeger/Pohle/*Hoeren*, Computerrechts-Hb., 1. Abschnitt, Teil 14, 144, Rn. 20. Neben dem Tracking kann das Setzen von Cookies aber auch anderen Zwecken dienen, vgl. allgemein zu Cookies: *Art.-29-Gruppe*, WP 194; *Schwäbe*, DuD 2019, 559, 559 f. Cookies können vielmehr auch zur technischen Unterstützung und Optimierung von Angeboten im Internet eingesetzt werden. Teilweise sind Cookies sogar zwingend erforderlich, um einen Online-Dienst nutzbar zu machen, *BGH*, Urt. v. 28.5.2020, I ZR 7/16, *Cookie-Einwilligung II*, GRUR-RS 2020, 14332, Rn. 48 f.; *Wenhold*, Nutzerprofilbildung, S. 153; *Lang*, K&R 2019, 698, 700; *Babilon/Schönbrunn*, DSB 2020, 204, 205 f.

427 Forgó/Helfrich/Schneider/*Arning/Born*, Betrieblicher Datenschutz RechtHb., Teil XI. Kap. 2, Rn. 94; Hoeren/Sieber/Holznagel/*Boemke*, Handbuch Multimedia-Recht, Teil 11, Rn. 100. Das Interesse an der Einblendung von personalisierter Werbung auf dem Smart-TV-Portal steigt stetig, vgl. *Bundeskartellamt*, Sektoruntersuchung Smart-TV, S. 221.

428 *Keber*, RDV 2013, 236, 239; Kühling/Buchner/*Klar/Kühling*, DS-GVO/BDSG, Art. 4 Nr. 1, Rn. 36; Taeger/Pohle/*Hoeren*, Computerrechts-Hb., 1. Abschnitt, Teil 14, 144, Rn. 20.

429 Taeger/Pohle/*Hoeren*, Computerrechts-Hb., 1. Abschnitt, Teil 14, 144, Rn. 20.

430 *Keber*, RDV 2013, 236, 239; Forgó/Helfrich/Schneider/*Arning/Born*, Betrieblicher Datenschutz RechtHb., Teil XI. Kap. 2, Rn. 91.

431 Z.B. wenn der Nutzer auf der Internetseite diese Daten in ein Bestellformular einträgt, *Keber*, RDV 2013, 236, 239; Taeger/Pohle/*Hoeren*, Computerrechts-Hb., 1. Abschnitt, Teil 14, 144, Rn. 20. Siehe zudem: *EuGH*, Urt. v. 1.10.2019, C-673/17, ECLI:EU:C:2019:801, Rn. 45 – *Planet49.*

statischen IP-Adresse des Nutzers, verknüpfen.[432] In der Folge ist es für den Diensteanbieter möglich, durch Kombination der vorhandenen Informationen eine Verbindung zu einer konkreten Person herzustellen.[433] Auch ErwG 30 DSGVO geht explizit davon aus, dass durch die Kombination von bestimmten Informationen mit Cookies eine Identifizierung einer Person möglich ist.

Ähnlich wie bei den IP-Adressen kann der Cookie-Verwender nicht von vorneherein absehen, welche Informationen der jeweilige Smart-TV-Nutzer bei der Nutzung der Online-Dienste eingibt. Daher bleibt im Zusammenhang mit Cookies für die Praxis ebenfalls lediglich die Möglichkeit diese stets als personenbezogene Daten zu behandeln.[434]

Darüber hinaus muss der Anbieter im Zusammenhang mit Cookies die Anforderungen der zukünftigen ePrivacy-VO beachten.[435]

Die Ausführungen zu den Cookies gelten für Technologien wie Device-Fingerprints[436] entsprechend.[437]

Die Beispiele von IP-Adressen und Cookies bringen die durch die relative Theorie aufgebrachte Rechtsunsicherheit zu Papier. Sowohl für die Diensteanbieter als auch für die Betroffenen ist die absolute Theorie ohne die bisher vage bleibende Einschränkung der Rechtsprechung auf Cyberattacken somit nicht nur vorzugswürdig, sondern gar notwendig, um ein konstantes und vom EU-Gesetzgeber beabsichtigtes Schutzniveau ohne willkürliche Lücken zu gewährleisten.

---

432 *Keber*, RDV 2013, 236, 239; Forgó/Helfrich/Schneider/*Arning/Born,* Betrieblicher Datenschutz RechtHb., Teil XI. Kap. 2, Rn. 92, 95; Kühling/Buchner/*Klar/Kühling,* DS-GVO/BDSG, Art. 4 Nr. 1, Rn. 36.

433 Simitis/Hornung/Spiecker gen. Döhmann/*Karg,* DS-GVO/BDSG, Art. 4 Nr. 1, Rn. 66.

434 Für einen Personenbezug von Cookies im Zusammenhang mit Smart-TV ebenso: *Keber*, RDV 2013, 236, 239; *Weichert*, DuD 2014, 528, 530; *Düsseldorfer Kreis,* Orientierungshilfe Smart-TV, S. 25; *EAI,* Smart-TV, S. 26; *Zoche ua,* Forschungsbericht Smart-TV, S. 20. Für einen generellen Personenbezug von Cookies im Übrigen: *Art.-29-Gruppe,* WP 148, S. 9; *Härting,* Internetrecht, Rn. 227; *Schröder*, DSB 2019, 285, 285. A.A. Forgó/Helfrich/Schneider/*Arning/Born,* Betrieblicher Datenschutz RechtHb., Teil XI. Kap. 2, Rn. 92.

435 Zu der ePrivacy-Verordnung siehe: Kap. 4 B. II.

436 Allgemein zu der Thematik vgl.: *Art.-29-Gruppe*, WP 224; *Karg/Kühn*, ZD 2014, 285; *Schmidt/Babilon*, K&R 2016, 86.

437 Kühling/Buchner/*Klar/Kühling,* DS-GVO/BDSG, Art. 4 Nr. 1, Rn. 36; Forgó/Helfrich/Schneider/*Arning/Born,* Betrieblicher Datenschutz RechtHb., Teil XI. Kap. 2, Rn. 92; Simitis/Hornung/Spiecker gen. Döhmann/*Karg,* DS-GVO/BDSG, Art. 4 Nr. 1, Rn. 66.

3. *Verhaltensspezifische Daten*

Die aussagekräftigsten Daten fallen während der tatsächlichen Nutzung des Smart-TV-Geräts und seiner Dienste an. Schließlich können die daraus resultierenden Informationen Aufschluss über das Verhalten des jeweiligen Nutzers geben und Rückschlüsse auf die Person vor dem TV-Bildschirm ermöglichen.[438]

Zu den verhaltensspezifischen Daten zählen alle Daten, die während der Interaktion von Nutzer und Gerät anfallen.[439] Dies sind zum einen Informationen über das Sehverhalten des Zuschauers, wozu die konsumierten Sender und TV-Inhalte sowie Zeitpunkt und Dauer der Nutzung zählen.[440] Zum anderen fallen Daten im Zusammenhang mit der Internetnutzung im engeren Sinne an; mithin Informationen darüber, welche Online-Dienste und Applikationen der Betroffene, wann und wie lange nutzt sowie umfassende Daten zu seinem allgemeinen Surfverhalten[441].[442]

Darüber hinaus ermöglichen die im Smart-TV integrierten Mikrofone und Kameras Aufnahmen des gesprochenen Wortes sowie Bild- und Videoaufnahmen der Nutzer und der Umgebung des Geräts.[443]

Jedes dieser verhaltensspezifischen Daten kann einen Personenbezug aufweisen und ist daher als personenbezogenes Datum zu behandeln.[444] So ermöglichen Informationen über die konsumierten Fernsehinhalte oder das Browsing-Verhalten beispielsweise Schlussfolgerungen auf das Geschlecht und Alter der betroffenen Person und machen somit eine Identifizierung möglich.[445]

---

438 *Zoche ua,* Forschungsbericht Smart-TV, S. 11.

439 *Zoche ua,* Forschungsbericht Smart-TV, S. 10 f.; *Bundeskartellamt,* Sektoruntersuchung Smart-TV, S. 36.

440 *Düsseldorfer Kreis,* Orientierungshilfe Smart-TV, S. 6; *EAI,* Smart-TV, S. 16; *Zoche ua,* Forschungsbericht Smart-TV, S. 11; *Vogel,* K&R 2017, 441, 442; *Bundeskartellamt,* Sektoruntersuchung Smart-TV, S. 36.

441 Darunter fallen besuchte Seiten, eingegebene Suchbegriffe, angeklicktes Werbematerial etc., *Zoche ua,* Forschungsbericht Smart-TV, S. 11.

442 *Düsseldorfer Kreis,* Orientierungshilfe Smart-TV, S. 6; *EAI,* Smart-TV, S. 26; *Zoche ua,* Forschungsbericht Smart-TV, S. 10 f.; *Bundeskartellamt,* Sektoruntersuchung Smart-TV, S. 36.

443 *Düsseldorfer Kreis,* Orientierungshilfe Smart-TV, S. 6; *EAI,* Smart-TV, S. 15 f.; *Zoche ua,* Forschungsbericht Smart-TV, S. 11; *Bundeskartellamt,* Sektoruntersuchung Smart-TV, S. 36.

444 So zumindest: *Schmidtmann/Schwiering,* ZD 2014, 448, 450; *Weichert,* DuD 2014, 528, 530; *Düsseldorfer Kreis,* Orientierungshilfe Smart-TV, S. 6 f.; *EAI,* Smart-TV, S. 26; *Zoche ua,* Forschungsbericht Smart-TV, S. 30 f.

445 *Art.-29-Gruppe,* WP 202, S. 11; *Düsseldorfer Kreis,* Orientierungshilfe Smart-TV, S. 6.

Ist das Smart-TV-Gerät mit dem HbbTV-Standard ausgestattet, fließen die Informationen über das Sehverhalten an die HbbTV-Anbieter.[446] In diesem Zusammenhang ist nicht ausschließbar, dass die Anbieter mit diesen und weiteren Daten einen Bezug zu einer konkreten Person herstellen können. Zumal vor allem im Zusammenhang mit HbbTV nicht transparent ist, welche weiteren Informationen an die HbbTV-Anbieter fließen.[447]

In Bezug auf die Internetnutzungsdaten ergibt sich bereits aus dem Aspekt, dass die Online-Dienste und Applikationen häufig mit einem spezifischen Nutzerkonto verbunden sind, regelmäßig ein Personenbezug.[448] Überdies ist die Nutzung von Internetangeboten bei Smart-TV grundsätzlich mit Informationen wie der IP-Adresse, Cookies oder Fingerprints verbunden, die wiederum eine Identifizierung möglich machen.[449]

Die verhaltensspezifischen Daten lassen in Kombination für den überwiegenden Anteil der erfassenden Stellen einen Rückschluss auf eine bestimmte Person zu.[450] Aufgrund der Aussagekraft reichen die Informationen über die tatsächliche Nutzung für sich genommen schon aus.[451] Zudem genügen die bei der erfassenden Stelle vorhandenen Informationen in der Regel bereits zur Identifizierung. Zusatzwissen externer Stellen ist nicht erforderlich, sodass es in diesem Fall auf die Frage des absoluten oder relativen Personenbezugs nicht ankommt.

Auch die Sensordaten sind personenbezogen, da sie die Individualisierung einer Person mit Hilfe der aufgenommenen Stimme bzw. Bildern ermöglichen.[452] Bei Aufnahmen, welche die Stimme oder Gesichtsgeometrie des

---

446 *Zoche ua,* Forschungsbericht Smart-TV, S. 11; *M. Ghiglieri,* Smart-TV, S. v; Schwartmann/*Keber,* Praxishandbuch Medienrecht, 3. Teil, 20. Kap., Rn. 71; *Bundeskartellamt,* Sektoruntersuchung Smart-TV, S. 38.

447 *Bayerisches Landesamt für Datenschutzaufsicht,* Tätigkeitsbericht 2013/14, S. 31; *Weichert,* DuD 2014, 528, 535; *Düsseldorfer Kreis,* Orientierungshilfe Smart-TV, S. 4.

448 *Schmidtmann/Schwiering,* ZD 2014, 448, 450; *Weichert,* DuD 2014, 528, 530; *EAI,* Smart-TV, S. 16; *Jaritz/Lo Iacono,* DuD 2016, 511, 514. Siehe auch: *Bundeskartellamt,* Sektoruntersuchung Smart-TV, S. 44.

449 *Schmidtmann/Schwiering,* ZD 2014, 448, 450; *Weichert,* DuD 2014, 528, 530; Schwartmann/*Keber,* Praxishandbuch Medienrecht, 3. Teil, 20. Kap., Rn. 71.

450 *Weichert,* DuD 2014, 528, 530; *EAI,* Smart-TV, S. 63.

451 Vgl. hierzu: *Art.-29-Gruppe,* WP 136, S. 16 f.

452 *Art.-29-Gruppe,* WP 202, S. 11; *Düsseldorfer Kreis,* Orientierungshilfe Apps, S. 5; *EAI,* Smart-TV, S. 61 f.; *Zoche ua,* Forschungsbericht Smart-TV, S. 11. Vgl. zudem: *EuGH,* Urt. v. 11.12.2014, C-212/13, ECLI:EU:C:2014:2428, Rn. 22 – *Rynes*; Auernhammer/*Eßer,* DSGVO/BDSG, Art. 4, Rn. 29; Gola/*Gola,* DS-GVO, Art. 4, Rn. 6; Kühling/Buchner/*Klar/Kühling,* DS-GVO/BDSG, Art. 4 Nr. 1, Rn. 37.

Betroffenen erfassen, handelt es sich überdies um biometrische Daten nach Art. 4 Nr. 14 DSGVO.[453]

4. Mehrpersonenhaushalte

Die Ausführungen hinsichtlich des Personenbezugs der anfallenden Daten bei Smart-TV gelten gleichermaßen unter dem Aspekt, dass ein Endgerät nicht immer von einer Person allein genutzt wird. Bei einem Einpersonenhaushalt ist der Personenbezug unproblematisch, da sämtliche Informationen von ein und derselben Person stammen. Schwieriger wird es, wenn weitere Nutzer, wie Familienmitglieder oder Besucher, hinzutreten. Hier könnte fraglich sein, ob jede einzelne Person identifizierbar ist. Allerdings ist in einem solchen Fall ein Personenbezug nicht grundsätzlich ausgeschlossen, sodass sich in Bezug auf Mehrpersonenhaushalte keine andere Beurteilung ergibt.[454] Sofern Informationen verfügbar sind, die Rückschlüsse auf eine bestimmte Person zulassen, liegen personenbezogene Daten vor. Insbesondere bei der Fernsehnutzung treten persönliche Merkmale wie das Geschlecht und Alter eines jeweiligen Nutzers regelmäßig offen zu Tage. Im Ergebnis kann daher bereits das Fernsehverhalten für sich genommen eine einzelne Person identifizieren.[455] Zudem sind Online-Dienste und Applikationen in den überwiegenden Fällen mit personalisierten Konten verbunden.[456]

5. Zwischenergebnis

Bei der Nutzung von Smart-TV fallen eine Reihe personenbezogener Daten an. Selbst wenn die Einordnung einzelner Informationen auf den ersten Blick nicht immer eindeutig zu beantworten ist, so ergibt sich aus praktischen Erwägungen nur eine Vorgehensweise: die verschiedenen Akteure müssen im Zusammenhang mit Smart-TV stets das Datenschutzrecht beachten. Allein auf diese Weise ist ein rechtssicherer Umgang möglich, da die Akteure nicht von vorneherein

---

453 *EAI,* Smart-TV, 26; *Zoche ua,* Forschungsbericht Smart-TV, S. 11; *Kühling/Klar/Sackmann,* Datenschutzrecht, Rn. 258; Kühling/Buchner/*Klar/Kühling,* DS-GVO/BDSG, Art. 4 Nr. 1, Rn. 37; Simitis/Hornung/Spiecker gen. Döhmann/*Karg,* DS-GVO/BDSG, Art. 4 Nr. 1, Rn. 71; *Bundeskartellamt,* Sektoruntersuchung Smart-TV, S. 36.

454 So auch: *Weichert,* DuD 2014, 528, 530; *Düsseldorfer Kreis,* Orientierungshilfe Smart-TV, S. 6; *Zoche ua,* Forschungsbericht Smart-TV, S. 31.

455 *Weichert,* DuD 2014, 528, 530; *Düsseldorfer Kreis,* Orientierungshilfe Smart-TV, S. 6; *Zoche ua,* Forschungsbericht Smart-TV, S. 31.

456 *Weichert,* DuD 2014, 528, 530; *Düsseldorfer Kreis,* Orientierungshilfe Smart-TV, S. 6.

beurteilen können, ob sie gerade ein personenbezogenes Datum verarbeiten. Aufgrund dessen können sie einen Personenbezug zumindest nicht mit Sicherheit ausschließen.

D. Verarbeitungsvorgänge in Bezug auf Smart-TV

I. Allgemein

Neben dem Begriff des personenbezogenen Datums ist der Begriff der Verarbeitung von zentraler Bedeutung im Datenschutzrecht. Schließlich erfordert die Eröffnung des Anwendungsbereichs der DSGVO nicht bloß das Vorliegen personenbezogener Daten, sondern auch eine Verarbeitung solcher Daten. Nach der Legaldefinition in Art. 4 Nr. 2 DSGVO ist unter „Verarbeitung" jeder mit oder ohne Hilfe automatisierter Verfahren ausgeführter Vorgang oder jede solche Vorgangsreihe im Zusammenhang mit personenbezogenen Daten zu verstehen. Als solche Vorgänge nennt die Verordnung beispielhaft Vorgänge wie das Erheben, das Erfassen, die Organisation, das Ordnen, die Speicherung, die Anpassung oder Veränderung, das Auslesen, das Abfragen, die Verwendung, die Offenlegung durch Übermittlung, Verbreitung oder eine andere Form der Bereitstellung, den Abgleich oder die Verknüpfung, die Einschränkung, das Löschen oder die Vernichtung. Die Formulierung „wie das Erheben …" macht deutlich, dass die Aufzählung trotz der Vielzahl der exemplarisch aufgeführten Vorgänge nicht abschließend ist.[457] Zugleich tritt durch diese Konzipierung das weite Verständnis des Begriffs der Verarbeitung in der DS-GVO hervor. Jeglicher vorstellbarer Umgang mit personenbezogenen Daten ist von der Definition erfasst.[458]

---

457 Kühling/Buchner/*Herbst*, DS-GVO/BDSG, Art. 4 Nr. 2, Rn. 4; Sydow/*Reimer*, DSGVO, Art. 4 Nr. 2, Rn. 53; Simitis/Hornung/Spiecker gen. Döhmann/*Roßnagel*, DS-GVO/BDSG, Art. 4 Nr. 2, Rn. 14; Taeger/Gabel/*Arning/Rothkegel*, DSGVO/BDSG, Art. 4, Rn. 57, 68.

458 Auernhammer/*Eßer*, DSGVO/BDSG, Art. 4, Rn. 33, 36; Gierschmann/Schlender/Stentzel/Veil/*Buchholtz/Stentzel*, DS-GVO, Artikel 4 Nr. 2, Rn. 9; Sydow/*Reimer*, DSGVO, Art. 4 Nr. 2, Rn. 43; Laue/Kremer/*Laue*, Hb. Datenschutzrecht, § 1, Rn. 9; Schwartmann/Jaspers/Thüsing/Kugelmann/*Schwartmann/Hermann*, DS-GVO/BDSG, Art. 4 Nr. 2, Rn. 50, 54 ff.; Simitis/Hornung/Spiecker gen. Döhmann/*Roßnagel*, DS-GVO/BDSG, Art. 4 Nr. 2, Rn. 10 f.

II. Verarbeitungsvorgänge im Zusammenhang mit Smart-TV

Mithin finden bei Smart-TV, auf dem sich eine Fülle personenbezogener Daten sammelt, diverse Verarbeitungsvorgänge statt. In diesem Zusammenhang stellt sich die Frage auf welche Weise personenbezogene Daten bei Smart-TV genau verarbeitet werden und welche Verarbeitungsvorgänge im Einzelnen in Betracht kommen.[459]

1. Erheben, Erfassen und Speichern

Zunächst sind die Varianten des Erhebens, Erfassens und Speicherns bei Smart-TV einschlägig. Das Erheben personenbezogener Daten bedeutet das gezielte Beschaffen von Daten über die betroffene Person.[460] Dabei muss die datenerhebende Stelle aktiv werden und willentlich handeln.[461] Dies ist etwa der Fall bei der Abfrage von persönlichen Informationen auf einer Webseite, beispielsweise mittels eines Kontaktformulars.[462] Daneben kommt eine Informationsbeschaffung durch die bloße Beobachtung von Personen mittels Kameras und Mikrofonen in Betracht, d.h. eine Aufzeichnung von Bild und Ton ist nicht zwingend erforderlich.[463] Das Erfassen personenbezogener Daten ist bei einer Fixierung

---

459 Im Rahmen dieser Arbeit können allerdings nicht sämtliche vorstellbare Verarbeitungsvorgänge im Zusammenhang mit Smart-TV dargestellt werden, weshalb die Ausführungen keinen Anspruch auf Vollständigkeit erheben. Bislang ist unklar, inwieweit die Akteure bei Smart-TV Daten erheben und verwenden, vgl. Pressemitteilung des Bundeskartellamts vom 13.12.2017, abrufbar unter: https://www.bundeskartellamt.de/SharedDocs/Publikation/DE/Pressemitteilungen/2017/13_12_2017_SU_SmartTV.pdf?__blob=publicationFile&v=3 (Abruf v. 12.10.2020). Endgültige Klarheit haben auch die Ergebnisse der Untersuchung des *Bundeskartellamts* nicht gebracht.

460 *Kühling/Klar/Sackmann,* Datenschutzrecht, Rn. 287; Simitis/Hornung/Spiecker gen. Döhmann/*Roßnagel,* DS-GVO/BDSG, Art. 4 Nr. 2, Rn. 15; Sydow/*Reimer,* DSGVO, Art. 4 Nr. 2, Rn. 55; Taeger/Gabel/*Arning/Rothkegel,* DSGVO/BDSG, Art. 4, Rn. 70.

461 Auernhammer/*Eßer,* DSGVO/BDSG, Art. 4, Rn. 38; Kühling/Buchner/*Herbst,* DS-GVO/BDSG, Art. 4 Nr. 2, Rn. 21; Sydow/*Reimer,* DSGVO, Art. 4 Nr. 2, Rn. 50; Taeger/Gabel/*Arning/Rothkegel,* DSGVO/BDSG, Art. 4, Rn. 72.

462 Auernhammer/*Eßer,* DSGVO/BDSG, Art. 4, Rn. 38; Jandt/Steidle/*Krasemann,* Datenschutz im Internet, B. III. 1. Webdienste, Rn. 7.

463 Simitis/Hornung/Spiecker gen. Döhmann/*Roßnagel,* DS-GVO/BDSG, Art. 4 Nr. 2, Rn. 15; Brink/Wolff/*Schild,* BeckOK DSR, DS-GVO, Art. 4, Rn. 35, 37.

der relevanten Informationen auf einem Datenträger erfüllt.[464] Werden diese Daten im weiteren Verlauf aufbewahrt, liegt eine Speicherung der Daten vor.[465]

Bei der Inbetriebnahme eines Smart-TV-Geräts sowie bei der Nutzerkontoerstellung fragt der Hersteller gezielt verschiedene personenbezogene Daten ab, die er zugleich erfasst und speichert. Daneben nutzt er im Zusammenhang mit der Durchführung von Updates personenbezogene Daten, wie die Geräte-ID und die IP-Adresse.[466]

Darüber hinaus erheben Anbieter von Online-Diensten und Applikationen im Rahmen des Registrierungsprozesses ihrer Angebote bzw. bei der dortigen Kontoerstellung personenbezogene Daten.[467] Diese werden ebenfalls erfasst und gespeichert. Gleiches gilt in Bezug auf das Fernseh- und Onlineverhalten der Nutzer.[468] Insoweit können sich vor allem die Fernsehsender mit Hilfe des HbbTV-Standards Informationen im Hinblick auf die Smart-TV-Nutzung verschaffen, wie etwa die Dauer der Nutzung von HbbTV-Angeboten oder die Vorlieben der Zuschauer.[469] Aber auch der Hersteller sowie andere Diensteanbieter sammeln Informationen in Bezug auf die Bedienung des Geräts.[470]

Ferner kann eine Beobachtung von Personen mit Hilfe der Sensoren des TV-Geräts, wie Kameras und Mikrofonen, stattfinden. Dies ist ebenfalls als Erhebung von Daten zu qualifizieren, zumindest solange die beobachtenden Stellen bewusst und gezielt handeln. Ebenso wenig ist eine Aufzeichnung des gewonnen Bild- und Tonmaterials technisch ausgeschlossen und wäre als Erfassen und Speichern zu werten.

---

464 Simitis/Hornung/Spiecker gen. Döhmann/*Roßnagel,* DS-GVO/BDSG, Art. 4 Nr. 2, Rn. 16; Sydow/*Reimer,* DSGVO, Art. 4 Nr. 2, Rn. 56; Taeger/Gabel/*Arning/Rothkegel,* DSGVO/BDSG, Art. 4, Rn. 73; Brink/Wolff/*Schild,* BeckOK DSR, DS-GVO, Art. 4, Rn. 42.

465 Auernhammer/*Eßer,* DSGVO/BDSG, Art. 4, Rn. 43 ff.; Simitis/Hornung/Spiecker gen. Döhmann/*Roßnagel,* DS-GVO/BDSG, Art. 4 Nr. 2, Rn. 19; Taeger/Gabel/*Arning/Rothkegel,* DSGVO/BDSG, Art. 4, Rn. 76.

466 *Düsseldorfer Kreis,* Orientierungshilfe Smart-TV, S. 10; *Zoche ua,* Forschungsbericht Smart-TV, S. 9.

467 *Schmidtmann/Schwiering,* ZD 2014, 448, 450. Z.B. werden bei zahlungspflichtigen Angeboten die Kontodaten erhoben, *Zoche ua,* Forschungsbericht Smart-TV, S. 34.

468 *Schmidtmann/Schwiering,* ZD 2014, 448, 448 ff.; *Zoche ua,* Forschungsbericht Smart-TV, S. 34.

469 *Ghiglieri ua,* HbbTV, S. 2; *Zoche ua,* Forschungsbericht Smart-TV, S. 34.

470 *Düsseldorfer Kreis,* Orientierungshilfe Smart-TV, S. 10, 24.

Aufgrund der integrierten Internetverbindung kommt es bei Smart-TV zu den gewöhnlichen Datenverarbeitungsprozessen des Online-Bereichs. So erheben und erfassen die verschiedenen Akteure während der Internetnutzung am TV-Gerät stetig die IP-Adresse des Nutzers und speichern diese in sog. Logfiles.[471] Überdies ist im Zusammenhang mit dem World Wide Web vor allem das sog. Webtracking[472] in datenschutzrechtlicher Hinsicht relevant. Tracking-Verfahren nutzen neben den Smart-TV-Herstellern und Anbietern von Online-Diensten insbesondere die HbbTV-Anbieter.[473] Im Rahmen solcher Verfahren findet eine umfassende Datenerhebung mit anschließender Erfassung und Speicherung statt.[474] Die jeweiligen Akteure erheben Daten über den Nutzer mit Hilfe verschiedener Tracking-Technologien, etwa durch das Auslesen von Cookies oder Device-Fingerprint-Verfahren.[475] Anschließend speichern sie diese Informationen in einer Datenbank und bilden auf diese Weise umfassende Nutzerprofile.[476]

2. *Verknüpfung und Übermittlung*

In Bezug auf das Tracking bei Smart-TV ist zudem der Verarbeitungsvorgang der Verknüpfung relevant. Ferner kann der Vorgang der Übermittlung einschlägig sein. Verknüpfung personenbezogener Daten bedeutet Zusammenführung mehrere Informationen, die regelmäßig zu einem erhöhten Aussagegehalt führt.[477]

---

471 *Zoche ua,* Forschungsbericht Smart-TV, S. 35; Jandt/Steidle/*Krasemann,* Datenschutz im Internet, B. III. 1. Webdienste, Rn. 8 f.

472 Allgemein ist unter Webtracking der Prozess aus der Verfolgung des Nutzerverhaltens im Internet und der späteren Analyse dieser Daten zu verschiedenen Zwecken zu verstehen. Die Aufsichtsbehörden definieren „Tracking“ als Datenverarbeitungen zur Nachverfolgung des individuellen Verhaltens von Nutzern, *DSK,* Orientierungshilfe für Anbieter von Telemedien, S. 6 f. Für weitergehende Details vgl. *Möhrke-Sobolewski/Klas,* ITRB 2016, 182; Jandt/Steidle/*Jandt,* Datenschutz im Internet, A. I., 4. Webtracking, Rn. 34 ff. Vgl. ferner: *Wenhold,* Nutzerprofilbildung, S. 48 ff.

473 *Ghiglieri ua,* HbbTV, S. 12; *Zoche ua,* Forschungsbericht Smart-TV, 11, 19 f.

474 *Härting,* CR 2014, 528, 530; Jandt/Steidle/*Karg,* Datenschutz im Internet, B. III. 5. Webanalyse, Rn. 134; *Perlitz/Kneuper,* DuD 2019, 502, 502.

475 *Weichert,* DuD 2014, 528, 533; *Jaritz/Lo Iacono,* DuD 2016, 511, 513; *Schleipfer,* ZD 2017, 460, 461; *Perlitz/Kneuper,* DuD 2019, 502, 504.

476 *Zoche ua,* Forschungsbericht Smart-TV, S. 19; *Schleipfer,* ZD 2017, 460, 461; Jandt/Steidle/*Karg,* Datenschutz im Internet, B. III. 5. Webanalyse, Rn. 134; *Perlitz/Kneuper,* DuD 2019, 502, 503.

477 Auernhammer/*Eßer,* DSGVO/BDSG, Art. 4, Rn. 57; Simitis/Hornung/Spiecker gen. Döhmann/*Roßnagel,* DS-GVO/BDSG, Art. 4 Nr. 2, Rn. 28.

Die durch Tracking-Methoden gebildeten Nutzerprofile sind ein anschauliches Beispiel für eine Verknüpfung von personenbezogenen Daten.[478] Derartige Profile können später genutzt werden, um personalisierte Werbung einzublenden.[479] Daneben kommen weitere kommerzielle Verwendungsmöglichkeiten[480] in Betracht. Für diese Zwecke werden die durch das Tracking gewonnenen Daten umfassend analysiert und ausgewertet.[481] Regelmäßig sind Dritte in den Tracking-Prozess involviert, denen die Tracking-Daten u.a. zur eigenen Nutzung übermittelt werden.[482]

3. *Profiling*

Der mit dem Tracking verbundene Prozess aus Datenerhebung und Speicherung sowie der Bildung von aussagekräftigen Nutzerprofilen zusammen mit einer umfänglichen automatisierten Datenanalyse lässt sich gebündelt unter den Begriff des Profiling subsumieren.[483] Art. 4 Nr. 4 DSGVO definiert Profiling als

---

478 *Weichert*, DuD 2014, 528, 533; Simitis/Hornung/Spiecker gen. Döhmann/*Roßnagel*, DS-GVO/BDSG, Art. 4 Nr. 2, Rn. 28.

479 *Weichert*, DuD 2014, 528, 533; *Jaritz/Lo Iacono*, DuD 2016, 511, 513; *Zoche ua*, Forschungsbericht Smart-TV, S. 19; *Schleipfer*, ZD 2017, 460, 461; Hoeren/Sieber/Holznagel/*Uphues*, Handbuch Multimedia-Recht, Teil 15.3, Rn. 54; Taeger/Gabel/*Arning/Rothkegel*, DSGVO/BDSG, Art. 4, Rn. 92; *Bundeskartellamt*, Sektoruntersuchung Smart-TV, S. 39 ff. Das Interesse an der Einblendung von personalisierter Werbung auf der Smart-TV-Plattform steigt stetig, *Bundeskartellamt*, Sektoruntersuchung Smart-TV, S. 221.

480 Vgl. *Bundeskartellamt*, Sektoruntersuchung Smart-TV, S. 39 ff.

481 *Härting*, CR 2014, 528, 531; *Schleipfer*, ZD 2017, 460, 461. Teilweise ist der einzige Zweck des Trackings detaillierte Informationen bezüglich des Nutzers zu gewinnen, um die eigenen Angebote entsprechend anpassen zu können und nutzerfreundlicher zu gestalten.

482 Jandt/Steidle/*Karg*, Datenschutz im Internet, B. III. 5. Webanalyse, Rn. 135; *Perlitz/Kneuper*, DuD 2019, 502, 502; *Schleipfer*, ZD 2017, 460, 461. Beispielsweise verwenden viele Anbieter *Google Analytics*, *Schmidtmann/Schwiering*, ZD 2014, 448, 451; *Weichert*, DuD 2014, 528, 533; *Zoche ua*, Forschungsbericht Smart-TV, S. 35. Dabei handelt es sich um das am häufigsten eingesetzte Webanalysetool im Internet , *Möhrke-Sobolewski/Klas*, ITRB 2016, 182, 183.

483 *Härting*, CR 2014, 528, 530 ff.; *Schleipfer*, ZD 2017, 460, 462; Gierschmann/Schlender/Stentzel/Veil/*Veil*, DS-GVO, Art. 4 Nr. 4, Rn. 13 f.; Jandt/Steidle/*Karg*, Datenschutz im Internet, B. III. 5. Webanalyse, Rn. 141; Paal/Pauly/*Ernst*, DS-GVO, Art. 4, Rn. 39; Simitis/Hornung/Spiecker gen. Döhmann/*Scholz*, DS-GVO/BDSG, Art. 4 Nr. 4, Rn. 6 f.; Sydow/*Helfrich*, DSGVO, Art. 4 Nr. 4, Rn. 86.

jede Art der automatisierten Verarbeitung personenbezogener Daten, die darin besteht, dass diese personenbezogenen Daten verwendet werden, um bestimmte Aspekte, die sich auf eine natürliche Person beziehen, wie z.B. persönliche Vorlieben, Interessen und Verhalten, zu bewerten, zu analysieren oder vorherzusagen.

Unabhängig von Tracking-Methoden fällt die Zusammenführung von Daten aus smarten Endgeräten sowie deren automatisierte Auswertung zwecks weiterer Erkenntnisgewinnung generell unter den Begriff des Profiling.[484] Gerade auf einem Smart-TV sammeln sich Daten, die Aufschluss über persönliche Vorlieben, Interessen und das Verhalten der Nutzer geben. Dies gilt umso mehr bei einer umfassenden Verknüpfung der Daten.

Der Gesetzgeber stellt an das Profiling per se noch keine erhöhten Rechtfertigungsanforderungen.[485] Erst wenn die durch das Profiling erstellten Nutzerprofile für weitergehende Einwirkungen auf die betroffene Person genutzt werden sollen, setzt er zusätzliche Hürden.[486]

4. *Verwendung*

Schließlich ist der Vorgang der Verwendung bei Smart-TV von Bedeutung. Diese Variante dient als Auffangtatbestand, wenn keiner der in Art. 4 Nr. 2 DS-GVO explizit genannten Vorgänge erfüllt ist.[487] Darunter ist jeglicher Umgang mit personenbezogenen Daten zu verstehen.[488] Soweit ein Umgang mit den in diesem Kapitel genannten personenbezogenen Daten bei Smart-TV stattfindet, ist im Zweifel stets von einer Datenverarbeitung auszugehen, bei der die

484 Paal/Pauly/*Ernst,* DS-GVO, Art. 4, Rn. 39; Simitis/Hornung/Spiecker gen. Döhmann/*Schantz,* DS-GVO/BDSG, Art. 6 Abs. 1, Rn. 121; Simitis/Hornung/Spiecker gen. Döhmann/*Scholz,* DS-GVO/BDSG, Art. 4 Nr. 4, Rn. 7.

485 *Kugelmann*, DuD 2016, 566, 569; *Schleipfer*, ZD 2017, 460, 462; Gierschmann/Schlender/Stentzel/Veil/*Veil,* DS-GVO, Art. 4 Nr. 4, Rn. 1; Simitis/Hornung/Spiecker gen. Döhmann/*Scholz,* DS-GVO/BDSG, Art. 4 Nr. 4, Rn. 10.

486 *Kugelmann*, DuD 2016, 566, 569; Gola/*Gola,* DS-GVO, Art. 4, Rn. 36; Jandt/Steidle/*Karg,* Datenschutz im Internet, B. III. 5. Webanalyse, Rn. 144. Siehe hierzu: Kap. 4 F. II. 4. c).

487 Auernhammer/*Eßer,* DSGVO/BDSG, Art. 4, Rn. 51; Simitis/Hornung/Spiecker gen. Döhmann/*Roßnagel,* DS-GVO/BDSG, Art. 4 Nr. 2, Rn. 24.

488 *Kühling/Klar/Sackmann,* Datenschutzrecht, Rn. 295; Simitis/Hornung/Spiecker gen. Döhmann/*Roßnagel,* DS-GVO/BDSG, Art. 4 Nr. 2, Rn. 24; Taeger/Gabel/*Arning/Rothkegel,* DSGVO/BDSG, Art. 4, Rn. 81.

Anforderungen der DS-GVO einzuhalten sind. Dies folgt aus der weiten Auslegung des Verarbeitungsbegriffs.[489]

5. *Zwischenergebnis*

Zusammenfassend lässt sich feststellen, dass bei Smart-TV personenbezogene Daten auf vielfältige Weise verarbeitet werden. Die Akteure erheben eine Vielzahl personenbezogener Daten und nutzen diese auf unterschiedlichste Weise. Aufgrund der erheblichen Aussagekraft der Daten in einem internetfähigen TV-Gerät ist zu erwarten, dass die vorhandenen Informationen umfassend ausgewertet, analysiert und im Anschluss kommerziell verwertet werden. In diesem Zusammenhang ist bei Smart-TV insbesondere die Nutzung der Daten für personalisierte Werbeeinblendungen von Bedeutung, da gerade bei dem reichweitenstärksten Medium Fernsehen eine erhebliche Beeinflussung der Zuschauer zu erwarten ist.[490]

E. Verantwortliche im Sinne der DS-GVO

I. Bestimmung des Verantwortlichen

Damit eine gesetzeskonforme Datenverarbeitung gewährleistet werden kann, ist es erforderlich die jeweils Verantwortlichen exakt zu bestimmen. Schließlich sind diese Normadressat der Rechte sowie der Pflichten der DSGVO und verantwortlich für die Einhaltung des Datenschutzrechts.[491] In dieser Funktion agieren sie als Anlaufstelle für die Ansprüchen der Betroffenen sowie der Maßnahmen der Aufsichtsbehörden.

Art. 4 Nr. 7 DSGVO definiert den Verantwortlichen als natürliche oder juristische Person, Behörde, Einrichtung oder andere Stelle, die allein oder gemeinsam mit anderen über die Zwecke und Mittel der Verarbeitung von

489 Gierschmann/Schlender/Stentzel/Veil/*Buchholtz/Stentzel*, DS-GVO, Artikel 4 Nr. 2, Rn. 11; Laue/Kremer/*Laue*, Hb. Datenschutzrecht, § 1, Rn. 10; *Schwartmann/Jaspers/Thüsing/Kugelmann* in DS-GVO/BDSG, Rn. 43.

490 *Schmidtmann/Schwiering*, ZD 2014, 448, 449; *Weichert*, DuD 2014, 528, 533; *Zoche ua*, Forschungsbericht Smart-TV, S. 34. Das Interesse personalisierte Werbung auf der Smart-TV-Plattform zu schalten wächst stetig, *Bundeskartellamt*, Sektoruntersuchung Smart-TV, S. 221.

491 *Art.-29-Gruppe*, WP 169, S. 5 f.; Sydow/*Raschauer*, DSGVO, Art. 4 Nr. 7, Rn. 120.; *EDPB*, Guidlines 07/2020, Rn. 2, 6 ff. Vgl. insofern auch Art. 5 Abs. 2, 24 ff. und ErwG 74, 79 DS-GVO.

personenbezogenen Daten entscheidet. Dreh- und Angelpunkt bei der Bestimmung des Verantwortlichen ist demnach, wem die Entscheidungsbefugnis hinsichtlich der Zwecke und Mittel einer Datenverarbeitung zukommt.[492] Um dies identifizieren zu können, ist jeweils an den spezifischen Verarbeitungsvorgang anzuknüpfen.[493]

1. Entscheidungsbefugnis

Wer über die Zwecke und Mittel und damit über die wesentlichen Elemente eines Verarbeitungsvorgangs entscheidet, ist vornehmlich anhand der tatsächlichen Umstände des Einzelfalls zu analysieren.[494] Der spezifische Verarbeitungsvorgang ist danach zu untersuchen, aus welchem Grund personenbezogene Daten verarbeitet werden und wer bestimmt, dass die Daten verarbeitet werden.[495] Ein „Entscheiden" im Sinne des Art. 4 Nr. 7 DSGVO ist bereits anzunehmen, wenn eine Person tatsächlichen Einfluss auf die wesentlichen Komponenten eines Datenverarbeitungsvorgangs ausübt.[496] Das heißt, derjenige, der einen solchen Einfluss auf den Datenverarbeitungsvorgang hat, nimmt die Rolle eines Verantwortlichen ein.[497]

Ohne Belang ist hingegen, wer formal als Verantwortlicher benannt ist.[498] Aufgrund der Intransparenz und Komplexität von Datenverarbeitungen in der

---

492 *Art.-29-Gruppe,* WP 169, S. 10 ff.; Kühling/Buchner/*Hartung,* DS-GVO/BDSG, Art. 26, Rn. 12; Simitis/Hornung/Spiecker gen. Döhmann/*Petri,* DS-GVO/BDSG, Art. 4 Nr. 7, Rn. 20; Taeger/Gabel/*Arning/Rothkegel,* DSGVO/BDSG, Art. 4, Rn. 169; *Monreal,* CR 2019, 797, 802.

493 Generalanwalt *Bobek,* Schlussantrag v. 19.12.2018, C-40/17, ECLI:EU:C:2018:1039, Rn. 54, 99, 101 – *Fashion ID; EuGH,* Urt. v. 29.7.2019, C-40/17, ECLI:EU:C:2019:629, Rn. 74 ff., 85 – *Fashion ID; Marosi/Matthé,* ZD 2018, 361, 363 ff.; *Golland,* K&R 2019, 533, 534; *Jung/Hansch,* ZD 2019, 143, 144; *Moos/Rothkegel,* MMR 2019, 584, 585 ff.; Taeger/Gabel/*Arning/Rothkegel,* DSGVO/BDSG, Art. 4, Rn. 170; Brink/Wolff/*Spoerr,* BeckOK DSR, DS-GVO, Art. 26, Rn. 16; *EDPB,* Guidlines 07/2020, Rn. 19, 24.

494 *Art.-29-Gruppe,* WP 169, S. 11; *EDPB,* Guidlines 07/2020, Rn. 12, 20. Daneben kommt eine ausdrückliche rechtliche Zuständigkeit oder eine andere rechtliche Bestimmung in Betracht, *Art.-29-Gruppe,* WP 169, S. 12 f.; Laue/Kremer/*Laue,* Hb. Datenschutzrecht, § 1, Rn. 48; Taeger/Gabel/*Arning/Rothkegel,* DSGVO/BDSG, Art. 4, Rn. 171; *EDPB,* Guidlines 07/2020, Rn. 20 ff.

495 *Art.-29-Gruppe,* WP 169, S. 11; *EDPB,* Guidlines 07/2020, Rn. 19.

496 *EDPB,* Guidlines 07/2020, Rn. 28.

497 *Art.-29-Gruppe,* WP 169, S. 12; *EDPB,* Guidlines 07/2020, Rn. 19 ff.

498 *Art.-29-Gruppe,* WP 169, S. 11 f.; *EDPB,* Guidlines 07/2020, Rn. 12. Diese sind jedoch insbesondere im Zusammenhang mit neuen Technologien, hinter denen überwiegend vielschichtige, internationale Unternehmen stehen, schwer zu durchdringen, so

digitalen Welt kann die Benennung einer Stelle als Verantwortlicher in der Verarbeitung zugrunde liegenden Vertragswerken, der Datenschutzerklärung oder etwa im Verarbeitungsverzeichnis nach Art. 30 DS-GVO aber zumindest als erstes Indiz zur Feststellung der Verantwortlichkeit herangezogen werden.[499] Die formale Benennung eines Verantwortlichen ist sodann mit den tatsächlichen Umständen der Verarbeitung abzugleichen und es ist zu prüfen, ob die Benennung der Realität entspricht. Betrachtete man die formalen Umstände als ausschlaggebend, hätten es die Stellen im Ergebnis selbst in der Hand, die Verantwortung für die Verarbeitung nach Belieben zuzuweisen.[500]

2. *Entscheidung über Zwecke und Mittel*

Die wesentlichen Elemente, über die eine Stelle entscheiden muss, um als datenschutzrechtlich Verantwortlicher eingeordnet zu werden, sind die Zwecke und Mittel eines Datenverarbeitungsvorgangs. Die *Artikel-29-Datenschutzgruppe* definierte den Zweck als „erwartetes Ergebnis, das beabsichtigt ist oder die geplanten Aktionen leitet" und das Mittel als „Art und Weise, wie ein Ergebnis oder Ziel erreicht wird".[501] Dem schließt sich der *Europäische Datenschutzausschuss* an.[502] Mit anderen Worten entscheidet der Verantwortliche damit über das „Warum" und das „Wie"[503] der

---

auch: Ehmann/Selmayr/*Bertermann*, DS-GVO, Art. 26, Rn. 5 f.; Taeger/Gabel/*Arning/Rothkegel*, DSGVO/BDSG, Art. 4, Rn. 174.

499 In diese Richtung ebenso: Generalanwalt *Bot*, Schlussanträge v. 24.10.2017, C-210/16, ECLI:EU:C:2017:796, Rn. 60 f. – *Facebook-Fanpages*; *Art.-29-Gruppe*, WP 169, S. 14; *DSK*, Kurzpapier Nr. 16: Gemeinsam Verantwortliche, S. 3; *EDPB*, Guidlines 07/2020, Rn. 26.

500 So auch: Generalanwalt *Bot*, Schlussanträge v. 24.10.2017, C-210/16, ECLI:EU:C:2017:796, Rn. 60 f. – *Facebook-Fanpages*; *Art.-29-Gruppe*, WP 169, S. 14; *EDPB*, Guidlines 07/2020, Rn. 26. Teilweise wissen die Stellen aber nicht einmal selbst, wer als Verantwortlicher einzustufen ist.

501 *Art.-29-Gruppe*, WP 169, S. 16. Die Stellungnahme WP 169 der *Artikel-29-Datenschutzgruppe* ist durch die Guidelines 07/2020 on the concepts of controller and processor in the GDPR des *EDPB* ersetzt worden, *EDPB*, Guidlines 07/2020, Rn. 4. Die Aussagen der *Artikel-29-Datenschutzgruppe* sind für das Verständnis des Begriffs der Verantwortlichkeit aber weiterhin mit einzubeziehen. Vgl.: *EDPB*, Guidlines 07/2020, Rn. 11.

502 *EDPB*, Guidlines 07/2020, Rn. 31.

503 „Welche Daten werden verarbeitet?", „Wie lange werden sie verarbeitet?", „Wer hat Zugang zu ihnen?" sowie Fragen in Bezug auf die technischen Methoden, *Art.-29-Gruppe*, WP 169, S. 17.

Verarbeitung.[504] Von herausragender Bedeutung ist die Entscheidungshoheit über das „Warum“, mithin über den Zweck eines bestimmten Datenverarbeitungsvorgangs, welche nach der *Artikel29Datenschutzgruppe* stets zu einer Verantwortlichkeit hinsichtlich dieses Vorgangs führen sollte.[505] Daneben ist für die Einstufung einer Person als Verantwortlicher bedeutend, ob sie die wesentlichen Aspekte der Mittel[506] einer Verarbeitung bestimmt.[507] Technische und organisatorische Fragen der Verarbeitung kann sie hingegen einem Dritten[508] überlassen.[509]

3. Ausformung des Begriffs durch die Rechtsprechung des EuGH

Insbesondere durch die Rechtsprechung des *EuGH* hat sich in den letzten Jahren eine weite Auslegung des Begriffs des Verantwortlichen bzw. des gemeinsam Verantwortlichen herauskristallisiert, welche unter der DSGVO fortgilt.[510] In Anbetracht dessen ist nicht erforderlich, dass die Stelle die Daten selbst verarbeitet, solange ihr die Entscheidungshoheit über die Verarbeitung zukommt.[511] Sie

---

504 *Art.-29-Gruppe,* WP 169, S. 16; *EDPB,* Guidlines 07/2020, Rn. 33.

505 *Art.-29-Gruppe,* WP 169, S. 17 f.; *EDSB,* Leitlinien zu den Begriffen „Verantwortlicher“, „Auftragsverarbeiter“ und „gemeinsam Verantwortliche“, S. 9. In diese Richtung auch: *EDPB,* Guidlines 07/2020, Rn. 37.

506 Darunter fallen Umstände wie die Auswahl der Daten, ihre Aufbewahrungsdauer und die zugriffsberechtigten Personen, *Art.-29-Gruppe,* WP 169, S. 17; *EDPB,* Guidlines 07/2020, Rn. 38.

507 *Art.-29-Gruppe,* WP 169, S. 17 f.; Simitis/Hornung/Spiecker gen. Döhmann/*Petri,* DS-GVO/BDSG, Art. 4 Nr. 7, Rn. 20; *EDSB,* Leitlinien zu den Begriffen „Verantwortlicher“, „Auftragsverarbeiter“ und „gemeinsam Verantwortliche“, S. 9 f.

508 Dies ist in der Regel der Auftragsverarbeiter.

509 *Art.-29-Gruppe,* WP 169, S. 17; *EDPB,* Guidlines 07/2020, Rn. 38 f.

510 *EuGH,* Urt. v. 13.5.2014, C-131/12, ECLI:EU:C:2014:317, Rn. 34 – *Google Spain*; Generalanwalt *Paolo Mengozzi,* Schlussantrag v. 1.2.2018, C-25/17, ECLI:EU:C:2018:57, Rn. 63 – *Zeugen Jehovas*; *EuGH,* Urt. v. 5.6.2018, C-210/16, ECLI:EU:C:2018:388, Rn. 27 – *Facebook-Fanpages*; Generalanwalt *Bobek,* Schlussantrag v. 19.12.2018, C-40/17, ECLI:EU:C:2018:1039, Rn. 61, 87 – *Fashion ID*; *EuGH,* Urt. v. 29.7.2019, C-40/17, ECLI:EU:C:2019:629, Rn. 65 f. – *Fashion ID.* Die Literatur und die Datenschutzbehörden nehmen ebenfalls ein weites Verständnis an: Simitis/Hornung/Spiecker gen. Döhmann/*Petri,* DS-GVO/BDSG, Art. 4 Nr. 7, Rn. 21; Taeger/Gabel/*Lang,* DSGVO/BDSG, Art. 26, Rn. 22; Brink/Wolff/*Schild,* BeckOK DSR, DS-GVO, Art. 4, Rn. 93a; *Monreal,* CR 2019, 797, 803; *Schreiber,* ZD 2019, 55, 55; *Gierschmann,* ZD 2020, 69, 70 f.; *EDPB,* Guidlines 07/2020, Rn. 14, 44 und Fußnote 14.

511 *EuGH,* Urt. v. 5.6.2018, C-210/16, ECLI:EU:C:2018:388, Rn. 28 ff. – *Facebook-Fanpages*; *Kühling/Klar/Sackmann,* Datenschutzrecht, Rn. 303; Sydow/*Raschauer,*

muss überdies nicht einmal auf die Daten zugreifen können, sondern es genügt, wenn sie tatsächlichen Einfluss auf einen Datenverarbeitungsvorgang ausübt.[512] Demnach können bereits Personen als Verantwortliche bzw. gemeinsam Verantwortliche fungieren, die selbst gar keine personenbezogenen Daten erhalten. Daneben scheint nach Ansicht des *EuGH* für die Einordnung eines Akteurs als Verantwortlicher, die bewusste Akzeptanz einer Datenverarbeitung eines Dritten zu sprechen.[513] Zudem spielt es ihm nach eine wesentliche Rolle, dass der Verantwortliche von dem Datenverarbeitungsvorgang profitiert.[514]

4. Der Verantwortliche als unspezifizierte Rechtsfigur

Um einen Verantwortlichen zu identifizieren, ist anhand eines einzelnen Verarbeitungsvorgangs zu analysieren, wer diesen in tatsächlicher Hinsicht beeinflusst. Dabei stellt sich zunächst die Frage, welche Akteure an dem Vorgang beteiligt sind. Die Identifizierung eines Verantwortlichen kann in einfach gelagerten Fällen problemlos möglich sein. In der digitalen Welt sind jedoch größtenteils mehrere Akteure an komplexen Datenverarbeitungsvorgängen beteiligt, was die Identifizierung erheblich verkompliziert.[515] In derartigen Fällen muss

---

DSGVO, Art. 4 Nr. 7, Rn. 125; Simitis/Hornung/Spiecker gen. Döhmann/*Petri*, DS-GVO/BDSG, Art. 4 Nr. 7, Rn. 20; Taeger/Gabel/*Arning/Rothkegel*, DSGVO/BDSG, Art. 4, Rn. 169 ff.

512 *EuGH*, Urt. v. 5.6.2018, C-210/16, ECLI:EU:C:2018:388, Rn. 38 – *Facebook-Fanpages*; Generalanwalt *Bobek*, Schlussantrag v. 19.12.2018, C-40/17, ECLI:EU:C:2018:1039, Rn. 70 – *Fashion ID*; Taeger/Gabel/*Arning/Rothkegel*, DSGVO/BDSG, Art. 4, Rn. 171.; Brink/Wolff/*Schild*, BeckOK DSR, DS-GVO, Art. 4, Rn. 93c; *EDSB*, Leitlinien zu den Begriffen „Verantwortlicher“, „Auftragsverarbeiter“ und „gemeinsam Verantwortliche“, S. 11; *EDPB*, Guidlines 07/2020, Rn. 42, 54; Kühling/Buchner/*Hartung*, DS-GVO/BDSG, Art. 26, Rn. 31; Schwartmann/Jaspers/Thüsing/Kugelmann/*Kremer*, DS-GVO/BDSG, Art. 26, Rn. 18. Nach Ansicht des *EuGH* reicht es aus, dass die Stelle zu der Datenverarbeitung „ermuntert“, *EuGH*, Urt. v. 10.7.2018, C-25/17, ECLI:EU:C:2018:551, Rn. 75 – *Zeugen Jehovas*.

513 *EuGH*, Urt. v. 5.6.2018, C-210/16, ECLI:EU:C:2018:388, Rn. 32 – *Facebook-Fanpages*; *EuGH*, Urt. v. 29.7.2019, C-40/17, ECLI:EU:C:2019:629, Rn. 77 – *Fashion ID*.

514 *EuGH*, Urt. v. 5.6.2018, C-210/16, ECLI:EU:C:2018:388, Rn. 32, 34, 37 – *Facebook-Fanpages*; *EuGH*, Urt. v. 10.7.2018, C-25/17, ECLI:EU:C:2018:551, Rn. 71 – *Zeugen Jehovas*; *EuGH*, Urt. v. 29.7.2019, C-40/17, ECLI:EU:C:2019:629, Rn. 80 – *Fashion ID*.

515 Ehmann/Selmayr/*Bertermann*, DS-GVO, Art. 26, Rn. 7 ff.; Kühling/Buchner/*Hartung*, DS-GVO/BDSG, Art. 26, Rn. 16; Paal/Pauly/*Martini*, DS-GVO, Art. 26, Rn. 1; Simitis/Hornung/Spiecker gen. Döhmann/*Petri*, DS-GVO/BDSG, Art. 26, Rn. 3; Taeger/Gabel/*Arning/Rothkegel*, DSGVO/BDSG, Art. 4, Rn. 174.

genau untersucht werden, welche Rolle der jeweilige Beteiligte einnimmt.[516] Insoweit kommt erschwerend hinzu, dass viele Fragen rund um die Figur des Verantwortlichen bislang unbeantwortet sind.[517] So ist vor allem nicht klar, wie groß der tatsächliche Einfluss eines Akteurs auf einen Datenverarbeitungsvorgang sein muss, um als Verantwortlicher zu gelten.[518]

II. Gemeinsame Verantwortlichkeit

Die datenschutzrechtliche Verantwortlichkeit muss nicht zwingend eine einzelne Person tragen; eine Verantwortung mehrerer Personen für einen Datenverarbeitungsvorgang ist möglich. Dies macht bereits die Legaldefinition des Verantwortlichen in Art. 4 Nr. 7 DSGVO deutlich.[519]

Das Rechtsinstitut der gemeinsam Verantwortlichen ist in Art. 4 Nr. 7 DSGVO und Art. 26 DSGVO normiert. Nach Art. 26 Abs. 1 Satz 1 DSGVO sind zwei oder mehr Verantwortliche gemeinsam Verantwortliche, soweit sie gemeinsam die Zwecke der und die Mittel zur Verarbeitung festlegen. Die Gemeinsamkeit der Festlegung ist somit das ausschlaggebende Kriterium für das Vorliegen einer gemeinsamen Verantwortlichkeit in einem Mehrpersonenverhältnis. Es grenzt das Rechtsinstitut der gemeinsam Verantwortlichen von einer Auftragsverarbeitung und getrennt Verantwortlichen ab.[520] Problematisch ist jedoch, dass in der Rechtswissenschaft bislang nicht hinreichend geklärt ist, was der Gesetzgeber genau für das Vorliegen einer gemeinsamen Festlegung der Zwecke und Mittel der Verarbeitung verlangt.[521] Im Folgenden sollen daher die

---

516 In komplexen Sachverhalten entstehen Abgrenzungsprobleme zwischen separat Verantwortlichen, gemeinsam Verantwortlichen und Auftragsverarbeitern, siehe Kap. 4 E. II.

517 Vgl. dazu: *Golland,* Datenverarbeitung in sozialen Netzwerken, S. 117; Simitis/Hornung/Spiecker gen. Döhmann/*Petri,* DS-GVO/BDSG, Art. 26, Rn. 13; *EDPB,* Guidlines 07/2020, Rn. 1. Explizit zur gemeinsamen Verantwortlichkeit: Simitis/Hornung/Spiecker gen. Döhmann/*Petri,* DS-GVO/BDSG, Art. 26, Rn. 12.

518 Taeger/Gabel/*Arning/Rothkegel,* DSGVO/BDSG, Art. 4, Rn. 170; *Gierschmann,* ZD 2020, 69, 70; *EDPB,* Guidlines 07/2020, Rn. 35.

519 Die Norm spricht davon, wer „allein" oder „gemeinsam" entscheidet.

520 *Kartheuser/Nabulsi,* MMR 2018, 717, 717 ff.; Paal/Pauly/*Martini,* DS-GVO, Art. 26, Rn. 20; Brink/Wolff/*Spoerr,* BeckOK DSR, DS-GVO, Art. 26, Rn. 14.

521 Generalanwalt *Bobek,* Schlussantrag v. 19.12.2018, C-40/17, ECLI:EU:C:2018:1039, Rn. 84 – *Fashion ID*; *Marosi/Matthé,* ZD 2018, 361, 361 ff.; *EDPB,* Guidlines 07/2020, Rn. 4. Siehe zu diesem Problem insbesondere: *Kartheuser/Nabulsi,* MMR 2018, 717, 717 ff.

Tatbestandsvoraussetzungen der gemeinsamen Verantwortlichkeit näher untersucht werden.

1. Auslegung des Begriffs „gemeinsam"

Das Wort „gemeinsam" bedeutet in Gemeinschaft, zusammen, miteinander.[522] Es lässt offen, zu welchem Grad jemand in einem solchem Miteinander beteiligt sein muss. Aufgrund dessen ist eine gleichwertige Beteiligung der Akteure nicht erforderlich. Dieser Ansicht war schon die *Artikel29Datenschutzgruppe*, die den Begriff „gemeinsam" im Sinne von „zusammen mit" oder „nicht alleine" verstand.[523] Folglich reicht es aus, wenn mehrere Beteiligte überhaupt die Zwecke und Mittel der Verarbeitung festlegen, d.h. nicht eine Person allein entscheidet.[524] Ihre jeweilige Mitwirkung und ihre Kontrollmöglichkeiten müssen dabei nicht gleichmäßig verteilt sein, sondern können unterschiedlich ausgeprägt sein.[525]

Um eine gemeinsame Festlegung annehmen zu können, müssen sich die Beteiligten bei der Entscheidung über die Zwecke und Mittel allerdings gegenseitig ergänzen.[526] Das ist der Fall, wenn der Datenverarbeitungsvorgang ohne die Mitwirkung aller Beteiligter nicht stattfinden könnte und diese daher untrennbar miteinander verbunden sind.[527] Eine gemeinsame Entscheidung erfordert demnach eine gewisse Abhängigkeit der Akteure.

---

522 In diesem Sinne Duden-online, abrufbar unter: https://www.duden.de/rechtschreibung/gemeinsam (Abruf. v. 12.10.2020).

523 *Art.-29-Gruppe,* WP 169, S. 22 Sich dem anschließend: *EDPB,* Guidlines 07/2020, Rn. 48.

524 *Lezzi/Oberlin*, ZD 2018, 398, 400; Plath/*Plath,* DSGVO/BDSG, Artikel 26, Rn. 9; Simitis/Hornung/Spiecker gen. Döhmann/*Petri,* DS-GVO/BDSG, Art. 26, Rn. 14; Brink/Wolff/*Spoerr,* BeckOK DSR, DS-GVO, Art. 26, Rn. 15; Bussche/Voigt/*Voigt,* Konzerndatenschutz RechtsHb, Teil 3, Kap. 5, Rn. 16.

525 So auch: Generalanwalt *Bot,* Schlussanträge v. 24.10.2017, C-210/16, ECLI:EU:C:2017:796, Rn. 62 – *Facebook-Fanpages; Art.-29-Gruppe,* WP 169, S. 23; *DSK,* Kurzpapier Nr. 16: Gemeinsam Verantwortliche, S. 2; Kühling/Buchner/*Hartung,* DS-GVO/BDSG, Art. 26, Rn. 16; *Lezzi/Oberlin*, ZD 2018, 398, 400; *Lang*, DSB 2019, 206, 206; Simitis/Hornung/Spiecker gen. Döhmann/*Petri,* DS-GVO/BDSG, Art. 26, Rn. 14; Taeger/Gabel/*Arning/Rothkegel,* DSGVO/BDSG, Art. 4, Rn. 178; Brink/Wolff/*Spoerr,* BeckOK DSR, DS-GVO, Art. 26, Rn. 15 f.; *EDSB,* Leitlinien zu den Begriffen „Verantwortlicher", „Auftragsverarbeiter" und „gemeinsam Verantwortliche", S. 9; *EDPB,* Guidlines 07/2020, Rn. 51.

526 So auch: *EDPB,* Guidlines 07/2020, Rn. 53.

527 So auch: *EDPB,* Guidlines 07/2020, Rn. 53.

2. *Gemeinsame Festlegung der Zwecke und Mittel der Verarbeitung*

Wie allgemein bei der Verantwortlichkeit kommt es auch im Rahmen der gemeinsamen Verantwortlichkeit maßgeblich darauf an, wer über die Zwecke und Mittel eines Verarbeitungsvorgangs entscheidet.[528] Dies wird anhand der tatsächlichen Umstände des Einzelfalls ermittelt.[529] Diejenigen, die einen tatsächlichen Einfluss auf einen bestimmten Datenverarbeitungsvorgang ausüben, nehmen die Rolle der Verantwortlichen ein.[530]

Sind mehrere Akteure an einem Verarbeitungsvorgang beteiligt, fungieren sie als gemeinsam Verantwortliche, wenn ihrem „Verbund" das Element der Gemeinsamkeit innewohnt. Denn für die Einordnung als gemeinsam Verantwortliche bedarf es einer gemeinsamen Entscheidung über Zwecke und Mittel der Verarbeitung. Mithin muss jeder der Beteiligten den Datenverarbeitungsvorgang tatsächlich beeinflussen,[531] wobei der individuelle Einflussgrad eines jeden Beteiligten unterschiedlich ausgeprägt sein kann.[532]

Unklar ist allerdings, wie groß der jeweilige Einfluss auf die Zwecke und Mittel eines Verarbeitungsvorgangs sein muss, um einen beteiligten Akteur als Verantwortlichen bzw. gemeinsam Verantwortlichen einzuordnen.[533]

Nach Ansicht des *EuGH* scheint es zu genügen, wenn ein Akteur einen Datenverarbeitungsvorgang aus eigenem Interesse bewusst ermöglicht bzw. zu diesem ermuntert.[534] Allerdings spricht das Gericht in seiner aktuellsten

---

528 Bei einem direkten Vergleich der deutschen Fassung der Art. 4 Nr. 7 DS-GVO und Art. 26 Abs. 1 Satz 1 DS-GVO fällt auf, dass in Art. 4 Nr. 7 DS-GVO von *„entscheiden"* und in Art. 26 Abs. 1 Satz 1 DS-GVO von *„festlegen"* die Rede ist. Betrachtet man aber die englische Originalfassung, zeigt sich aber, dass beide Normen einheitlich den Begriff *„determine"*, verwenden.

529 *Art.-29-Gruppe,* WP 169, S. 22; *EDPB,* Guidlines 07/2020, Rn. 49.

530 Siehe Kap. 4 E. I. 1.

531 *DSK,* Kurzpapier Nr. 16: Gemeinsam Verantwortliche, S. 2; Paal/Pauly/*Martini,* DS-GVO, Art. 26, Rn. 19. Generell ist derjenige, der einen tatsächlichen oder rechtlichen Einfluss ausübt, datenschutzrechtlich Verantwortlicher, *Art.-29-Gruppe,* WP 169, S. 12; *EDPB,* Guidlines 07/2020, Rn. 23 ff.

532 *DSK,* Kurzpapier Nr. 16: Gemeinsam Verantwortliche, S. 2; Taeger/Gabel/*Arning/Rothkegel,* DSGVO/BDSG, Art. 4, Rn. 178; Brink/Wolff/*Spoerr,* BeckOK DSR, DS-GVO, Art. 26, Rn. 16; *EDPB,* Guidlines 07/2020, Rn. 61.

533 *Kartheuser/Nabulsi,* MMR 2018, 717, 719 ff.; Simitis/Hornung/Spiecker gen. Döhmann/*Petri,* DS-GVO/BDSG, Art. 26, Rn. 14; Taeger/Gabel/*Arning/Rothkegel,* DSGVO/BDSG, Art. 4, Rn. 170.

534 *EuGH,* Urt. v. 10.7.2018, C-25/17, ECLI:EU:C:2018:551, Rn. 68, 70 ff. – *Zeugen Jehovas; EuGH,* Urt. v. 5.6.2018, C-210/16, ECLI:EU:C:2018:388, Rn. 35,

Rechtsprechung zur gemeinsamen Verantwortlichkeit von einer „entscheidenden“ Beeinflussung.[535] Betrachtet man die einzelnen Urteile des *EuGH* genauer, zeigt sich weiter, dass ein aktiver Beitrag der Beteiligten gefordert ist,[536] der nicht bei jeglichem rein kausalen Ermöglichen gegeben ist.

Die Datenschutzbehörden sowie der überwiegende Teil der Literatur werden präziser und fordern eine wesentliche Beteiligung in Form eines hinreichenden Einflusses.[537] Dem ist zu folgen. Der Gesetzgeber hat an das Bestehen einer gemeinsamen Verantwortlichkeit weitreichende Rechtsfolgen geknüpft.[538] Aufgrund dessen sollte der Begriff der gemeinsam Verantwortlichen nicht zu weit ausgelegt werden. Eine Beeinflussung im Sinne des conditio-sine-qua-non-Gedankens, d.h. dass eine Handlung eines Beteiligten nicht hinweggedacht werden kann, ohne dass der spezifische Datenverarbeitungsvorgang entfiele, reicht demnach nicht aus.[539] Ein solches Verständnis führte zu einer erheblichen Ausuferung des Rechtsinstituts, was das Beispiel Smart-TV anschaulich verdeutlicht. Schließlich wäre der Hersteller der Endgeräte für jeglichen

---

39 – *Facebook-Fanpages*; Generalanwalt *Bobek*, Schlussantrag v. 19.12.2018, C-40/17, ECLI:EU:C:2018:1039, Rn. 73 – *Fashion ID*; *EuGH*, Urt. v. 29.7.2019, C-40/17, ECLI:EU:C:2019:629, Rn. 68, 75 ff. – *Fashion ID*.

535 *EuGH*, Urt. v. 29.7.2019, C-40/17, ECLI:EU:C:2019:629, Rn. 78 – *Fashion ID*.

536 *EuGH*, Urt. v. 5.6.2018, C-210/16, ECLI:EU:C:2018:388, Rn. 36 – *Facebook-Fanpages*; Generalanwalt *Bobek*, Schlussantrag v. 19.12.2018, C-40/17, E-CLI:EU:C:2018:1039, Rn. 73 – *Fashion ID*; *EuGH*, Urt. v. 29.7.2019, C-40/17, E-CLI:EU:C:2019:629, Rn. 78 – *Fashion ID*.

537 *DSK*, Kurzpapier Nr. 16: Gemeinsam Verantwortliche, S. 2; *Kartheuser/Nabulsi*, MMR 2018, 717, 720 ff.; Kühling/Buchner/*Hartung*, DS-GVO/BDSG, Art. 26, Rn. 12; Sydow/*Ingold*, DSGVO, Art. 26, Rn. 4; Bussche/Voigt/*Voigt*, Konzerndatenschutz RechtsHb, Teil 3, Kap. 5, Rn. 14; *Conrad*, DuD 2019, 563, 565; *Schreiber*, ZD 2019, 55, 56; *Specht-Riemenschneider/Schneider*, MMR 2019, 503, 504; *EDPB*, Guidlines 07/2020, Rn. 23, 51, 53. A.A.: *Lezzi/Oberlin*, ZD 2018, 398, 400.

538 So müssen die gemeinsam Verantwortlichen gemäß Art. 26 Abs. 1 Satz 1 DS-GVO eine Vereinbarung abschließen und haften gemäß Art. 26 Abs. 3 DS-GVO gesamtschuldnerisch, *DSK*, Kurzpapier Nr. 16: Gemeinsam Verantwortliche, S. 3 f. Siehe zu den Konsequenzen einer gemeinsamen Verantwortlichkeit im Detail: Kap. 4. G. VI.

539 Schantz/Wolff/*Schantz*, Das neue Datenschutzrecht, C. IV., Rn. 371; *Marosi/Matthé*, ZD 2018, 361, 362; Paal/Pauly/*Martini*, DS-GVO, Art. 26, Rn. 19; Brink/Wolff/*Spoerr*, BeckOK DSR, DS-GVO, Art. 26, Rn. 16. A.A. wohl: *Karg*, ZD 2014, 51, 55 f.; *Wagner*, ZD 2018, 307, 309; *Specht-Riemenschneider/Schneider*, MMR 2019, 503, 505; Schwartmann/Jaspers/Thüsing/Kugelmann/*Kremer*, DS-GVO/BDSG, Art. 26, Rn. 49. Weitergehend: *EDPB*, Guidlines 07/2020, Rn. 53. Vgl. hierzu auch: Generalanwalt *Bobek*, Schlussantrag v. 19.12.2018, C-40/17, ECLI:EU:C:2018:1039, Rn. 74 – *Fashion ID*.

Datenverarbeitungsvorgang auf seinem TV-Gerät mit verantwortlich, da ohne die Existenz des Geräts die personenbezogenen Daten nicht verarbeitet werden könnten. Ein solch weitreichendes Verständnis kann von dem Gesetzgeber nicht gewollt sein.[540]

Vielmehr muss jeder gemeinsam Verantwortliche den Datenverarbeitungsvorgang wesentlich beeinflussen. Hierfür spricht zudem der Wortlaut von Art. 4 Nr. 7 DS-GVO und 26 Abs. 1 Satz 1 DS-GVO, der eben nicht etwa von einer bloßen Verursachung, sondern von „gemeinsam entscheiden" spricht.[541] Um eine gemeinsame Entscheidung annehmen zu können, ist aber eine gewisse Einwirkungsintensität erforderlich. Eine reine Mitursächlichkeit von jeglichen Handlungen der Beteiligten für später folgende Datenverarbeitungsvorgänge genügt nicht.

3. *Abgrenzung zur bloßen Zusammenarbeit*

Eine bloße Zusammenarbeit mehrerer Stellen, bei der jede Stelle ausschließlich eigene Interessen verfolgt, genügt ebenfalls nicht für die Annahme einer gemeinsamen Verantwortlichkeit.[542] Die Akteure müssen in gewisser Hinsicht miteinander verbunden sein und zumindest die Entscheidungen des anderen bewusst akzeptieren bzw. willentlich miteinander kooperieren.[543] Eine Verbindung in

540 Dafür fehlt im Datenschutzrecht ein Korrektiv, wie das Verschulden oder die objektive Zurechenbarkeit, welches eine zu weitrechende Ausuferung der Äquivalenztheorie verhinderte. Die Äquivalenztheorie wird überdies auch im Ordnungsrecht überwiegend abgelehnt, vgl. *Kugelmann*, Polizei- und Ordnungsrecht, S. 227.

541 Zum Begriff „entscheiden" siehe: *Monreal*, CR 2019, 797, 802.

542 *DSK*, Kurzpapier Nr. 16: Gemeinsam Verantwortliche, S. 3; *Lezzi/Oberlin*, ZD 2018, 398, 400; Kühling/Buchner/*Hartung*, DS-GVO/BDSG, Art. 26, Rn. 12; Paal/Pauly/*Martini*, DS-GVO, Art. 26, Rn. 21; *Kremer*, CR 2019, 225, 228; Laue/Kremer/*Laue*, Hb. Datenschutzrecht, § 1, Rn. 55; Bussche/Voigt/*Voigt*, Konzerndatenschutz RechtsHb, Teil 3, Kap. 5, Rn. 16; Taeger/Gabel/*Arning/Rothkegel*, DSGVO/BDSG, Art. 4, Rn. 181; Auernhammer/*Schreibauer*, DSGVO/BDSG, Art. 26, Rn. 8; *EDPB*, Guidlines 07/2020, Rn. 67 ff.

543 So auch: Generalanwalt *Bobek*, Schlussantrag v. 19.12.2018, C-40/17, ECLI:EU:C:2018:1039, Rn. 103 – *Fashion ID*; *EuGH*, Urt. v. 29.7.2019, C-40/17, ECLI:EU:C:2019:629, Rn. 77 – *Fashion ID*; *DSK*, Kurzpapier Nr. 16: Gemeinsam Verantwortliche, S. 3; Ehmann/Selmayr/*Bertermann*, DS-GVO, Art. 26, Rn. 10; Kühling/Buchner/*Hartung*, DS-GVO/BDSG, Art. 26, Rn. 12; Paal/Pauly/*Martini*, DS-GVO, Art. 26, Rn. 21; *Kremer*, CR 2019, 225, 228; *Lang*, DSB 2019, 206, 206; *Schreiber*, ZD 2019, 55, 60.

diesem Sinne besteht, wenn die Akteure ihre Ziele ohne die anderen Beteiligten nicht erreichen könnten;[544] Sie mithin voneinander abhängig sind.[545]

Fehlt es an diesen Voraussetzungen kann jedoch eine getrennte Verantwortung gegeben sein. Dies ist etwa der Fall, wenn mehrere Beteiligte eigenständig personenbezogene Daten erheben und in ein gemeinsames System einspeisen.[546] In derartigen Konstellationen ist jeder Akteur für seine konkreten Datenverarbeitungsvorgänge separat verantwortlich, soweit sich die jeweiligen Verantwortungsbereiche klar trennen lassen.[547]

4. *Entscheidung sowohl über Zwecke als auch über Mittel*

Weiter stellt sich die Frage, ob jeder der Beteiligten sowohl über die Zwecke als auch über die Mittel eines Verarbeitungsvorgangs entscheiden muss, um als gemeinsam Verantwortlicher zu gelten. Dies ist umstritten. Eine Ansicht verlangt neben einer Entscheidung über die Zwecke auch eine Entscheidung über die Mittel.[548] Eine andere Ansicht hält es hingegen für ausreichend, wenn ein gemeinsam Verantwortlicher entweder über die Zweck oder über die Mittel eines Datenverarbeitungsvorgangs entscheidet.[549]

---

544 *EDPB,* Guidlines 07/2020, Rn. 53.

545 Siehe: Kap. 4 E. II. 1.

546 *Art.-29-Gruppe,* WP 169, S. 21.

547 *Schreiber,* ZD 2019, 55, 56; Taeger/Gabel/*Arning/Rothkegel,* DSGVO/BDSG, Art. 4, Rn. 182. Vgl. zur separaten Verantwortlichkeit allgemein: *Kartheuser/Nabulsi,* MMR 2018, 717; *Lee/Cross,* MMR 2019, 559, 562 f.

548 Gola/*Gola,* DS-GVO, Art. 4, Rn. 51; Gola/*Piltz,* DS-GVO, Art. 26, Rn. 3; *Kartheuser/Nabulsi,* MMR 2018, 717, 720 ff.; *Uecker,* ZD-Aktuell 2018, 6247; Bussche/Voigt/*Voigt,* Konzerndatenschutz RechtsHb, Teil 3, Kap. 5, Rn. 14; *Conrad,* DuD 2019, 563, 564; *Kremer,* CR 2019, 225, 227; *Lee/Cross,* MMR 2019, 559, 561 f.; Simitis/Hornung/Spiecker gen. Döhmann/*Petri,* DS-GVO/BDSG, Art. 26, Rn. 12; Taeger/Gabel/*Arning/Rothkegel,* DSGVO/BDSG, Art. 4, Rn. 177; Brink/Wolff/*Spoerr,* BeckOK DSR, DS-GVO, Art. 26, Rn. 17a; *Gierschmann,* ZD 2020, 69, 70; Schwartmann/Jaspers/Thüsing/Kugelmann/*Kremer,* DS-GVO/BDSG, Art. 26, Rn 52; *EDPB,* Guidlines 07/2020, Rn. 34, 50. In diese Richtung auch: *DSK,* Kurzpapier Nr. 16: Gemeinsam Verantwortliche, S. 2 f.; Plath/*Plath,* DSGVO/BDSG, Artikel 26, Rn. 8 f.

549 *Art.-29-Gruppe,* WP 169, S. 23; Kühling/Buchner/*Hartung,* DS-GVO/BDSG, Art. 26, Rn. 18; *Jung/Hansch,* ZD 2019, 143, 147; Laue/Kremer/*Laue,* Hb. Datenschutzrecht, § 1, Rn. 56; *Specht-Riemenschneider/Schneider,* MMR 2019, 503, 504; Taeger/Gabel/*Lang,* DSGVO/BDSG, Art. 26, Rn. 20; Däubler/Wedde/Weichert/Sommer/*Däubler,* EU-DSGVO/BDSG, Art. 26, Rn. 4. Wohl auch: *Härting,* NJW 2018, 2523, 2525.

Um diese Streitfrage beantworten zu können, ist vorab zu klären, wonach sich bestimmt, ab wann ein Beteiligter „entscheidet". Dies wurde bereits erläutert.[550] Um einer Person eine Entscheidungskompetenz zusprechen zu können, muss diese einen wesentlichen Einfluss auf den Datenverarbeitungsvorgang ausüben. Dieser wesentliche Einfluss müsste sich demnach entweder zugleich auf die Zwecke und Mittel der Verarbeitung auswirken oder aber nur auf eine dieser Komponenten.

Der Wortlaut des Art. 26 Abs. 1 Satz 1 DS-GVO verlangt sowohl eine Entscheidung über die Zwecke als auch über die Mittel der Datenverarbeitung.[551] Schließlich müssen danach zwei oder mehr Verantwortliche gemeinsam die Zwecke der „und" die Mittel zur Verarbeitung festlegen. ErwG 79 DS-GVO bekräftigt diese Auslegung, da dessen Wortlaut nicht davon abweicht, dass kumulativ Verarbeitungszwecke und -mittel festgelegt werden müssen.[552] Dem Wortlaut nach ist somit ein wesentlicher Einfluss sowohl auf die Zwecke als auch auf die Mittel der Verarbeitung erforderlich, um einen Beteiligten als gemeinsam Verantwortlichen zu klassifizieren.

Gegen die wörtliche Auslegung könnte jedoch der Sinn und Zweck des Art. 26 DS-GVO sprechen. Die Norm trägt u.a. dem Umstand Rechnung, dass in der digitalen Welt und in Zeiten des World Wide Web die Verarbeitungen personenbezogener Daten stetig vielschichtiger und komplexer werden.[553] Insbesondere bei internetbasierten Dienstleistungen ist es für den betroffenen Nutzer nicht mehr nachvollziehbar, wo genau Daten fließen, welche Stellen dabei beteiligt sind und wer von mehreren Beteiligten konkret für eine Verarbeitung verantwortlich ist.[554] Teilweise sind an Datenverarbeitungen im Internet mehrere Akteure beteiligt, was aber nach außen nicht offen zu Tage tritt.[555]

---

550 Kap. 4 E. II. 2.

551 So auch: Gola/*Piltz,* DS-GVO, Art. 26, Rn. 3; *Kartheuser/Nabulsi*, MMR 2018, 717, 720; Plath/*Plath,* DSGVO/BDSG, Artikel 26, Rn. 8; *Uecker*, ZD-Aktuell 2018, 6247; Bussche/Voigt/*Voigt,* Konzerndatenschutz RechtsHb, Teil 3, Kap. 5, Rn. 14; *Lee/Cross*, MMR 2019, 559, 561.

552 So auch: Gola/*Piltz,* DS-GVO, Art. 26, Rn. 3; *Kartheuser/Nabulsi*, MMR 2018, 717, 720; *Uecker*, ZD-Aktuell 2018, 6247.

553 *Albrecht/Jotzo,* Datenschutzrecht der EU, Teil 5, Rn. 2; Schantz/Wolff/*Schantz,* Das neue Datenschutzrecht, C. IV., Rn. 368; Kühling/Buchner/*Hartung,* DS-GVO/BDSG, Art. 26, Rn. 10; Paal/Pauly/*Martini,* DS-GVO, Art. 26, Rn. 41; Simitis/Hornung/Spiecker gen. Döhmann/*Petri,* DS-GVO/BDSG, Art. 26, Rn. 2.

554 Simitis/Hornung/Spiecker gen. Döhmann/*Petri,* DS-GVO/BDSG, Art. 26, Rn. 2 f.; *Bundeskartellamt,* Sektoruntersuchung Smart-TV, S. 151.

555 *Lee/Cross*, MMR 2019, 559, 559.

Das Telos von Art. 26 DS-GVO ist es, in solch komplexen Fällen eine klare Zuteilung der Verantwortlichkeiten und damit Transparenz zu schaffen.[556] Dies wird besonders in ErwG 79 DS-GVO deutlich.[557] Um die Ziele der Norm zu erreichen, sollen die gemeinsam Verantwortlichen mit einer transparenten Vereinbarung für die Außenwelt Klarheit im Hinblick auf ihre Beteiligung und ihre Zuständigkeiten schaffen.[558] Auf diese Weise soll die Norm letzten Endes den Schutz der Betroffenen erhöhen und für mehr Rechtssicherheit sorgen.[559]

Vor diesem Hintergrund ist Art. 26 DS-GVO weit auszulegen.[560] Sofern mehrere Akteure mit der Verarbeitung personenbezogener Daten eines Betroffenen hinreichend in Berührung kommen, soll der Betroffene dies erkennen können und sich an sämtliche Stellen wenden können, die seine Persönlichkeitsrechte potentiell bedrohen.

Eine weite Auslegung der Norm wird aber schon dadurch erreicht, dass bloß ein wesentlicher Einfluss auf die Zwecke und auf die Mittel der Verarbeitung verlangt wird. Die Beteiligten müssen gerade nicht in gleichem Maße auf diese Komponenten der Datenverarbeitung einwirken und jedes Detail hinsichtlich der Zwecke und Mittel der Verarbeitung aktiv mitbestimmen. Die Hürden an eine gemeinsame Verantwortlichkeit noch geringer zu setzen, führte zu einer übermäßigen Ausuferung des Rechtsinstituts und damit de facto zu einer Verringerung des Betroffenenschutzes. Denn wie der Generalanwalt *Bobek* richtigerweise

---

556 *DSK,* Kurzpapier Nr. 16: Gemeinsam Verantwortliche, S. 3; Kühling/Buchner/*Hartung,* DS-GVO/BDSG, Art. 26, Rn. 10; Simitis/Hornung/Spiecker gen. Döhmann/*Petri,* DS-GVO/BDSG, Art. 26, Rn. 2; *Specht-Riemenschneider/Schneider*, MMR 2019, 503, 504; Taeger/Gabel/*Lang,* DSGVO/BDSG, Art. 26, Rn. 1; *Kremer*, CR 2012, 438, Rn. 1.

557 Dieser verlangt explizit in arbeitsteiligen Datenverarbeitungsprozessen eine solch klare Zuteilung der Verantwortlichkeiten.

558 *Albrecht/Jotzo,* Datenschutzrecht der EU, Teil 5, Rn. 2; Schantz/Wolff/*Schantz,* Das neue Datenschutzrecht, C. IV., Rn. 368; *DSK,* Kurzpapier Nr. 16: Gemeinsam Verantwortliche, S. 3; Gola/*Piltz,* DS-GVO, Art. 26, Rn. 2; Kühling/Buchner/*Hartung,* DS-GVO/BDSG, Art. 26, Rn. 10.

559 Vgl. ErwG 79 DS-GVO‚*EuGH,* Urt. v. 29.7.2019, C-40/17, ECLI:EU:C:2019:629, Rn. 50, 65 f. – *Fashion ID*; Ehmann/Selmayr/*Bertermann,* DS-GVO, Art. 26, Rn. 1; Paal/Pauly/*Martini,* DS-GVO, Art. 26, Rn. 9; Sydow/*Ingold,* DSGVO, Art. 26, Rn. 1; *Specht-Riemenschneider/Schneider,* MMR 2019, 503, 504; Taeger/Gabel/*Lang,* DSGVO/BDSG, Art. 26, Rn. 2; Brink/Wolff/*Spoerr,* BeckOK DSR, DS-GVO, Art. 26, Rn. 2.

560 So auch: Taeger/Gabel/*Lang,* DSGVO/BDSG, Art. 26, Rn. 19.

ausführt, ist tatsächlich niemand verantwortlich, wenn man jedermann verantwortlich macht.[561]

Auch im Hinblick auf die aus einer gemeinsamen Verantwortlichkeit resultierenden Rechtsfolgen sowie die hohen Bußgelder, die im Falle des Fehlens einer Vereinbarung nach Art. 26 Abs. 1 Satz 2 DSGVO drohen,[562] darf das Rechtsinstitut nicht zu weitgehend ausgelegt werden.[563]

Zudem widerspräche es, wie zu Beginn dieses Abschnitts erläutert, dem klaren Wortlaut der Norm und damit dem Willen des Gesetzgebers einen Einfluss nur auf die Zwecke bzw. nur auf die Mittel der Verarbeitung für die Annahme einer Mitverantwortlichkeit ausreichen zu lassen.

Für das Festhalten an diesem Wortlaut spricht überdies die Gesetzeshistorie der Verordnung.[564] So waren Art. 4 Nr. 5 sowie Art. 24 des Kommissionsentwurfs der DSGVO ursprünglich weiter gefasst. Danach sollten die Verantwortlichen zusätzlich über die Bedingungen der Verarbeitung gemeinsam entscheiden.[565] Dies hat der Gesetzgeber allerdings bewusst gestrichen, was deutlich macht, dass er zumindest eine Entscheidung hinsichtlich der übrigen Komponenten aller Beteiligter fordert. Darüber hinaus ist er einem Änderungsantrag von Mitgliedern des Parlaments nicht gefolgt, wonach gemeinsam Verantwortliche schon diejenigen sein sollten, die lediglich über die Zwecke einer Verarbeitung gemeinsam entscheiden.[566] Der Gesetzgeber hat sich demzufolge intensiv mit der konkreten Ausgestaltung des Art. 26 Abs. 1 Satz 1 DS-GVO auseinandergesetzt, die Norm jedoch bewusst nicht weiter gefasst.

---

561 *„Macht man jedermann verantwortlich, bedeutet dies, dass tatsächlich niemand verantwortlich ist.“*, Generalanwalt *Bobek*, Schlussantrag v. 19.12.2018, C-40/17, ECLI:EU:C:2018:1039, Rn. 92 – *Fashion ID*. Vgl. auch seine weiteren Ausführungen an dieser Stelle.

562 Gemäß Art. 83 Abs. 4 lit. a DS-GVO drohen bei Fehlen einer erforderlichen Vereinbarung nach Art. 26 Abs. 1 Satz 2 DS-GVO Bußgelder bis zu 10.000.000 Euro oder im Fall eines Unternehmens von bis zu 2 % seines gesamten weltweit erzielten Jahresumsatzes.

563 In diese Richtung ebenfalls: *Kartheuser/Nabulsi*, MMR 2018, 717, 720; *Lee/Cross*, MMR 2019, 559, 562.

564 So auch Simitis/Hornung/Spiecker gen. Döhmann/*Petri*, DS-GVO/BDSG, Art. 26, Rn. 12.

565 *Europäische Kommission*, Kommissionsvorschlag vom 25.02.2012, KOM (2012) 11 endgültig, S. 48, 64, abrufbar unter: https://eur-lex.europa.eu/legal-content/DE/TXT/PDF/?uri=CELEX:52012PC0011&from=DE (Abruf v. 12.10.2020).

566 *Mitglieder des Europäischen Parlaments Valean/Rohde*, Änderungsantrag 1748.

Im Ergebnis ist daher ein wesentlicher Einfluss aller Beteiligten sowohl auf die Zwecke als auch auf die Mittel der Verarbeitung zu fordern.

Die Frage, ab wann ein solch wesentlicher Einfluss anzunehmen ist, beantwortet weder die Rechtsprechung noch die Literatur abschließend. Um eine weite Auslegung der gemeinsamen Verantwortlichkeit zu erreichen und damit dem Willen des Gesetzgebers zu entsprechen, dürfen die Anforderungen an den wesentlichen Einfluss jedoch nicht allzu hoch sein.

Feststeht, dass eine Partei weder selbst Daten verarbeiten muss noch kommunikativ in den Entscheidungsprozess über Mittel und Zwecke eines Datenverarbeitungsvorgangs eingebunden sein muss, um die Rolle eines gemeinsam Verantwortlichen einzunehmen.

a) *Wesentlicher Einfluss auf die Mittel*

Nach hier vertretener Ansicht reicht es im Hinblick auf die Mittel für einen wesentlichen Einfluss aus, wenn ein Akteur durch seine Handlung einen Datenverarbeitungsvorgang in seiner konkreten Gestalt unmittelbar ermöglicht.[567] Er muss den konkreten Vorgang mindestens durch einen aktiven Beitrag direkt und ohne wesentliche Zwischenschritte auslösen. Sofern sich sein Handeln unmittelbar auf die Verarbeitung auswirkt und diese dadurch erst ermöglicht wird, ist von einem wesentlichen Einfluss auf die Mittel auszugehen. Der Akteur muss die Mittel somit nicht selbst bestimmen; diese können auch von einem Dritten zur Verfügung gestellt werden.[568] Ebenso genügt eine nur geringfügige Anpassung der wesentlichen Aspekte der Mittel, welche sich auf das „Wie“ des konkreten Datenverarbeitungsvorgang hinreichend auswirkt.[569] Daneben muss der ermöglichende Akteur die bereits festgelegten Mittel der anderen Beteiligten bewusst akzeptieren bzw. sich deren Entscheidung über die Mittel willentlich

---

567 In diese Richtung ebenfalls tendierend: *Hanloser*, ZD 2019, 455, 459 Eine Ermöglichung liegt vor, wenn ein Akteur die Daten nicht selbst verarbeitet, sondern ein Dritter.

568 *EDPB*, Guidlines 07/2020, Rn. 61 f. Entscheidend ist, dass der Akteur diese Mittel nutzt, *EDPB*, Guidlines 07/2020, Rn. 62.

569 Zum Beispiel eine Parametrierung u. a. entsprechend des Zielpublikums, die sich auf die Verarbeitung personenbezogener Daten zum Zweck der Erstellung der aufgrund der Besuche der Fanpage erstellten Statistiken auswirkt, *EuGH*, Urt. v. 5.6.2018, C-210/16, ECLI:EU:C:2018:388, Rn. 36 ff. – *Facebook-Fanpages; EDPB*, Guidlines 07/2020, Rn. 64.

anschließen.[570] Eine Akzeptanz fremder Mittel ist anzunehmen, wenn ein Akteur eine Handlung in der Kenntnis vornimmt, dass er dadurch Datenverarbeitungen eines Dritten auslöst.

Wer hingegen selbst den Verarbeitungsvorgang durchführt,[571] muss wesentliche Aspekte der Mittel bestimmen, um als Verantwortlicher zu gelten. Insoweit genügt die bloße Akzeptanz einer fremden Mittelfestlegung nicht. Ein Akteur, der personenbezogene Daten selbst verarbeitet, steht dem Verarbeitungsvorgang näher als eine Person, die diesen bloß ermöglicht. Aus diesem Grund sind die Anforderungen an das Bestehen eines wesentlichen Einflusses höher.

Darüber hinaus ist diese Einschränkung geboten, um einen Verantwortlichen von einem Auftragsverarbeiter abzugrenzen. Denn sofern ein Akteur personenbezogene Daten selbst verarbeitet, überschneiden sich die beiden Rechtsinstitute. Nach Art. 4 Nr. 8 DS-GVO ist Auftragsverarbeiter eine natürliche oder juristische Person, Behörde, Einrichtung oder andere Stelle, die personenbezogene Daten im Auftrag des Verantwortlichen verarbeitet. Dem Wortlaut nach kann Auftragsverarbeiter allein sein, wer selbst personenbezogene Daten verarbeitet.[572] Daneben kann eine solche Person, die die Daten selbst verarbeitet, als Verantwortlicher eingeordnet werden.[573] In Abgrenzung zu einem Auftragsverarbeiter muss einem Verantwortlichen folglich ein wesentliches Mitbestimmungsrecht hinsichtlich des „Wie" der eigenen Verarbeitung zu kommen.[574] Ein Auftragsverarbeiter ist gemäß Art. 29 DSGVO streng weisungsgebunden. Ihm

---

570 So auch: *DSK,* Kurzpapier Nr. 16: Gemeinsam Verantwortliche, S. 3. Ähnlich: Generalanwalt *Bot,* Schlussantrag v. 24.10.2017, C-210/16, ECLI:EU:C:2017:796, Rn. 56 – *Facebook-Fanpages;* Generalanwalt *Bobek,* Schlussantrag v. 19.12.2018, C-40/17, ECLI:EU:C:2018:1039, Rn. 69 – *Fashion ID; EuGH,* Urt. v. 29.7.2019, C-40/17, ECLI:EU:C:2019:629, Rn. 77 f. – *Fashion ID;* Gola/*Piltz,* DS-GVO, Art. 26, Rn. 7; Paal/Pauly/*Martini,* DS-GVO, Art. 26, Rn. 21; Taeger/Gabel/*Lang,* DSGVO/BDSG, Art. 26, Rn. 23.

571 D.h., wer nicht bloß eine fremde Verarbeitung ermöglicht.

572 Vgl. hierzu: *Art.-29-Gruppe,* WP 169, S. 30; *EDPB,* Guidlines 07/2020, Rn. 77 f.

573 Auftragsverarbeiter kann dagegen nicht sein, wer selbst überhaupt keine Daten verarbeitet, sondern lediglich eine Verarbeitung ermöglicht. Dieser „Verarbeitungsermöglicher" kann wiederum nur Verantwortlicher sein. Somit ist stets zu differenzieren, auf welcher Ebene sich ein Akteur befindet. Vgl. hierzu im Detail das Modell zur Bestimmung gemeinsam Verantwortlicher bei Smart-TV und anderen intelligenten Endgeräten, Kap. 4 E. VI.

574 Beispielsweise welche Daten erhoben werden. In diese Richtung auch: *Lezzi/Oberlin,* ZD 2018, 398, 399; *Kremer,* CR 2019, 225, 229; Kühling/Buchner/*Hartung,* DS-GVO/BDSG, Art. 26, Rn. 12; *EDPB,* Guidlines 07/2020, Rn. 78 f.

steht es somit nicht zu, darüber zu bestimmen, welche Daten erhoben werden oder wer Zugang zu diesen Daten hat.[575] Er fungiert bloß als verlängerter Arm des Verantwortlichen und handelt auf dessen Weisungen.[576] Eine solche Person kann kein Verantwortlicher sein.

b) Wesentlicher Einfluss auf die Zwecke

In Bezug auf die Zwecke besteht ein wesentlicher Einfluss der Beteiligten, wenn jeder von ihnen an dem konkreten Datenverarbeitungsvorgang unmittelbar oder mittelbar ein eigenes Interessen hat.[577] Die Förderung bloß fremder Interessen genügt demnach nicht. In diesem Zusammenhang stellt sich jedoch die Frage, ob die Zwecke der Parteien identisch sein müssen.

5. Identität der Zwecke der Beteiligten

Eine solche Identität der Zwecke ist nicht erforderlich.[578] Für ein derartiges Verständnis finden sich in der gesetzlichen Regelung zur gemeinsamen

575 Er darf lediglich über technisch-organisatorische Fragen entscheiden, vgl. *Art.-29-Gruppe,* WP 169, S. 17; *EDPB,* Guidlines 07/2020, Rn. 78. Gegen eine Entscheidungbefugnis hinsichtlich der wesentlichen Aspekte der Mittel ebenfalls: *Lezzi/Oberlin,* ZD 2018, 398, 399; Paal/Pauly/*Martini,* DS-GVO, Art. 26, Rn. 3; Taeger/Gabel/*Lang,* DSGVO/BDSG, Art. 26, Rn. 25; Schwartmann/Jaspers/Thüsing/Kugelmann/*Kremer,* DS-GVO/BDSG, Art. 26, Rn. 60 f.; *EDPB,* Guidlines 07/2020, Rn. 78. Weniger streng: *Kremer*, CR 2019, 225, 229.

576 Gierschmann/Schlender/Stentzel/Veil/*Veil,* DS-GVO, Artikel 26, Rn. 40; *Lezzi/Oberlin,* ZD 2018, 398, 399 f.; Paal/Pauly/*Martini,* DS-GVO, Art. 26, Rn. 3; *Kremer*, CR 2019, 225, 229; Kühling/Buchner/*Hartung,* DS-GVO/BDSG, Art. 26, Rn. 12; Taeger/Gabel/*Lang,* DSGVO/BDSG, Art. 26, Rn. 25; Schwartmann/Jaspers/Thüsing/Kugelmann/*Kremer,* DS-GVO/BDSG, Art. 26, Rn. 60. Die Weisungsgebundenheit als entscheidendes Abgrenzungskriterium einordnend: Schwartmann/Jaspers/Thüsing/Kugelmann/*Kremer,* DS-GVO/BDSG, Art. 26, Rn. 59.

577 *Art.-29-Gruppe,* WP 169, S. 23; Laue/Kremer/*Laue,* Hb. Datenschutzrecht, § 1, Rn. 56; *Specht-Riemenschneider/Schneider*, MMR 2019, 503, 505; Brink/Wolff/*Spoerr,* BeckOK DSR, DS-GVO, Art. 26, Rn. 17. Auch in dem Fall *Fashion ID* profitieren sowohl Facebook als auch der Nutzer des Social Plugins unmittelbar von der Datenerhebung durch das Klicken auf den Button, *EuGH*, Urt. v. 29.7.2019, C-40/17, ECLI:EU:C:2019:629 – *Fashion ID.* Im Detail siehe: Kap. 4 E. II. 6.

578 *EuGH*, Urt. v. 5.6.2018, C-210/16, ECLI:EU:C:2018:388, Rn. 34 – *Facebook-Fanpages;* Generalanwalt *Bobek*, Schlussantrag v. 19.12.2018, C-40/17, ECLI:EU:C:2018:1039, Rn. 104 f. – *Fashion ID; EuGH*, Urt. v. 29.7.2019, C-40/17, ECLI:EU:C:2019:629, Rn. 80 – *Fashion ID; Art.-29-Gruppe,* WP 169, S. 23 f.; *DSK,* Kurzpapier Nr. 16: Gemeinsam Verantwortliche, S. 2 f.; *Jung/Hansch*, ZD 2019, 143, 144, 147; *Schreiber*, ZD

Verantwortlichkeit keine Anhaltspunkte. Art. 26 Abs. 1 Satz 1 DSGVO verlangt lediglich, dass die gemeinsam Verantwortlichen gemeinsam Zwecke der Verarbeitung festlegen. Der Wortlaut spricht von einer Mehrzahl der Zwecke, ohne dabei eine Einschränkung in Bezug auf die Übereinstimmung der Zwecke der Beteiligten vorzunehmen. Eine solche einschränkende Formulierung hätte der Gesetzgeber aber ohne Weiteres einfügen können. Bereits unter der Datenschutz-Richtlinie wurde keine Identität der Zwecke gefordert.[579] Hätte der Gesetzgeber eine strengere Auslegung der gemeinsamen Verantwortlichkeit angestrebt, hätte er sich nicht am Wortlaut des Art. 2 lit. d der Richtlinie 95/46 orientiert, sondern mit der Einführung des Rechtsinstituts der gemeinsamen Verantwortlichkeit bewusst eine abweichende Formulierung getroffen.[580]

Folglich kann eine Datenverarbeitung nicht nur mehreren Zwecken dienen, sondern die gemeinsam Verantwortlichen können dabei jeweils unterschiedliche Zwecke verfolgen.[581]

6. *Interesse an den erhobenen Daten?*

Um aber überhaupt eine gemeinsame Verantwortlichkeit annehmen zu können, muss jeder der Beteiligten zumindest unmittelbar oder mittelbar ein eigenes Interesse an dem konkreten Datenverarbeitungsvorgang haben.[582]

2019, 55, 56; *Specht-Riemenschneider/Schneider*, MMR 2019, 503, 505; Laue/Kremer/*Laue*, Hb. Datenschutzrecht, § 1, Rn. 56; Taeger/Gabel/*Lang*, DSGVO/BDSG, Art. 26, Rn. 20; Brink/Wolff/*Spoerr*, BeckOK DSR, DS-GVO, Art. 26, Rn. 16 f.; *EDPB*, Guidlines 07/2020, Rn. 57 f. A.A. *Golland*, Datenverarbeitung in sozialen Netzwerken, S. 128; *Golland*, K&R 2018, 433, 437; *Kremer*, CR 2019, 225, 227.

579 *Art.-29-Gruppe*, WP 169, S. 23 f.

580 Das Rechtsinstitut der gemeinsamen Verantwortlichkeit war in Art. 2 lit. d der Datenschutz-Richtlinie bereits vorgesehen, aber noch nicht explizit in der Richtlinie geregelt. Erst die Datenschutz-Grundverordnung hat die gesonderte Regelung der gemeinsamen Verantwortlichkeit mit Art. 26 DS-GVO eingeführt.

581 *EuGH*, Urt. v. 5.6.2018, C-210/16, ECLI:EU:C:2018:388, Rn. 34 – *Facebook-Fanpages*; Generalanwalt *Bobek*, Schlussantrag v. 19.12.2018, C-40/17, ECLI:EU:C:2018:1039, Rn. 104 f. – *Fashion ID*; *EuGH*, Urt. v. 29.7.2019, C-40/17, ECLI:EU:C:2019:629, Rn. 80 – *Fashion ID*; *Art.-29-Gruppe*, WP 169, S. 23 f.; *DSK*, Kurzpapier Nr. 16: Gemeinsam Verantwortliche, S. 2 f.; *Jung/Hansch*, ZD 2019, 143, 144, 147; *Specht-Riemenschneider/Schneider*, MMR 2019, 503, 505; Laue/Kremer/*Laue*, Hb. Datenschutzrecht, § 1, Rn. 56; Taeger/Gabel/*Lang*, DSGVO/BDSG, Art. 26, Rn. 20; Brink/Wolff/*Spoerr*, BeckOK DSR, DS-GVO, Art. 26, Rn. 16 f.

582 *Art.-29-Gruppe*, WP 169, S. 23; *Specht-Riemenschneider/Schneider*, MMR 2019, 503, 505; Laue/Kremer/*Laue*, Hb. Datenschutzrecht, § 1, Rn. 56; Brink/Wolff/*Spoerr*,

Soweit die Parteien jeweils unmittelbar an dem Verarbeitungsergebnis interessiert sind, d.h. zum Beispiel konkret von den erhobenen Daten profitieren, spricht dieser Umstand stark für das Vorliegen einer gemeinsamen Verantwortlichkeit.[583] Entgegen der Ansicht des *Bundeskartellamts*[584] und einigen Vertretern in der Literatur[585] ist ein unmittelbares oder mittelbares Interesse an den verarbeiteten Daten selbst aber keine zwingende Voraussetzung, um eine gemeinsame Verantwortung annehmen zu können.[586] So verlangt der Wortlaut der Art. 4 Nr. 7 DSGVO sowie Art. 26 Abs. 1 Satz 1 DSGVO lediglich eine gemeinsame Entscheidung bzw. Festlegung der Zwecke der Verarbeitung. Dafür, dass ein Interesse an den konkreten Daten bestehen muss, finden sich weder in den genannten Normen noch an anderer Stelle der DSGVO Anhaltspunkte. Vielmehr zeigt der Wortlaut, indem er schlicht die Zwecke der „Verarbeitung" nennt, dass ein unmittelbares oder mittelbares Interesse an der bloßen Datenverarbeitung ausreicht, um eine Person als Verantwortlichen einzuordnen.[587]

Für ein solches Verständnis spricht zudem eindeutig die Historie der Normen. Die Formulierung des Art. 4 Nr. 7 DSGVO hat der Gesetzgeber wortgleich dem Art. 2 lit. d Datenschutz-Richtlinie entnommen. Die Entstehungsgeschichte des Art. 2 lit. d Datenschutz-Richtlinie macht deutlich, dass der Gesetzgeber sich bewusst damit auseinandergesetzt hat, ob ein Verantwortlicher über den Zweck der Daten oder lediglich über den Zweck der Verarbeitung entscheiden muss.

BeckOK DSR, DS-GVO, Art. 26, Rn. 17; *EDPB,* Guidlines 07/2020, Rn. 58 f. Auch in dem Fall *Fashion ID* profitieren sowohl Facebook als auch der Nutzer des Social Plugins unmittelbar von der Datenerhebung durch das Klicken auf den Button, *EuGH,* Urt. v. 29.7.2019, C-40/17, ECLI:EU:C:2019:629 – *Fashion ID.* Strenger wird: *Kremer,* CR 2019, 225, 227, 233, der verlangt, dass alle Beteiligten von dem Ergebnis der Verarbeitung profitieren. Ein gemeinsamer Zweck auf abstrakter Ebene, d.h. übergeordnete Interessen unabhängig von dem Ergebnis der konkreten Verarbeitung, reiche nicht aus. In diese Richtung auch: *Golland,* K&R 2018, 433, 436; *Hanloser,* ZD 2019, 455, 459; *Bundeskartellamt,* Sektoruntersuchung Smart-TV, S. 160 f.

583 *DSK,* Kurzpapier Nr. 16: Gemeinsam Verantwortliche, S. 3; *Hanloser,* ZD 2019, 455, 459; *Kremer,* CR 2019, 225, 233. Das *Bundeskartellamt* fordert explizit, dass alle Verantwortlichen ein Interesse an der aufgebauten Datenbasis, d.h. an den verarbeiteten Daten, haben: *Bundeskartellamt,* Sektoruntersuchung Smart-TV, S. 161.

584 *Bundeskartellamt,* Sektoruntersuchung Smart-TV, S. 160 f.

585 *Golland,* K&R 2018, 433, 436; *Hanloser,* ZD 2019, 455, 459; *Kremer,* CR 2019, 225, 227, 233.

586 Diese Ansicht scheint auch die *Datenschutzkonferenz* zu vertreten, *DSK,* Kurzpapier Nr. 16: Gemeinsam Verantwortliche, S. 3. Ebenso: *EDPB,* Guidlines 07/2020, Rn. 41 f.

587 A.A.: *Bundeskartellamt,* Sektoruntersuchung Smart-TV, S. 160.

Ursprünglich geht Art. 2 lit. d Datenschutz-Richtlinie auf den Art. 2 lit. d des Übereinkommen zum Schutz des Menschen bei der automatischen Verarbeitung personenbezogener Daten[588] zurück. Die Datenschutz-Richtlinie hat die dortige Konzipierung der Norm weitestgehend übernommen. Diese Fassung setzte noch voraus, dass ein Verantwortlicher darüber zu entscheiden hat, welchen Zweck die automatisierte „Datei/Datensammlung" haben soll. Die Kommission hat sich diesem Verständnis des Übereinkommens zwar zunächst angeschlossen;[589] die Norm später jedoch dahingehend geändert, dass Verantwortlicher ist, wer über Zweck und Ziel der „Verarbeitung" entscheidet.[590] Die Kommission ging damit explizit von einer an die Datei anknüpfende Definition zu einer an die Verarbeitung anknüpfenden Definition über. Dies zeigt, dass der Gesetzgebers, die Zweckfestlegung bewusst weit gefasst hat. Durch die Übernahme des Wortlauts des Art. 2 lit. d Datenschutz-Richtlinie in Art. 4 Nr. 7 DSGVO ist die DSGVO diesem weiten Verständnis gefolgt. Hätte des Gesetzgeber ein engeres Verständnis zugrunde legen wollen, hätte er auf die ursprüngliche Fassung des Art. 2 lit. d Datenschutz-Richtlinie zurückgegriffen.

Eine engere Auslegung der Zweckfestlegung ist überdies nicht erforderlich, um ein Ausufern des Verantwortungsbegriffs zu verhindern.[591] Schließlich verlangen die Vorgaben der DSGVO, dass sowohl über die Zwecke als auch über die Mittel der Verarbeitung entschieden wird.[592] Dies zugrunde gelegt, verfängt das Argument des *Bundeskartellamts* nicht, dass bei einem weiten Verständnis der Zweckfestlegung eine Einflussnahme auf die Datenverarbeitung im Sinne des Art. 26 DSGVO in Bezug auf jeglichen Auftragsverarbeiter zu bejahen wäre.[593] Das *Bundeskartellamt* scheint allein aus dem Umstand, dass der Auftragsverarbeiter ein Interesse an einer konkreten Datenverarbeitung hat,[594]

---

588 *Europarat*, Sammlung Europäischer Verträge - Nr. 108, Übereinkommen zum Schutz des Menschen bei der automatischen Verarbeitung personenbezogener Daten v. 28.01.1981.

589 Vgl. u.a. *Kommission der Europäischen Gemeinschaften*, KOM(90) 314 endg., v. 13.09.1990, wonach Verantwortlicher sein sollte, wer zuständig ist, darüber zu entscheiden, welche Zweckbestimmung die Datei verfolgt.

590 Siehe: *Kommission der Europäischen Gemeinschaften*, KOM(92) 422 endg., v. 15.10.1992, Art. 2 lit. d Datenschutz-Richtlinie, S. 64.

591 So aber: *Bundeskartellamt*, Sektoruntersuchung Smart-TV, S. 160.

592 Siehe hierzu im Detail: Kap. 4 E. II. 4.

593 *Bundeskartellamt*, Sektoruntersuchung Smart-TV, S. 160.

594 Der Auftragsverarbeiter habe ein Interesse an der Datenverarbeitung, weil diese die Grundlage seiner Entlohnung sei, *Bundeskartellamt*, Sektoruntersuchung Smart-TV, S. 160.

auf seine Verantwortlichkeit zu schließen. Dies wäre aber allenfalls der Fall, wenn er zugleich über die wesentlichen Aspekte der Mittel bestimmte.[595] Fehlt es hingegen an einem solch wesentlichen Einfluss auf die Mittel der Verarbeitung, scheidet eine Verantwortlichkeit aus. Ein Akteur, der personenbezogene Daten verarbeitet, weil er dafür entlohnt wird und dabei zugleich weisungsfrei bestimmt, welche Daten er erhebt oder wer Zugang zu den Daten hat, kann in der Tat die Stellung eines Verantwortlichen einnehmen.[596] Dies gilt umso mehr, wenn der verarbeitende Akteur die erhobenen Daten für eigene Zwecke nutzen möchte.[597] Das Interesse an den Daten per se ist aber keine zwingende Voraussetzung.

Eine Verantwortlichkeit scheidet hingegen aus, wenn ein Akteur ausschließlich auf Weisung eines Dritten personenbezogene Daten verarbeitet und dies nur tut, weil er dafür entlohnt wird. Eine solche Konstellation entspricht der einer klassischen Auftragsverarbeitung.

Im Ergebnis genügt es, wenn die beteiligten Akteure ein unmittelbares oder mittelbares Interesse an dem konkreten Datenverarbeitungsvorgang haben. Für die Annahme einer gemeinsamen Zweckfestlegung müssen sie sich bei der Erreichung ihrer individuellen Zwecke zudem gegenseitig ergänzen.[598] Dies ist der Fall, wenn die Zwecke derart eng zusammenhängen, dass der eine Akteur seinen Zweck nicht ohne den anderen Akteur erreichen kann und die Parteien in wirtschaftlicher Hinsicht gegenseitig von dem Datenverarbeitungsvorgang profitieren.[599]

---

595 Siehe zu der Abgrenzung von Auftragsverarbeiter und Verantwortlicher: Kap. 4 E. II. 4. a).

596 Wobei fraglich ist, ob eine Person, die selbst Daten verarbeitet mit dieser Verarbeitung nicht weitere Interessen verfolgen muss als die bloße Entlohnung für diese Tätigkeit. Siehe in diese Richtung: *EDPB,* Guidlines 07/2020, Rn. 60.

597 Aus den genannten Gründen ist die *Google LLC* in Bezug auf *Google Analytics* nicht mehr als Auftragsverarbeiter, sondern als Verantwortlicher einzustufen, siehe im Detail: Kap. 4 E. V. 1.

598 Generalanwalt *Bobek*, Schlussantrag v. 19.12.2018, C-40/17, ECLI:EU:C:2018:1039, Rn. 105 – *Fashion ID*; *EuGH*, Urt. v. 29.7.2019, C-40/17, ECLI:EU:C:2019:629, Rn. 80 – *Fashion ID*; *Jung/Hansch*, ZD 2019, 143, 147; *EDPB,* Guidlines 07/2020, Rn. 58 ff. Von Verständigen spricht: Taeger/Gabel/*Lang,* DSGVO/BDSG, Art. 26, Rn. 20.

599 *EuGH*, Urt. v. 29.7.2019, C-40/17, ECLI:EU:C:2019:629, Rn. 80 – *Fashion ID*; *DSK*, Kurzpapier Nr. 16: Gemeinsam Verantwortliche, S. 2 f.; *Hanloser*, ZD 2019, 455, 459; *EDPB,* Guidlines 07/2020, Rn. 53, 58.

7. *Zwischenergebnis*

In Bezug auf einen konkreten Datenverarbeitungsvorgang kann eine gemeinsame Verantwortlichkeit mehrerer Akteure gegeben sein. Eine solch gemeinsame Verantwortlichkeit erfordert eine gemeinsame Festlegung von Zwecken und Mitteln der Verarbeitung. Damit diese Tatbestandsvoraussetzungen erfüllt sind, muss jeder der Beteiligten einen wesentlichen Einfluss sowohl auf die Zwecke als auch auf die Mittel des Datenverarbeitungsvorgangs ausüben.

Ein hinreichendes Maß an Einfluss auf die Mittel ist nach hier vertretener Ansicht ab dem Punkt anzunehmen, an dem ein Akteur einen Datenverarbeitungsvorgang in seiner konkreten Gestalt durch sein aktives Handeln unmittelbar ermöglicht.[600] Wichtig ist, dass alle Akteure bewusst agieren und wissen, dass durch ihr jeweiliges Handeln personenbezogene Daten verarbeitet werden. Sie müssen die Mittel der anderen akzeptieren bzw. sich deren Entscheidung über die Mittel willentlich anschließen. Allein die bloße Akzeptanz einer fremden Mittelfestlegung genügt allerdings nicht, wenn ein Akteur die Daten selbst verarbeitet. Insoweit muss er wesentliche Aspekte der Mittel auch selbst bestimmen.

Die Zwecke eines Datenverarbeitungsvorgangs legen die Parteien gemeinsam fest, wenn jede von ihnen an dem konkreten Vorgang ein unmittelbares oder mittelbares Interesse hat. Dabei müssen die Zwecke der gemeinsam Verantwortlichen nicht identisch sein; sie müssen die Zwecke des anderen aber akzeptieren. Zudem müssen sie in wirtschaftlicher Hinsicht zumindest gegenseitig von dem Datenverarbeitungsvorgang profitieren.

Entscheidend ist ferner, dass der Datenverarbeitungsvorgang ohne die Mitwirkung aller Beteiligten nicht stattfinden könnte. Zwischen ihnen muss demnach eine gewisse Abhängigkeit bestehen.

Schließlich ist ein wesentlicher Einfluss auf beide Komponenten gegeben, wenn eine Person aktiv über die Zwecke und Mittel eines Verarbeitungsvorgangs mitentscheidet und somit kooperativ in den Entscheidungsprozess einbezogen ist. Eine solch gegenseitige, kommunikative Abstimmung ist aber nicht erforderlich, um eine gemeinsame Verantwortlichkeit annehmen zu können.[601] Dies stellt nur eine Möglichkeit der Zusammenarbeit dar.

---

600 Ähnlich auch: Sydow/*Ingold*, DSGVO, Art. 26, Rn. 4.

601 In diese Richtung auch: *Monreal*, CR 2019, 797, 803.

Letztlich ist jeder Datenverarbeitungsvorgang, an dem mehrere Personen beteiligt sind, im Einzelfall daraufhin zu untersuchen, ob nach den genannten Kriterien eine gemeinsame Verantwortlichkeit gegeben ist.[602]

III. Der Verantwortliche im internationalen Konzern

1. Der Konzern als datenschutzrechtlich Verantwortlicher?

Bei den Akteuren rund um Smart-TV handelt es sich regelmäßig um große international agierende Konzerne, die sich aus verschiedenen Unternehmen zusammensetzen und in der Gesamtheit eine Unternehmensgruppe bilden.

In datenschutzrechtlicher Hinsicht kann die Unternehmensgruppe[603] als solche nicht verantwortlich sein, sondern nur das einzelne Unternehmen.[604] Ebenso wenig ist innerhalb eines Unternehmens die einzelne natürliche Person verantwortlich, die für das Unternehmen handelt, sondern ihr Handeln wird in der Regel der Organisationseinheit zugerechnet, für die sie tätig ist.[605]

Für die Bestimmung des Verantwortlichen kommt es demnach darauf an, welche rechtlich selbstständige Einheit innerhalb des Konzerns über die Zwecke und Mittel eines Datenverarbeitungsvorgangs entscheidet.[606] Dies ist für jeden

---

602 Die Kriterien zur Bestimmung eines (gemeinsam) Verantwortlichen fasst das „Modell zur Bestimmung gemeinsam Verantwortlicher bei Smart-TV und anderen intelligenten Endgeräten" übersichtlich zusammen, Kap. 4 E. VI.

603 Beispiel für eine Unternehmensgruppe i.S.v. Art. 4 Nr. 19 DS-GVO ist insbesondere der Konzern, Gierschmann/Schlender/Stentzel/Veil/*Schlender*, DS-GVO, Artikel 4 Nr. 19, Rn. 8.

604 *Franck*, Smart Grids, S. 60; Gierschmann/Schlender/Stentzel/Veil/*Kramer*, DS-GVO, Artikel 4. Nr. 7, Rn. 15; Brink/Wolff/*Schild*, BeckOK DSR, DS-GVO, Art. 4, Rn. 88; Schwartmann/Jaspers/Thüsing/Kugelmann/*Schwartmann/Mühlenbeck*, DS-GVO/BDSG, Art. 4 Nr. 7, Rn. 136.

605 *Art.-29-Gruppe*, WP 169, S. 19; Kühling/Buchner/*Hartung*, DS-GVO/BDSG, Art. 4 Nr. 7, Rn. 9; Laue/Kremer/*Laue*, Hb. Datenschutzrecht, § 1, Rn. 42; Taeger/Gabel/*Arning/Rothkegel*, DSGVO/BDSG, Art. 4, Rn. 165; Schwartmann/Jaspers/Thüsing/Kugelmann/*Schwartmann/Mühlenbeck*, DS-GVO/BDSG, Art. 4 Nr. 7, Rn. 133; *EDPB*, Guidlines 07/2020, Rn. 17. Soweit die einzelnen Personen Daten für eigene Zwecke verarbeiten, können sie aber auch selbst verantwortlich sein, vgl. Kühling/Buchner/*Hartung*, DS-GVO/BDSG, Art. 4 Nr. 7, Rn. 10; *EDPB*, Guidlines 07/2020, Rn. 17.

606 Sydow/*Raschauer*, DSGVO, Art. 4 Nr. 7, Rn. 133. Vgl. zum alten Recht bereits *LG Frankfurt a.M.*, Urt. v. 10.6.2016, 2-03 O 364/15, ZD 2016, 494 ff.

einzelnen Vorgang, der in die Sphäre eines bestimmten Konzerns fällt, im Einzelfall zu untersuchen.[607]

2. *Anwendung der DS-GVO bei international tätigen Konzernen*

Angenommen, eine Konzernmutter trifft allein die wesentlichen Entscheidungen hinsichtlich einer bestimmten Verarbeitung, so kommt im Bereich der smarten Fernsehgeräte erschwerend hinzu, dass diese regelmäßig im außereuropäischen Ausland sitzt.[608] Trägt beispielsweise eine Muttergesellschaft mit Sitz in Südkorea die wesentliche Entscheidungsgewalt hinsichtlich der Zwecke und Mittel eines Verarbeitungsvorgangs personenbezogener Daten im Smart-TV, gilt diese als Verantwortliche im Sinne der DS-GVO. Fraglich ist sodann, ob die DSGVO in einem solchen Szenario weiterhin zur Anwendung gelangt.

Den räumliche Anwendungsbereich der DS-GVO bestimmt Art. 3 DSGVO.

a) Art. 3 Abs. 1 DS-GVO

Nach Art. 3 Abs. 1 DSGVO findet die DS-GVO Anwendung auf Verarbeitungen personenbezogener Daten, soweit diese im Rahmen der Tätigkeiten einer Niederlassung eines Verantwortlichen oder eines Auftragsverarbeiters in der Union erfolgen, unabhängig davon, ob die Verarbeitung in der Union stattfindet.

Vor dem Hintergrund der weiten Auslegung des Niederlassungsbegriffs,[609] ist davon auszugehen, dass die in Frage kommenden Verantwortlichen bei Smart-TV,[610] beispielsweise die Hersteller oder die Anbieter von Online-Diensten, zum überwiegenden Teil eine Niederlassung in der Union haben.[611] Problematisch ist

---

607 Die Identifizierung eines verantwortlichen Unternehmens innerhalb eines großen Konzern, kann sich in der Praxis insbesondere bei Konzernen, die weltweit tätig sind, als sehr schwierig erweisen. Schließlich sind die tatsächlichen Umstände in diesen Fällen nur mühsam zu durchdringen.

608 Z.B.: *Samsung Electronics Co., Ltd.* in Südkorea; *Sony Corporation* in Japan; *Netflix Inc.* in den USA ebenso wie *Amazon.com Inc.* und *Alphabet Inc. (Google, Youtube, Android).*

609 Vgl. ErwG 22 Satz 2 DS-GVO; Gola/*Piltz,* DS-GVO, Art. 3, Rn. 10 ff.; Bussche/Voigt/*Voigt,* Konzerndatenschutz RechtsHb, Teil 4, Kap. 1, Rn. 9; Simitis/Hornung/Spiecker gen. Döhmann/*Hornung,* DS-GVO/BDSG, Art. 3, Rn. 23; Taeger/Gabel/*Schmidt,* DSGVO/BDSG, Art. 3, Rn. 10 f.

610 Hierzu im Detail: Kap. 4 E. IV.

611 Tochtergesellschaften stellen eine Niederlassung i.S.d. Art. 3 Abs. 1 DS-GVO dar, vgl. ErwG 22 Satz 2 DS-GVO; Gola/*Piltz,* DS-GVO, Art. 3, Rn. 11.; Taeger/Gabel/*Schmidt,* DSGVO/BDSG, Art. 3, Rn. 10. Die großen Anbieter haben jeweils

allerdings, ob die maßgebliche Verarbeitung im Rahmen der Tätigkeiten einer solchen Niederlassung erfolgt.[612] Dies muss im spezifischen Einzelfall untersucht werden. Da an das Merkmal „im Rahmen der Tätigkeit" keine hohen Anforderungen zu stellen sind,[613] wird die DSGVO in Bezug auf die Verarbeitungen im Zusammenhang mit Smart-TV regelmäßig bereits über Art. 3 Abs. 1 DSGVO anwendbar sein.

b) Art. 3 Abs. 2 DS-GVO

Daneben kann der räumliche Anwendungsbereich der DSGVO über Art. 3 Abs. 2 DSGVO für die Datenverarbeitungsvorgänge bei SmartTV eröffnet sein. Danach findet die Verordnung Anwendung auf die Verarbeitung personenbezogener Daten von betroffenen Personen, die sich in der Union befinden, durch einen nicht in der Union niedergelassenen Verantwortlichen oder Auftragsverarbeiter, wenn die Datenverarbeitung im Zusammenhang damit steht (a) betroffenen Personen in der Union Waren oder Dienstleistungen anzubieten, unabhängig davon, ob von diesen betroffenen Personen eine Zahlung zu leisten ist oder (b) das Verhalten betroffener Personen zu beobachten, soweit ihr Verhalten in der Union erfolgt.

Zunächst ist festzuhalten, dass sich die vorliegende Arbeit auf Smart-TVs beschränkt, die die Nutzer auf dem deutschen Markt gekauft haben und die sie zudem ausschließlich in Deutschland verwenden. Die Verarbeitungen personenbezogener Daten im Zusammenhang mit den hier untersuchten

---

Tochterunternehmen mit einem festen Sitz in der Union. Z. B.: *Samsung Electronics Co., Ltd* u.a. in Deutschland, *Netflix Inc.* u.a. in Deutschland und den Niederlanden, *Amazon.com Inc.* u.a. in Luxemburg und den Niederlanden; *Alphabet Inc.*: u.a. in Deutschland und Irland.

612 Hierzu vgl. etwa: Gola/*Piltz*, DS-GVO, Art. 3, Rn. 15 ff.; Kühling/Buchner/*Klar*, DS-GVO/BDSG, Art. 3, Rn. 54 ff.; Taeger/Gabel/*Schmidt*, DSGVO/BDSG, Art. 3, Rn. 12. „[...] die Datenverarbeitung [muss] in einem Zusammenhang mit der in der Niederlassung ausgeübten Tätigkeit stehen", Kühling/Buchner/*Klar*, DS-GVO/BDSG, Art. 3, Rn. 54.

613 Die Niederlassung muss in irgendeiner Weise eine Verbindung zu der Verarbeitung des Verantwortlichen aufweisen. Es genügt aber wohl bereits, wenn das Geschäftsmodell des Verantwortlichen rentabel gemacht wird, vgl. *EuGH*, Urt. v. 13.5.2014, C 131/12, ECLI:EU:C:2014:317 – *Google Spain*; EuGH Urt. v. 1.10.2015, C-230/14, ECLI:EU:C:2015:639 – *Weltimmo*; Kühling/Buchner/*Klar*, DS-GVO/BDSG, Art. 3, Rn. 56; Plath/*Plath*, DSGVO/BDSG, Artikel 3, Rn. 10; Taeger/Gabel/*Schmidt*, DSGVO/BDSG, Art. 3, Rn. 12.

Smart-TV-Geräten betreffen mithin stets Personen, die sich in Deutschland, d.h. in der Union, befinden.[614]

Darüber hinaus verlangt Art. 3 Abs. 2 DS-GVO, dass die Datenverarbeitung entweder im Zusammenhang mit dem Angebot von Waren oder Dienstleistungen in der Union oder im Zusammenhang mit der Verhaltensbeobachtung von Personen in der Union steht.

(1) Angebot von Waren oder Dienstleistungen

Ein Angebot von Waren und Dienstleistungen hängt nach der DS-GVO nicht davon ab, ob von den Betroffenen eine Zahlung zu leisten ist. Damit fallen auch kostenlose Online-Dienste unter die Norm.[615] Es muss aber offensichtlich beabsichtigt sein, Waren oder Dienstleistungen in der Union anzubieten.[616] Indizien für ein derartiges Anbieten in Deutschland können die Verwendung der deutschen Sprache und die Zahlung in Euro sein.[617] Beispiele für Dienstleistungen, die im Zusammenhang mit Smart-TV relevant sein können, sind Video-On-Demand-Angebote, Social Media oder Cloud-Angebote.[618] Losgelöst von den genannten Beispielen, ist es im Zusammenhang mit den Angeboten bei Smart-TV generell beabsichtigt diese den Betroffenen in Deutschland anzubieten. Sowohl die Hersteller als auch die anderen Akteure, wie die Anbieter von Applikationen auf dem Smart-TV, bieten ihre Waren und Dienstleistungen bewusst in Deutschland an. Die Geräte werden aktiv auf dem deutschen Markt verkauft, lassen sich ohne Weiteres in deutscher Sprache verwenden und entgeltliche Angebote können in Euro bezahlt werden.

Soweit spezifische Dienste nicht direkt über das Smart-TV-Portal angeboten oder Internetseiten über den Browser geöffnet werden, ist hingegen eine andere Beurteilung möglich. Insoweit genügt eine bloße Zugänglichkeit der Angebote nicht.[619] Die Einordnung der Angebote bestimmt sich dann je nach Einzelfall anhand der genannten Indizien.

---

614 Auf die Eigenschaft als Unionsbürger kommt es bei Art. 3 Abs. 2 DS-GVO nicht an, *Piltz*, K&R 2016, 557, 559; Plath/*Plath*, DSGVO/BDSG, Artikel 3, Rn. 15; Simitis/Hornung/Spiecker gen. Döhmann/*Hornung*, DS-GVO/BDSG, Art. 3, Rn. 41.

615 *DSK*, Kurzpapier Nr. 7: Marktortprinzip, S. 1; Simitis/Hornung/Spiecker gen. Döhmann/*Hornung*, DS-GVO/BDSG, Art. 3, Rn. 49.

616 ErwG 23 Satz 2 DS-GVO.

617 ErwG 23 Satz 3 DS-GVO; *DSK*, Kurzpapier Nr. 7: Marktortprinzip, S. 2 Weitere bei: Simitis/Hornung/Spiecker gen. Döhmann/*Hornung*, DS-GVO/BDSG, Art. 3, Rn. 53.

618 Nach Kühling/Buchner/*Klar*, DS-GVO/BDSG, Art. 3, Rn. 75.

619 ErwG 23 Satz 3 DS-GVO.

(2) Beobachtung des Verhaltens

Die Datenverarbeitungen bei Smart-TV können im Zusammenhang mit der Beobachtung des Verhaltens von Personen in der Union stehen. Unter ein solches Beobachten fällt beispielsweise das Tracking im Internet,[620] welches bei Smart-TV auftritt.

(3) Zwischenergebnis

Es ist davon auszugehen, dass die genannten Tatbestandsvoraussetzungen des Art. 3 Abs. 2 DSGVO hinsichtlich der Datenverarbeitungen bei Smart-TV grundsätzlich erfüllt sind.

Allerdings verlangt Art. 3 Abs. 2 DS-GVO dem Wortlaut nach zusätzlich, dass der Verantwortliche nicht in der Union niedergelassen ist. Da die bei Smart-TV auftretenden Akteure aber, wie bereits erörtert,[621] weitestgehend über eine Niederlassung in der Union verfügen, liefe der Absatz 2 bei streng wörtlicher Heranziehung vorliegend faktisch ins Leere.

c) Auslegung des Niederlassungsbegriffs in Art. 3 Abs. 2 DSGVO

Fraglich ist daher, ob an dem strengen Wortlaut von Art. 3 Abs. 2 DSGVO festgehalten werden kann. Dies führte zu folgendem Dilemma: Ein Verantwortlicher mit Sitz in einem Drittstaat hat eine Niederlassung in der Union. Deren Tätigkeiten sind aber für die maßgebliche Verarbeitung in keiner Weise von Relevanz. In dieser Konstellation wäre sowohl die Anwendung des Art. 3 Abs. 1 DSGVO mangels dafür „relevanter Niederlassung“[622] als auch die Anwendung des Art. 3 Abs. 2 DSGVO aufgrund des grundsätzlichen Vorliegens einer Niederlassung in der Union ausgeschlossen und die DSGVO wäre somit räumlich nicht anwendbar.[623] Dies wäre selbst dann der Fall, wenn der Verantwortliche in erheblichem Maße personenbezogene Daten von sich in der Union befindenden Personen verarbeitete, um diesen beispielsweise Onlineangebote auf dem

620 ErwG 24 Satz 2 DS-GVO, *Piltz*, K&R 2016, 557, 559; *DSK*, Kurzpapier Nr. 7: Marktortprinzip, S. 2; Gola/*Piltz*, DS-GVO, Art. 3, Rn. 32; Kühling/Buchner/*Klar*, DS-GVO/BDSG, Art. 3, Rn. 91, 98; Taeger/Gabel/*Schmidt*, DSGVO/BDSG, Art. 3, Rn. 27; Simitis/Hornung/Spiecker gen. Döhmann/*Hornung*, DS-GVO/BDSG, Art. 3, Rn. 59 ff.; Auernhammer/*Lewinski*, DSGVO/BDSG, Art. 3, Rn. 20.

621 Kap. 4 E. III. 2. a).

622 So: Gola/*Piltz*, DS-GVO, Art. 3, Rn. 35.

623 So auch: *Golland*, DuD 2018, 351, 352; *Golland*, Datenverarbeitung in sozialen Netzwerken, S. 97.

SmartTV in der Union anzubieten. Die von diesen Aktivitäten betroffenen Personen ständen mithin nicht unter dem Schutz der DS-GVO. Sinn und Zweck des Art. 3 Abs. 2 DSGVO und der damit einhergehenden Einführung des Marktortprinzips durch den europäischen Gesetzgeber ist es aber gerade die von solchen Fällen Betroffenen in der Union durch einen weit gefassten Anwendungsbereich zu schützen.[624] Mithin führt die konsequente Anwendung des Wortlauts des Art. 3 Abs. 2 DSGVO zu Schutzlücken, was im Widerspruch zu dem Sinn und Zweck der Norm steht.[625]

Um solche Schutzlücken zu vermeiden, ist der Niederlassungsbegriff in Art. 3 Abs. 2 DSGVO über den Wortlaut hinaus dahingehend auszulegen, dass lediglich keine im Sinne des Abs. 1 für die Datenverarbeitung „relevante Niederlassung" in der Union bestehen darf;[626] eine Unionsniederlassung per se schließt die Anwendung des Art. 3 Abs. 2 DSGVO hingegen nicht aus. Eine solch ergänzende Auslegung entspricht dem Sinn und Zweck der Norm und damit dem Willen des europäischen Gesetzgebers. Zudem knüpft die Norm demgemäß systematisch an den Abs. 1 an und ergänzt diesen entsprechend, sodass die beiden Absätze nicht bereits mit dem Vorliegen einer non-relevanten Niederlassung parallel ausgeschlossen sind. Auf diese Weise wird der größtmögliche Schutz für die Betroffenen erreicht.

Im Ergebnis führt die teleologische Auslegung dazu, dass die DSGVO für die Datenverarbeitungen im Zusammenhang mit den Smart-TVs, die in Deutschland genutzt werden, stets anwendbar ist: Entweder es besteht bereits eine „relevante Niederlassung", sodass Art. 3 Abs. 1 DSGVO greift. Oder es fehlt an einer derartigen Niederlassung, sodass Art. 3 Abs. 2 DSGVO zur Anwendung gelangt.

---

624 ErwG 23 Satz 1 DS-GVO; *Council of the European Union*, Doc. 8004/13 v. 27.03.2013, S. 50 dort Fn. 57; *Piltz*, K&R 2016, 557, 558; Gola/*Piltz*, DS-GVO, Art. 3, Rn. 25; *Golland*, Datenverarbeitung in sozialen Netzwerken, S. 98; *Golland*, DuD 2018, 351, 352; Taeger/Gabel/*Schmidt*, DSGVO/BDSG, Art. 3, Rn. 18.

625 So auch: *Piltz*, K&R 2016, 557, 559; Gola/*Piltz*, DS-GVO, Art. 3, Rn. 35; *Golland*, DuD 2018, 351, 352; Taeger/Gabel/*Schmidt*, DSGVO/BDSG, Art. 3, Rn. 18.

626 So auch: *Piltz*, K&R 2016, 557, 559; Gola/*Piltz*, DS-GVO, Art. 3, Rn. 36; *Golland*, Datenverarbeitung in sozialen Netzwerken, S. 98; *Golland*, DuD 2018, 351, 352; Kühling/Buchner/*Klar*, DS-GVO/BDSG, Art. 3, Rn. 60; Simitis/Hornung/Spiecker gen. Döhmann/*Hornung*, DS-GVO/BDSG, Art. 3, Rn. 45; Taeger/Gabel/*Schmidt*, DSGVO/BDSG, Art. 3, Rn. 18. Für eine Analogie: Däubler/Wedde/Weichert/Sommer/*Däubler*, EU-DSGVO/BDSG, Art. 3, Rn. 22.

IV. Die Verantwortlichen bei Smart-TV

Im Zusammenhang mit Smart-TV kommen mehrere Stellen als Verantwortliche in Betracht. An den Verarbeitungsvorgängen sind primär Gerätehersteller, Anbieter von Online-Diensten und Applikationen sowie die Sender in Form von HbbTV-Anbietern beteiligt.[627] Grundsätzlich kommt jeder dieser Beteiligten als Verantwortlicher und damit als Adressat der DSGVO in Betracht. Denn die Verordnung erfasst neben juristischen Personen des Privatrechts auch solche des öffentlichen Rechts.[628] Bei den genannten Akteuren handelt es sich überwiegend um juristische Personen des Privatrechts. HbbTV Anbieter können daneben die öffentlich-rechtlichen Rundfunkanstalten sein, d.h. juristische Personen des öffentlichen Rechts.[629]

Aufgrund der Vielzahl der beteiligten Akteure ist es bei neuartigen Technologien wie Smart-TV besonders wichtig, für jeden einzelnen Verarbeitungsvorgang personenbezogener Daten den jeweils Verantwortlichen exakt zu bestimmen.[630] Nur bei einer klaren Zuordnung der Verantwortungsbereiche ist feststellbar, wen welche Rechte und Pflichten treffen, sodass letztendlich die Einhaltung der datenschutzrechtlichen Vorgaben bei der verantwortlichen Stelle durchgesetzt werden kann.

Damit die Identifizierung des Verantwortlichen möglich ist, muss jeder Datenverarbeitungsvorgang bei SmartTV im Einzelnen betrachtet und einem der Akteure zugeordnet werden. Dabei ist maßgebend, wer im jeweiligen Fall über das „Ob“, „Warum“ und „Wie“ eines Verarbeitungsvorgangs entscheidet.

---

627 *Weichert*, DuD 2014, 528, 532; *Düsseldorfer Kreis,* Orientierungshilfe Smart-TV, S. 9; *EAI,* Smart-TV, S. 27; *Zoche ua,* Forschungsbericht Smart-TV, 31; *Bundeskartellamt,* Sektoruntersuchung Smart-TV, S. 150. Die Beteiligung weiterer Akteure ist möglich, wobei sich diese Arbeit auf die genannten Stellen konzentriert.

628 Kühling/Buchner/*Hartung,* DS-GVO/BDSG, Art. 4 Nr. 7, Rn. 9; Sydow/*Raschauer,* DSGVO, Art. 4 Nr. 7, Rn. 129; Simitis/Hornung/Spiecker gen. Döhmann/*Petri,* DS-GVO/BDSG, Art. 26, Rn. 18; Taeger/Gabel/*Arning/Rothkegel,* DSGVO/BDSG, Art. 4, Rn. 164.

629 *Fechner,* Medienrecht, S. 289 f.

630 *Düsseldorfer Kreis,* Orientierungshilfe Smart-TV, S. 9; Taeger/Gabel/*Arning/Rothkegel,* DSGVO/BDSG, Art. 4, Rn. 173; *Bundeskartellamt,* Sektoruntersuchung Smart-TV, S. 155.

1. *Gerätehersteller*

Für einen nennenswerten Umfang der Datenverarbeitungen bei Smart-TV kommt dem Gerätehersteller[631] die Rolle des Verantwortlichen zu.

Dies beginnt bereits bei den Verarbeitungen im Zusammenhang mit der Erstinbetriebnahme eines smarten TV-Geräts. Dort ist der Gerätehersteller in Bezug auf die Erhebung, Erfassung und Speicherung von personenbezogenen Daten als Verantwortlicher einzuordnen. Schließlich trifft er die Entscheidung, welche Daten er auf welche Weise abfragt und wofür er die Daten erhebt und verwendet. Mithin entscheidet er über die Mittel und Zwecke dieser Verarbeitungen und richtet die Geräte entsprechend ein.

Gleiches gilt für die Datenverarbeitungsvorgänge im Zusammenhang mit einer etwaig stattfindenden Nutzerkontoerstellung bei dem Hersteller.[632] Insoweit entscheidet dieser autark, wie und warum er welche personenbezogenen Daten erhebt, erfasst und speichert. Mithin ist er für diese Verarbeitungsvorgänge verantwortlich.[633]

Überdies ist der Hersteller der Verantwortliche für die Erhebung und Verwendung von Daten, wie der Geräte-ID und IP-Adresse, im Rahmen der Durchführung von Systemupdates.[634] Die vom Hersteller festgelegten Zwecke dieser Verarbeitungen liegen vor allem in dem Funktionieren und der Sicherheit der Smart-TVs sowie darin, eine erleichterte Bedienung der Geräte zu ermöglichen.[635] U.a. zu diesen Zwecken[636] erhebt der Gerätehersteller zudem Informationen im Hinblick auf die Bedienung und Nutzung des Fernsehgeräts, beispielsweise welche Dienste und Applikationen der Nutzer verwendet und teilweise welche Inhalte er dort aufruft.[637] Im Zusammenhang mit solchen

---

631 Zum Begriff des Herstellers bei Smart-TV vgl.: *Bundeskartellamt,* Sektoruntersuchung Smart-TV, 21, 150. Einen Überblick über die relevanten Smart-TV-Hersteller in Deutschland bietet: *Bundeskartellamt,* Sektoruntersuchung Smart-TV, S. 30.

632 Nicht alle Hersteller verlangen die Erstellung solcher Konten.

633 Vgl. hierzu schon: *Art.-29-Gruppe,* WP 202, S. 13.

634 *Düsseldorfer Kreis,* Orientierungshilfe Smart-TV, S. 10, 23.

635 *Weichert,* DuD 2014, 528, 532; *Zoche ua,* Forschungsbericht Smart-TV, S. 16.

636 Nutzungsdaten werden nach Angaben der Hersteller zu Zwecken der Statistik bzw. Weiterentwicklung der Software erhoben, *Bundeskartellamt,* Sektoruntersuchung Smart-TV, S. 33.

637 *Düsseldorfer Kreis,* Orientierungshilfe Smart-TV, S. 10, 24. Vgl. zudem die Samsung Datenschutzrichtlinie – Ergänzung für Smart TV, abrufbar unter: https://www.samsung.com/de/info/privacy/ (Abruf v. 12.10.2020).

Trackingmaßnahmen[638] könnte er die Daten auch verwenden, um dem Nutzer individuelle Empfehlungen auszusprechen.[639] Da ihm insoweit die Entscheidungshoheit zukäme, auf welche Weise er bestimmte personenbezogene Daten, wie die IP-Adresse des Nutzers, verarbeitet und wofür er diese letztendlich verwendet, wäre er in diesem Fall als Verantwortlicher anzusehen.[640] An dieser Beurteilung änderte sich selbst dann nichts, wenn der Hersteller, rein hypothetisch angenommen, Dritte als Dienstleister einschaltete, die das Nutzerverhalten auf dem Smart-TV für den Hersteller auswerteten.[641] Dies gilt zumindest solange der Hersteller allein die Zwecke und Mittel bestimmt und der Dienstleister mit den Verarbeitungen keine eigenen Interessen verfolgt.

Teilweise greifen die Hersteller zur Verbesserung ihrer Dienste auf die Mikrofone und Kameras der Smart-TVs zu und erheben dabei personenbezogene Daten.[642] Insofern gelten sie als Verantwortliche, soweit sie die Daten für eigene Zwecke erheben. Dies ist insbesondere hinsichtlich der Datenerhebungsvorgänge mittels Mikrofonen bei der Gerätesteuerung über die Spracherkennung der Fall.[643]

Im Ergebnis sind die Gerätehersteller für sämtliche Verarbeitungsvorgänge personenbezogener Daten im Zusammenhang mit SmartTV verantwortlich, sofern sie die Daten zu eigenen Zwecken verarbeiten bzw. verarbeiten lassen und die wesentlichen Entscheidungen in Bezug auf die Mittel der Verarbeitung treffen. Sollten an den genannten Verarbeitungsvorgängen der Hersteller weitere Akteure beteiligt sein, kann gegebenenfalls eine gemeinsame Verantwortlichkeit vorliegen.[644]

Bei den SmartTV-Herstellern handelt es sich regelmäßig um internationale Konzerne, bei denen der Sitz der Muttergesellschaft oder zumindest ein Teil des Konzerns in einem Drittstaat belegen ist. Insoweit kann es vorkommen, dass die Muttergesellschaften oder die konzernangehörigen Unternehmen, welche

---

638 Zu dem Tracking auf Smart-TV siehe im Detail: Kap. 4 D. II., Kap. 4 E. IV. 2, Kap. 4, E. V. 1. sowie Kap. 4 F. II. 4. c).

639 Vgl. Samsung Datenschutzrichtlinie – Ergänzung für Smart TV, abrufbar unter: https://www.samsung.com/de/info/privacy/ (Abruf v. 12.10.2020).

640 So auch: *Düsseldorfer Kreis,* Orientierungshilfe Smart-TV, S. 10.

641 Z.B. *Google Analytics*. Siehe dazu: Kap. 4 E. IV. 2., Kap. 4 V. 1. sowie Kap. 4 F. II. 4. c).

642 Vgl. Samsung Datenschutzrichtlinie – Ergänzung für Smart TV, abrufbar unter: https://www.samsung.com/de/info/privacy/ (Abruf v. 12.10.2020).

643 Vgl. Samsung Datenschutzerklärung für den Spracherkennungsdienst, abrufbar unter: https://www.samsung.com/de/info/privacy/ (Abruf v. 12.10.2020).

644 Siehe dazu Kap. 4 E. V.

sich außerhalb der Union befinden, als Verantwortliche einzustufen sind, wenn ihnen die Entscheidungshoheit hinsichtlich der Zwecke und Mittel der Datenverarbeitungen im Smart-TV zu kommt. Wie bereits erläutert,[645] ändert dieser Umstand allerdings nichts an der Anwendbarkeit der DSGVO. Die zu dem Herstellerkonzern gehörenden Unternehmen im Drittstaat müssen sich ebenso an die Vorgaben des europäischen Datenschutzrechts halten. Schließlich ist die DSGVO anwendbar, sofern sie als Verantwortliche über eine relevante Niederlassung in der Union verfügen oder Daten von sich in der Union befindenden Nutzern verarbeiten, wenn die Verarbeitung im Zusammenhang damit steht, den Nutzern Waren oder Dienstleistungen in der Union anzubieten bzw. ihr Verhalten zu beobachten. Eine dieser beiden Alternativen ist in Bezug auf die Datenverarbeitungsvorgänge im Zusammenhang mit Smart-TVs, die sich in Deutschland befinden, stets erfüllt ist.

2. Anbieter von Online-Diensten

Unter die Anbieter von Online-Diensten fallen im Wesentlichen die SmartTV-Portalbetreiber[646] und AppStore-Betreiber sowie die Anbieter von Applikationen bzw. anderen Web-Diensten.[647] Diese sind ebenfalls als Verantwortliche für die Verarbeitungen personenbezogener Daten bei Smart-TV einzustufen, soweit ihnen die Entscheidungsbefugnis hinsichtlich der Zwecke und Mittel eines Verarbeitungsvorgangs zukommt.

Für die Erhebung, Erfassung und Speicherung personenbezogener Daten der Nutzer im Laufe der Registrierung oder Kontoerstellung bei einem SmartTV-Portal, bei einem AppStore oder bei einer bestimmten Applikation bzw. einem

---

645 Siehe Kap. 4 E. III. 2.

646 Anbieter wie die *Foxxum GmbH* bieten speziell für Smart-TV erstellte Portale an, die die Hersteller auf ihrem Smart-TV integrieren können. Auf diese Weise müssen die Hersteller keine eigenen Portale anbieten, was insbesondere kleineren Unternehmen zugutekommt, vgl. *Bundeskartellamt,* Sektoruntersuchung Smart-TV, S. 31, 150 f.

647 Diese Rollen sind nicht immer streng getrennt, sodass es teilweise auf den verschiedenen Ebenen zu Überschneidungen kommen kann. So kann ein und dieselbe Stelle zugleich das Smart-TV-Portal als auch den App-Store betreiben und gleichzeitig eigene Apps und Dienste auf dem Smart-TV zur Verfügung stellen. In anderen Fällen stellen Drittanbieter das Smart-TV-Portal zur Verfügung und betreiben den App-Store mit Applikationen anderer Anbieter.

Dienst ist folglich der jeweilige Betreiber bzw. Anbieter verantwortlich.[648] Schließlich entscheidet dieser u.a., welche Daten er im Anmeldeprozess abfragt und wofür er diese später verwendet.[649] Bei zahlungspflichtigen Diensten benötigt der Anbieter bestimmte personenbezogene Daten beispielsweise zu Abrechnungszwecken.[650]

Zudem entscheidet der jeweilige Anbieter bereits während der Konzipierung seiner Anwendung, auf welche Weise und in welchem Umfang diese personenbezogene Daten während der Nutzung erheben, erfassen sowie speichern soll und legt die Zwecke der insoweit stattfindenden Verarbeitungsvorgänge fest.[651] Er ist somit für die Verarbeitungen personenbezogener Daten verantwortlich, die im Laufe der Nutzung des Online-Diensten zu seinen Zwecken stattfinden.[652] Dies gilt ferner soweit ein Dienst im eigenen Interesse auf die Kamera oder das Mikrofon eines Smart-TVs zugreift, etwa im Falle eines Videotelefonie-Dienstes.

Schwierigkeiten bereitet die Bestimmung der Verantwortlichen im Zusammenhang mit dem Tracking auf Smart-TV-Geräten.[653] In diesen Prozess sind häufig mehrere Akteure involviert. So nutzen einige Anbieter zum Teil Tracking-Tools wie *Google Analytics*, mit denen sie das Nutzerverhalten auf dem Smart-TV analysieren. Für den Fall, dass der jeweilige Anbieter selbst die Cookies setzt bzw. andere Tracking-Methoden nutzt und die auf diese Weise erhobenen Daten ausschließlich zu eigenen Zwecken verwendet, ist er allein als Verantwortlicher einzuordnen.[654] Dies gilt ebenfalls, soweit er einen Dienstleister zur Webanalyse einschaltet, dem keinerlei eigene Entscheidungsbefugnis zu kommt und der keine eigenen Zwecke verfolgt.[655] Eine andere Beurteilung könnte sich jedoch

---

648 *Art.-29-Gruppe,* WP 202, S. 15; *Düsseldorfer Kreis,* Orientierungshilfe Apps, S. 8; *Düsseldorfer Kreis,* Orientierungshilfe Smart-TV, S. 10. Siehe auch: Solmecke/Taeger/Feldmann/*Taeger,* Mobile Apps, Kap. 5 Datenschutz, S. 222.

649 Vgl. zu den App-Anbietern: *Art.-29-Gruppe,* WP 202, S. 12.

650 So ist der App-Store-Betreiber der Verantwortliche für die Verarbeitungen personenbezogener Daten im Zusammenhang mit der Registrierung eines Nutzers im App-Store, *Art.-29-Gruppe,* WP 202, S. 15; *Düsseldorfer Kreis,* Orientierungshilfe Apps, S. 8.

651 Vgl. *Art.-29-Gruppe,* WP 202, S. 12; *Wagner,* ZD 2018, 307, 310.

652 Vgl. hierzu: *Düsseldorfer Kreis,* Orientierungshilfe Apps, S. 6 ff. Unerheblich ist allerdings, ob der Anbieter die Anwendung selbst entwickelt hat. Entscheidend ist, wer sie betreibt, *Düsseldorfer Kreis,* Orientierungshilfe Apps, S. 6.

653 Zu dem Tracking auf Smart-TV siehe ferner: Kap. 4 D. II., Kap. 4 E. V. 1. sowie Kap. 4 F. II. 4. c).

654 Sog. First-Party-Tracking, *Art.-29-Gruppe,* WP 194, S. 5 Ebenso: *Wenhold,* Nutzerprofilbildung, S. 145.

655 Jandt/Steidle/*Karg,* Datenschutz im Internet, B. III. 5. Webanalyse, Rn. 135.

ergeben, wenn der Analysedienst ein eigenes Interesse an der Datenverarbeitung hat. In diesem Fall könnten der Anbieter des Online-Diensts sowie der Webanalyse-Dienstleister gemeinsam Verantwortliche darstellen.[656]

Bei den Anbietern von Online-Diensten handelt es sich regelmäßig um international tätige Konzerne, die in verschiedene Einzelunternehmen aufgeteilt sind und bei denen sich einzelne Unternehmen oder die Muttergesellschaft häufig in einem Drittstaat befinden. Insofern gelten die Ausführungen zu den international tätigen Geräteherstellern entsprechend.[657]

3. HbbTV-Anbieter

Bei den HbbTV-Anbietern handelt es sich in der Regel um die TV-Sender selbst bzw. bei diesen eingegliederten Gesellschaften oder von ihnen beauftragte externe Unternehmen.[658] Die HbbTV-Anbieter besitzen die Entscheidungshoheit über die Datenverarbeitungsvorgänge im Zusammenhang mit der Auslieferung ihrer Zusatzangebote.[659] Soweit sie personenbezogene Daten der Zuschauer, zuvorderst ihre IP-Adresse, hinsichtlich ihres Fernsehkonsums und ihrer Nutzung der HbbTV-Zusatzangebote zu eigenen Zwecken verarbeiten bzw. verarbeiten lassen und dabei selbst die wesentlichen Aspekte der Mittel der Verarbeitung bestimmen, sind sie als Verantwortliche zu qualifizieren.[660]

Die HbbTV-Anbieter analysieren das Nutzungsverhalten der Zuschauer regelmäßig unter Einschaltung fremder Dienstleister.[661] Insofern gilt das zum Tracking durch die Anbieter von Online-Diensten Gesagte.[662] HbbTV-Anbieter und Webanalyse-Dienst können als gemeinsam Verantwortliche fungieren.[663]

---

656 Siehe hierzu: Kap. 4 E. V. 1.

657 Siehe Kap. 4 E. IV. 1 sowie Kap. 4 E. III. 2.

658 *Düsseldorfer Kreis,* Orientierungshilfe Smart-TV, S. 10; *Zoche ua,* Forschungsbericht Smart-TV, S. 8.

659 *Ghiglieri ua,* HbbTV, S. 12 f.

660 *Düsseldorfer Kreis,* Orientierungshilfe Smart-TV, S. 10; *Zoche ua,* Forschungsbericht Smart-TV, S. 8.

661 *Ghiglieri ua,* HbbTV, S. 12; *Weichert,* DuD 2014, 528, 533; *Zoche ua,* Forschungsbericht Smart-TV, S. 11, 19 f. Siehe zudem: *Bundeskartellamt,* Sektoruntersuchung Smart-TV, S. 38. Im Zusammenhang mit HbbTV gewinnt das Phänomen *Adressable TV* immer mehr an Bedeutung, vgl. *Bundeskartellamt,* Sektoruntersuchung Smart-TV, S. 41 f.

662 Kap. 4 E. IV. 2.

663 Siehe hierzu Kap. 4 E. V. 1.

4. *Geräte-Eigentümer und Nutzer*

Im Zeitalter des Internet of Things wird zunehmend diskutiert, ob private Nutzer die Rolle eines datenschutzrechtlich Verantwortlichen einnehmen können.[664] Diese Frage stellt sich auch im Zusammenhang mit intelligenten Endgeräten wie SmartTV. Dort kann eine (Mit-)Verantwortlichkeit von dem Eigentümer des TV-Geräts oder dem privaten Nutzer zumindest nicht schon prima facie ausgeschlossen werden. Grundsätzlich können Privatpersonen nach der DSGVO verantwortlich sein. Allerdings kommt dies nur insoweit in Betracht, als sie personenbezogene Daten von Dritten verarbeiten. Die Verarbeitung eigener Daten unterfällt hingegen nicht der DSGVO.[665]

Mögliche Konstellationen einer Verantwortlichkeit des Eigentümers bzw. Nutzers wären somit die Nutzung des TV-Geräts durch Familienmitglieder des Eigentümers bzw. durch andere Hausbesucher oder die Eingabe von personenbezogenen Daten Dritter in den Smart-TV. Daneben könnte es vorkommen, dass die Sensoren der Endgeräte, d.h. die Kameras und Mikrofone, dritte Personen erfassen.

Einige Stimmen in der Literatur lassen für die Annahme einer Verantwortlichkeit eines Privaten ausreichen, dass bestimmte Entscheidungen von ihm conditio sine qua non für die nachfolgenden Verarbeitungen Dritter sind.[666] Danach könnte die Überlassung des Smart-TVs an andere Personen zu deren eigenen Nutzung bzw. deren Vordringen in den räumlichen Bereich des Fernsehgeräts bereits genügen, um eine Verantwortlichkeit des Eigentümers anzunehmen. Denn hätte er diese Personen nicht in Berührung mit dem Smart-TV kommen lassen, wären ihre personenbezogenen Daten nicht verarbeitet worden.[667] Unabhängig von der Frage, ob ein solch weitreichendes Verständnis des Begriffs des Verantwortlichen zu ausufernd ist und zu untragbaren Ergebnissen in der Praxis führen könnte,[668] scheitert die Einordnung des privaten

---

664 Siehe zu dieser Frage allgemein: *Skistims,* Smart Homes, S. 377 ff.; *Wagner,* ZD 2018, 307, 307 ff.

665 *Skistims,* Smart Homes, S. 368; Sydow/*Raschauer,* DSGVO, Art. 4 Nr. 7, Rn. 119.

666 *Karg,* ZD 2014, 51, 55 f.; *Wagner,* ZD 2018, 307, 309.

667 Dass die Privatpersonen die Daten nicht selbst verarbeitet, ist, wie oben erläutert, unerheblich. Daneben ist es aber auch nicht auszuschließen, dass eine Privatperson die Daten auf dem TV-Gerät selbst verarbeitet, indem sie etwa Informationen über die Fernsehnutzung von Familienmitgliedern vermerkt o.ä., um Rückschlüsse auf das Verhalten der Nutzer zu ziehen.

668 Siehe hierzu bereits: Kap. 4 E. II. 4.

TVEigentümers als Verantwortlicher aber schon an der Haushaltsausnahme gemäß Art. 2 Abs. 2 lit. c DSGVO.[669]

Danach findet die Verordnung keine Anwendung auf die Verarbeitung personenbezogener Daten durch natürliche Personen zur Ausübung ausschließlich persönlicher oder familiärer Tätigkeiten. Dem klaren Wortlaut nach gilt diese Ausnahme allein für natürliche Personen und nicht für juristische Personen.[670] Für die wirtschaftlich agierenden Akteure bei Smart-TV kommt die DS-GVO daher stets zum Tragen, soweit ihr Anwendungsbereich eröffnet ist.[671]

Überdies greift die Haushaltsausnahme lediglich bei einer Datenverarbeitung zur Ausübung ausschließlich persönlicher oder familiärer Tätigkeiten. Sobald die Verarbeitung einen Bezug zu einer beruflichen oder anderen wirtschaftlichen Tätigkeit aufweist, scheidet die Ausnahme aus.[672] Die Verarbeitungen im Kontext mit Smart-TV sind in Bezug auf den Eigentümer regelmäßig rein privater Natur. Ein Fernsehgerät ist der Inbegriff privater Freizeitgestaltung. Die Geräte werden üblicherweise nicht wie Smartphones teilweise beruflich genutzt, sondern dienen ganz primär der persönlichen Unterhaltung der Nutzer. Zugleich ist stets davon auszugehen, dass die Eigentümer ihre Smart-TVs Freunden und Familienangehörigen aus privaten Gründen überlassen und insofern eine enge soziale Beziehung zwischen dem Verarbeiter und dem Betroffenen besteht.[673] Die Eigentümer wollen den Dritten lediglich eine private Freizeitgestaltung ermöglichen und haben kein Interesse an den dabei entstehenden personenbezogenen Daten; Keineswegs verfolgen sie eigene wirtschaftliche Zwecke. Überdies sind die Fernsehgeräte im Wohnraum des Eigentümers fest an einem Standort installiert, weshalb die Sensoren in räumlicher Hinsicht nur den privaten Wohn- und Lebensbereich erfassen dürften.[674]

---

669 In diese Richtung ebenfalls: *Wagner*, ZD 2018, 307, 311; Simitis/Hornung/Spiecker gen. Döhmann/*Roßnagel*, DS-GVO/BDSG, Art. 2, Rn. 30; Auernhammer/*Lewinski*, DSGVO/BDSG, Art. 2, Rn. 36; Däubler/Wedde/Weichert/Sommer/*Weichert*, EU-DSGVO/BDSG, Art. 2, Rn. 19. Anders argumentiert *Skistims*, Smart Homes, S. 395 für den Bereich Smart Homes.

670 Paal/Pauly/*Ernst*, DS-GVO, Art. 2, Rn. 14 f.; Brink/Wolff/*Bäcker*, BeckOK DSR, DS-GVO, Art. 2, Rn. 13.

671 Vgl. insoweit ErwG 18 Satz 3 DS-GVO.

672 ErwG 18 Satz 1 DS-GVO; Brink/Wolff/*Bäcker*, BeckOK DSR, DS-GVO, Art. 2, Rn. 14.

673 Vgl. zu dem Begriff „*Familiäre Tätigkeiten*“: Paal/Pauly/*Ernst*, DS-GVO, Art. 2, Rn. 18; Simitis/Hornung/Spiecker gen. Döhmann/*Roßnagel*, DS-GVO/BDSG, Art. 2, Rn. 25; Brink/Wolff/*Bäcker*, BeckOK DSR, DS-GVO, Art. 2, Rn. 14 f.

674 Vgl. hierzu: Simitis/Hornung/Spiecker gen. Döhmann/*Roßnagel*, DS-GVO/BDSG, Art. 2, Rn. 30; Brink/Wolff/*Bäcker*, BeckOK DSR, DS-GVO, Art. 2, Rn. 15 f. wonach

Dass die Akteure, mithin Hersteller, Anbieter von Online-Diensten und HbbTV, Zugriff auf die Daten im TV-Gerät haben und mit den Datenverarbeitungsvorgängen, die während der Nutzung des Smart-TVs durch den Dritten stattfinden, zugleich kommerzielle Zwecke verfolgen, ist ohne Belang. Sind sowohl natürliche als auch juristische Personen an einer Datenverarbeitung beteiligt, sodass sie als gemeinsam Verantwortliche agieren könnten, scheidet eine Verantwortlichkeit der natürlichen Person von vorneherein aus, soweit sie ausschließlich als Privatperson handelt.

Bei der Beurteilung, ob eine Datenverarbeitung einen Bezug zu einer beruflichen oder wirtschaftlichen Tätigkeit aufweist, sind die Sphären der Beteiligten strikt zu trennen. Im Rahmen des Art. 2 Abs. 2 lit. c DSGVO ist daher allein auf die einzelne natürliche Person abzustellen. Die Haushaltsausnahme greift auch, wenn die anderen an der Datenverarbeitung beteiligten Akteure kommerzielle Zwecke verfolgen. Sinn und Zweck der Haushaltsausnahme ist eine Privilegierung natürlicher Personen.[675] Infolgedessen müssen die juristischen Personen bei der Bewertung außer Betracht bleiben. Bezöge man diese ein, liefe der Anwendungsbereich der Haushaltsausnahme insbesondere bei smarten Endgeräten, wie Smart-TV, faktisch ins Leere. Gerade in solch digitalen Verarbeitungswelten sind stets juristische Personen in die Datenverarbeitungen involviert, die primär wirtschaftliche Interessen verfolgen.[676]

Ein derartiges Verständnis der Haushaltsausnahme ist bei Smart-TV geboten, da Privatpersonen, die die Geräte ausschließlich zur persönlichen Freizeitgestaltung anschaffen, ansonsten Pflichten auferlegt bekämen, die sie nur schwer erfüllen könnten. Konsequenz wäre, dass sie ihr TV-Gerät streng von Familienangehörigen und Freunden abschirmen und jegliche Drittnutzung unterbinden müssten, um einer etwaigen Verantwortlichkeit mit Gewissheit zu entgehen.

Den Eigentümer trifft mithin keine Verantwortlichkeit für reine „Freizeitgeräte". Sollte er allerdings entgegen des Regelfalls den Smart-TV zum Teil für seine berufliche Tätigkeit einsetzen oder mit der Gerätenutzung andere

---

Aufnahmen, die allein das eigene Grundstück bzw. die eigene Wohnung des Verarbeiters erfassen, der Haushaltsausnahme unterfallen.

675 Paal/Pauly/*Ernst*, DS-GVO, Art. 2, Rn. 14; Brink/Wolff/*Bäcker*, BeckOK DSR, DS-GVO, Art. 2, Rn. 12.

676 Ähnlich für Online-Dienste: Gierschmann/Schlender/Stentzel/Veil/*Grafenstein*, DS-GVO, Artikel 2, Rn. 48. Für diese Auslegung spricht zudem ErwG 18 Satz 2 DSGVO, der explizit Online-Tätigkeiten als potentiell persönliche und familiäre Tätigkeiten nennt. Anders: Simitis/Hornung/Spiecker gen. Döhmann/*Roßnagel*, DS-GVO/BDSG, Art. 2, Rn. 29; Auernhammer/*Lewinski*, DSGVO/BDSG, Art. 2, Rn. 30 ff.

wirtschaftliche Zwecke verfolgen, scheidet die Haushaltsausnahme für ihn aus und die DSGVO ist anwendbar. Dies wäre der Fall, wenn ein Einzelkaufmann in seiner Wohnsphäre oder etwa auf einer Messeveranstaltung den Besuchern seinen Smart-TV überließe, um mit dessen Hilfe beispielsweise seine Angebote zu demonstrieren oder zu bewerben. Der Eigentümer als natürliche Person verfolgt in solchen Fällen wirtschaftliche Interessen und kann als Mitverantwortlicher in Betracht gezogen werden.

In Bezug auf die Eingabe von Daten Dritter durch die privaten Nutzer greift ebenfalls Art. 2 Abs. 2 lit. c DSGVO. Dies gilt analog zu den obigen Ausführungen zum Eigentümer zumindest solange der Nutzer den Smart-TV ausschließlich für seine persönliche Freizeitgestaltung nutzt. Die eingegebenen Informationen sind bei Smart-TV in der Regel nur einem begrenzten Nutzerkreis[677] des Fernsehgeräts zugänglich. Die breite Öffentlichkeit kann auf die Daten im Smart-TV hingegen nicht zugreifen.[678] Folglich sind die Voraussetzungen der Haushaltsausnahme erfüllt.

An dieser Beurteilung ändert sich selbst dadurch nichts, dass der Nutzer durch die Eingabe der Informationen den Herstellern sowie Anbietern von Online-Diensten und HbbTV Zugang zu den Daten verschafft.[679] Ausschlaggebend ist wiederum allein, dass der Nutzer als natürliche Person ausschließlich als Privatperson agiert und den Smart-TV nicht aus beruflichen oder wirtschaftlichen Gründen nutzt.

Im Ergebnis ist daher sowohl die Verantwortlichkeit des Geräte-Eigentümers als auch die des Nutzers des Smart-TVs im Regelfall ausgeschlossen.

---

677 Bei dem Nutzerkreis des Smart-TVs handelt es sich um Familienmitglieder und andere nahstehende Personen.

678 Etwas anderes gilt nur, wenn die Daten öffentlich in das Internet gestellt werden oder einem unbegrenzten Teilnehmerkreis etwa in sozialen Netzwerken zugänglich gemacht werden. Vgl. zu dieser Thematik allgemein: Paal/Pauly/*Ernst*, DS-GVO, Art. 2, Rn. 21; Simitis/Hornung/Spiecker gen. Döhmann/*Roßnagel*, DS-GVO/BDSG, Art. 2, Rn. 29.

679 Gierschmann/Schlender/Stentzel/Veil/*Grafenstein*, DS-GVO, Artikel 2, Rn. 48; Brink/Wolff/*Bäcker*, BeckOK DSR, DS-GVO, Art. 2, Rn. 22. Nach anderer Ansicht kann für eine Nichtanwendbarkeit der Ausnahme hingegen ausreichen, dass der Betreiber einer Anwendung auf die Daten zugreifen kann. Siehe hierzu: Paal/Pauly/*Ernst*, DS-GVO, Art. 2, Rn. 21; Simitis/Hornung/Spiecker gen. Döhmann/*Roßnagel*, DS-GVO/BDSG, Art. 2, Rn. 29. Danach könnte eine Verantwortlichkeit des privaten Nutzers in Betracht kommen.

V. Mögliche Konstellationen einer gemeinsamen Verantwortlichkeit bei SmartTV

Smart-TV bietet vielfältige Angebote verschiedenster Akteure. Dabei handelt es sich in der Regel um internetbasierte Anwendungen, bei denen unzählige Datenverarbeitungen stattfinden. Für die Außenwelt ist nicht erkennbar, inwiefern genau personenbezogene Daten erhoben werden, wie diese verwendet werden und welche Stellen an den einzelnen Datenverarbeitungsvorgängen beteiligt sind.[680]

Bei einer erheblichen Anzahl von Datenverarbeitungsvorgängen sind mehrere Akteure in den jeweiligen Prozess involviert. Es ist davon auszugehen, dass je nach Ausgestaltung im Einzelfall bei einem solchen Mehrpersonenverhältnis eine gemeinsame Verantwortlichkeit vorliegt.[681] Entgegen der Ansicht der SmartTVAkteure, die bislang noch keine gemeinsame Verantwortlichkeit annehmen,[682] zeigen die folgenden Beispiele, dass bei SmartTV sehr wohl Konstellationen einer gemeinsamen Verantwortlichkeit auftreten können. Vor diesem Hintergrund ist den Akteuren dringend zu raten, die Konsequenzen einer gemeinsamen Verantwortlichkeit auf SmartTV entsprechend umzusetzen.[683]

1. *Tracking*

Wie bereits erläutert,[684] nutzen die Akteure bei Smart-TV zum Teil Tracking-Verfahren, um das Verhalten der Nutzer zu analysieren. Solche Verfahren sind ein anschauliches Beispiel für die Einbeziehung mehrerer Stellen in einzelne Verarbeitungsvorgänge. Schließlich bedienen sich die Anbieter von HbbTV-Zusatzangeboten sowie von anderen Online-Diensten überwiegend externer

---

680 Vgl. Pressemitteilung des *Bundeskartellamts* vom 13.12.2017, abrufbar unter: https://www.bundeskartellamt.de/SharedDocs/Publikation/DE/Pressemitteilungen/2017/13_12_2017_SU_SmartTV.pdf?__blob=publicationFile&v=3 (Abruf v. 12.10.2020); *Bundeskartellamt,* Sektoruntersuchung Smart-TV, S. 151. Mangels hinreichender Transparenz kann diese Arbeit nicht sämtliche vorstellbare Fälle einer gemeinsamen Verantwortlichkeit bei Smart-TV abdecken. Daher konzentriert sich die Arbeit im Wesentlichen auf vier mögliche Konstellationen.

681 So auch: *EAI,* Smart-TV, S. 27

682 *Bundeskartellamt,* Sektoruntersuchung Smart-TV, S. 154.

683 Siehe zu den Konsequenzen: Kap. 4 G. VI sowie zu möglichen Gestaltungsoptionen Kap. 5 B. II.

684 Kap. 4 D. sowie Kap. 4 E. IV.

Webanalysedienstleister, welche das Nutzungsverhalten auf dem TV-Gerät für sie auswerten.[685]

An dieser Stelle soll der Fokus auf dem Analyse-Tool *Google Analytics* liegen, da dieses bei Smart-TV zahlreich in Erscheinung tritt.[686] Um den Dienst der *Google LLC* nutzen zu können, müssen die verschiedenen Akteure den Webanalysedienst zunächst in ihre Anwendung integrieren.[687] Daraufhin finden umfassende Datenerhebungsvorgänge statt und die erhobenen Daten werden automatisch an den Webanalysedienst übermittelt.[688] Dieser bildet mit Hilfe der Daten Nutzerprofile, die er u.a. im Hinblick auf das Onlineverhalten auf dem Smart-TV analysiert.[689] Die gewonnenen Ergebnisse nutzen die Smart-TV-Akteure und *Google* jeweils zu unterschiedlichen wirtschaftlichen Zwecken:[690] Die Akteure möchten beispielsweise erfahren, wer ihre Angebote aufruft, wie diese Personen die Anwendungen explizit nutzen und wie das Publikum bestimmte Angebote annimmt. Diese Erkenntnisse verwenden sie im Anschluss, um ihre Dienste entsprechend auszurichten oder personalisierte Werbung zu schalten.[691] *Google* behält sich u.a. das Recht vor, die Daten umfassend zu verknüpfen und sie darüber hinaus nach Beendigung des Tracking-Verfahrens weiter für eigene Zwecke zu nutzen.[692] Mithin ist davon auszugehen, dass das

---

685 Auch die Hersteller können solche Webanalysedienste einschalten.

686 *Schmidtmann/Schwiering*, ZD 2014, 448, 451; *Weichert*, DuD 2014, 528, 533; *Zoche ua*, Forschungsbericht Smart-TV, S. 35; *Jaritz/Lo Iacono*, DuD 2016, 511, 515.

687 Siehe für *Google Analytics*: https://support.google.com/analytics/answer/1008015?hl=de (Abruf v. 12.10.2020).

688 Sog. Third-Party-Tracking, Jandt/Steidle/*Karg*, Datenschutz im Internet, B. III. 5. Webanalyse, Rn. 135; Forgó/Helfrich/Schneider/*Conrad/Dovas*, Betrieblicher Datenschutz RechtsHb., Teil IX. Kap. 2, Rn. 108. Konkret für *Google Analytics*: *Schleipfer*, ZD 2017, 460, 461; *DSK*, Hinweise zum Einsatz von Google Analytics, S. 2.

689 *Schleipfer*, ZD 2017, 460, 461.

690 *Schleipfer*, ZD 2017, 460, 461; Jandt/Steidle/*Karg*, Datenschutz im Internet, B. III. 5. Webanalyse, Rn. 135, 138.

691 *Hoeren*, ZD 2011, 3, 3; *Härting*, Internetrecht, Rn. 232; *Schleipfer*, ZD 2017, 460, 461. Das Interesse personalisierte Werbung auf der Smart-TV-Plattform zu schalten wächst stetig, *Bundeskartellamt*, Sektoruntersuchung Smart-TV, S. 221.

692 Vgl. Nutzungsbedingungen für *Google Analytics*, abrufbar unter: https://marketingplatform.google.com/about/analytics/terms/de/ (Abruf v. 12.10.2020). Zudem: Pressemitteilungen der Bundes- und Landesdatenschutzbeauftragten u.a. Berlin, Hamburg und Rheinland-Pfalz v. 14.11.2019 abrufbar unter: https://datenschutz-hamburg.de/pressemitteilungen/2019/11/2019-11-14-google-analytics; https://www.datenschutz-berlin.de/fileadmin/user_upload/pdf/pressemitteilungen/2019/20191114-PM-Analyse_Trackingtools.pdf sowie https://www.datenschutz.rlp.de/de/aktuelles/detail/

Unternehmen eigene wirtschaftliche Zwecke verfolgt.[693] Dies folgt mehr oder weniger bereits denklogisch aus dem Umstand, dass *Google* seinen Analysedienst bislang kostenlos zur Verfügung stellt.

Bis vor geraumer Zeit hatten insbesondere die Aufsichtsbehörden angenommen, dass es sich bei der Einbindung von *Google Analytics* um eine Auftragsdatenverarbeitung handelt.[694] Diese Ansicht ist nicht weiter vertretbar.[695] Vielmehr sind der einbindende Dienst und *Google* gemeinsam für die Erhebung, Übermittlung und Verknüpfung der Daten verantwortlich,[696] da sie gemeinsam die Zwecke und Mittel dieser Verarbeitungsvorgänge festlegen.

---

news/detail/News/google-analytics-und-aehnliche-dienste-nur-mit-einwilligung-nutzbar/ (Abruf v. 12.10.2020); *G. F. Schröder,* Datenschutzrecht für die Praxis, S. 162 ff.; *DSK,* Hinweise zum Einsatz von Google Analytics, S. 3.

693 *Hoeren*, ZD 2011, 3, 3; *Härting,* Internetrecht, Rn. 233; Jandt/Steidle/*Karg,* Datenschutz im Internet, B. III. 5. Webanalyse, Rn. 137; Pressemitteilungen der Bundes- und Landesdatenschutzbeauftragten u.a. Berlin, Hamburg und Rheinland-Pfalz v. 14.11.2019 abrufbar unter: https://datenschutz-hamburg.de/pressemitteilungen/2019/11/2019-11-14-google-analytics; https://www.datenschutz-berlin.de/fileadmin/user_upload/pdf/pressemitteilungen/2019/20191114-PM-Analyse_Trackingtools.pdf sowie https://www.datenschutz.rlp.de/de/aktuelles/detail/news/detail/News/google-analytics-und-aehnliche-dienste-nur-mit-einwilligung-nutzbar/ (Abruf v. 12.10.2020); *DSK,* Hinweise zum Einsatz von Google Analytics, S. 3.

694 Jandt/Steidle/*Karg,* Datenschutz im Internet, B. III. 5. Webanalyse, Rn. 136. Diese Ansicht ist nun aber überholt: Pressemitteilungen der Bundes- und Landesdatenschutzbeauftragten u.a. Berlin, Hamburg und Rheinland-Pfalz v. 14.11.2019 abrufbar unter: https://datenschutz-hamburg.de/pressemitteilungen/2019/11/2019-11-14-google-analytics; https://www.datenschutz-berlin.de/fileadmin/user_upload/pdf/pressemitteilungen/2019/20191114-PM-Analyse_Trackingtools.pdf sowie https://www.datenschutz.rlp.de/de/aktuelles/detail/news/detail/News/google-analytics-und-aehnliche-dienste-nur-mit-einwilligung-nutzbar/ (Abruf v. 12.10.2020); *DSK,* Hinweise zum Einsatz von Google Analytics, S. 3

695 So schon: *Wambach/Schulte/Knorr*, DuD 2016, 523, 525 ff.

696 So auch: Jandt/Steidle/*Karg,* Datenschutz im Internet, B. III. 5. Webanalyse, Rn. 138; *DSK,* Hinweise zum Einsatz von Google Analytics, S. 3. In diese Richtung ebenfalls: Generalanwalt *Bot,* Schlussanträge v. 24.10.2017, C-210/16, ECLI:EU:C:2017:796 – *Facebook-Fanpages*, Rn. 69; *Monreal*, CR 2019, 797, 804; Kühling/Buchner/*Hartung,* DS-GVO/BDSG, Art. 26, Rn. 50. Für Anbieter von Online-Inhalten und Werbenetzwerke beim Behavioural Targeting: *Art.-29-Gruppe,* WP 171, S. 13 f. Allgemein: *Lang,* K&R 2019, 698, 702. A.A. *Wenhold,* Nutzerprofilbildung, S. 146 ff.; *Lee/Cross*, MMR 2019, 559, 562.

Zum einen verfolgen beide Akteure mit diesen Datenverarbeitungsvorgängen eigene wirtschaftliche Interessen, die eng miteinander verbunden sind und sich gegenseitig ergänzen. *Google* könnte seine Zwecke nicht erreichen, wenn der Online-Dienst sein Analyse-Tool nicht einbände und damit die später verwendeten Daten nicht lieferte. Somit liegt es grundlegend in den Händen des einbindenden Diensts, ob Daten überhaupt erhoben, an *Google* übermittelt und von dieser schließlich verarbeitet werden können.[697] Letztendlich benötigen beide Akteure die Daten, um individuell auf den jeweiligen Nutzer einwirken zu können bzw. mit Hilfe der Daten in irgendeiner Weise Profit zu erzielen. Insofern haben sie beide ein unmittelbares Interesse an den Ergebnissen der Datenverarbeitungsvorgänge selbst, d.h. explizit an den Daten und den daraus erlangten Rückschlüssen. Dieser Umstand spricht eindeutig für eine gemeinsame Zweckfestlegung.[698]

Zum anderen können sowohl der einbindende Dienst als auch *Google* auf die Mittel der Verarbeitung einwirken. *Google* legt die Grundvoraussetzungen des „Wie" der Datenverarbeitungsvorgänge fest. Sie bestimmt, welche Daten erhoben sowie übermittelt werden und auf welche Weise sie die Analyse der Daten vornimmt.[699] Daneben kann der Nutzer des Analyse-Tools in seinem Profil den Dienst individuell konfigurieren und beispielsweise bestimmen, welche zusätzlichen Informationen *Google* erheben soll.[700] Durch die direkte Einbindung des *Google Analytics* Tools, d.h. der datenerhebenden Anwendung per se, ermöglicht er die konkreten Datenverarbeitungsvorgänge zudem unmittelbar. Dabei ist ihm bewusst, dass *Google Analytics* personenbezogene Daten verarbeitet, weshalb er die bereits festgelegten Mittel der durch *Google* vorgenommenen Datenerhebungen, -übermittlungen und -verknüpfungen akzeptiert.

Sowohl der Nutzer als auch *Google* haben folglich hinreichenden Einfluss auf wesentliche Aspekte der Mittel, wie die Speicherdauer der Daten, die zugriffsberechtigten Personen und darauf, welche Daten erhoben werden.[701]

---

697 Jandt/Steidle/*Karg*, Datenschutz im Internet, B. III. 5. Webanalyse, Rn. 139.

698 Siehe zu den Voraussetzungen einer gemeinsamen Zweckfestlegung: Kap. 4 E. II. 4. b), 6.

699 *DSK*, Hinweise zum Einsatz von Google Analytics, S. 2. Das Unternehmen speichert z.B. Daten über die Dauer des reinen Analyseprozesses hinaus, wobei es ebenfalls eigenverantwortlich entscheidet, welche Daten hiervon betroffen sind, *G. F. Schröder*, Datenschutzrecht für die Praxis, S. 164.

700 Vgl. Informationen zu *Google Analytics* abrufbar unter: https://support.google.com/analytics/answer/1008015?hl=de (Abruf v. 12.10.2020).

701 Zu diesem Aspekt siehe allgemein: Kap. 4 E. II. 4. a).

Für die sich anschließende individuelle Verwendung der analysierten Daten zu eigenen Zwecken und die damit verbundenen Verarbeitungsvorgänge sind hingegen der jeweilige Akteur und die *Google LLC* jeweils allein verantwortlich.

2. *HbbTV-Zusatzangebote*

Eine weitere Konstellation, in der mehrere Stellen in Datenverarbeitungsvorgänge auf dem Smart-TV einbezogen sind, stellen die HbbTV-Zusatzangebote dar. Die Gerätehersteller implementieren den HbbTV-Standard auf ihren Geräten, wodurch sie es den HbbTV-Anbietern ermöglichen, ihre Angebote zu schalten und letztendlich personenbezogene Daten der Smart-TV-Nutzer zu verarbeiten.

Fraglich ist, ob in dieser Konstellation eine gemeinsame Verantwortlichkeit von den Geräteherstellern und den HbbTV-Anbietern hinsichtlich bestimmter Datenverarbeitungsvorgänge im Zusammenhang mit den HbbTV-Zusatzangeboten gegeben ist. Dies wäre der Fall, wenn die beteiligten Akteure gemeinsam die Zwecke und Mittel von insofern stattfindenden Datenverarbeitungsvorgängen festlegten. Eine gemeinsame Festlegung könnte daraus resultieren, dass die Hersteller durch die Implementierung des HbbTV-Standards auf ihren Geräten den HbbTV-Anbietern überhaupt erst die Möglichkeit eröffnen, personenbezogene Daten der Fernsehnutzer zu verarbeiten. Wie bereits erläutert,[702] genügt für die Annahme einer gemeinsamen Verantwortlichkeit ein wesentlicher Einfluss auf die Zwecke und Mittel eines konkreten Datenverarbeitungsvorgangs durch jeden der beteiligten Akteure. Insofern kann die bloße Ermöglichung von Datenverarbeitungsvorgängen ausreichen.

Der *EuGH* nimmt eine gemeinsame Verantwortlichkeit bereits an, wenn eine Partei durch die Einbindung eines datenerhebenden Tools eines Dritten diesem die Verarbeitung personenbezogener Daten ermöglicht.[703]

Im Gegensatz zu der Einbindung eines solchen Tools integriert der Smart-TV-Hersteller die datenerhebende Anwendung aber nicht direkt, sondern ermöglicht den HbbTV-Anbietern lediglich die eigenständige Konzipierung und Zurverfügungstellung derartiger Anwendungen. Ein

---

702 Kap. 4 E. II.

703 Siehe *EuGH*, Urt. v. 29.7.2019, C-40/17, ECLI:EU:C:2019:629, Rn. 75 ff. – *Fashion ID*. Der Fall betrifft die Einbindung von Social Plugins auf Internetseiten, für die die Rechtsprechung eine gemeinsame Verantwortlichkeit von Webseitenbetreiber und Anbieter des Social Plugins annimmt.

Webseitenbetreiber, der ein Social Plugin unmittelbar in seinen Internetauftritt einbindet, agiert bewusst in der Kenntnis, dass dieses Plugin Daten der Webseitenbesucher erhebt und an den jeweiligen Betreiber übermittelt.[704] Eine solch positive Kenntnis ist in Bezug auf den Hersteller eines Smart-TV-Geräts hingegen ausgeschlossen. Er kann im Zeitpunkt der Implementierung des HbbTV-Standards noch gar nicht absehen, welche Anwendungen die HbbTV-Anbieter in Zukunft zur Verfügung stellen und inwiefern diese Daten verarbeiten werden. Es ist ihm nicht möglich, sich hierüber vorab zu informieren.

Zwischen dem Zeitpunkt der Einbindung des HbbTV-Standards und der Zurverfügungstellung des HbbTV-Zusatzangebots liegen wesentliche Zwischenschritte, die eine unmittelbare Ermöglichung der Datenverarbeitungsvorgänge durch die Hersteller und damit deren Verantwortlichkeit für diese Vorgänge ausschließen.

Bei der Erstellung der HbbTV-Angebote und ihrer Platzierung auf dem Smart-TV handelt der HbbTV-Anbieter eigenständig und ist daher allein verantwortlich. Er entscheidet autonom, welche personenbezogenen Daten er erhebt und wofür er diese später verwendet. Der Hersteller hat auf die Zwecke und Mittel der Datenverarbeitungsvorgänge hingegen keinen wesentlichen Einfluss.[705] Weder ermöglicht er die Vorgänge in ihrer konkreten Gestalt unmittelbar noch hat er ein Interesse an den konkreten Datenverarbeitungsvorgängen oder den daraus resultierenden Ergebnissen. Dass die HbbTV-Zusatzangebote die Attraktivität seiner Smart-TV-Geräte steigern, reicht insoweit allein nicht aus.

Folglich entscheidet allein der HbbTV-Anbieter über die Zwecke und die Mittel der Verarbeitungsvorgänge im Zusammenhang mit seinen Zusatzangeboten, sodass im Ergebnis eine gemeinsame Verantwortlichkeit von Geräteherstellern und HbbTV-Anbietern für diese Vorgänge ausscheidet.

---

704 So argumentiert der *EuGH* damit, dass der Webseiten-Betreiber den „Gefällt mir"-Button von Facebook, mit dem Wissen eingebunden habe, dass dieser als Werkzeug zum Erheben und zur Übermittlung von personenbezogenen Daten der Besucher der Seite dient, *EuGH*, Urt. v. 29.7.2019, C-40/17, ECLI:EU:C:2019:629, Rn. 77 – *Fashion ID*.

705 Vgl. hierzu: *Ghiglieri ua*, HbbTV, S. 13.

3. *Einbindung von Drittinhalten*

Eine weitere Möglichkeit für eine gemeinsame Verantwortlichkeit mehrerer Stellen hinsichtlich bestimmter Datenverarbeitungsvorgänge auf dem Smart-TV ist die Einbindung von Drittinhalten, wie Online-Diensten und Applikationen, durch die Hersteller bzw. Portalbetreiber.[706] Schließlich könnten die Anbieter dieser Drittinhalte die personenbezogenen Daten der Smart-TV-Nutzer nicht verarbeiten, wenn eine andere Partei ihre Anwendung nicht auf dem Smart-TV einbezöge.

Der Einfachheit halber soll die Einbindung einer Applikation auf dem eigenen Smart-TV-Portal eines Geräteherstellers als Anschauungsbeispiel dienen. Dieser Fall tritt bei Smart-TV regelmäßig auf. Bestimmte Hersteller, wie etwa *Samsung*, betreiben ein eigenes Smart-TV-Portal, auf dem sie bereits Applikationen Dritter vorinstallieren.[707] Daneben bieten sie dem Nutzer überwiegend die Möglichkeit das Portal mit weiteren Anwendungen individuell zu erweitern.[708]

Fraglich ist, ob eine gemeinsame Verantwortlichkeit von dem Smart-TV-Hersteller und dem Diensteanbieter in Bezug auf bestimmte Datenverarbeitungsvorgänge[709] durch die Applikation anzunehmen ist. Eine solche kommt jedoch allenfalls für die Datenerhebungsvorgänge durch eine Applikation in

706 Diese Fallgruppe behandelt das Bundeskartellamt zumindest rudimentär, *Bundeskartellamt*, Sektoruntersuchung Smart-TV, S. 162 ff. Einige Hersteller betreiben neben einem eigenen Betriebssystem eigene Smart-TV-Portale sowie eigene App-Stores und bieten eigene Apps auf dem Smart-TV an, *Bundeskartellamt*, Sektoruntersuchung Smart-TV, S. 150 ff. Sämtliche Hersteller beziehen aber daneben fremde Applikationen ein. Ein gewisser Anteil der Hersteller bindet zudem fremde Smart-TV-Portale von externen Anbietern auf seinem Gerät ein, vgl. hierzu *Bundeskartellamt*, Sektoruntersuchung Smart-TV, S. 150 f. Siehe zu dieser Fallgruppe auch: *EDPB*, Guidlines 07/2020, Rn. 65 f.

707 *Berger*, CR 2012, 306, 310; *Naumann*, Connected-TV, S. 32; *Bundeskartellamt*, Sektoruntersuchung Smart-TV, 3, 152. Die vorinstallierten Applikationen lassen sich teilweise nicht mehr löschen, *Bundeskartellamt*, Sektoruntersuchung Smart-TV, S. 208.

708 *Berger*, CR 2012, 306, 307; *die medienanstalten*, Systematisches Monitoring von Connected TV Benutzeroberflächen, S. 23. Allerdings bestimmt der Hersteller, welche Angebote für die Nutzer zur Verfügung stehen, d.h. welche Applikationen er in seinem Portal zum Download zur Verfügung stellt.

709 Zum Beispiel erhebt *Netflix* teilweise mit Hilfe von Cookies personenbezogene Daten von Smart-TV-Nutzern. *„Die Datenübermittlungen an Netflix sind dem Nutzer nicht bekannt; sie erfolgen auch, wenn Netflix nicht genutzt wird“*, *Jaritz/Lo Iacono*, DuD 2016, 511, 514.

Betracht.[710] Wofür eine Partei die erhobenen Daten im weiteren Verlauf verwendet, ist allein ihre Angelegenheit. In Bezug auf etwaig nach der Erhebung stattfindende, eigenständige Datenverarbeitungsvorgänge scheidet ein hinreichender Einfluss einer anderen Partei, und damit eine gemeinsame Verantwortlichkeit, in der Regel aus.

Voraussetzung ist wiederum, dass der Hersteller und der Diensteanbieter die Zwecke und Mittel eines Datenverarbeitungsvorgangs gemeinsam festlegen. Dafür müssten beide Akteure einen wesentlichen Einfluss auf diese beiden Komponenten haben.

a) Wesentlicher Einfluss auf die Mittel

Betrachtet man zunächst die Mittel der Datenerhebungsvorgänge innerhalb einer Anwendung, so zeigt sich, dass diese ohne Zweifel der Diensteanbieter festlegt. Wie bereits erläutert,[711] entscheidet er schließlich bereits während der Konzipierung seiner Applikation über die wesentlichen Aspekte der Mittel der Datenerhebungsvorgänge.[712]

Es stellt sich allerdings die Frage, ob daneben der Gerätehersteller einen wesentlichen Einfluss auf die Festlegung dieser Mittel hat. In diesem Zusammenhang könnte es einen Unterschied machen, ob er die Anwendung direkt auf seinem Smart-TV einbindet oder ob er lediglich dem Nutzer die Möglichkeit bietet, die Anwendung zu installieren. Daher soll im Folgenden zwischen diesen Konstellationen differenziert und jeder Fall gesondert untersucht werden.

Recht unproblematisch lässt sich der erste Fall als eine gemeinsame Festlegung der Mittel einordnen.[713] Bindet der Hersteller die Anwendung fest auf seinem Smart-TV-Gerät ein, ermöglicht er die konkreten Datenerhebungsvorgänge durch diese Anwendung unmittelbar. Er platziert die Applikation auf seinem Gerät bewusst in dem Wissen, dass diese personenbezogene Daten erhebt. Darüber, wie genau die Applikation Daten erhebt und welche Daten sie erhebt, könnte sich der Hersteller vorab informieren.[714] Schließlich liegen einer

710 Dies gilt insbesondere für Datenerhebungsvorgänge, die die Applikation vornimmt, obwohl diese gar nicht verwendet wird. D.h. für Erhebungsvorgänge, die unabhängig von der aktiven Nutzung der Applikation auf dem Smart-TV stattfinden sollten. Diese Gefahr sieht auch das *Bundeskartellamt,* Sektoruntersuchung Smart-TV, S. 209.

711 Kap. 4 E. IV. 2.

712 Beispielsweise welche personenbezogenen Daten seine Applikation erheben soll.

713 Siehe zu diesem Punkt: Kap. 4 E. II. 4. a).

714 Im Rahmen der Sektoruntersuchung Smart-TV gaben die Akteure überwiegend an, dass sie keine Kenntnis von dem Datenverkehr zwischen Nutzer und App-Anbieter

Kooperation auf dem Smart-TV vertragliche Vereinbarungen zugrunde.[715] Der Gerätehersteller hat es selbst in der Hand, ob die Anwendung auf dem Smart-TV installiert ist und damit letztlich, ob sie überhaupt Daten der TV-Nutzer erheben kann. Entscheidet er sich für eine Installation, ist davon auszugehen, dass er die Mittel der Datenerhebungsvorgänge durch die Applikation bewusst akzeptiert; mithin die bereits vorab festgelegten Mittel der Diensteanbieter.

Insbesondere bei Endgeräten, wie Smart-TV, hat ein marktbeherrschender Hersteller in der Regel großen Einfluss auf die inhaltliche Gestaltung seiner Geräte.[716] Er kann sich vorab de facto aussuchen, welche fremden Inhalte er anbietet und aktiv mit den Diensteanbietern kooperieren. Hinzu kommt, dass der Nutzer die Inhalte zum Teil nicht einmal mehr löschen kann und damit eine Verarbeitung seiner personenbezogenen Daten teilweise unumgänglich ist.[717] Folglich hat der Smart-TV-Hersteller in Bezug auf die vorinstallierten Applikationen einen wesentlichen Einfluss auf die Festlegung der Mittel der dort stattfindenden Datenerhebungsvorgänge.[718]

Besteht hingegen lediglich die Möglichkeit für die Nutzer eine Anwendung zu installieren, ist ein wesentlicher Einfluss auf die Festlegung der Mittel der Datenerhebungsvorgänge in Frage gestellt. Es fehlt in dieser Konstellation an einer unmittelbaren Ermöglichung der konkreten Datenverarbeitungsvorgänge durch

---

haben, *Bundeskartellamt,* Sektoruntersuchung Smart-TV, S. 152. Die tatsächliche Kenntnis ist jedoch unerheblich; es kommt darauf an, dass die Akteure sich potentiell über die Umstände der Datenverarbeitungen informieren könnten.

715 *Sewczyk*, tv diskurs 2011, 32, 35; *Berger*, CR 2012, 306, 307; *Naumann,* Connected-TV, S. 31; *Bundeskartellamt,* Sektoruntersuchung Smart-TV, S. 153 f.

716 Es gibt kleinere Hersteller, die keine eigenen Smart-TV-Portale implementieren, sondern fremde Portale von Drittanbietern nutzen, *Bundeskartellamt,* Sektoruntersuchung Smart-TV, S. 150 f. In solchen Fällen ist eine Verantwortlichkeit der Hersteller für die Drittinhalte fraglich. Schließlich entscheidet hier der Portalanbieter, welche Inhalte er unmittelbar einbindet. Der Hersteller hat auf die inhaltliche Gestaltung in der Regel keinen Einfluss. Für die Portalanbieter gilt hingegen das Gleiche, wie für die Hersteller, die Inhalte direkt einbinden.

717 *Berger*, CR 2012, 306, 310; *die medienanstalten,* Systematisches Monitoring von Connected TV Benutzeroberflächen, S. 24; *Naumann,* Connected-TV, S. 36; *Bundeskartellamt,* Sektoruntersuchung Smart-TV, 152, 207 ff.

718 Das *Bundeskartellamt* kommt in Bezug auf die Mittelfestlegung in Plattform-Konstellationen scheinbar zu dem gleichen Ergebnis. Allerdings stellt das Amt dieses Ergebnis lediglich fest, ohne es tiefergehend zu begründen. Zudem differenziert es insoweit weder zwischen den einzelnen Akteuren noch zwischen der Art der Einbindung eines Diensts auf einer Plattform, vgl. *Bundeskartellamt,* Sektoruntersuchung Smart-TV, 160, 162.

den Smart-TV-Hersteller. Schließlich tritt der Nutzer insoweit zwischen Hersteller und Diensteanbieter und trifft die finale Entscheidung, welche Anwendung er auf dem Smart-TV platziert. Er bestimmt demnach selbst, ob die Anwendung seine personenbezogenen Daten überhaupt verarbeiten kann. Der Hersteller hingegen weiß nicht, welche Applikationen der Nutzer konkret installieren wird. Sein Verhalten ist zwar ursächlich für die Installation und damit de facto für die Datenerhebungsvorgänge; denn böte er die Applikation nicht in seinem App-Store an, dann könnte der Nutzer diese nicht herunterladen. Eine bloße Mitursächlichkeit für einen Datenverarbeitungsvorgang kann eine datenschutzrechtliche Verantwortlichkeit aber noch nicht begründen.[719] Vielmehr bedarf es einer unmittelbaren Verursachung.

Überdies müsste unterstellt werden, dass der Hersteller die Mittel der Datenerhebungsvorgänge sämtlicher potentiell installierbarer Applikationen allein dadurch akzeptiert, dass er diese auf seinem Portal zur Installation anbietet.[720] Aufgrund der Fülle an Applikationen am Smart-TV-Markt ginge ein solches Verständnis jedoch zu weit. Von einer bewussten Akzeptanz kann nur ausgegangen werden, wenn der Hersteller eine datenerhebende Anwendung fest auf seinem Smart-TV-Gerät einbindet.

Im Ergebnis scheidet eine gemeinsame Verantwortlichkeit von Smart-TV-Hersteller und Diensteanbieter in diesen Fällen bereits mangels gemeinsamer Mittelfestlegung aus.

b) Wesentlicher Einfluss auf die Zwecke

Weiter stellt sich für den Fall der vorinstallierten Applikationen die Frage, ob der Smart-TV-Hersteller und der Diensteanbieter, neben den Mitteln, zudem die Zwecke der Datenerhebungsvorgänge im Zusammenhang mit diesen Applikationen gemeinsam festlegen. Voraussetzung wäre ein wesentlicher Einfluss auf die Zwecke der insoweit stattfindenden Datenerhebungsvorgänge. Wie oben ausgeführt,[721] genügt es, wenn die Akteure an dem konkreten Datenverarbeitungsvorgang ein eigenes Interesse haben und in wirtschaftlicher Hinsicht voneinander profitieren. Dies ist im Hinblick auf die Datenerhebungsvorgänge

719 Siehe hierzu: Kap. 4 E. II. 4. a).

720 „Der Prozess zur Aufnahme der Applikationen in den Applikationsmarkt des Geräteherstellers sieht teilweise eine Kontrolle durch den Gerätehersteller vor, allerdings handelt es sich dabei nur um eine Funktionstauglichkeits- bzw. Legalitätskontrolle (z.B. für unzulässige strafbare Inhalte)“, so wörtlich: *Berger*, CR 2012, 306, 307 Eine datenschutzrechtliche Kontrolle jeglicher Applikation führt der Hersteller nicht durch.

721 Kap. 4 E. II. 4. b), 5., 6.

im Zusammenhang mit den vorinstallierten Applikationen oftmals der Fall. In der Regel haben sowohl der Diensteanbieter als auch der Smart-TV-Hersteller ein Interesse daran, dass die Applikation personenbezogene Daten erhebt. Der Diensteanbieter benötigt die Daten für verschiedene Zwecke, wie die Zurverfügungstellung der Applikation selbst, die Abrechnung eines etwaigen Entgelts oder die Nutzungsanalyse.[722]

Der Hersteller hat zumindest ein wirtschaftliches Interesse daran, dass die Nutzer die konkrete Applikation verwenden. Schließlich installiert er bestimmte Applikationen deshalb, weil er davon ausgeht, dass diese die Attraktivität und damit den Marktwert seines Smart-TVs steigern.[723] Darüber hinaus existieren regelmäßig Verträge, wie Revenue Sharing Agreements, durch die der Hersteller an dem Umsatz der Applikation beteiligt wird.[724] Derartige Verträge enthalten beispielsweise Klauseln, wonach der Hersteller von dem Drittanbieter eine Vergütung erhält, wenn die Applikation auf dem Smart-TV genutzt wird.[725] Folglich hat der Hersteller ein Interesse daran, dass die Nutzer die Applikation tatsächlich verwenden und damit de facto an den dort konkret stattfindenden Datenerhebungsvorgängen. Schließlich gehen diese Vorgänge mit der Verwendung der Applikation zwingend einher. Mithin sind sie die Bedingung dafür, dass der Hersteller eine Vergütung erhält. Sofern Vereinbarungen, wie Revenue Sharing Agreements, vorliegen, ist ein Interesse der Hersteller an den konkreten Datenerhebungsvorgängen sowie ein daraus resultierendes wirtschaftliches Profitieren, somit kaum abstreitbar. Für ein solches Interesse spricht ferner, wenn ein Hersteller auf der Fernbedienung des Smart-TVs bereits bestimmte Applikationen hervorhebt.[726] Ein solcher Umstand deutet darauf hin, dass er den Nutzer zu einer Verwendung der Applikation verleiten möchte. Insofern akzeptiert er, die dort stattfindenden Datenerhebungsvorgänge und nimmt diese in Kauf.

---

722 Siehe Kap. 4 E. IV. 2.

723 In diese Richtung auch: *Bundeskartellamt,* Sektoruntersuchung Smart-TV, S. 162.

724 *Bundeskartellamt,* Sektoruntersuchung Smart-TV, S. 209.

725 Er wird am Erfolg der Applikation beteiligt, *Bundeskartellamt,* Sektoruntersuchung Smart-TV, S. 152. Konkret werden die Hersteller an Geschäftsabschlüssen, Abo-Gebühren oder Werbeeinkünften beteiligt, *Bundeskartellamt,* Sektoruntersuchung Smart-TV, S. 154. Den Erfolg einer Applikation kann der Hersteller zudem nicht nur durch die Vorinstallation, sondern auch durch eine prominente Platzierung einer Applikation im Smart-TV-Portal oder etwa durch einen Button auf der Fernbedienung erhöhen, *Bundeskartellamt,* Sektoruntersuchung Smart-TV, S. 154.

726 Samsung platziert auf der Fernbedienung des Smart-TVs z.B. Buttons von *Netflix*, *Amazon Prime* und *Rakuten TV*. Siehe dazu auch: *Bundeskartellamt,* Sektoruntersuchung Smart-TV, S. 208.

Daneben spricht die Nichtlöschbarkeit von Applikationen für ein Interesse der Hersteller.[727]

Abgesehen von derartigen Kooperationen, hat der Hersteller grundsätzlich ein Interesse daran, zu erfahren, ob die von ihm auserwählten Anwendungen tatsächlich in erheblichem Umfang genutzt werden. Mit diesen Informationen kann er den Erfolg einer Applikation beurteilen und davon abhängig machen, ob er sein inhaltliches Angebot für zukünftige Gerätemodelle gegebenenfalls anpasst. In diesem Zusammenhang kann für den Hersteller relevant sein, wer die Applikation auf welche Weise und wie häufig nutzt. Solche Daten könnte er überdies für personalisierte Werbung verwenden.[728] Dies berücksichtigend, ist nicht auszuschließen, dass der Hersteller an den Applikationsdaten partizipieren möchte. Dabei ist eine solche Partizipation kein bloßes Wunschdenken, sie kommt in der Praxis bereits vor. Zum Teil werden den Smart-TV-Herstellern bereits personenbezogene Daten von Drittanbietern übermittelt.[729] In einem solchen Fall ist ein eigenes Interesse des Herstellers an den konkreten Datenerhebungsvorgängen unstreitig gegeben.[730]

Unabhängig von einer solchen Partizipation an den Daten, profitieren der Smart-TV-Hersteller sowie der Diensteanbieter durch die feste Einbindung einer konkreten Applikation wirtschaftlich voneinander. Der Hersteller macht seine Smart-TVs durch die Platzierung einer populären Anwendung auf seinem Gerät attraktiver und steigert zugleich die Nutzungsintensität seines Geräts. Ein SmartTV, der die beliebtesten Applikationen bereits vorinstalliert hat, ist für den Markt interessanter.[731] Dass sich die Smart-TV-Nutzung durch die unmittelbare

---

727 Die Hersteller geben als Grund für die Nichtlöschbarkeit teilweise selbst an, dass es sich bei den Anbietern der Applikation um „Schlüsselpartner" handelt, *Bundeskartellamt,* Sektoruntersuchung Smart-TV, S. 209.

728 Das Interesse der Hersteller, personalisierte Werbung direkt auf dem Smart-TV-Portal einzublenden, steigt, *Bundeskartellamt,* Sektoruntersuchung Smart-TV, S. 221.

729 Zwar haben die Hersteller im Rahmen der Sektoruntersuchung Smart-TV den Zugriff auf und die Kenntnis von konkreten Daten größtenteils verneint, *Bundeskartellamt,* Sektoruntersuchung Smart-TV, S. 152. In Einzelfällen erhält der Portalbetreiber aber Primär- oder Sekundärdaten aus der Datenverarbeitung durch den App-Anbieter, *Bundeskartellamt,* Sektoruntersuchung Smart-TV, S. 163. Zudem steigt das Interesse der Hersteller, personalisierte Werbung direkt auf dem Smart-TV-Portal einzublenden, weshalb damit zu rechnen ist, dass ein Interesse an einer direkten Datenpartizipation steigen wird, *Bundeskartellamt,* Sektoruntersuchung Smart-TV, S. 221.

730 Vgl. zu der Frage, ob für eine gemeinsame Zweckfestlegung ein unmittelbares oder mittelbares Interesse an den verarbeiteten Daten selbst bestehen muss, Kap. 4 E. II. 6.

731 Die Nutzer müssen diese Anwendungen nicht mehr selbst installieren und sich dafür mit der Technik auseinandersetzen. Sie können die Applikation direkt verwenden. Zum Teil startet diese sogar mit nur einem Klick auf einen spezifischen Button der

Einbindung einer Anwendung auf dem Gerät erhöht, lässt sich an einem Dienst wie *Netflix* veranschaulichen. Ein Nutzer, der vor der Anschaffung eines Smart-TV-Geräts *Netflix* über den Laptop genutzt hat, wird ab dem Kauf des Smart-TVs fortan hierüber konsumieren. Schließlich startet die Anwendung bequem mit nur einem Klick.[732] Außerdem bietet der smarte Fernseher hohen Sehkomfort.

Parallel steigert der Diensteanbieter die Reichweite und Beliebtheit seiner Anwendung und kann die gewonnenen Daten der Smart-TV-Nutzer für seine Zwecke einsetzen.

Beide Akteure könnten ihre individuellen Zwecke ohne den anderen nicht erreichen.[733] Sie profitieren in wirtschaftlicher Hinsicht voneinander. Dies gilt insbesondere, sofern Vereinbarungen, wie Revenue Sharing Agreements, vorliegen. In derartigen Konstellationen ist von einer gemeinsamen Festlegung der Zwecke eines Datenerhebungsvorgangs auszugehen.

Im Ergebnis haben der Smart-TV-Hersteller und der Diensteanbieter regelmäßig einen wesentlichen Einfluss sowohl auf die Mittel als auch auf die Zwecke der Datenerhebungsvorgänge durch die Applikation. Folglich sind beide Akteure für bestimmte Datenerhebungsvorgänge durch auf dem Gerät fest eingebundene Applikationen gemeinsam verantwortlich.[734]

Die obigen Ausführungen gelten für sämtliche fest eingebundene Drittinhalte. Etwa sofern der Hersteller das Smart-TV-Portal eines Dritten auf seinem Gerät integriert. Insoweit ist eine gemeinsame Verantwortlichkeit vor allem in den Fällen anzunehmen, in denen der Dritte für diese Integration ein Entgelt

---

Fernbedienung, *Bundeskartellamt,* Sektoruntersuchung Smart-TV, S. 208. Diese Faktoren kommen vor allem non-technikaffinen Konsumenten, die gerade bei einem Alltagsgerät wie Smart TV häufig in Erscheinung treten, entgegen. Zudem zeigen Studien, dass die App-Stores auf Smart-TVs nur wenig genutzt werden, *die medienanstalten,* Systematisches Monitoring von Connected TV Benutzeroberflächen, S. 23; *Berghofer,* in: *die medienanstalten* (Hrsg.), Stand der Digitalisierung 2019, 32, 49.

732 Vorausgesetzt der Zuschauer besitzt ein kostenpflichtiges Nutzerkonto bei *Netflix.*

733 Einige Hersteller bezeichnen bestimmte Drittangebote selbst als „Schlüsselpartner“, *Bundeskartellamt,* Sektoruntersuchung Smart-TV, S. 209.

734 A.A., *Bundeskartellamt,* Sektoruntersuchung Smart-TV, S. 162 f., wobei das Amt eine gemeinsame Verantwortlichkeit zwischen Hersteller bzw. Portalbetreiber und App-Anbieter generell verneint, ohne zwischen der Art der Einbindung einer App zu differenzieren. Das *Bundeskartellamt* nimmt eine gemeinsame Verantwortlichkeit nur an, wenn alle Akteure, d.h. auch der Hersteller bzw. Portalbetreiber, an den konkreten Daten partizipieren, *Bundeskartellamt,* Sektoruntersuchung Smart-TV, S. 163.

an den Hersteller zahlt.[735] In einem solchen Fall ist davon auszugehen, dass der Dritte die Zahlung auch deshalb leistet, weil er im Gegenzug Zugriff auf die personenbezogenen Daten der Smart-TV-Nutzer erhält.[736] Zudem profitieren beide Akteure wirtschaftlich voneinander und dem Hersteller ist dieses Gegenseitigkeitsverhältnis aufgrund der Zahlung bewusst.

4. *Nutzung fremder Plattformen*

Spiegelbildlich zu der Einbindung von Drittinhalten tritt bei Smart-TV der Fall auf, dass die Akteure[737] eine fremde Plattform[738] nutzen. Sofern der Anbieter einer solchen Plattform personenbezogene Daten der Nutzer eines eingebundenen Online-Diensts eigenständig verarbeitet, kann für die insofern stattfindenden Verarbeitungsvorgänge ebenfalls eine gemeinsame Verantwortlichkeit gegeben sein.[739]

Zur Veranschaulichung soll an dieser Stelle erneut das Beispiel dienen, dass ein Diensteanbieter für seine Applikation das Smart-TV-Portal eines Geräteherstellers nutzt. Wie bei der Einbindung von Drittinhalten[740] kann die Applikation fest installiert sein oder nur im App-Store des Portals zum Download zur Verfügung stehen. Angenommen, der Smart-TV-Hersteller erhebt personenbezogene

---

735 Dies ist bei Anbietern wie der *Foxxum GmbH* der Fall. Laut ihrer Datenschutzerklärung nutzt *Foxxum* die auf seinem Portal gewonnenen Daten u.a. für die Verbesserung der Nutzererfahrung sowie die Nutzungs- und Bedienungsdaten des Nutzers für statische Erhebungen, Leistungsbewertungen, Marketing-Kampagnen, Jahresberichte und andere derartige Instrumente von *Foxxum* und dessen Partnern. Bei Vorliegen einer gesonderten Genehmigung dürfen *Foxxum* und ihre Partner die von den Nutzern über Portalerhebungen erhobenen Informationen zuweilen direkt für Marketing-Zwecke benutzen, siehe Datenschutzerklärung der *Foxxum GmbH* (Version 1.0) abrufbar unter: https://foxxum.com/wp-content/uploads/2019/04/Foxxum_DataPrivacy_180522_DE.pdf (Abruf v. 12.10.2020).

736 Siehe insoweit die umfassenden Nutzungszwecke der Daten durch *Foxxum*, Datenschutzerklärung der *Foxxum GmbH* (Version 1.0) abrufbar unter: https://foxxum.com/wp-content/uploads/2019/04/Foxxum_DataPrivacy_180522_DE.pdf (Abruf v. 12.10.2020).

737 Insbesondere die Anbieter von Online-Diensten und Applikationen.

738 Dies kann die Plattform des Smart-TV-Herstellers oder eines Drittanbieters, z.B. eines externen Portalbetreibers, sein.

739 Zu den Kriterien einer gemeinsamen Verantwortlichkeit siehe: Kap. 4 E. II. sowie Kap. 4 E. VI.

740 Kap. 4 E. V. 3.

Daten der App-Nutzer,[741] während diese die Applikation verwenden, könnte der Diensteanbieter für diese Datenerhebungsvorgänge mitverantwortlich sein.[742]

Entscheidend für das Vorliegen einer gemeinsamen Verantwortlichkeit der beiden Akteure ist, ob der Hersteller und der App-Anbieter gemeinsam die Zwecke und Mittel eines Datenerhebungsvorgangs festlegen. Dafür bedarf es wiederum eines wesentlichen Einflusses auf diese beiden Komponenten.

a) Wesentlicher Einfluss auf die Mittel

Die Mittel der Datenerhebungsvorgänge legt unzweifelhaft der Hersteller fest. Schließlich ist er es, der die personenbezogenen Daten verarbeitet und in diesem Zusammenhang beispielsweise entscheidet, welche Daten er auf welche Weise erhebt.[743]

Fraglich ist aber, ob daneben der App-Anbieter über wesentliche Aspekte der Mittel entscheidet. Voraussetzung wäre, dass er einen wesentlichen Einfluss auf diese ausübt.

Zunächst ist, ähnlich wie bei der Einbindung von Drittinhalten, zwischen der festen Installation einer Applikation auf der Hersteller-Plattform und der bloßen Zurverfügungstellung im App-Store zu differenzieren.

Im ersten Fall ist davon auszugehen, dass der App-Anbieter einen wesentlichen Einfluss auf die Mittel hat und er somit gemeinsam mit dem Hersteller über die Mittel der Datenerhebungsvorgänge entscheidet. Schließlich ermöglicht er durch die Nutzung einer bestimmten Hersteller-Plattform, dass der Hersteller überhaupt personenbezogene Daten der App-Nutzer erheben kann. Mithin gelangt der Hersteller lediglich an die Daten, weil die Applikation bereits auf dem Smart-TV installiert ist und unmittelbar genutzt werden kann. Zwischen dem Hersteller und dem App-Anbieter besteht eine Kooperation, der eine

---

741 Zum Beispiel, welche Person eine bestimmte Applikation verwendet und welche Inhalte sie dort konkret nutzt. Siehe hierzu: *Jaritz/Lo Iacono*, DuD 2016, 511, 514 f. Die Untersuchungen des *Bundeskartellamts* haben allerdings gezeigt, dass die Hersteller regelmäßig keine Kenntnis davon haben sollen, welche Daten innerhalb einer bestimmten Anwendung eines Drittanbieters fließen, *Bundeskartellamt*, Sektoruntersuchung Smart-TV, S. 151 f. Zudem gaben nahezu alle befragten Unternehmen an, dass sie über Dritt-Apps keinerlei Nutzerdaten erhielten, *Bundeskartellamt*, Sektoruntersuchung Smart-TV, S. 152.

742 Eine Verantwortlichkeit für spätere Verarbeitungsvorgänge des Herstellers scheidet hingegen regelmäßig aus.

743 Dies wäre lediglich anders zu bewerten, wenn der Hersteller ausschließlich auf Weisung eines Dritten handelt.

vertragliche Vereinbarung zugrunde liegt.[744] Im Rahmen der Vertragsschließung wäre es für den App-Anbieter möglich, sich über gegebenenfalls stattfindende Datenverarbeitungen durch den Hersteller zu informieren. Lässt sich der Diensteanbieter bewusst auf die Plattform des Herstellers ein, akzeptiert er insoweit dessen Mittel der Datenerhebungsvorgänge.

Im zweiten Fall ist ein wesentlicher Einfluss auf die Mittel hingegen zweifelhaft. Denn der Hersteller kann personenbezogene Daten erst erheben, sofern ein Nutzer die Applikation des Anbieters tatsächlich auf dem Smart-TV installiert. Der Nutzer ist es demnach, der bestimmt, ob der Smart-TV-Hersteller seine personenbezogenen Daten erheben kann. Insofern tritt er zwischen die beiden Akteure und schließt damit eine unmittelbare Ermöglichung von Datenerhebungsvorgängen durch den App-Anbieter aus. Folglich fehlt es in dieser Konstellation an einem wesentlichen Einfluss des App-Anbieters auf die Mittel.

b) Wesentlicher Einfluss auf die Zwecke

Neben einer gemeinsamen Mittelfestlegung bedarf es zudem einer gemeinsamen Zweckfestlegung.[745]

Ein Interesse des Smart-TV-Herstellers an den konkreten Datenerhebungsvorgängen besteht. Denn er erhebt die Daten für seine eigenen Zwecke. Beispielsweise könnte er das Verhalten der Smart-TV-Nutzer innerhalb einer bestimmten Applikation analysieren, um diese personenbezogenen Daten später für Werbezwecke zu verwenden.[746]

Im Hinblick auf den App-Anbieter ist ein Interesse an den konkreten Datenerhebungsvorgängen des Herstellers allerdings fraglich. Ob ein solches besteht, muss anhand des spezifischen Einzelfalls geprüft werden. Es ist gewiss nicht auszuschließen, dass der App-Anbieter an den erhobenen Daten ein Interesse hat. Sofern er zum Beispiel selbst keine Nutzungsanalysen vornimmt, könnte er sehr wohl an einem Einblick in das Nutzerverhalten interessiert sein.

Davon abgesehen, ist ein Interesse an den konkreten Datenverarbeitungsvorgängen des Herstellers aber eher zweifelhaft. Der App-Anbieter profitiert in keiner Weise von etwaigen Datenerhebungsvorgängen durch den Hersteller. Der Erfolg seiner Applikation hängt nicht davon ab, ob der Hersteller personenbezogene

---

744 *Sewczyk*, tv diskurs 2011, 32, 35; *Berger*, CR 2012, 306, 307; *Naumann*, Connected-TV, S. 31; *Bundeskartellamt*, Sektoruntersuchung Smart-TV, S. 153 f.

745 Zu den Voraussetzungen siehe im Detail: Kap. 4 E. II. 4. b) sowie Kap. 4 E. II. 6.

746 Das Interesse der Hersteller, personalisierte Werbung direkt auf dem Smart-TV-Portal einzublenden, steigt, *Bundeskartellamt*, Sektoruntersuchung Smart-TV, S. 221.

Daten der App-Nutzer erhebt. Der Diensteanbieter möchte zwar durch die Nutzung der Smart-TV-Plattform des Herstellers seine Reichweite erhöhen, er möchte aber nicht, dass der Hersteller personenbezogene Daten seiner Nutzer erhebt. Eine solche Datenverarbeitung ist für die Nutzung der Applikation per se nicht erforderlich. Zwar geht mit der Nutzung einer Applikation grundsätzlich die Erhebung personenbezogener Daten einher; Allerdings nicht zwangsweise eine Erhebung von Daten durch den Hersteller.

Im Gegensatz dazu führt die feste Einbindung einer Applikation in dem Smart-TV-Portal des Herstellers zwangsweise zu einer Datenerhebung durch diese Applikation. Aufgrund dessen hat ein Hersteller, der eine Applikation einbindet, ein Interesse daran, dass diese genutzt wird und damit auch an den Datenverarbeitungsvorgängen durch die Applikation.[747]

Im Ergebnis scheidet eine gemeinsame Verantwortlichkeit im Falle der Nutzung fremder Plattformen bei Smart-TV regelmäßig aus. Eine solche ist allenfalls gegeben, wenn der App-Anbieter an etwaig erhobenen Daten des Herstellers partizipiert oder die Akteure bei der Verarbeitung der personenbezogenen Nutzerdaten auf andere Weise miteinander kooperieren.[748]

VI. Entwurf eines Modells zur Bestimmung gemeinsam Verantwortlicher bei Smart-TV und anderen intelligenten Endgeräten

In der Praxis stellt sich das Problem, dass die Verantwortlichen in komplexen und arbeitsteiligen Datenverarbeitungsprozessen einer digitalen Welt schwer zu bestimmen sind. Selbst die Akteure sehen sich oft nicht in der Verantwortung und wissen nicht, welche Rolle sie einnehmen.[749] Dies betrifft insbesondere die Einordnung als gemeinsam Verantwortliche. Da die DSGVO an das Vorliegen einer gemeinsamen Verantwortlichkeit zusätzliche Anforderungen stellt,[750] bei deren Nichtbeachtung hohe Bußgelder drohen, ist die korrekte Klassifizierung eines Akteurs essenziell.

---

747 Siehe hierzu im Detail: Kap. 4 E. V. 3.

748 So könnte der Hersteller beispielsweise den App-Anbieter in die Erhebung personenbezogener Daten einbeziehen und diesem die Möglichkeit geben, die Erhebung von Daten in gewisser Hinsicht anzupassen. Eine solche Kooperation besteht beispielsweise zwischen Facebook und den dortigen Fanpage-Betreibern, vgl. *EuGH*, Urt. v. 5.6.2018, C-210/16, ECLI:EU:C:2018:388, Rn. 36 ff. – *Facebook-Fanpages.*

749 Vgl. hierzu auch: *Gierschmann*, ZD 2020, 69.

750 Siehe: Kap. 4 G. VI.

Hinzu kommt die weite Auslegung des Rechtsinstituts der gemeinsamen Verantwortlichkeit durch die Rechtsprechung des *EuGH*.[751] Diese hat mehrfach gezeigt, dass selbst die mittelbare Verursachung einer Datenverarbeitung eine Verantwortlichkeit begründen kann. Demnach muss eine Person die Daten nicht selbst verarbeiten, um als Verantwortlicher zu gelten.[752] Auf der anderen Seite darf nicht jeder Verursachungsbeitrag zu einer Verantwortlichkeit führen; ansonsten uferte das Rechtsinstitut aus. Ab wann ein Beitrag eines Akteurs ausreicht, um ihn als Verantwortlichen zu klassifizieren, ist bislang nicht hinreichend geklärt.

Vor diesem Hintergrund soll das nachfolgende Modell die Einordnung eines Beteiligten vereinfachen. Es gilt primär für die Datenverarbeitungsvorgänge auf intelligenten Endgeräten. Aufgrund der weitreichenden Vernetzung solcher Geräte mit fremden Diensten, sind in die Datenverarbeitungsvorgänge häufig mehrere Akteure involviert. Sofern ein Akteur Drittinhalte einbindet oder fremde Plattformen für seine Angebote nutzt, kann dies bereits eine Verantwortlichkeit für dort stattfindende Datenverarbeitungsvorgänge begründen. Ab wann die Schwelle zur Verantwortlichkeit überschritten ist, kann anhand des nachfolgenden Modells geprüft werden. Dieses kommt zum Tragen, wenn mehrere Akteure an einem Datenverarbeitungsvorgang auf einem Endgerät beteiligt sind.

Das Modell besteht aus einem Prüfungsschema, welches bei der Bestimmung gemeinsam Verantwortlicher bei Smart-TV und anderen intelligenten Endgeräten als Hilfestellung fungieren soll.

751 Siehe hierzu: Kap. 4 E. I. 3.

752 *EuGH*, Urt. v. 5.6.2018, C-210/16, ECLI:EU:C:2018:388, Rn. 28 ff. – *Facebook-Fanpages*; *Kühling/Klar/Sackmann*, Datenschutzrecht, Rn. 303; Sydow/*Raschauer*, DSGVO, Art. 4 Nr. 7, Rn. 125; Simitis/Hornung/Spiecker gen. Döhmann/*Petri*, DS-GVO/BDSG, Art. 4 Nr. 7, Rn. 20; Taeger/Gabel/*Arning/Rothkegel*, DSGVO/BDSG, Art. 4, Rn. 169 ff.

1. Das Modell

<table>
<tr><th colspan="2">Bestimmung gemeinsam Verantwortlicher</th></tr>
<tr><td><u>Beispiel:</u></td><td>Ein Smart-TV-Hersteller bindet auf seiner Smart-TV-Plattform die Applikation eines Drittanbieters ein. Die Applikation ist ohne Zutun des Smart-TV-Nutzers unmittelbar nach der Erstinbetriebnahme auf dem Smart-TV verfügbar. Sobald ein Nutzer auf die Applikation klickt, erhebt diese personenbezogene Daten.[753] Zudem erhebt und speichert die Applikation das Nutzungsverhalten der Konsumenten. Der Hersteller erhebt hingegen keine personenbezogenen Daten während der Nutzung der Applikation. Darüber hinaus erhält er auch keine Daten von dem App-Anbieter. Allerdings bestehen zwischen den beiden Akteuren vertragliche Abreden, wonach der Hersteller an dem Umsatz, den die Applikation auf dem Smart-TV erzielt, beteiligt wird.</td></tr>
<tr><td><u>Frage:</u></td><td>Sind der einbindende Akteur[754] und der verarbeitungsnahe Akteur[755] gemeinsam verantwortlich?</td></tr>
<tr><td><u>Prüfungsschema</u></td><td><u>Beispiel</u></td></tr>
<tr><td>Betrachtung eines konkreten Datenverarbeitungsvorgangs</td><td>Erhebung der IP-Adresse eines Smart-TV-Nutzers durch eine vorinstallierte Applikation</td></tr>
<tr><td>1. Wer führt die Datenverarbeitung aus?
(= der verarbeitungsnahe Akteur)</td><td>App-Anbieter</td></tr>
</table>

753 Beispielsweise die IP-Adresse des Nutzers.
754 In dem Beispiel der Smart-TV-Hersteller.
755 In dem Beispiel der App-Anbieter.

2. Bestimmt dieser verarbeitungsnahe Akteur wesentliche Aspekte der Mittel des Datenverarbeitungsvorgangs?[756]		*Ja*
Ja	*Nein* Sofern der Akteur die Daten streng nach Weisung eines Dritten verarbeitet, ist er als ***Auftragsverarbeiter*** einzuordnen.	
3. Hat er ein eigenes Interesse an dem konkreten Datenverarbeitungsvorgang?[757]		*Ja*
Ja ***Erstverantwortlicher***	*Nein* *Kein Verantwortlicher*[758]	*Der App-Anbieter ist Erstverantwortlicher*
4. Kann der Erstverantwortliche den Datenverarbeitungsvorgang nur aufgrund der Beanspruchung fremder Dienste bzw. Plattformen ausführen?		*Ja*
Ja	*Nein* ***Alleinige Verantwortlichkeit***	

756 Unter die wesentlichen Aspekte der Mittel fallen Umstände wie die Auswahl der Daten, ihre Aufbewahrungsdauer und die zugriffsberechtigten Personen, Art.-29-Gruppe, WP 169, S. 17; EDPB, Guidlines 07/2020, Rn. 38.

757 Ein Interesse an den Daten selbst spricht stark für eine Verantwortlichkeit. Es ist aber keine zwingende Voraussetzung für eine solche, siehe hierzu: Kap. 4 E. II. 6.

758 Diese Konstellation wird in der Praxis in der Regel nicht auftreten. Die Person, die die Daten selbst verarbeitet und dabei selbst entscheidet, welche Daten sie erhebt, wird dabei wohl stets ein eigenes Interesse verfolgen.

5. Wer ermöglicht den konkreten Datenverarbeitungsvorgang?		*Smart-TV-Hersteller*[759]
6. Ermöglicht dieser Akteur den Datenverarbeitungsvorgang unmittelbar?[760]		*Ja*[761]
Ja	*Nein* *Es bleibt bei der alleinigen Verantwortlichkeit*	
7. Besteht positive Kenntnis oder billigende Inkaufnahme in Bezug auf die Ermöglichung des Verarbeitungsvorgangs?[762]		*Ja*[763]
Ja	*Nein* *Es bleibt bei der alleinigen Verantwortlichkeit*[764]	

759 Da er die Applikation auf seiner Plattform einbindet und damit dem App-Anbieter erst die Möglichkeit eröffnet, Daten von Smart-TV-Nutzern zu erheben.

760 D.h. zwischen der Handlung des Ermöglichers und dem konkreten Datenverarbeitungsvorgang liegen keine wesentlichen Zwischenschritte. Z.B. sofern ein Akteur eine datenerhebende Anwendung direkt auf seiner Plattform einbindet.

761 Da er die Applikation auf seiner Plattform bereits vorinstalliert hat. Mithin bindet er die datenverarbeitende Anwendung unmittelbar ein, ohne dass ein Nutzer diese erst noch installieren müsste.

762 D.h. der Ermöglicher akzeptiert die bereits festgelegten Mittel der anderen Beteiligten.

763 Der Hersteller weiß, dass eine Applikation personenbezogene Daten erhebt.

764 Diese Konstellation wird in der Praxis wohl ebenfalls kaum vorkommen. Wer beispielsweise eine fremde Anwendung einbindet, weiß in der Regel, dass diese personenbezogene Daten verarbeitet.

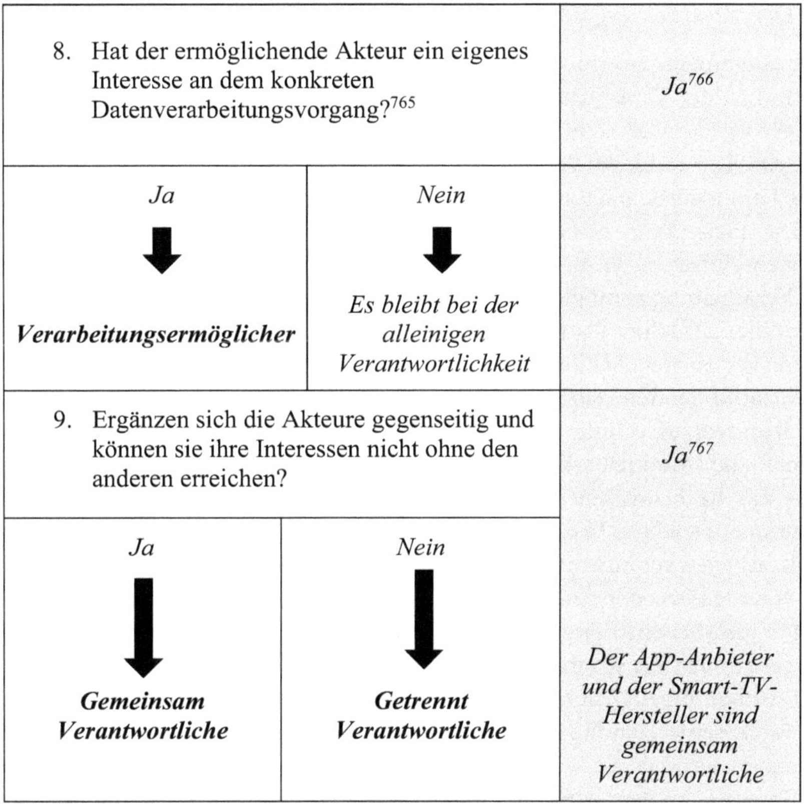

Abb. 1: Modell zur Bestimmung gemeinsam Verantwortlicher bei Smart-TV und anderen intelligenten Endgeräten

765 Ein Interesse an den Daten selbst spricht stark für eine Verantwortlichkeit. Es ist aber keine zwingende Voraussetzung für eine solche, siehe hierzu: Kap. 4 E. II. 6.

766 Insbesondere bei vertraglichen Abreden, wie Revenue Sharing Agreements, erhält der Hersteller eine Vergütung, wenn die Applikation verwendet wird. Vgl. im Detail: Kap. 4 E. V. 3. b).

767 Der App-Anbieter könnte ohne die Einbindung auf dem Smart-TV keine Daten der Nutzer erheben; der Hersteller würde ohne die feste Einbindung der Applikation auf seiner Plattform nicht an ihrem dortigen Gewinn beteiligt.

2. Der Verarbeitungsermöglicher

Der „Verarbeitungsermöglicher“ ist eine Art Zweckveranlasser[768] sui generis. Mithin ist der Verarbeitungsermöglicher ein Akteur, der einen Datenverarbeitungsvorgang zwar nicht unmittelbar selbst ausführt, diesen aber mittelbar verursacht. Dieser bloße Verursachungsbeitrag kann je nach Art und Intensität, eine Verantwortlichkeit bzw. gemeinsame Verantwortlichkeit nach sich ziehen.

Die Figur kann insbesondere im Zusammenhang mit intelligenten Endgeräten auftreten, da diese vielfältig vernetzt sind. So kommt die Einordnung als Verarbeitungsermöglicher beispielsweise in Betracht, wenn ein Smart-TV-Hersteller auf seiner Plattform fremde Dienste einbindet, die personenbezogene Daten verarbeiten. Schließlich ermöglicht er mit dieser Einbindung de facto die dort stattfindenden Datenverarbeitungsvorgänge.

Grundvoraussetzung für die Einordnung als Verarbeitungsermöglicher ist jedoch, die Unmittelbarkeit der Ermöglichung.[769] Dieses Kriterium verhindert, dass das Rechtsinstitut der gemeinsamen Verantwortlichkeit ausufert. Denn ließe man jeglichen Verursachungsbeitrag[770] ausreichen, wäre in der digitalen Welt fast jeder verantwortlich. Letztendlich ermöglicht das bloße Vorhandensein eines Endgeräts oder einer Plattform schon, dass Dritte dort personenbezogene Daten verarbeiten können. Die reine Zurverfügungstellung von Infrastrukturen darf aber nicht per se eine Verantwortlichkeit zur Folge haben.

Darüber hinaus muss dem Verarbeitungsermöglicher bewusst sein, dass er durch seine Handlung einen Datenverarbeitungsvorgang auslöst. Insoweit genügt es, wenn er die Verursachung billigend in Kauf nimmt. Daneben muss er ein Interesse an dem konkreten Datenverarbeitungsvorgang haben und in wirtschaftlicher Hinsicht von diesem profitieren.

Für die Einordnung als gemeinsam Verantwortliche müssen die Beteiligten überdies in gewisser Hinsicht voneinander abhängig sein. Im Zusammenhang mit intelligenten Endgeräten wird dies regelmäßig der Fall sein. Überwiegend ergänzen sich die beteiligten Stellen gegenseitig und können ihre Ziele nicht

---

768 Dies ist eine Figur aus dem Polizei- und Ordnungsrecht. Vgl.: Möstl/Kugelmann/*Wittreck*, BeckOK Polizei- und Ordnungsrecht NRW, § 17 OBG, Rn. 10 ff.

769 Zwischen der Handlung des Ermöglichers und dem konkreten Datenverarbeitungsvorgang liegen keine wesentlichen Zwischenschritte. Z.B. das Dazwischentreten eines Dritten.

770 Im Sinne des conditio-sine-qua-non-Gedankens. D.h. dass eine Handlung eines Beteiligten nicht hinweggedacht werden kann, ohne dass der spezifische Datenverarbeitungsvorgang entfiele.

ohne den anderen erreichen. In diesen Konstellationen besteht eine Abhängigkeit der Beteiligten und sie sind gemeinsam verantwortlich.

3. *Bedeutung der Rechtsfigur für die Praxis*

Die Figur des Verarbeitungsermöglichers kann in der Praxis als Hilfestellung dienen, um eine gemeinsame Verantwortlichkeit im Zusammenhang mit den Verarbeitungsvorgängen auf intelligenten Endgeräten handhabbar zu machen. Sie vereinfacht die Bestimmung eines Verantwortlichen, sofern ein Akteur einen Datenverarbeitungsvorgang lediglich mittelbar auslöst.

Insbesondere vor dem Hintergrund der strengen Rechtsprechung des *EuGH* sowie den erheblichen Bußgeldern, die bei der Missachtung der DS-GVO-Vorgaben drohen, kann das „Modell zur Bestimmung gemeinsam Verantwortlicher bei Smart-TV und anderen intelligenten Endgeräten" für die Praxis ein hilfreiches Werkzeug sein.

Darüber hinaus kann die Figur des Verarbeitungsermöglichers die Praxis sensibilisieren mehr auf ihr Umfeld zu achten. Wer durch die Ermöglichung eines Datenverarbeitungsvorgangs gegebenenfalls bereits eine Verantwortung trägt, wird dafür sorgen, dass die Dienste, die er einbindet bzw. nutzt, datenschutzkonform ausgestaltet sind. Immerhin ist der Verarbeitungsermöglicher verantwortlich und damit rechenschaftspflichtig.[771]

Im Ergebnis bietet die Figur des Verarbeitungsermöglichers nicht nur eine nützliche Hilfestellung für die Praxis, sondern sie kann überdies generell zu einer Stärkung des Datenschutzes beitragen.

771 Die Rechenschaftspflicht eines jeden Verantwortlichen folgt aus Art. 5 Abs. 2 DSGVO.

F. Rechtmäßigkeit der Datenverarbeitungsvorgänge bei Smart-TV

I. Relevante Erlaubnistatbestände

Die in diesem Kapitel beschriebenen Datenverarbeitungsvorgänge[772] müssen auf rechtmäßige Weise erfolgen. Wie bereits erläutert,[773] gilt im Datenschutzrecht das sog. „Erlaubnisprinzip". Dieses besagt, dass personenbezogene Daten nur verarbeitet werden dürfen, wenn eine gesetzliche Ermächtigungsgrundlage eine solche Datenverarbeitung legitimiert oder der Nutzer in eine solche eingewilligt hat.[774] In der DSGVO wird dieses Prinzip in Art. 6 Abs. 1 DS-GVO deutlich. Die Norm nennt verschiedene Erlaubnistatbestände, unter deren Voraussetzungen eine Datenverarbeitung rechtmäßig ist. Für das Vorliegen dieser Voraussetzungen und damit für die Rechtmäßigkeit einer Verarbeitung hat gemäß Art. 5 Abs. 2 DS-GVO der Verantwortliche Rechnung zu tragen.

Im Folgenden soll untersucht werden, welche Erlaubnisnormen für die Datenverarbeitungsvorgänge bei Smart-TV greifen. Da die datenschutzrechtlichen Vorschriften des TMG nicht weiter anzuwenden sind,[775] verbleibt es für den Multimedia- und Online-Bereich bis Inkrafttreten der ePrivacy-VO allein bei der Anwendbarkeit der Bestimmungen der DS-GVO.[776]

Im Hinblick auf die Datenverarbeitungsvorgänge im Zusammenhang mit Smart-TV kommen vor allem die Erfüllung eines Vertrags nach Art. 6 Abs. 1 UAbs. 1 lit. b DS-GVO, die Wahrung berechtigter Interessen nach Art. 6 Abs. 1 UAbs. 1 lit. f DS-GVO sowie die Einwilligung nach Art. 6 Abs. 1 UAbs. 1 lit. a DS-GVO als Rechtfertigungstatbestände in Betracht.

---

772 Im Zusammenhang mit Smart-TV findet eine erhebliche Anzahl an Datenverarbeitungsvorgängen statt. Aufgrund dessen ist es im Rahmen dieser Arbeit nicht möglich, jeden einzelnen juristisch zu erfassen. Die folgenden Ausführungen orientieren sich daher exemplarisch auf die unter Kap. 4 D. beschriebenen Verarbeitungsvorgänge.

773 Kap. 4 B.

774 *Roßnagel*, NJW 2019, 1, 5. Im Grundsatz ebenso: *Kühling/Klar/Sackmann*, Datenschutzrecht, Rn. 323; Paal/Pauly/*Frenzel*, DS-GVO, Art. 6, Rn. 1; Brink/Wolff/*Wolff*, BeckOK DSR, Grundlagen, Syst. A., Rn. 18.

775 Siehe Kap. 4 B. III. 2.

776 Gola/*Schulz*, DS-GVO, Art. 6, Rn. 32; Kühling/Buchner/*Buchner/Petri*, DS-GVO/BDSG, Art. 6, Rn. 61; Auer-Reinsdorff/Conrad/*Kremer*, Hb. IT- und Datenschutzrecht, Teil D., § 28, Rn. 55.

777 Siehe hierzu: *Härting*, CR 2016, 735, 737 f.

1. Vertragserfüllung, Art. 6 Abs. 1 UAbs. 1 lit. b DS-GVO

Nach Art. 6 Abs. 1 UAbs. 1 lit. b DS-GVO ist eine Verarbeitung rechtmäßig, wenn sie für die Erfüllung eines Vertrags mit der betroffenen Person oder zur Durchführung vorvertraglicher Maßnahmen erforderlich ist. Voraussetzung der Erlaubnisnorm ist demnach ein Vertrag oder zumindest ein vorvertragliches Schuldverhältnis mit der betroffenen Person. Mithin scheidet Art. 6 Abs. 1 UAbs. 1 lit. b DS-GVO von vorneherein aus, wenn es bereits an dem erforderlichen Vertragsschluss fehlt. So etwa bei dem bloßen Abruf von online verfügbaren Informationen, für die der Nutzer sich nicht registrieren muss. Beispielsweise die Nutzung einer Suchmaschine über den Browser des Smart-TVs oder Streaming-Dienste, die der Nutzer ohne Registrierung über den Browser konsumiert.[777]

Der Wortlaut der Norm nennt lediglich die betroffene Person explizit als Vertragspartei; ob der Verantwortliche ihr Vertragspartner ist, ist hingegen unerheblich.[778] Auch ohne die Rolle einer Vertragspartei einzunehmen, kann der Verantwortliche eine Datenverarbeitung somit auf diesen Erlaubnistatbestand stützen.

Das Vorliegen eines Vertrags mit der betroffenen Person genügt allein aber nicht, um eine Datenverarbeitung im Zusammenhang mit diesem Vertrag zu legitimieren; vielmehr erlaubt Art. 6 Abs. 1 UAbs. 1 lit. b DS-GVO die Verarbeitung personenbezogener Daten nur dann, wenn diese zur Erfüllung eines Vertrags erforderlich ist. Wann genau eine solche Erforderlichkeit der Verarbeitung anzunehmen ist, ist bislang unklar.[779] Der Wortlaut der Norm spricht explizit von „Erforderlichkeit", sodass eine reine Nützlichkeit der Datenverarbeitung für das Vertragsverhältnis zumindest nicht ausreicht.[780]

---

778 Schantz/Wolff/*Wolff*, Das neue Datenschutzrecht, D. II., Rn. 550; Auernhammer/*Kramer*, DSGVO/BDSG, Art. 6, Rn. 37; Gola/*Schulz*, DS-GVO, Art. 6, Rn. 28; Plath/*Plath*, DSGVO/BDSG, Artikel 6, Rn. 14; Sydow/*Reimer*, DSGVO, Art. 6, Rn. 18; Laue/Kremer/*Kremer*, Hb. Datenschutzrecht, § 2, Rn. 30; Simitis/Hornung/Spiecker gen. Döhmann/*Schantz*, DS-GVO/BDSG, Art. 6 Abs. 1, Rn. 22; Brink/Wolff/*Albers/Veit*, BeckOK DSR, DS-GVO, Art. 6, Rn. 30.

779 *Indenhuck/Britz*, BB 2019, 1091, 1091 ff.; *Johannes*, ZD-Aktuell 2019, 6821; *Heinzke/Engel*, ZD 2020, 189, 191. Dasselbe Problem stellt sich unter Art. 7 Abs. 4 DS-GVO.

780 Auernhammer/*Kramer*, DSGVO/BDSG, Art. 6, Rn. 43; Ehmann/Selmayr/*Heberlein*, DS-GVO, Art. 6, Rn. 13; Kühling/Buchner/*Buchner/Petri*, DS-GVO/BDSG, Art. 6, Rn. 42; Plath/*Plath*, DSGVO/BDSG, Artikel 6, Rn. 21; Taeger/Gabel/*Taeger*, DSGVO/BDSG, Art. 6, Rn. 54; Brink/Wolff/*Albers/Veit*, BeckOK DSR, DS-GVO, Art. 6, Rn. 32; *EDPD*, Stellungnahme 2/2019, Rn. 25.

Es stellt sich jedoch die Frage, ob die Datenverarbeitung für die Erfüllung des konkreten Vertragsverhältnisses mit der betroffenen Person oder objektiv für die Erfüllung eines Schuldverhältnisses der jeweiligen Art erforderlich sein muss.[781] Käme es ausschließlich auf das individuelle Vertragsverhältnis an, könnte der Verantwortliche de facto entscheiden, ob er bestimmte Datenverarbeitungen als Vertragsleistungen festlegt und damit im Ergebnis deren Erfüllung als erforderlich einordnen.[782] Deutlich wird dies bei scheinbar unentgeltlichen Dienstleistungen im Onlinebereich, welche lediglich unentgeltlich angeboten werden, da der Nutzer mit seinen personenbezogenen Daten „bezahlt".[783] Als Anschauungsbeispiel soll das kostenlose Angebot einer Applikation gegen die Hergabe bestimmter personenbezogener Daten dienen. So zum Beispiel[784] eine Applikation, die kostenlos Bildschirmschoner für den TV-Bildschirm zur Verfügung stellt und im Gegenzug die Offenlegung des Alters sowie des Geschlechts des Nutzers verlangt. Die personenbezogenen Daten stellen insofern die Gegenleistung des Nutzers für die Zurverfügungstellung der Applikation durch den Diensteanbieter dar. Mithin wären die im Vertrag vereinbarten Datenverarbeitungen erforderlich, um den konkreten Vertrag zu erfüllen. Objektiv betrachtet, wären die Datenverarbeitungen für die Inanspruchnahme der Applikation per se und damit für die Erfüllung eines Schuldverhältnisses der jeweiligen Art, hingegen nicht erforderlich.[785] Denn der Anbieter der Applikation benötigt weder

---

781 Für die zweite Ansicht muss eine abstrakt-wertende Betrachtung eines Schuldverhältnisses vorgenommen werden und sein wesentlicher Kern bzw. Sinn ermittelt werden, *Engeler*, ZD 2018, 55, 57.

782 Dies bejahend: Gierschmann/Schlender/Stentzel/Veil/*Assion/Nolte/Veil*, DS-GVO, Artikel 6, Rn. 90; Gola/*Schulz*, DS-GVO, Art. 6, Rn. 37. Anders: *Härting*, CR 2016, 735, 739. Siehe zudem: *Graf v. Westphalen/Wendehorst*, BB 2016, 2179, 2179; *EDPD*, Stellungnahme 2/2019, Rn. 16, 31; Simitis/Hornung/Spiecker gen. Döhmann/*Schantz*, DS-GVO/BDSG, Art. 6 Abs. 1, Rn. 32; *Heinzke/Engel*, ZD 2020, 189, 190.

783 Zu dem Thema personenbezogene Daten als „Entgelt" bzw. Gegenleistung: *Härting*, CR 2016, 735, 735; *Kugelmann*, DuD 2016, 566, 566; *Wendehorst/Graf v. Westphalen*, NJW 2016, 3745, 3749; *Sattler*, JZ 2017, 1036; Schantz/Wolff/*Wolff*, Das neue Datenschutzrecht, D. II., Rn. 544; *Specht*, JZ 2017, 763; *DSK*, Kurzpapier Nr. 3: Werbung, S. 2; Kühling/Buchner/*Buchner/Petri*, DS-GVO/BDSG, Art. 6, Rn. 41, Rn. 59; *Zdanowiecki*, DSRITB 2018, 559; Simitis/Hornung/Spiecker gen. Döhmann/*Schantz*, DS-GVO/BDSG, Art. 6 Abs. 1, Rn. 33.

784 Dieses Beispiel ist rein fiktiv.

785 Vgl. hierzu das Beispiel Standortdaten bei: Spindler/Schuster/*Spindler/Dalby*, Recht der elektr. Medien, Art. 6 DS-GVO, Rn. 7.

das Alter noch das Geschlecht des Nutzers, um diesem Bildschirmschoner auf dem TV-Bildschirm zur Verfügung zu stellen.

Dafür, auf das konkrete Vertragsverhältnis abzustellen, spricht bereits der Wortlaut des Art. 6 Abs. 1 UAbs. 1 lit. b DS-GVO. Dieser bezieht sich schließlich explizit auf den konkreten Vertrag mit der betroffenen Person und nicht objektiv auf die Erfüllung eines Schuldverhältnisses einer bestimmten Art. Zudem ist es insbesondere im Bereich internetbasierter Dienstleistungen schwierig, objektiv zu bestimmen, welche Datenverarbeitungen für die Erfüllung solch neuartiger Vertragsmodelle typischerweise erforderlich sind.[786]

Letztlich zeigen wesentliche Grundgedanken des Vertragsrechts, dass es auch im Rahmen der DS-GVO auf das konkrete Vertragsverhältnis ankommen muss. Schließlich hängt der Inhalt eines Vertrags nicht von objektiven Kriterien ab, sondern richtet sich nach dem individuellen Parteiwillen.[787] Die Parteien können die Leistungen und Gegenleistungen im Rahmen des vertraglich Zulässigen frei vereinbaren.[788] Es widerspräche wesentlichen Prinzipien des Privatrechts[789] die Erforderlichkeit einer Datenverarbeitung für die Erfüllung eines Vertrags nicht am konkreten Vertrag, sondern rein objektiv zu bestimmen. Privatrechtliche Prinzipien dürfen innerhalb des Datenschutzrechts jedoch nicht völlig außer Betracht bleiben.

Im Ergebnis ist die Erforderlichkeit einer Datenverarbeitung somit primär anhand des konkreten Vertragsverhältnisses zu beurteilen.[790]

---

786 *Sattler*, JZ 2017, 1036, 1040; Kühling/Buchner/*Buchner/Petri*, DS-GVO/BDSG, Art. 6, Rn. 40; *Indenhuck/Britz*, BB 2019, 1091, 1094; *Heinzke/Engel*, ZD 2020, 189, 190. Siehe zu diesem Problem der mangelnden Bestimmtheit im Detail: *Engeler*, ZD 2018, 55, 57.

787 So auch: *Indenhuck/Britz*, BB 2019, 1091, 1094.

788 *Engeler*, ZD 2018, 55, 58. Zur Vertragsgestaltungsfreiheit vgl. Säcker/Rixecker/Oetker/Limperg/*Busche*, MüKoBGB, Vor § 145, Rn. 24 ff.

789 Zur Privatautonomie vgl. Maunz/Dürig/*Di Fabio*, GG, Art. 2 Abs. 1, Rn. 101 ff.

790 So auch: *Albrecht/Jotzo*, Datenschutzrecht der EU, Teil 3, Rn. 43; Schantz/Wolff/*Wolff*, Das neue Datenschutzrecht, D. II., Rn. 544; *Engeler*, ZD 2018, 55, 57 f.; Gierschmann/Schlender/Stentzel/Veil/*Assion/Nolte/Veil*, DS-GVO, Artikel 6, Rn. 90; Gola/*Schulz*, DS-GVO, Art. 6, Rn. 37; Simitis/Hornung/Spiecker gen. Döhmann/*Schantz*, DS-GVO/BDSG, Art. 6 Abs. 1, Rn. 25, Rn. 29.; Taeger/Gabel/*Taeger*, DSGVO/BDSG, Art. 6, Rn. 54. In andere Richtung tendierend: Kühling/Buchner/*Buchner/Petri*, DS-GVO/BDSG, Art. 6, Rn. 39 f., 42 ff., denen es vor allem auf die „vertragscharakteristische Leistung", d.h. den „eigentlichen Kern" eines Vertrags ankommt. Für eine objektive Beurteilung sind zudem: *Gierschmann*, MMR 2018, 7, 8.; *Golland*, MMR 2018, 130, 130 f. Bei Online-Diensten hänge die Erforderlichkeit objektiv von der Art des erbrachten Dienstes ab: Kühling/Buchner/*Buchner/Petri*, DS-GVO/BDSG, Art. 6, Rn. 62; *EDPD*, Stellungnahme 2/2019, Rn. 57.

Allerdings darf der konkret vereinbarte Vertrag nicht das Maß aller Dinge sein.[791] Sofern ermittelt wurde, welche Datenverarbeitungen für die Erfüllung des konkreten Vertrags erforderlich sind, sollte in einem zweiten Schritt ergänzend überprüft werden, ob derartige Datenverarbeitungen für das Schuldverhältnis der jeweiligen Art objektiv erforderlich sein könnten.[792] Ist dies nicht der Fall, sollte untersucht werden, ob die Datenverarbeitung zuvorderst der Befriedigung kommerzieller Interessen des Verantwortlichen dient.[793] Besitzen die personenbezogenen Daten Entgeltcharakter, d.h. „bezahlt" die betroffene Person für die Inanspruchnahme einer Dienstleistung mit ihren personenbezogenen Daten, ist die Erforderlichkeit in Art. 6 Abs. 1 UAbs. 1 lit. b DS-GVO restriktiv auszulegen.[794] Sofern die insoweit stattfindenden Datenverarbeitungen für das jeweilige Schuldverhältnis, beispielsweise die Erbringung eines Online-Diensts, in keiner Weise notwendig sind und sie zu diesem in keinerlei Zusammenhang stehen, ist die Norm teleologisch zu reduzieren.[795] Sinn und Zweck

---

791 So auch: Kühling/Buchner/*Buchner/Petri*, DS-GVO/BDSG, Art. 6, Rn. 39, 62; *EDPD*, Stellungnahme 2/2019, Rn. 23.

792 Das Vertragsverhältnis der jeweiligen Art beziehen ebenfalls: Simitis/Hornung/Spiecker gen. Döhmann/*Schantz*, DS-GVO/BDSG, Art. 6 Abs. 1, Rn. 32; *EDPD*, Stellungnahme 2/2019, Rn. 33 mit ein.

793 Zum Beispiel die Nutzung der Daten für Schaltung von personalisierter Werbung oder der Verkauf von Daten an Dritte.

794 Ähnlich: Simitis/Hornung/Spiecker gen. Döhmann/*Schantz*, DS-GVO/BDSG, Art. 6 Abs. 1, Rn. 33. Für eine restriktive Auslegung sind generell: *Art.-29-Gruppe*, WP 217, S. 21; *Langhanke/Schmidt-Kessel*, EuCML 2015, 218, 220; *Albrecht/Jotzo*, Datenschutzrecht der EU, Teil 3, Rn. 44; *Sattler*, JZ 2017, 1036, 1046; *Art.-29-Gruppe*, WP 259, S. 9; *Gierschmann*, MMR 2018, 7, 8; Hoeren/Sieber/Holznagel/*Uphues*, Handbuch Multimedia-Recht, Teil 15.3, Rn. 47; Kühling/Buchner/*Buchner/Petri*, DS-GVO/BDSG, Art. 6, Rn. 26, 41; Simitis/Hornung/Spiecker gen. Döhmann/*Schantz*, DS-GVO/BDSG, Art. 6 Abs. 1, Rn. 33; Spindler/Schuster/*Spindler/Dalby*, Recht der elektr. Medien, Art. 6 DS-GVO, Rn. 6; *EDPD*, Stellungnahme 2/2019, Rn. 37; *Heinzke/Engel*, ZD 2020, 189, 190.; *Specht-Riemenschneider ua*, Stellungnahme: Grundlegung einer verbrauchergerechten Regulierung, S. 26 f.; *Bundeskartellamt*, Sektoruntersuchung Smart-TV, S. 116 ff.

795 Für eine teleologische Reduktion sind auch: *Wendehorst/Graf v. Westphalen*, NJW 2016, 3745, 3747; *Hennemann*, ZUM 2017, 544, 546; Hoeren/Sieber/Holznagel/*Uphues*, Handbuch Multimedia-Recht, Teil 15.3, Rn. 48. Die Erforderlichkeit in derartigen Fällen ebenfalls ablehnend: Kühling/Buchner/*Buchner/Petri*, DS-GVO/BDSG, Art. 6, Rn. 40 ff.; Simitis/Hornung/Spiecker gen. Döhmann/*Schantz*, DS-GVO/BDSG, Art. 6 Abs. 1, Rn. 33.; *Heinzke/Engel*, ZD 2020, 189, 192. a.A. Schantz/Wolff/*Wolff*,

des Art. 6 Abs. 1 UAbs. 1 lit. b DS-GVO ist es nicht, personenbezogene Daten des Nutzers als vertragliche Gegenleistung zu etablieren.[796] Fungieren die personenbezogenen Daten als vertragliches Entgelt, ist die Privilegierung des Art. 6 Abs. 1 UAbs. 1 lit. b DS-GVO nicht gerechtfertigt.[797] Der Grund für die Privilegierungswirkung dieses Erlaubnistatbestands ist, dass zivilrechtliche Verträge auf einer autonomen Entscheidung des Betroffenen beruhen.[798] Entschließt sich eine Person freiwillig für den Abschluss eines solchen Vertrags, müssen damit zwangsläufig einhergehende Datenverarbeitungen möglich sein.[799]

Die Hergabe von Daten gegen die Inanspruchnahme einer internetbasierten Leistung beruht in der Realität jedoch gerade nicht auf einer privatautonomen Entscheidung des Betroffenen. Dieser macht sich über die Tragweite seiner Willenserklärung keine Gedanken, wenn er in der digitalen Onlinewelt wahllos auf *„Ich stimme zu"* klickt und im Gegenzug scheinbar kostenlose Leistungen erhält.[800] Ihm ist nicht bewusst, dass er die Anwendung lediglich umsonst nutzen darf, weil er dafür seine personenbezogenen Daten hergibt. Das Bewusstsein, mit einer Gegenleistung zu bezahlen, besteht regelmäßig nur dort, wo der Nutzer für kostenpflichtige Angebote ein monetäres Entgelt zahlen muss.[801]

Zudem hat der Nutzer in der Regel keine andere Wahl, als den Datenaustauschvertrag einzugehen.[802] Möchte er verhindern, dass seine personenbezogenen Daten verarbeitet werden, obwohl sie für die Nutzung des Diensts objektiv gar nicht erforderlich sind, bleibt ihm allein die Möglichkeit auf dessen Nutzung

---

Das neue Datenschutzrecht, D. II., Rn. 544; *DSK*, Kurzpapier Nr. 3: Werbung, S. 2; *Indenhuck/Britz*, BB 2019, 1091, 1095.

796 In diese Richtung auch: *Faust*, in: *Ständige Deputation des Deutschen Juristentages* (Hrsg.), Gutachten: Digitale Wirtschaft, 1, 20 f.

797 *Wendehorst/Graf v. Westphalen*, NJW 2016, 3745, 3747; Hoeren/Sieber/Holznagel/*Uphues*, Handbuch Multimedia-Recht, Teil 15.3, Rn. 48.

798 *Tavanti*, RDV 2016, 295, 295; Gola/*Schulz*, DS-GVO, Art. 6, Rn. 27; Kühling/Buchner/*Buchner/Petri*, DS-GVO/BDSG, Art. 6, Rn. 26; Simitis/Hornung/Spiecker gen. Döhmann/*Schantz*, DS-GVO/BDSG, Art. 6 Abs. 1, Rn. 15.; *Heinzke/Engel*, ZD 2020, 189, 189.

799 *Faust*, in: *Ständige Deputation des Deutschen Juristentages* (Hrsg.), Gutachten: Digitale Wirtschaft, 1, 20; Simitis/Hornung/Spiecker gen. Döhmann/*Schantz*, DS-GVO/BDSG, Art. 6 Abs. 1, Rn. 15.

800 Vgl. hierzu: *Wendehorst/Graf v. Westphalen*, NJW 2016, 3745, 3746.

801 In diese Richtung auch: *Wendehorst/Graf v. Westphalen*, NJW 2016, 3745, 3746.

802 *Bräutigam*, MMR 2012, 635, 640; *Graf v. Westphalen/Wendehorst*, BB 2016, 2179, 2180; *Wendehorst/Graf v. Westphalen*, NJW 2016, 3745, 3746; *Golland*, MMR 2018, 130, 130.

gänzlich zu verzichten. In einer solchen „take it or leave it"-Situation[803] kann von einem freiwilligen, autonomen Vertragsschluss nicht die Rede sein.

Diese Überlegungen sprechen gegen eine Anwendung des Art. 6 Abs. 1 UAbs. 1 lit. b DSGVO auf kostenlose Online-Dienstleistungen, bei denen die personenbezogenen Daten des Nutzers als Entgelt fungieren.[804] Folglich muss der Verantwortliche für derartige Dienstleistungen eine Einwilligung des Betroffenen einholen.[805] Auf diese Weise werden die besonderen Anforderungen und Schutzmechanismen, die der Gesetzgeber an die Einholung einer Einwilligung stellt, nicht umgangen.[806]

Ein schnelles und unüberlegtes Klickverhalten im World Wide Web führt häufig zu ungewollten Datenverarbeitungen. Dabei erkennt der Nutzer meistens erst nach seinem Klick die Tragweite seiner Handlung. Der Weg über die Einwilligung schützt den Betroffenen in solchen Fällen, indem er ihm u.a. die Möglichkeit eröffnet, sich auf einfache Weise von den zugestimmten

---

803 *Bräutigam*, MMR 2012, 635, 640.

804 Gegen eine Anwendung sind auch: *Faust*, in: *Ständige Deputation des Deutschen Juristentages* (Hrsg.), Gutachten: Digitale Wirtschaft, 1, 20; *Albrecht/Jotzo*, Datenschutzrecht der EU, Teil 3, Rn. 44; *EDPD*, Stellungnahme 2/2019, Rn. 37; Spindler/Schuster/*Spindler/Dalby*, Recht der elektr. Medien, Art. 6 DS-GVO, Rn. 6; *Leinemann*, Personenbezogene Daten als Entgelt, S. 182. A.A. Schantz/Wolff/*Wolff*, Das neue Datenschutzrecht, D. II., Rn. 544; *Zdanowiecki*, DSRITB 2018, 559, 566. Zum BDSG bereits: *Bräutigam*, MMR 2012, 635, 640.

805 *Art.-29-Gruppe*, WP 217, S. 24; *Langhanke/Schmidt-Kessel*, EuCML 2015, 218, 220; *Graf v. Westphalen/Wendehorst*, BB 2016, 2179, 2187; *Wendehorst/Graf v. Westphalen*, NJW 2016, 3745, 3749; *Sattler*, JZ 2017, 1036, 1040; Schantz/Wolff/*Wolff*, Das neue Datenschutzrecht, D. II., Rn. 473; Kühling/Buchner/*Buchner/Petri*, DS-GVO/BDSG, Art. 6, Rn. 41; Simitis/Hornung/Spiecker gen. Döhmann/*Schantz*, DS-GVO/BDSG, Art. 6 Abs. 1, Rn. 33; *Leinemann*, Personenbezogene Daten als Entgelt, S. 182. Auch *Albrecht/Jotzo*, Datenschutzrecht der EU, Teil 3, Rn. 44 sehen die Möglichkeit eine Einwilligung einzuholen, fordern aber für den Nutzer neben der Erteilung einer Einwilligung in die Datenverarbeitung eine weitere Alternative. A.A. *Härting*, CR 2016, 735, 739; *Tavanti*, RDV 2016, 295, 296; Schantz/Wolff/*Wolff*, Das neue Datenschutzrecht, D. II., Rn. 544. Wohl ebenso: *DSK*, Kurzpapier Nr. 3: Werbung, S. 2.

806 *Faust*, in: *Ständige Deputation des Deutschen Juristentages* (Hrsg.), Gutachten: Digitale Wirtschaft, 1, 21; *Graf v. Westphalen/Wendehorst*, BB 2016, 2179, 2179, 2185; *Wendehorst/Graf v. Westphalen*, NJW 2016, 3745, 3747; Kühling/Buchner/*Buchner/Petri*, DS-GVO/BDSG, Art. 6, Rn. 26, 41; Simitis/Hornung/Spiecker gen. Döhmann/*Schantz*, DS-GVO/BDSG, Art. 6 Abs. 1, Rn. 33.

Datenverarbeitungen zu lösen.[807] Damit ist die Einwilligung insbesondere bei kostenlosen Online-Dienstleistungen das adäquate Mittel.[808]

Ein weiteres Argument gegen die Anwendung des Art. 6 Abs. 1 UAbs. 1 lit. b DS-GVO auf Fälle, in denen personenbezogene Daten als Entgelt fungieren, ist, dass die Norm ursprünglich der Datenschutz-Richtlinie aus dem Jahr 1995 entstammt. Diese kannte derartige Geschäftsmodelle noch nicht. Aufgrund dessen zielte Art. 7 lit. b der Datenschutz-Richtlinie ursprünglich auf Datenverarbeitungen ab, die akzessorisch zur Erfüllung der vertraglich vereinbarten Leistung stattfinden.[809] Die Datenverarbeitung als Hauptleistung des Vertrags hatte die Richtlinie dagegen nicht im Blick. Es ist nicht ersichtlich, dass sich unter der DS-GVO an diesem Verständnis etwas ändern sollte.[810] Andernfalls hätte der Gesetzgeber den Art. 6 Abs. 1 UAbs. 1 lit. b DS-GVO anders gefasst als zuvor unter der Datenschutz-Richtlinie.

Folglich greift der Erlaubnistatbestand zur Vertragserfüllung typischerweise in Fällen wie dem Kauf eines Smart-TVs über das Internet. Insoweit benötigt der Online-Händler ohne Zweifel personenbezogene Daten, wie den Namen und

---

807 Der Nutzer kann seine Einwilligung jederzeit widerrufen (Art. 7 Abs. 3 DS-GVO), was zu einer Löschpflicht für den Verantwortlichen führt (Art. 17 Abs. 1 lit. b DS-GVO). Zu den weiteren Rechtsfolgen der Einwilligung siehe: *Wendehorst/Graf v. Westphalen*, NJW 2016, 3745, 3747.

808 Allerdings treten im Zusammenhang mit der Einwilligung im kostenlosen Online-Bereich Probleme auf. Insbesondere stellt sich die Frage, ob eine Einwilligung in sog. „take it or leave it"-Situationen freiwillig erteilt werden kann. Zu dieser Problematik siehe: Kap. 4 F. I. 3. a) (1).
Zu dem Problem, ob das Datenschutzrecht das Privatrecht einschränken darf sowie zu dem Verhältnis der beiden Rechtsbereiche vgl. im Detail: *Graf v. Westphalen/Wendehorst*, BB 2016, 2179; *Wendehorst/Graf v. Westphalen*, NJW 2016, 3745; *Indenhuck/Britz*, BB 2019, 1091.

809 Im Zusammenhang mit § 28 Abs. 1 Satz 1 Nr. 1 BDSG a.F. spricht *Faust*, in: *Ständige Deputation des Deutschen Juristentages* (Hrsg.), Gutachten: Digitale Wirtschaft, 1, 20 davon, dass „*die Abwicklung von Verträgen ohne besondere Einwilligung ermöglicht werden soll, die ohne Verarbeitung von Daten nicht sachgerecht abgewickelt werden können*".

810 Auch Paal/Pauly/*Frenzel*, DS-GVO, Art. 6, Rn. 13; Simitis/Hornung/Spiecker gen. Döhmann/*Schantz*, DS-GVO/BDSG, Art. 6 Abs. 1, Rn. 33 gehen davon aus, dass die Norm lediglich Datenverarbeitungen meint, die akzessorisch zur Hauptleistung erfolgen.

die Lieferadresse des Kunden, um die Hauptleistung des Kaufvertrags, d.h. die Übergabe des TV-Geräts, erfüllen zu können.[811]

Im Zusammenhang mit Onlineangeboten sind personenbezogene Daten zur Vertragserfüllung erforderlich, wenn der Anbieter das Angebot gegen ein Entgelt erbringt. In diesem Fall benötigt der Anbieter die Zahlungsdaten der betroffenen Person.[812] Zudem kann für bestimmte Angebote auf dem Smart-TV die Angabe des Alters der betroffenen Person erforderlich sein;[813] etwa, wenn das Angebot einer bestimmten Altersfreigabe unterliegt. Allerdings genügt hier regelmäßig die Bestätigung der Volljährigkeit. Ein Geburtsdatum muss der Nutzer nicht angeben.[814]

2. Berechtigte Interessen, Art. 6 Abs. 1 UAbs. 1 lit. f DS-GVO

Art. 6 Abs. 1 UAbs. 1 lit. f DSGVO stellt eine zentrale Abwägungsnorm der DS-GVO dar. Danach ist die Datenverarbeitung rechtmäßig, wenn sie zur Wahrung berechtigter Interessen des Verantwortlichen oder eines Dritten erforderlich ist, sofern nicht Interessen oder Grundrechte und Grundfreiheiten der betroffenen Person überwiegen. Folglich sind die Interessen des Verantwortlichen bzw. eines Dritten mit denen der betroffenen Person abzuwägen. Dabei ist die Einschlägigkeit des Erlaubnistatbestands anhand einer dreistufigen Prüfung zu ermitteln: Erstens ist das berechtigte Interesse des Verantwortlichen oder eines Dritten zu identifizieren. Zweitens muss die Datenverarbeitung erforderlich sein, um dieses Interesse zu wahren und drittens dürfen die entgegenstehenden Interessen oder Grundrechte und Grundfreiheiten der betroffenen Person nicht überwiegen.[815] Mithin ist erst auf der dritten Stufe eine Abwägung im konkreten Einzelfall vorzunehmen.

---

811 Die Verarbeitung von Daten, ohne die der Kaufvertrag gar nicht erfüllt werden könnte, kann unstreitig auf Art. 6 Abs. 1 UAbs. 1 lit. b DS-GVO gestützt werden, *Bundeskartellamt,* Sektoruntersuchung Smart-TV, S. 116.

812 *Art.-29-Gruppe,* WP 217, S. 21; Kühling/Buchner/*Buchner/Petri,* DS-GVO/BDSG, Art. 6, Rn. 63; Simitis/Hornung/Spiecker gen. Döhmann/*Schantz,* DS-GVO/BDSG, Art. 6 Abs. 1, Rn. 34.

813 Zur Angabe des Alters allgemein: Gola/*Schulz,* DS-GVO, Art. 6, Rn. 38; Kühling/Buchner/*Buchner/Petri,* DS-GVO/BDSG, Art. 6, Rn. 63; Taeger/Gabel/*Taeger,* DSGVO/BDSG, Art. 6, Rn. 55.

814 Simitis/Hornung/Spiecker gen. Döhmann/*Schantz,* DS-GVO/BDSG, Art. 6 Abs. 1, Rn. 34.

815 *DSK,* Orientierungshilfe für Anbieter von Telemedien, S. 11.

Das berechtigte Interesse des Verantwortlichen oder eines Dritten ist weit zu verstehen und kann rechtlicher, wirtschaftlicher oder ideeller Natur sein.[816] Allerdings muss das Interesse von der Rechtsordnung gebilligt sein.[817] Als berechtigte bzw. mögliche berechtigte Interessen nennt die DS-GVO beispielhaft die Betrugsprävention[818], die Gewährleistung von Netz- und Informationssicherheit,[819] beispielsweise durch die Abwehr von Angriffen auf IT- und elektronische Kommunikationssysteme,[820] oder die Direktwerbung[821]. Daneben können gegebenenfalls andere Formen von Werbung zumindest auf der ersten Stufe ein berechtigtes Interesse darstellen.[822]

Das Vorliegen eines solchen Interesses genügt, wie bereits erläutert, allein aber nicht, damit der Erlaubnistatbestand seine Legitimationswirkung entfaltet. Die Datenverarbeitung muss zur Wahrung dieses Interesses zudem erforderlich sein. Die *Datenschutzkonferenz*[823] verlangt für die Erforderlichkeit, dass die Verarbeitung geeignet ist, das Interesse des Verantwortlichen zu erreichen, wobei kein milderes, gleich effektives Mittel zur Verfügung stehen darf.[824] In diesem Sinne

---

816 *Art.-29-Gruppe,* WP 217, S. 31; Schantz/Wolff/*Wolff,* Das neue Datenschutzrecht, D. II., Rn. 643; Gola/*Schulz,* DS-GVO, Art. 6, Rn. 57; Kühling/Buchner/*Buchner/Petri,* DS-GVO/BDSG, Art. 6, Rn. 146a; Paal/Pauly/*Frenzel,* DS-GVO, Art. 6, Rn. 28; *DSK,* Orientierungshilfe für Anbieter von Telemedien, S. 11; Simitis/Hornung/Spiecker gen. Döhmann/*Schantz,* DS-GVO/BDSG, Art. 6 Abs. 1, Rn. 98; Brink/Wolff/*Albers/Veit,* BeckOK DSR, DS-GVO, Art. 6, Rn. 49.

817 *Art.-29-Gruppe,* WP 217, S. 32; Schantz/Wolff/*Wolff,* Das neue Datenschutzrecht, D. II., Rn. 643; Ehmann/Selmayr/*Heberlein,* DS-GVO, Art. 6, Rn. 25; Simitis/Hornung/Spiecker gen. Döhmann/*Schantz,* DS-GVO/BDSG, Art. 6 Abs. 1, Rn. 98; Spindler/Schuster/*Spindler/Dalby,* Recht der elektr. Medien, Art. 6 DS-GVO, Rn. 14; Taeger/Gabel/*Taeger,* DSGVO/BDSG, Art. 6, Rn. 107.

818 ErwG 47 Satz 6 DS-GVO.

819 ErwG 49 Satz 1 DS-GVO.

820 ErwG 49 Satz 2 DS-GVO.

821 ErwG 47 Satz 7 DS-GVO.

822 *Art.-29-Gruppe,* WP 217, S. 32; Jandt/Steidle/*Aßmus,* Datenschutz im Internet, B. III. 7. Social Networks, Rn. 227; Sydow/*Reimer,* DSGVO, Art. 4 Nr. 2, Rn. 55; *DSK,* Orientierungshilfe für Anbieter von Telemedien, Anhang I, I.

823 Die *Datenschutzkonferenz* besteht aus den unabhängigen Datenschutzbehörden des Bundes und der Länder. Sie veröffentlicht regelmäßig Entschließungen, Beschlüsse, Orientierungshilfen, o.ä. zum Umgang mit dem Datenschutzrecht.

824 So wörtlich: *DSK,* Orientierungshilfe für Anbieter von Telemedien, S. 13. In diese Richtung auch: *Art.-29-Gruppe,* WP 217, S. 37; Schantz/Wolff/*Wolff,* Das neue Datenschutzrecht, D. II., Rn. 646 f.; Simitis/Hornung/Spiecker gen. Döhmann/*Schantz,*

gilt, dass unter gleich geeigneten Mitteln stets die datenschutzfreundlichste Alternative gewählt werden muss. Eine Reichweitenmessung auf einer Homepage unter der Einschaltung externer Dienstleister sei beispielsweise nicht erforderlich, um das Interesse des Diensteanbieters an der Optimierung seines Angebots zu wahren.[825] Schließlich könne der Anbieter eine Reichweitenmessung autark, und damit datenschutzfreundlicher, ausgestalten.

In dem letzten Prüfungsschritt sind die Interessen des Verantwortlichen bzw. des Dritten mit denen der betroffenen Person im Einzelfall abzuwägen.[826] Dabei sind die zu berücksichtigenden Interessen des Betroffenen weit zu verstehen.[827] Insbesondere Grundrechte können den Schutz personenbezogener Daten erfordern.[828] Hierzu zählt vor allem das informationelle Selbstbestimmungsrecht der betroffenen Person.[829] Auf europäischer Ebene verfolgt Art. 8 Charta der Grundrechte der Europäischen Union (GRCh) einen ähnlichen Schutzzweck. Dieses Grundrecht normiert explizit das Recht auf Schutz personenbezogener Daten und nimmt damit eine wichtige Rolle in der Abwägung ein.[830] Generell ist das allgemeine Persönlichkeitsrecht auf Seiten des Betroffenen zu beachten.[831]

DS-GVO/BDSG, Art. 6 Abs. 1, Rn. 100; Taeger/Gabel/*Taeger*, DSGVO/BDSG, Art. 6, Rn. 112.; *Bundeskartellamt*, Sektoruntersuchung Smart-TV, S. 121.

825 *DSK*, Orientierungshilfe für Anbieter von Telemedien, S. 13.

826 Vgl. im Detail zu der Interessenabwägung im Einzelfall: *Art.-29-Gruppe*, WP 217, S. 39 ff.; *DSK*, Orientierungshilfe für Anbieter von Telemedien, S. 11 ff.

827 *Art.-29-Gruppe*, WP 217, S. 38; Simitis/Hornung/Spiecker gen. Döhmann/*Schantz*, DS-GVO/BDSG, Art. 6 Abs. 1, Rn. 101.

828 Die in der Charta der Grundrechte der Europäischen Union niedergelegten Grundrechte genießen gegenüber den Grundrechte des GG Vorrang, *EuGH*, Urt. v. 26.2.2013, C-617/10, ECLI:EU:C:2013:105, Rn. 29 – *Åkerberg Fransson*. Vgl. zu dieser Materie auch: *BVerfG*, Beschl. v. 06.11.2019, 1 BvR 276/17, *Recht auf Vergessen II*, NJW 2020, 314, Rn. 44 ff.

829 Das Recht auf informationelle Selbstbestimmung aus Art. 2 Abs. 1 i.V.m. Art. 1 Abs. 1 GG ist eine Ausprägung des allgemeinen Persönlichkeitsrechts, siehe Kap. 4 A.

830 Ehmann/Selmayr/*Heberlein*, DS-GVO, Art. 6, Rn. 28; Gola/*Schulz*, DS-GVO, Art. 6, Rn. 59; Plath/*Plath*, DSGVO/BDSG, Artikel 6, Rn. 56; Sydow/*Reimer*, DSGVO, Art. 6, Rn. 60; *DSK*, Orientierungshilfe für Anbieter von Telemedien, S. 13; Taeger/Gabel/*Taeger*, DSGVO/BDSG, Art. 6, Rn. 114. Für das Recht auf informationelle Selbstbestimmung siehe: Kühling/Buchner/*Buchner/Petri*, DS-GVO/BDSG, Art. 6, Rn. 148; Plath/*Plath*, DSGVO/BDSG, Artikel 6, Rn. 56.

831 Schantz/Wolff/*Wolff*, Das neue Datenschutzrecht, D. II., Rn. 653; Kühling/Buchner/*Buchner/Petri*, DS-GVO/BDSG, Art. 6, Rn. 148.

Art. 7 GRCh garantiert insoweit die Achtung des Privat- und Familienlebens, was auch die Vertraulichkeit der Kommunikation umfasst, europarechtlich.[832]

Neben den Grundrechten sind weitere Interessen der betroffenen Person in die Abwägung einzubeziehen.[833] So sind jegliche Auswirkungen der Datenverarbeitung auf die betroffene Person vollumfänglich zu berücksichtigen.[834] Beispielsweise hat der Betroffene ein Interesse daran, durch die Datenverarbeitung keine wirtschaftlichen Nachteile zu erleiden.[835]

Weiter fließen in die Abwägung Faktoren[836] wie die Art, der Umfang und die Aussagekraft der personenbezogenen Daten, die Art und Weise der Datenverarbeitung sowie der Zweck der Verarbeitung ein.[837] Überdies sind nach ErwG 47 DSGVO die vernünftigen Erwartungen der betroffenen Person von Relevanz. Ist für diese eine Verarbeitung personenbezogener Daten in keiner Weise absehbar, spricht dieser Umstand für das Überwiegen des Betroffeneninteresses.[838] Erhebt beispielsweise eine Applikation auf dem SmartTV personenbezogene Daten, die für die Erbringen des Online-Diensts keineswegs erforderlich sind, ist diese

832 Ehmann/Selmayr/*Heberlein,* DS-GVO, Art. 6, Rn. 28; Plath/*Plath,* DSGVO/BDSG, Artikel 6, Rn. 56; *DSK,* Orientierungshilfe für Anbieter von Telemedien, S. 13; Taeger/Gabel/*Taeger,* DSGVO/BDSG, Art. 6, Rn. 114.

833 *Art.-29-Gruppe,* WP 217, S. 38; Ehmann/Selmayr/*Heberlein,* DS-GVO, Art. 6, S. 28; Kühling/Buchner/*Buchner/Petri,* DS-GVO/BDSG, Art. 6, Rn. 148a; *DSK,* Orientierungshilfe für Anbieter von Telemedien, S. 13; Simitis/Hornung/Spiecker gen. Döhmann/*Schantz,* DS-GVO/BDSG, Art. 6 Abs. 1, Rn. 101; Taeger/Gabel/*Taeger,* DSGVO/BDSG, Art. 6, Rn. 121.

834 *Art.-29-Gruppe,* WP 217, S. 47; Schantz/Wolff/*Wolff,* Das neue Datenschutzrecht, D. II., Rn. 653; Ehmann/Selmayr/*Heberlein,* DS-GVO, Art. 6, Rn. 28; Gola/*Schulz,* DS-GVO, Art. 6, Rn. 59; Kühling/Buchner/*Buchner/Petri,* DS-GVO/BDSG, Art. 6, Rn. 148a; *DSK,* Orientierungshilfe für Anbieter von Telemedien, S. 14; Simitis/Hornung/Spiecker gen. Döhmann/*Schantz,* DS-GVO/BDSG, Art. 6 Abs. 1, Rn. 107.

835 Kühling/Buchner/*Buchner/Petri,* DS-GVO/BDSG, Art. 6, Rn. 148a; *DSK,* Orientierungshilfe für Anbieter von Telemedien, S. 13; Simitis/Hornung/Spiecker gen. Döhmann/*Schantz,* DS-GVO/BDSG, Art. 6 Abs. 1, Rn. 101.

836 Siehe zu den Abwägungsfaktoren im Detail: *DSK,* Orientierungshilfe für Anbieter von Telemedien, S. 16 ff.

837 *Art.-29-Gruppe,* WP 217, S. 49 ff.; Schantz/Wolff/*Wolff,* Das neue Datenschutzrecht, D. II., Rn. 654; Gola/*Schulz,* DS-GVO, Art. 6, Rn. 59; Kühling/Buchner/*Buchner/Petri,* DS-GVO/BDSG, Art. 6, Rn. 149 ff.; Simitis/Hornung/Spiecker gen. Döhmann/*Schantz,* DS-GVO/BDSG, Art. 6 Abs. 1, Rn. 105 ff.; Taeger/Gabel/*Taeger,* DSGVO/BDSG, Art. 6, Rn. 122.; Brink/Wolff/*Albers/Veit,* BeckOK DSR, DS-GVO, Art. 6, Rn. 53.

838 Vgl. ErwG 47 Satz 4 DS-GVO.

Verarbeitung für die betroffene Person vernünftigerweise nicht zu erwarten.[839] Derartige Datenverarbeitungsvorgänge können somit in der Regel nicht über Art. 6 Abs. 1 UAbs. 1 lit. f DSGVO gerechtfertigt werden.

Letztendlich ist eine umfassende Abwägung im Einzelfall vorzunehmen. Sind von einer Datenverarbeitung allerdings eine Vielzahl von Personen betroffen, was bei Smart-TV meistens der Fall sein wird, genügt eine summarische Prüfung der Interessen der relevanten Betroffenengruppe.[840] Die Interessen jedes einzelnen Individuums können nicht im Einzelfall herauskristallisiert werden; maßgeblich sind daher die objektivierbaren Interessen der Gruppe.[841] Überwiegen im Ergebnis die Interessen der betroffenen Personen, kann der Verantwortliche den Datenverarbeitungsvorgang nicht auf Art. 6 Abs. 1 UAbs. 1 lit. f DSGVO stützen.[842]

Gerade bei den Datenverarbeitungsvorgängen im Zusammenhang mit Smart-TV werden die Interessen der Nutzer regelmäßig überwiegen, sodass der Erlaubnistatbestand des Art. 6 Abs. 1 UAbs. 1 lit. f DSGVO selten greift. Hierfür spricht bereits, dass die verantwortlichen Akteure mit der Datenverarbeitung häufig wirtschaftliche Interessen verfolgen, welche im Rahmen der Abwägung jedoch keinen hohen Stellenwert genießen.[843] Auf der anderen Seite haben die Interessen der betroffenen Person bei der Nutzung smarter Alltagsgeräte ein hohes Gewicht.[844] Schließlich dienen ein Smart-TV und die sich darauf befindenden Angebote primär der persönlichen Freizeitgestaltung. Hinzu kommt, dass sich der Nutzer in räumlicher Hinsicht in seiner Privatsphäre befindet. In diesem Umfeld fühlt sich der Zuschauer sicher und rechnet nicht mit einer

---

839 Vgl. zu Smartphone-Apps: Spindler/Schuster/*Spindler/Dalby,* Recht der elektr. Medien, Art. 6 DS-GVO, Rn. 19.

840 *Schaffland,* NJW 2002, 1539, 1542; Gola/*Schulz,* DS-GVO, Art. 6, Rn. 59.

841 Taeger/Gabel/*Taeger,* DSGVO/BDSG, Art. 6, Rn. 113.

842 Überwiegt das Interesse der betroffenen Person nicht, sondern sind die Interessen beider Seiten gleichwertig, so darf eine Verarbeitung auf Art. 6 Abs. 1 UAbs. 1 lit. f DS-GVO gestützt werden, Gola/*Schulz,* DS-GVO, Art. 6, Rn. 58; Sydow/*Reimer,* DSGVO, Art. 4 Nr. 2, Rn. 63; Taeger/Gabel/*Taeger,* DSGVO/BDSG, Art. 6, Rn. 119.

843 *Art.-29-Gruppe,* WP 217, S. 31; Schantz/Wolff/*Wolff,* Das neue Datenschutzrecht, D. II., Rn. 659; Simitis/Hornung/Spiecker gen. Döhmann/*Schantz,* DS-GVO/BDSG, Art. 6 Abs. 1, Rn. 106, 121.

844 Vgl. hierzu: auch: *EAI,* Smart-TV, S. 66; Simitis/Hornung/Spiecker gen. Döhmann/*Schantz,* DS-GVO/BDSG, Art. 6 Abs. 1, Rn. 109 f.

permanenten Datenerfassung.[845] Gerade Alltagsgegenständen, wie dem privaten Fernsehgerät, schenkt der Konsument ein erhöhtes Vertrauen.[846] Aufgrund dessen überwiegen oftmals die Interessen der Nutzer.

Ein anderes Ergebnis kann die Abwägung hingegen bei Datenverarbeitungen zu Zwecken der IT-Sicherheit des Geräts ergeben.[847]

3. Einwilligung, Art. 6 Abs. 1 UAbs. 1 lit. a DSGVO

Neben dem Erlaubnistatbestand zur Vertragserfüllung und der Erlaubnis aufgrund einer Interessenabwägung dürfte die Einwilligung nach Art. 6 Abs. 1 UAbs. 1 lit. a DSGVO für die Verantwortlichen bei SmartTV von herausragender Bedeutung sein.[848] Die Einwilligung ist Ausdruck des informationellen Selbstbestimmungsrechts der betroffenen Person.[849] Dieses Recht schützt den Einzelnen nicht nur vor ungewollten Verarbeitungen seiner personenbezogenen Daten, sondern gibt ihm auf der anderen Seite die Freiheit grundsätzlich selbst über die Preisgabe seiner Daten zu bestimmen.[850] Die datenschutzrechtliche Einwilligung ermöglicht einer Person Informationen über sich freiwillig und autonom zu offenbaren, wodurch diese in die Lage versetzt

---

845 *EAI,* Smart-TV, S. 66; Schantz/Wolff/*Wolff,* Das neue Datenschutzrecht, D. II., Rn. 670; *Johannes,* ZD-Aktuell 2019, 6821, 66; Simitis/Hornung/Spiecker gen. Döhmann/*Schantz,* DS-GVO/BDSG, Art. 6 Abs. 1, Rn. 121.

846 Schantz/Wolff/*Wolff,* Das neue Datenschutzrecht, D. II., Rn. 670; Simitis/Hornung/Spiecker gen. Döhmann/*Schantz,* DS-GVO/BDSG, Art. 6 Abs. 1, Rn. 121.

847 Siehe hierzu: Kap. 4 F. II. 4. a)

848 Für weitergehende Details zur Einwilligung vgl. insbesondere die Leitlinien der *Artikel-29-Datenschutzgruppe*: *Art.-29-Gruppe,* WP 259. Diese wurden jüngst durch den *EDSA* bestätigt und teilweise ergänzt: *EDPD,* Stellungnahme 5/2020.

849 Gola/*Schulz,* DS-GVO, Art. 6, Rn. 21; Kühling/Buchner/*Buchner/Kühling,* DS-GVO/BDSG, Art. 4 Nr. 11, Rn. 5; Kühling/Buchner/*Buchner/Petri,* DS-GVO/BDSG, Art. 6, Rn. 17; Simitis/Hornung/Spiecker gen. Döhmann/*Albrecht,* DS-GVO/BDSG, Einführung zu Art. 6, Rn. 4; Simitis/Hornung/Spiecker gen. Döhmann/*Schantz,* DS-GVO/BDSG, Art. 6 Abs. 1, Rn. 3; Taeger/Gabel/*Taeger,* DSGVO/BDSG, Art. 6, Rn. 26.

850 *BVerfG,* Urt. v. 15.12.1983, 1 BvR 209/83 u.a., BVerfGE 65, 1, 43; *BVerfG,* Urt. v. 2.3.2006, 2 BvR 2099/04, BVerfGE 115, 166, 188; *BVerfG,* Urt. v. 13.2.2007, 1 BvR 421/05, BVerfGE 117, 202, 228; Jarass/Pieroth/*Jarass,* GG, Art. 2, Rn. 37, 42; Sachs/*Murswiek,* GG, Art. 2, Rn. 72; Taeger/Gabel/*Taeger,* DSGVO/BDSG, Art. 6, Rn. 24 ff.

wird, die Verarbeitung ihrer personenbezogenen Daten in gewisser Weise eigenhändig zu steuern.[851]

a) Voraussetzungen einer wirksamen Einwilligung

Die DS-GVO definiert die Einwilligung in Art. 4 Nr. 11 DSGVO als eine freiwillig für den bestimmten Fall, in informierter Weise und unmissverständlich abgegebene Willensbekundung in Form einer Erklärung oder einer sonstigen eindeutigen bestätigenden Handlung, mit der die betroffene Person zu verstehen gibt, dass sie mit der Verarbeitung der sie betreffenden personenbezogenen Daten einverstanden ist. Weitere Anforderungen an die Einwilligung sind in Art. 7 DSGVO sowie in einzelnen Erwägungsgründen[852] statuiert. Für die Wirksamkeit einer Einwilligung müssen sämtliche Vorgaben der DS-GVO kumulativ erfüllt sein.

(1) Freiwilligkeit

Auch nach Inkrafttreten der DS-GVO muss die Einwilligung stets auf einer freien Entscheidung der betroffenen Person beruhen.[853] Diese muss eine echte und freie Wahl haben, ob sie ihre Einwilligung erteilt.[854] Mithin muss sie in der Lage sein, die Einwilligung zu verweigern oder zurückzuziehen, ohne Nachteile zu erleiden.[855] Um von einer freiwillig erteilten Einwilligung ausgehen zu können, darf die betroffene Person bei der Abgabe ihrer Erklärung keinerlei Druck

851 Vgl. hierzu: *Art.-29-Gruppe,* WP 259, S. 3; Simitis/Hornung/Spiecker gen. Döhmann/*Klement,* DS-GVO/BDSG, Art. 7, Rn. 19. Die Einwilligung ist damit auch als Ausdruck der Privatautonomie anzusehen, *Engeler,* ZD 2018, 55, 56.

852 ErwG 32 f. DS-GVO sowie ErwG 42 f. DS-GVO.

853 § 4a Satz 1 BDSG a.F. verlangte explizit eine freie Entscheidung des Betroffenen. Ausführlich zur Freiwilligkeit vgl. *Art.-29-Gruppe,* WP 187, S. 15 ff.; *Art.-29-Gruppe,* WP 259, S. 6 ff.; Simitis/Hornung/Spiecker gen. Döhmann/*Klement,* DS-GVO/BDSG, Art. 7, Rn. 48 ff.; Taeger/Gabel/*Taeger,* DS-GVO/BDSG, Art. 7, Rn. 79 ff.; Brink/Wolff/*Stemmer,* BeckOK DSR, DS-GVO, Art. 7, Rn. 37 ff.

854 Siehe ErwG 42 Satz 5 DS-GVO. So bereits: *Art.-29-Gruppe,* WP 187, S. 15.

855 Siehe ebenfalls ErwG 42 Satz 5 DS-GVO. So bereits: *Art.-29-Gruppe,* WP 187, S. 15. Zu etwaigen Nachteilen im Detail vgl. *Art.-29-Gruppe,* WP 259, S. 12 f. Allerdings müssen die Nachteile schon von einem gewissen Gewicht sein, Gola/*Schulz,* DS-GVO, Art. 7, Rn. 29; Brink/Wolff/*Stemmer,* BeckOK DSR, DS-GVO, Art. 7, Rn. 38.; *Bundeskartellamt,* Sektoruntersuchung Smart-TV, S. 137. Zu etwaigen Nachteilen explizit bei Smart-TV vgl. *Bundeskartellamt,* Sektoruntersuchung Smart-TV, S. 136 ff.

oder Zwang ausgesetzt gewesen sein.[856] Für eine solche Drucksituation und damit gegen eine Freiwilligkeit spricht, wenn zwischen der betroffenen Person und dem Verantwortlichen ein klares Ungleichgewicht besteht.[857] Ob ein solches Ungleichgewicht anzunehmen ist, ist jedoch stets eine Frage des spezifischen Einzelfalls.

Einen Maßstab für die Beurteilung der Freiwilligkeit gibt die DS-GVO mit der Normierung des sogenannten „Kopplungsverbots"[858] in Art. 7 Abs. 4 i.V.m. ErwG 43 Satz 2 DS-GVO. Danach ist bei der Beurteilung maßgeblich zu berücksichtigen, ob die Erfüllung eines Vertrags bzw. die Erbringung einer Dienstleistung von einer Einwilligung zu einer Verarbeitung personenbezogener Daten abhängig gemacht wird, die für die Erfüllung des Vertrags nicht erforderlich sind. Der Kopplungstatbestand ist somit im Zusammenhang mit Smart-TV beispielsweise einschlägig, wenn ein Nutzer im Rahmen der Installation einer Applikation in die Verarbeitung personenbezogener Daten einwilligen muss, obwohl diese Daten für die Erfüllung des konkreten Nutzungsvertrags bzw. die Erbringung des Online-Diensts gar nicht benötigt werden. Willigt der Nutzer nicht ein, wird ihm die Nutzung der Applikation gänzlich verwehrt. Das Vorliegen einer derartigen „take it or leave it"-Situation,[859] spricht eindeutig gegen eine Freiwilligkeit in dem oben genannten Sinne und damit letztlich gegen die Wirksamkeit einer solch synallagmatisch erteilten Einwilligung.[860] Die Unwirksamkeit einer

856 *Art.-29-Gruppe,* WP 187, S. 15 ff.; *Art.-29-Gruppe,* WP 259, S. 6; Gola/*Schulz,* DS-GVO, Art. 7, Rn. 21; Taeger/Gabel/*Taeger,* DS-GVO/BDSG, Art. 7, Rn. 79.; Brink/Wolff/*Stemmer,* BeckOK DSR, DS-GVO, Art. 7, Rn. 39.

857 Siehe ErwG 43 Satz 1 DS-GVO. Hierzu im Detail: *Art.-29-Gruppe,* WP 259, S. 6 ff.; Kühling/Buchner/*Buchner/Kühling,* DS-GVO/BDSG, Art. 7, Rn. 42 ff.; Simitis/Hornung/Spiecker gen. Döhmann/*Klement,* DS-GVO/BDSG, Art. 7, Rn. 54 ff. Ein solches Ungleichgewicht kann bei marktmächtigen Anbietern essentieller Güter oder Dienstleistungen bestehen, *Bundeskartellamt,* Sektoruntersuchung Smart-TV, S. 136.

858 Den Begriff benutzt zumindest der überwiegende Teil der Literatur. Dies führt allerdings zu einer Fehldeutung im Hinblick auf die Rechtsfolge des Art. 7 Abs. 4 DSGVO, weshalb von seiner Verwendung abzusehen ist. Im Folgenden wird daher der Begriff „Kopplungstatbestand" verwendet. So auch: Simitis/Hornung/Spiecker gen. Döhmann/*Klement,* DS-GVO/BDSG, Art. 7, Rn. 59.

859 Solche Situationen treten insbesondere bei der Erstinbetriebnahme des Smart-TVs auf, vgl. *Bundeskartellamt,* Sektoruntersuchung Smart-TV, S. 125 ff.

860 Diese Tendenz zeigt sich auch in ErwG 43 Satz 2 DS-GVO, welcher sogar von der Unfreiwilligkeit der Einwilligungserteilung ausgeht. Eine deutliche Tendenz zur Unfreiwilligkeit sehen ebenso: Ehmann/Selmayr/*Heckmann/Paschke,* DS-GVO, Art. 7, Rn. 98; Kühling/Buchner/*Buchner/Kühling,* DS-GVO/BDSG, Art. 7, Rn. 46;

entsprechenden Einwilligungserklärung ist aber keineswegs zwingend. Nach dem Wortlaut des Art. 7 Abs. 4 DSGVO ist die Kopplung von Einwilligung und Vertragserfüllung gerade nicht explizit verboten.[861] Je nach Einzelfall kann die Erfüllung eines Vertrags bzw. die Erbringung einer Dienstleistung folglich in zulässiger Weise an die Einwilligung in eine nicht erforderliche Datenverarbeitung gekoppelt werden.[862]

DSK, Kurzpapier Nr. 20: Einwilligung, S. 1; Spindler/Schuster/*Spindler/Dalby,* Recht der elektr. Medien, Art. 7 DS-GVO, Rn. 14; Taeger/Gabel/*Taeger,* DS-GVO/BDSG, Art. 7, Rn. 88 ff.; Brink/Wolff/*Stemmer,* BeckOK DSR, DS-GVO, Art. 7, Rn. 46. Weiter geht die *Artikel-29-Gruppe*, die eine solche Kopplungssituation als in höchstem Maße unerwünscht deklariert und eine „starke Vermutung" gegen die Wirksamkeit einer in dieser Situation erteilten Einwilligung sieht, *Art.-29-Gruppe,* WP 259, S. 9. Simitis/Hornung/Spiecker gen. Döhmann/*Klement,* DS-GVO/BDSG, Art. 7, Rn. 58 versteht Art. 7 Abs. 4 DSGVO als bloße Berücksichtigungspflicht.

861 *Wybitul/Ströbel/Ruess,* ZD 2017, 503, 507; *Art.-29-Gruppe,* WP 259, S. 10; Ehmann/Selmayr/*Heckmann/Paschke,* DS-GVO, Art. 7, Rn. 95; *Engeler,* ZD 2018, 55, 55, 58; Gola/*Schulz,* DS-GVO, Art. 7, Rn. 26; Kühling/Buchner/*Buchner/Kühling,* DS-GVO/BDSG, Art. 7, Rn. 46; Paal/Pauly/*Frenzel,* DS-GVO, Art. 7, Rn. 18; Simitis/Hornung/Spiecker gen. Döhmann/*Klement,* DS-GVO/BDSG, Art. 7, Rn. 58; Taeger/Gabel/*Taeger,* DS-GVO/BDSG, Art. 7, Rn. 90.; *Bundeskartellamt,* Sektoruntersuchung Smart-TV, S. 136. Der Wortlaut des Art. 7 Abs. 4 DS-GVO schreibt lediglich vor, dass der Kopplungssituation in größtmöglichem Umfang Rechnung getragen werden muss. Gegen ein absolutes Kopplungsverbot spricht zudem die Gesetzeshistorie der DSGVO. So verlangte das *Europäische Parlament* ein absolutes Verbot in Art. 7 Abs. 4 Satz 2 DSGVO zu verankern, was allerdings nicht umgesetzt wurde, *Europäisches Parlament,* Legislative Entschließung v. 12.03.2014 zu dem Vorschlag für eine Verordnung des Europäischen Parlaments und des Rates zum Schutz natürlicher Personen bei der Verarbeitung personenbezogener Daten und zum freien Datenverkehr (allgemeine Datenschutzverordnung) (COM(2012)0011 – C7-0025/2012 – 2012/0011(COD)), abrufbar unter: https://www.europarl.europa.eu/sides/getDoc.do?pubRef=-//EP//TEXT+TA+P7-TA-2014-0212+0+DOC+XML+V0//DE (Abruf v. 12.10.2020). A.A.: *Dammann,* ZD 2016, 307, 311. Nach *Albrecht/Jotzo,* Datenschutzrecht der EU, Teil 3, Rn. 44 ist eine Kopplung grundsätzlich verboten, es sei denn, es besteht eine „echte Alternative" zu der Erteilung der Einwilligung.

862 Gegen eine zulässige Kopplung spricht aber zum Beispiel, wenn die betroffene Person auf die Vertragserfüllung bzw. die Dienstleistung angewiesen ist und/oder der Verantwortliche etwa eine Monopolstellung am Markt einnimmt, vgl. Gola/*Schulz,* DS-GVO, Art. 7, Rn. 27.; Kühling/Buchner/*Buchner/Kühling,* DS-GVO/BDSG, Art. 7, Rn. 44; Simitis/Hornung/Spiecker gen. Döhmann/*Klement,* DS-GVO/BDSG, Art. 7, Rn. 61 f. Nach der *Artikel29-Gruppe* ist eine zulässige Kopplung der absolute Ausnahmefall, *Art.-29-Gruppe,* WP 259, S. 10.

Wesentlich für das zum Tragen kommen des Kopplungstatbestands ist, ob die personenbezogenen Daten für die Erfüllung des Vertrags bzw. die Erbringung der Dienstleistung erforderlich sind. Denn nur wenn es an einer solchen Erforderlichkeit fehlt, ist der Kopplungstatbestand überhaupt einschlägig. An dieser Stelle überschneiden sich Art. 7 Abs. 4 DSGVO und Art. 6 Abs. 1 UAbs. 1 lit. b DSGVO. Schließlich knüpfen beide Normen an die Erforderlichkeit einer Datenverarbeitung für die Vertragserfüllung an.[863] Spiegelbildlich zu dem Anwendungsbereich des Art. 6 Abs. 1 UAbs. 1 lit. b DSGVO stellt sich also auch bei Art. 7 Abs. 4 DSGVO die Frage, nach welchem Maßstab sich die Erforderlichkeit bestimmt.[864] Das Merkmal der Erforderlichkeit ist innerhalb der DS-GVO einheitlich auszulegen. Daher gilt, wie unter Art. 6 Abs. 1 UAbs. 1 lit. b DSGV O, dass für die Bewertung der Erforderlichkeit primär das konkrete Vertragsverhältnis maßgeblich ist.[865] Ergänzend ist sodann jedoch einzubeziehen, ob eine Datenverarbeitung für das Schuldverhältnis der jeweiligen Art objektiv erforderlich sein könnte.[866] Ist die Datenverarbeitung für das jeweilige Schuldverhältnis, beispielsweise die Nutzung einer Applikation, in keiner Weise notwendig und geht es dem Verantwortlichen allein darum, mit den Daten Profit zu erzielen, ist die Erforderlichkeit abzulehnen.[867] Dies gilt insbesondere für den Fall, in

---

863 Allerdings schließen sich beide Normen gerade aus. Während Art. 6 Abs. 1 UAbs. 1 lit. b DS-GVO für die Vertragserfüllung „erforderliche" Datenverarbeitungen für rechtmäßig erklärt, erfasst Art. 7 Abs. 4 DS-GVO den darüberhinausgehenden Bereich der „nicht erforderlichen" Datenverarbeitungen.

864 Siehe zu dieser Problematik: Kap. 4 F. I. 1.

865 Allein auf das konkrete Vertragsverhältnis stellt im Zusammenhang mit Art. 7 Abs. 4 DS-GVO *Engeler*, ZD 2018, 55, 57 f. ab.

866 Auf die vertragscharakteristische Leistung eines jeweiligen Schuldverhältnisses berufen sich: *Golland*, MMR 2018, 130, 131 f.; Kühling/Buchner/*Buchner/Kühling*, DS-GVO/BDSG, Art. 7, Rn. 49. Nach Brink/Wolff/*Stemmer*, BeckOK DSR, DS-GVO, Art. 7, Rn. 41 muss die Datenverarbeitung zur Erbringung der geschuldeten Leistung zwingend erforderlich sein.

867 In diese Richtung auch: *Golland*, MMR 2018, 130, 132; Simitis/Hornung/Spiecker gen. Döhmann/*Schantz*, DS-GVO/BDSG, Art. 6 Abs. 1, Rn. 33. Liegt die Leistung allein im Interesse des Verantwortlichen, handelt es sich um keine echte Vertragsleistung und die Erforderlichkeit der Datenverarbeitung für die Vertragserfüllung ist abzulehnen. Ähnlich: *Wendehorst/Graf v. Westphalen*, NJW 2016, 3745, 3747; Hoeren/Sieber/Holznagel/*Uphues*, Handbuch Multimedia-Recht, Teil 15.3, Rn. 48; Kühling/Buchner/*Buchner/Petri*, DS-GVO/BDSG, Art. 6, Rn. 40 f.; Simitis/Hornung/Spiecker gen. Döhmann/*Schantz*, DS-GVO/BDSG, Art. 6 Abs. 1, Rn. 33.

dem personenbezogene Daten als Entgelt fungieren.[868] Mangels Erforderlichkeit scheidet die Anwendung von Art. 6 Abs. 1 UAbs. 1 lit. b DSGVO in derartigen Konstellationen von vorneherein aus.[869] Im Umkehrschluss bedeutet dies, dass der Kopplungstatbestand gemäß Art. 7 Abs. 4 DSGVO zum Tragen kommt, wenn die Erfüllung eines Vertrags von der Erteilung einer Einwilligung des Nutzers in den „Verkauf" seiner personenbezogenen Daten abhängig gemacht wird.[870] Wie bereits erläutert, ist die Folge davon aber nicht, dass das Geschäftsmodell „Leistung gegen Daten" deshalb zwangsweise verboten ist.[871] Letztlich ist der Kopplungssituation bloß im größtmöglichen Umfang Rechnung zu tragen. Dabei ist vor allem zu berücksichtigen, welche Nachteile für die betroffene Person entstehen, wenn sie ihre Einwilligung nicht erteilt.[872] In einer Kopplungssituation bedeutet dies in der Regel, dass der betroffene Vertrag nicht erfüllt bzw. eine Dienstleistung nicht erbracht wird.[873] Es ist demnach abzuwägen, wie schwer

868 Siehe hierzu: Simitis/Hornung/Spiecker gen. Döhmann/*Schantz,* DS-GVO/BDSG, Art. 6 Abs. 1, Rn. 33; Spindler/Schuster/*Spindler/Dalby,* Recht der elektr. Medien, Art. 6 DS-GVO, Rn. 6.

869 Siehe im Detail: Kap. 4 F. I. 1.

870 Im Ergebnis auch: Sydow/*Ingold,* DSGVO, Art. 7, Rn. 32 f.; Brink/Wolff/*Stemmer,* BeckOK DSR, DS-GVO, Art. 7, Rn. 41.1, 46.1. Wohl ebenso: Simitis/Hornung/Spiecker gen. Döhmann/*Klement,* DS-GVO/BDSG, Art. 7, Rn. 57.

871 Hierzu: *Krohm/Müller-Peltzer*, ZD 2017, 551, 553. Im Ergebnis auch: *Buchner*, DuD 2016, 155, 159; Ehmann/Selmayr/*Heckmann/Paschke,* DS-GVO, Art. 7, Rn. 96; Gola/*Schulz,* DS-GVO, Art. 7, Rn. 30.; Kühling/Buchner/*Buchner/Kühling,* DS-GVO/BDSG, Art. 7, Rn. 51 f.; Sydow/*Ingold,* DSGVO, Art. 7, Rn. 33; Simitis/Hornung/Spiecker gen. Döhmann/*Klement,* DS-GVO/BDSG, Art. 7, Rn. 63. Nach der Argumentation von *Buchner/Kühling* sowie *Schulz* wäre aber der Weg über die Einwilligung gar nicht nötig, sondern Art. 6 Abs. 1 UAbs. 1 lit. b DS-GVO müsste bereits eingreifen, da die Hergabe der Daten bereits zur Erfüllung des Austauschvertrags erforderlich wäre. Dies scheinen die Verfasser zu verkennen. A.A.: *Schantz,* NJW 2016, 1841, 1845; Taeger/Gabel/*Taeger,* DS-GVO/BDSG, Art. 7, Rn. 91. Strenger scheint auch: *Härting,* CR 2016, 735, 739.

872 Gemäß ErwG 42 Satz 5 DS-GVO ist unabhängig von dem zum Tragen kommen des Kopplungstatbestand bei der Beurteilung der Freiwilligkeit einer Einwilligung stets zu berücksichtigen, inwiefern eine Person durch die Verweigerung einer Einwilligung einen Nachteil erleidet.

873 Insbesondere im Rahmen der Erstinbetriebnahme eines Smart-TVs treten häufig Konstellationen auf, in denen der Nutzer in die Verarbeitung personenbezogener Daten einwilligen soll, *Bundeskartellamt,* Sektoruntersuchung Smart-TV, S. 138 ff. Entscheidet er sich gegen die Einwilligung werden einzelne Funktionen, Dienste oder

der Nachteil aufgrund dieser Nichtleistung im Einzelfall wiegt. Hängt von der Einwilligung die Nutzung einer beliebten[874] Applikation bzw. eines Diensts oder die Nutzung wesentlicher bzw. sogar grundlegender Smart-TV-Funktionen ab, so ist der Nachteil für den Nutzer als schwerwiegend zu bewerten.[875] In solchen Fällen liegt eine Situation vor, in der der Nutzer de facto keine andere Wahl hat, als in den „Verkauf" seiner Daten einzuwilligen. Er ist auf die Nutzung der Leistung im Gegenzug angewiesen. Folglich ist die Freiwilligkeit der Einwilligung abzulehnen.[876]

Eine Freiwilligkeit aber nur in Fällen anzunehmen, in denen eine Kopplung von Einwilligung und Vertragserfüllung gänzlich vermieden wird, ist in wirtschaftlicher Hinsicht nicht tragbar. Stände es den Nutzern etwa bei kostenlosen Online-Diensten stets frei, ob sie ihre Einwilligung in die Verarbeitung nicht erforderlicher Daten erteilen, und könnten sie den Dienst uneingeschränkt nutzen, ohne einzuwilligen, wäre die Erteilung einer Einwilligung die absolute Ausnahme.[877] In der Folge wäre Angeboten wie kostenlosen Applikationen, die sich durch personalisierte Werbung finanzieren, faktisch ein Riegel vorgeschoben. Der Schutz der Nutzer darf die wirtschaftlichen Interessen der Anbieter aber nicht vollumfänglich aushebeln. Vielmehr sollten Lösungen gefunden werden, die in solch modernen Szenarien beide Seiten angemessen berücksichtigen und zugleich ein hinreichendes Datenschutzniveau gewährleisten.

Eine solche Lösung – und damit eine Möglichkeit eine Einwilligung auf dem Smart-TV wirksam einzuholen – wäre es, wenn die Akteure den Nutzern neben der Erteilung einer Einwilligung in die nicht erforderliche Datenverarbeitung eine Alternative böten. So könnten Smart-TV-Akteure, beispielsweise im Zusammenhang mit kostenlosen Online-Diensten auf dem Gerät, eine Alternativnutzung des Diensts gegen ein monetäres Entgelt zur Wahl stellen.[878] Ein

---

zusätzliche Serviceleistungen verwehrt, *Bundeskartellamt,* Sektoruntersuchung Smart-TV, S. 139 f.

874 Ab wann eine Applikation „beliebt" ist, ist in der Praxis schwer zu bestimmen. Zumindest fallen hierunter weit verbreitete Applikationen mit einer hohen Nutzerzahl. Die Unbestimmtheit derartiger Abgrenzungskriterien macht deutlich, dass es im Zusammenhang mit der Einwilligung häufig der rechtssicherste Weg ist, dem Nutzer eine Alternativnutzung eines Diensts anzubieten.

875 So auch: *Bundeskartellamt,* Sektoruntersuchung Smart-TV, S. 139.

876 So auch: *Bundeskartellamt,* Sektoruntersuchung Smart-TV, S. 139.

877 Für den Nutzer besteht dann weder Anlass noch Motivation, seine Einwilligung zu erteilen: *Golland,* MMR 2018, 130, 134.

878 So auch: *Art.-29-Gruppe,* WP 217, S. 60; *Gierschmann,* ZD 2016, 51, 54; *Art.-29-Gruppe,* WP 259, S. 11; *Albrecht/Jotzo,* Datenschutzrecht der EU, Teil 3, Rn. 44; *Krohm/*

Nutzer hätte auf diese Weise die Option entweder in den „Verkauf" seiner Daten einzuwilligen oder den Dienst ohne die Hergabe seiner Daten, aber dafür gegen ein angemessenes[879] Entgelt zu nutzen.[880] Er hätte mithin eine echte und freie Wahl. Entschiede er sich für die Einwilligung, beruhte dies auf einem freiwilligen Handeln.

Ein positiver Nebeneffekt eines solchen Modells ist zudem, dass es das Bewusstsein der Nutzer für den Wert ihrer personenbezogenen Daten fördert.[881] Ihnen wird vor Augen geführt, dass es auch in der schönen, bunten Onlinewelt keine Leistungen geschenkt gibt, sondern diese in einer Vielzahl der Fälle lediglich gegen die Preisgabe personenbezogener Daten erbracht werden.[882]

Müller-Peltzer, ZD 2017, 551, 553; Ehmann/Selmayr/*Heckmann/Paschke*, DS-GVO, Art. 7, Rn. 96; *Golland*, MMR 2018, 130, 134; Sydow/*Ingold*, DSGVO, Art. 7, Rn. 33; *Lang*, K&R 2019, 698, 701.; Brink/Wolff/*Stemmer*, BeckOK DSR, DS-GVO, Art. 7, Rn. 46.1. *Gierschmann*, MMR 2020, 609, 617 scheint hingegen eine alternativlose Kopplung von Einwilligung und der Erbringung eines kostenlosen Diensts pauschal als zulässig zu erachten.

Ein Alternativmodell zur Nutzung eines Online-Diensts einer Tageszeitung wurde bereits 2018 durch die *österreichische Datenschutzbehörde* als zulässig erachtet, vgl. *Österreichische Datenschutzbehörde*, Bescheid v. 30.11.2018, ECLI:AT:DSB:2018:DSB.D122.931.0003.DSB.2018. Vgl. zudem *Österreichische Datenschutzbehörde*, Entsch. v. 20.08.2019, ECLI:AT:DSB:2019:DSB.D122.974.0001.DSB.2019. Es genügt hingegen nicht, dass ein Nutzer einen Alternativdienst eines anderen Marktteilnehmers nutzen könnte, vgl. *EDPD*, Stellungnahme 5/2020, Rn. 38 ff.

879 Probleme wirft die Bestimmung der Höhe eines solch angemessenen Entgelts auf. Siehe hierzu: *Krohm/Müller-Peltzer*, ZD 2017, 551, 553 f.; *Golland*, MMR 2018, 130, 134 f.

880 Beispielsweise könnte ein Hersteller oder Plattformbetreiber einen elektronischen Programmführer auf dem Smart-TV-Gerät als Zusatzleistung anbieten, welcher umfassende Informationen zum TV-Programm, ähnlich einer kostenpflichtigen Programmzeitschrift, liefert. Dieser Dienst könnte sodann alternativ gegen die Hergabe personenbezogener Daten oder gegen ein monetäres Entgelt angeboten werden. Das Entgelt sollte sich an den Kosten einer entsprechenden Programmzeitschrift orientieren.

Zwar ist der Nutzer auf einen solchen Zusatzdienst nicht angewiesen, sodass er von der Verwendung auch gänzlich absehen könnte; allerdings bietet das Alternativmodell den höchsten Datenschutz und sollte von den Akteuren stets in Erwägung gezogen werden.

881 Ein solches Bewusstsein ist aktuell noch nicht vorhanden, *Bundeskartellamt*, Sektoruntersuchung Smart-TV, S. 230.

882 Damit dies den Nutzern bewusst ist, müssen die Akteure ihre Geschäftsmodelle grundsätzlich transparent gestalten und dürfen diese keinesfalls als „kostenlos"

Nach hier vertretener Ansicht ist hingegen allein eine transparente Darstellung des Geschäftsmodells „Leistung gegen Daten“, indem der Akteur deutlich macht, dass der jeweilige Dienst tatsächlich gar nicht kostenlos ist, keine gangbare Lösung, um die Freiwilligkeit einer Einwilligung in den genannten Kopplungssituationen[883] annehmen zu können.[884] Dies gilt insbesondere für weit verbreitete Online-Dienste[885] mit einer hohen Nutzerzahl, bei denen heutzutage faktisch eine Abhängigkeit der Nutzer besteht. Gerade die junge Generation der *Digital Natives* verspürt einen Drang, solche Dienste zu nutzen, weshalb von einer Freiwilligkeit der Einwilligung nicht auszugehen ist, solange der Dienst ohne die Einwilligung nicht nutzbar ist. Transparenz allein ändert an diesem Umstand nichts – es bedarf einer Alternative.[886]

Etwas anderes kann jedoch gelten, wenn der Nachteil, den die betroffene Person durch die Verweigerung der Einwilligung erleidet, als nicht besonders hoch einzustufen ist. So etwa bei bloßen Zusatzfunktionen, die für die generelle Nutzung des Smart-TVs keinerlei Bedeutung haben.[887] In einem solchen Fall ist dem Nutzer ohne Weiteres zuzumuten, auf die entsprechende Funktion zu verzichten, sofern er seine personenbezogenen Daten nicht als Gegenleistung herausgeben möchte.[888] Einer alternativen Nutzungsmöglichkeit ohne die

---

anpreisen. Die Funktion der Daten als Entgelt muss stets offen zu Tage treten, *Buchner*, DuD 2016, 155, 159; *Krohm/Müller-Peltzer*, ZD 2017, 551, 554; Ehmann/Selmayr/*Heckmann/Paschke*, DS-GVO, Art. 7, Rn. 96; Kühling/Buchner/*Buchner/Kühling*, DS-GVO/BDSG, Art. 7, Rn. 51.

883 Gemeint sind Fälle, in denen die Einwilligungsverweigerung mit schwerwiegenden Nachteilen verbunden ist.

884 Im Ergebnis auch: Simitis/Hornung/Spiecker gen. Döhmann/*Klement*, DS-GVO/BDSG, Art. 7, Rn. 63. A.A.: *Buchner*, DuD 2016, 155, 159; Gola/*Schulz*, DS-GVO, Art. 7, Rn. 30; Kühling/Buchner/*Buchner/Kühling*, DS-GVO/BDSG, Art. 7, Rn. 51. *Krohm/Müller-Peltzer*, ZD 2017, 551, 554 wollen die Datenübertragung zum Gegenstand des Vertrags machen, was ihrer Meinung nach das Modell „Service gegen Daten“ bei transparenter Darstellung zulässig mache.

885 Zum Beispiel: *Facebook, Instagram, Netflix*. Auch das Bundeskartellamt verweist im Zusammenhang mit einer etwaigen Drucksituation des Nutzers auf populäre Apps wie *YouTube* oder *Netflix*, *Bundeskartellamt*, Sektoruntersuchung Smart-TV, S. 139.

886 In diese Richtung wohl auch: *EDPD*, Stellungnahme 5/2020, Rn. 39 ff.

887 Das *Bundeskartellamt* nennt in diesem Zusammenhang als Beispiel einen elektronischen Programmführer, *Bundeskartellamt*, Sektoruntersuchung Smart-TV, S. 138 f.

888 In solchen Fällen muss der Nutzer aber erst einmal deutlich erkennen können, dass seine personenbezogenen Daten als Gegenleistung fungieren.

Verarbeitung personenbezogener Daten, beispielsweise gegen ein monetäres Entgelt, bedarf es somit nicht ausnahmslos.

Im Ergebnis spielt im Rahmen des Kopplungstatbestands die Wertung des konkreten Einzelfalls eine große Rolle. Dies macht die Handhabung der Norm in der Praxis nicht einfach. Beliebte Dienste und wesentliche Funktionen sollten ohne die Hergabe personenbezogener Daten nutzbar sein. Insoweit ist es aber in der Regel ausreichend, alternativ zur Hergabe der Daten, eine Nutzung gegen ein monetäres Entgelt zu bieten. Ist unklar, ob ein Dienst bereits als wesentlich oder beliebt einzustufen ist,[889] sollten die Smart-TV-Akteure stets eine Alternativnutzung ohne die Verarbeitung personenbezogener Daten anbieten. Allein auf diese Weise ist eine datenschutzgerechte Implementierung des Einwilligungsmechanismus gewährleistet. Lediglich Dienste und Zusatzfunktionen, die eindeutig unwesentlich für die Nutzung des Smart-TVs sind und sich keiner großen Beliebtheit erfreuen, können alternativlos an die Hergabe personenbezogener Daten gekoppelt werden. Auf die Beanspruchung solcher Angebote ist der Nutzer keineswegs angewiesen, sodass er die Einwilligung ohne schwerwiegende Nachteile verweigern kann. Hingegen dürfen grundlegende Funktionen des Smart-TVs, wie beispielsweise die Zurverfügungstellung des Fernsehprogramms, weder die Hergabe personenbezogener Daten noch ein zusätzliches Entgelt erfordern, sondern müssen ohne derartige Hürden verfügbar sein. Schließlich haben die Nutzer den Smart-TV bereits entgeltlich erworben, sodass die Grundfunktionen eines Fernsehgeräts ohne Einschränkungen zu gewährleisten sind.[890]

(2) Bestimmtheit und Zweckbindung

Nach Art. 4 Nr. 11 DS-GVO muss die Einwilligung für den bestimmten Fall abgegeben werden. Mithin muss die Einwilligungserklärung hinreichend bestimmt sein und der betroffenen Person die inhaltliche Reichweite ihrer Einwilligung vor Augen führen.[891] Aus der Erklärung muss hervorgehen, welche

---

889 Das *Bundeskartellamt* nennt als Maßstab, ob der durchschnittliche Nutzer eine bestimmte Funktion erwartet oder nicht, *Bundeskartellamt,* Sektoruntersuchung Smart-TV, S. 139.

890 Vgl. hierzu: *Bundeskartellamt,* Sektoruntersuchung Smart-TV, S. 139.

891 *Art.-29-Gruppe,* WP 259, S. 13; Ehmann/Selmayr/*Heckmann*/*Paschke,* DS-GVO, Art. 7, Rn. 63; Kühling/Buchner/*Buchner*/*Kühling,* DS-GVO/BDSG, Art. 7, Rn. 63; Sydow/*Ingold,* DSGVO, Art. 7, Rn. 38; Brink/Wolff/*Stemmer,* BeckOK DSR, DS-GVO, Art. 7, Rn. 74.

Datenverarbeitung zu welchem Zweck[892] erfolgt, welche Daten dabei betroffen sind und wer die Datenverarbeitung verantwortet.[893] Pauschal- und Blankoeinwilligungen sind demzufolge unwirksam.[894] Allerdings darf die Einwilligungserklärung nicht derart detailliert ausfallen, dass dies zulasten ihrer Verständlichkeit ginge.[895]

(3) Informiertheit

Die Bestimmtheitsanforderungen an eine Einwilligung hängen eng mit der Informiertheit zusammen.[896] Nach Art. 4 Nr. 11 DSGVO ist eine Einwilligung nur wirksam, wenn sie in informierter Weise erfolgt. An dieser Stelle wird das Transparenzgebot[897] aus Art. 5 Abs. 1 lit. a DSGVO deutlich, das als wesentlicher Grundsatz im Datenschutzrecht stets zu beachten ist – mithin auch im Rahmen der Einwilligung. Informiertheit setzt voraus, dass die betroffene Person erkennen kann, in welche Datenverarbeitungen sie genau einwilligt.[898] Denn eine

---

892 Der Zweck muss präzise bestimmt sein, d.h. die Einwilligung muss sich auf eine Verarbeitung zu einem bestimmten Zweck beziehen, vgl. Art. 6 Abs. 1 lit. a DSGVO; Taeger/Gabel/*Taeger*, DS-GVO/BDSG, Art. 7, Rn. 126. Dabei muss der Zweck möglichst eng gefasst sein, *Bundeskartellamt*, Sektoruntersuchung Smart-TV, S. 131 f. Eine Datenverarbeitung kann aber auch mehreren Zwecken dienen, welche die Einwilligung dann einheitlich erfassen muss, vgl. Art. 6 Abs. 1 lit. a DSGVO, ErwG 32 Satz 4, 5 DS-GVO; Ehmann/Selmayr/*Heckmann/Paschke*, DS-GVO, Art. 7, Rn. 63; Brink/Wolff/*Stemmer*, BeckOK DSR, DS-GVO, Art. 7, Rn. 77. Soll die Verarbeitung einem neuen Zweck dienen, ist eine neue Einwilligung einzuholen, *Art.-29-Gruppe*, WP 259, S. 14.

893 *Ernst*, ZD 2017, 110, 113; *Art.-29-Gruppe*, WP 259, S. 14 f.; Ehmann/Selmayr/*Heckmann/Paschke*, DS-GVO, Art. 7, Rn. 63; Paal/Pauly/*Ernst*, DS-GVO, Art. 4, Rn. 78; Simitis/Hornung/Spiecker gen. Döhmann/*Klement*, DS-GVO/BDSG, Art. 7, Rn. 70; Taeger/Gabel/*Arning/Rothkegel*, DSGVO/BDSG, Art. 4, Rn. 273; Brink/Wolff/*Stemmer*, BeckOK DSR, DS-GVO, Art. 7, Rn. 75.

894 Kühling/Buchner/*Buchner/Kühling*, DS-GVO/BDSG, Art. 7, Rn. 62; Sydow/*Ingold*, DSGVO, Art. 7, Rn. 39; Simitis/Hornung/Spiecker gen. Döhmann/*Klement*, DS-GVO/BDSG, Art. 7, Rn. 69; Taeger/Gabel/*Taeger*, DS-GVO/BDSG, Art. 7, Rn. 126; Brink/Wolff/*Stemmer*, BeckOK DSR, DS-GVO, Art. 7, Rn. 76.

895 Simitis/Hornung/Spiecker gen. Döhmann/*Klement*, DS-GVO/BDSG, Art. 7, Rn. 69; Taeger/Gabel/*Arning/Rothkegel*, DSGVO/BDSG, Art. 4, Rn. 274.

896 *Art.-29-Gruppe*, WP 259, S. 14 f.; Simitis/Hornung/Spiecker gen. Döhmann/*Klement*, DS-GVO/BDSG, Art. 7, Rn. 72.

897 Siehe hierzu im Detail: Kap. 4 G. I.

898 *Art.-29-Gruppe*, WP 259, S. 15; Ehmann/Selmayr/*Heckmann/Paschke*, DS-GVO, Art. 7, Rn. 57.; *DSK*, Orientierungshilfe für Anbieter von Telemedien, S. 8.

Person kann eine Entscheidung in Kenntnis der Sachlage lediglich treffen, wenn sie die Tragweite ihrer Erklärung absehen kann.[899]

Zunächst stellt sich die Frage, welche Informationen der betroffenen Person zur Verfügung zu stellen sind, damit sie ihre Einwilligung in informierter Weise abgeben kann. Eine erste Antwort liefert ErwG 42 Satz 4 DSGVO, indem dieser bestimmt, dass die betroffene Person mindestens darüber informiert werden muss, wer der Verantwortliche[900] ist und für welche Zwecke ihre personenbezogenen Daten verarbeitet werden sollen. Der *Europäische Datenschutzausschuss*[901] führt weiter aus, dass für eine ausreichende Entscheidungsfindung zudem zwingend über die Art der verarbeiteten Daten und über das Recht, die Einwilligung zu widerrufen,[902] zu informieren ist. Ferner ist gegebenenfalls über die Verwendung der Daten für eine automatisierte Entscheidungsfindung als auch über mögliche Risiken von Datenübermittlungen in Drittländer ohne Vorliegen eines Angemessenheitsbeschlusses und ohne geeignete Garantien nach Art. 46 DSGVO aufzuklären.[903] Darüber hinaus sollten sich die verantwortlichen Akteure an den Vorgaben aus Art. 13 und 14 DS-GVO orientieren.[904]

---

899 *EuGH*, Urt. v. 1.10.2019, C-673/17, ECLI:EU:C:2019:801, Rn. 74 – *Planet49*. Ehmann/Selmayr/*Heckmann/Paschke*, DS-GVO, Art. 7, Rn. 57; Kühling/Buchner/*Buchner/Kühling*, DS-GVO/BDSG, Art. 7, Rn. 59; Taeger/Gabel/*Arning/Rothkegel*, DSGVO/BDSG, Art. 4, Rn. 277; *Lang*, K&R 2019, 698, 700.; Brink/Wolff/*Stemmer*, BeckOK DSR, DS-GVO, Art. 7, Rn. 52.

900 Nach der *Artikel-29-Gruppe* müssen bei mehreren bzw. gemeinsam Verantwortlichen alle Organisationen genannt werden. Dies gilt auch für verantwortliche Empfänger der Daten. Auftragsverarbeiter müssen hingegen nicht genannt werden, *Art.-29-Gruppe*, WP 259, S. 16.; *DSK*, Orientierungshilfe für Anbieter von Telemedien, S. 8.

901 Vormals: *Artikel-29-Datenschutzgruppe*.

902 Diese Pflicht ist explizit in Art. 7 Abs. 3 Satz 3 DS-GVO vorgeschrieben.

903 *Art.-29-Gruppe*, WP 259, S. 15.; *EDPD*, Stellungnahme 5/2020, Rn. 64. Sich dem anschließend: Ehmann/Selmayr/*Heckmann/Paschke*, DS-GVO, Art. 7, Rn. 58; Gola/*Schulz*, DS-GVO, Art. 7, Rn. 36; Simitis/Hornung/Spiecker gen. Döhmann/*Klement*, DS-GVO/BDSG, Art. 7, Rn. 72; Taeger/Gabel/*Arning/Rothkegel*, DSGVO/BDSG, Art. 4, Rn. 278.; *Bundeskartellamt*, Sektoruntersuchung Smart-TV, S. 133. Siehe zu den Pflichtinformationen: *DSK*, Orientierungshilfe für Anbieter von Telemedien, S. 8.

904 Gola/*Schulz*, DS-GVO, Art. 7, Rn. 36; Kühling/Buchner/*Buchner/Kühling*, DS-GVO/BDSG, Art. 7, Rn. 59; Taeger/Gabel/*Taeger*, DSGVO/BDSG, Art. 6, Rn. 33. Allerdings sind für eine Informiertheit im Sinne des Art. 4 Nr. 11 DS-GVO nicht schon alle Informationen, die die Art. 13 und 14 DS-GVO vorschreiben, im Zusammenhang mit der Einwilligung zu liefern. Die Informationspflichten in Art. 13 und 14 DS-GVO sind weitergehend und ein Verstoß gegen diese führt nicht zwingend zu der Unwirksamkeit der Einwilligung, siehe: *Art.-29-Gruppe*, WP 259, S. 16 f.; Gola/*Schulz*, DS-GVO,

Welche weiteren Informationen allerdings konkret erforderlich sind, damit die betroffene Person die Tragweite ihrer Erklärung absehen kann, kann nicht pauschal beantwortet werden. Daher ist stets anhand des spezifischen Einzelfalls zu entscheiden, welche Informationen notwendig sind, damit ein Durchschnittslaie die von der Einwilligung erfassten Verarbeitungsvorgänge versteht.[905]

Schwierigkeiten wirft daneben die Art und Weise der Informationserteilung auf. Die DSGVO normiert diesbezüglich keine klaren Vorgaben.[906] Grundsätzlich können die Verantwortlichen die Einwilligung auf verschiedenen Wegen einholen und damit die Informationen auf unterschiedliche Art zur Verfügung stellen.[907] Im Zusammenhang mit Smart-TV verwenden die Akteure hauptsächlich vorformulierte, elektronische Einwilligungserklärungen. In Bezug auf solch vorformulierte bzw. schriftliche Erklärungen finden sich zumindest in Art. 7 Abs. 2 DSGVO sowie in ErwG 42 Satz 3 und 4 DSGVO Anhaltspunkte hinsichtlich der generellen Gestaltung der Erklärungen. Demnach müssen diese in verständlicher und leicht zugänglicher Form in einer klaren und einfachen Sprache[908] zur Verfügung gestellt werden. Ferner sollten sie keine missbräuchlichen Klauseln beinhalten. Verständlichkeit in Bezug auf eine Einwilligungserklärung bedeutet insbesondere, dass diese nicht unverhältnismäßig lang sein

---

Art. 7, Rn. 36; Kühling/Buchner/*Buchner/Kühling,* DS-GVO/BDSG, Art. 7, Rn. 59; Simitis/Hornung/Spiecker gen. Döhmann/*Klement,* DS-GVO/BDSG, Art. 7, Rn. 73; Taeger/Gabel/*Arning/Rothkegel,* DSGVO/BDSG, Art. 4, Rn. 278.; *Moos/Strassemeyer,* DSB 2020, 207, 209.

905 *Art.-29-Gruppe,* WP 259, S. 16. Zum Beispiel die Funktionsweise von Cookies, vgl. *EuGH,* Urt. v. 1.10.2019, C-673/17, ECLI:EU:C:2019:801, Rn. 74 – *Planet49.*

906 *Art.-29-Gruppe,* WP 259, S. 16; Ehmann/Selmayr/*Heckmann/Paschke,* DS-GVO, Art. 7, Rn. 59; Taeger/Gabel/*Arning/Rothkegel,* DSGVO/BDSG, Art. 4, Rn. 280; Taeger/Gabel/*Taeger,* DSGVO/BDSG, Art. 6, Rn. 34; *Moos/Rothkegel,* MMR 2019, 732, 739.

907 Die *Artikel-29-Gruppe* nennt etwa schriftliche oder mündliche Erklärungen oder Audio- und Videonachrichten, *Art.-29-Gruppe,* WP 259, S. 16. Siehe zudem: Taeger/Gabel/*Arning/Rothkegel,* DSGVO/BDSG, Art. 4, Rn. 280.

908 Die Erklärung muss für Durchschnittspersonen verständlich sein und sollte daher insbesondere keine juristischen Fachausdrücke enthalten, *Art.-29-Gruppe,* WP 259, S. 16; Kühling/Buchner/*Buchner/Kühling,* DS-GVO/BDSG, Art. 7, Rn. 60; Paal/Pauly/*Ernst,* DS-GVO, Art. 4, Rn. 81; Simitis/Hornung/Spiecker gen. Döhmann/*Klement,* DS-GVO/BDSG, Art. 7, Rn. 73. Im Hinblick auf Smart-TVs, die für den deutschen Markt angeboten werden, müssen die Erklärungen in deutscher Sprache bereitgehalten werden, *Ernst,* ZD 2017, 110, 113; Ehmann/Selmayr/*Heckmann/Paschke,* DS-GVO, Art. 7, Rn. 57; Paal/Pauly/*Ernst,* DS-GVO, Art. 4, Rn. 84.

darf und unübersichtliche Einwilligungstexte zu vermeiden sind.[909] Bei Smart-TV ist überdies ErwG 32 Satz 6 DSGVO zu beachten. Schließlich wird die betroffene Person bei intelligenten Endgeräten stets auf elektronischem Wege zur Einwilligung aufgefordert. In diesem Fall schreibt die DS-GVO vor, dass die Aufforderung in klarer und knapper Form und ohne unnötige Unterbrechung des Diensts, für den die Einwilligung gegeben wird, erfolgen muss.[910] An dieser Stelle zeigt sich einmal mehr, dass Einwilligungserklärungen auf smarten Endgeräten nicht übermäßig lang sein sollten.

Die Forderung nach Verständlichkeit, Prägnanz und Kürze einer Einwilligungserklärung konfligiert jedoch mit den umfassenden Informationspflichten der DS-GVO. Müsste die Erklärung selbst bereits sämtliche Informationen beinhalten, um die Voraussetzung einer Informiertheit zu erfüllen,[911] könnte dies, vor allem bei hochkomplexen Datenverarbeitungen im Onlinebereich,[912] zu überlangen und unübersichtlichen Einwilligungstexten führen. Weder die Rechtsprechung[913] noch die DS-GVO beziehen zu dieser Problematik Stellung. In Anbetracht dessen ist nach hier vertretener Ansicht eine gestufte

---

909 So generell für die Einwilligungserklärung: *Ernst*, ZD 2017, 110, 113; *Art.-29-Gruppe*, WP 259, S. 16; Paal/Pauly/*Ernst*, DS-GVO, Art. 4, Rn. 80; Taeger/Gabel/*Arning/Rothkegel*, DSGVO/BDSG, Art. 4, Rn. 279; Brink/Wolff/*Stemmer*, BeckOK DSR, DS-GVO, Art. 7, Rn. 54. Simitis/Hornung/Spiecker gen. Döhmann/*Klement*, DS-GVO/BDSG, Art. 7, Rn. 73 plädiert zwar dafür, Einwilligungserklärungen möglichst kurz zu halten, lehnt aber eine absolute Obergrenze hinsichtlich der Länge ab. Siehe für Datenschutzbestimmungen allgemein: Kühling/Buchner/*Buchner/Kühling*, DS-GVO/BDSG, Art. 7, Rn. 60.

910 Siehe ErwG 32 Satz 6 DS-GVO. Vgl. zudem: *Art.-29-Gruppe*, WP 259, S. 16 f.

911 Hierfür bedarf es aber zumindest nicht aller Informationen, die nach Art. 13 und/oder 14 DS-GVO erforderlich sind. Die Informationspflichten in Art. 13 und 14 DS-GVO sind weitergehend und ein Verstoß gegen diese führt nicht zwingend zu der Unwirksamkeit der Einwilligung. Siehe: *Art.-29-Gruppe*, WP 259, S. 16 f.; Gola/*Schulz*, DS-GVO, Art. 7, Rn. 36; Kühling/Buchner/*Buchner/Kühling*, DS-GVO/BDSG, Art. 7, Rn. 59; Simitis/Hornung/Spiecker gen. Döhmann/*Klement*, DS-GVO/BDSG, Art. 7, Rn. 73; Taeger/Gabel/*Arning/Rothkegel*, DSGVO/BDSG, Art. 4, Rn. 278.; *Moos/Rothkegel*, MMR 2019, 732, 739.

912 Zum Beispiel im Zusammenhang mit dem Setzen von Cookies. Siehe *EuGH*, Urt. v. 1.10.2019, C-673/17, ECLI:EU:C:2019:801 – *Planet49*.

913 Der *EuGH* geht auf diese Thematik nicht ein, siehe etwa: *EuGH*, Urt. v. 1.10.2019, C-673/17, ECLI:EU:C:2019:801 – *Planet49*. Der *Gerichtshof* befasst sich zwar mit der Frage, ob bestimmte Informationen dem Nutzer einer Webseite zu erteilen sind; wie, wo und wann diese Informationen erteilt werden müssen, bleibt aber offen.

Informationserteilung zulässig und für Online-Dienste der gebotene Weg.[914] Die vorformulierte Einwilligungserklärung sollte lediglich die wesentlichen Informationen enthalten. Hierzu zählen neben den Verantwortlichen, die Zwecke der Datenverarbeitung, die Art der Daten sowie der Hinweis auf das Widerrufsrecht.[915] Außerdem sollten die Verantwortlichen kurz und prägnant erläutern, wie sie die Daten der Nutzer verarbeiten wollen.[916] Weitergehende Informationen und Details zu der jeweiligen Datenverarbeitung sollten die Einwilligenden separat erhalten.[917] Insoweit bietet es sich bei elektronischen Diensten, wie Smart-TV, an, einen direkten Link beispielsweise auf die Datenschutzerklärung des Verantwortlichen einzubinden, der die Nutzer zu den weiteren, detaillierten Informationen umleitet.[918]

Neben der Nutzerfreundlichkeit und der Praxistauglichkeit spricht für diese Stufenlösung ErwG 42 Satz 4 DSGVO, wonach die betroffene Person mindestens wissen sollte, wer der Verantwortliche ist und für welche Zwecke ihre personenbezogenen Daten verarbeitet werden sollen. Die explizite Nennung dieser Mindestvorgaben macht deutlich, dass eine vorformulierte Einwilligungserklärung selbst eben nicht sämtliche Informationen, die für ein umfassendes Verständnis

---

914 So auch: *Art.-29-Gruppe,* WP 259, S. 16 ff.; Gola/*Schulz,* DS-GVO, Art. 7, Rn. 40; Simitis/Hornung/Spiecker gen. Döhmann/*Klement,* DS-GVO/BDSG, Art. 7, Rn. 74; Taeger/Gabel/*Arning/Rothkegel,* DSGVO/BDSG, Art. 4, Rn. 279 f.; *Gierschmann*, MMR 2020, 609, 615; *Moos/Strassemeyer,* DSB 2020, 207, 208 f. Zur früheren Rechtslage bereits: *Menzel,* DuD 2008, 400, 408. Gegen eine Schichtung ist wohl: Paal/Pauly/*Ernst,* DS-GVO, Art. 4, Rn. 80. Strenger auch: Brink/Wolff/*Stemmer,* BeckOK DSR, DS-GVO, Art. 7, Rn. 69, der nur überobligatorische Informationen (etwa für besonders Interessierte) an anderer Stelle zulassen möchte.

915 Vgl. ErwG 42 Satz 4 DS-GVO und Art. 7 Abs. 3 Satz 3 DS-GVO sowie die Vorgaben der *Artikel-29-Gruppe* in: *Art.-29-Gruppe,* WP 259, S. 15 ff. Ähnlich: *Moos/Rothkegel,* MMR 2019, 732, 739.

916 Die Pflicht zur Angabe dieser Informationen folgt zudem bereits aus Bestimmtheitsgründen. Schließlich sind die genannten Informationen erforderlich, um eine Einwilligung für den bestimmten Fall annehmen zu können, siehe Kap. 4 F. I. 3. a) (2).

917 So: Taeger/Gabel/*Arning/Rothkegel,* DSGVO/BDSG, Art. 4, Rn. 280. Nur in Ansätzen: Brink/Wolff/*Stemmer,* BeckOK DSR, DS-GVO, Art. 7, Rn. 69. In eine andere Richtung tendiert: Paal/Pauly/*Ernst,* DS-GVO, Art. 4, Rn. 83.

918 Diese Möglichkeit sieht auch: *Gierschmann*, MMR 2020, 609, 615; *Moos/Strassemeyer,* DSB 2020, 207, 208 f. Allerdings müssen diese detaillierten Informationen übersichtlich und möglichst prägnant gestaltet sein, vgl. hierzu: *LG Frankfurt a.M.*, Urt. v. 10.6.2016, 2-03 O 364/15, ZD 2016, 497; *Pollmann/Kipker*, DuD 2016, 378. Die Verfasser warnen vor einer Informationsüberflutung. Für Details siehe: Kap. 4 G. I.

erforderlich sind, enthalten muss.[919] Ziel ist es, den Smart-TV-Nutzern eine transparente und zugleich unkomplizierte Nutzung der Endgeräte und der angebotenen Dienste zu ermöglichen. Dies kann nur erreicht werden, wenn überlange und unübersichtliche Einwilligungstexte, die den gesamten Smart-TV-Bildschirm überlagern, vermieden werden.[920] Eine Konfrontation mit solch langen Texten schreckt die Nutzer ab und führt bloß dazu, dass sie die Texte ungelesen wegklicken.[921] Können sie die wesentlichen Informationen hingegen mit einem Blick erfassen und sich bei Interesse mit einem Klick tiefergehend informieren, führt dies im Ergebnis zu mehr Transparenz und einem effektiveren Datenschutz.

Abschließend ist im Zusammenhang mit der Informiertheit zu beachten, dass sämtliche Informationen, d.h. sowohl die Einwilligungserklärung an sich als auch die separate Datenschutzbestimmung, für die betroffene Person zugänglich sein müssen, bevor sie einwilligt.[922]

(4) Form der Einwilligung

Art. 4 Nr. 11 DSGVO und ErwG 32 Satz 1 DSGVO verlangen für die Einwilligung eine eindeutig bestätigende Handlung, mit der die betroffene Person zu verstehen gibt, dass sie mit der Verarbeitung der sie betreffenden personenbezogenen Daten einverstanden ist. Eine bestimmte Form schreibt die DS-GVO somit nicht vor. Die Einwilligung muss lediglich unmissverständlich erfolgen. Mithin kann die betroffene Person ihre Einwilligung schriftlich, elektronisch,[923] mündlich oder in

---

919 *Moos/Rothkegel*, MMR 2019, 732, 739.

920 Siehe in Bezug auf eine überlange Datenschutzerklärung auf einem Smart-TV in den AGB eines Fernsehherstellers bereits: *LG Frankfurt a.M.*, Urt. v. 10.6.2016, 2-03 O 364/15, ZD 2016, 497.

921 Vgl. allgemein zu einer Informationsüberflutung: Kühling/Buchner/*Buchner/Kühling*, DS-GVO/BDSG, Art. 7, Rn. 60; Taeger/Gabel/*Arning/Rothkegel*, DSGVO/BDSG, Art. 4, Rn. 279. Explizit zu einer zu langen Datenschutzbestimmung bei Smart-TV vgl. das Urteil des *LG Frankfurt a.M.*, Urt. v. 10.6.2016, 2-03 O 364/15, ZD 2016, 494 ff.

922 *Art.-29-Gruppe*, WP 259, S. 15; Gola/*Schulz*, DS-GVO, Art. 7, Rn. 36; Kühling/Buchner/*Buchner/Kühling*, DS-GVO/BDSG, Art. 7, Rn. 59; Taeger/Gabel/*Arning/Rothkegel*, DSGVO/BDSG, Art. 4, Rn. 277; Brink/Wolff/*Stemmer*, BeckOK DSR, DS-GVO, Art. 7, Rn. 69.; *Gierschmann*, MMR 2020, 609, 615. A.A. *Moos/Rothkegel*, MMR 2019, 732, 739 f.

923 Dies meint nicht elektronisch im Sinne von § 126a BGB. Eine Einwilligung in Form einer einfachen E-Mail oder eines Online-Formulars ist ausreichend, Simitis/Hornung/Spiecker gen. Döhmann/*Klement*, DS-GVO/BDSG, Art. 7, Rn. 39.

engen Grenzen sogar konkludent erteilen.[924] ErwG 32 Satz 2 DSGVO führt weiter aus, dass dies etwa durch Anklicken eines Kästchens beim Besuch einer Internetseite, durch die Auswahl technischer Einstellungen für Dienste der Informationsgesellschaft oder durch eine andere Erklärung oder Verhaltensweise geschehen kann, mit der die betroffene Person in dem jeweiligen Kontext eindeutig ihr Einverständnis mit der beabsichtigten Verarbeitung ihrer personenbezogenen Daten signalisiert. Folglich ist ein aktives Verhalten notwendig.[925] ErwG 32 Satz 3 DSGVO untermauert diese Anforderung, indem er klarstellt, dass Stillschweigen, bereits angekreuzte Kästchen oder Untätigkeit der betroffenen Person keine Einwilligung darstellen. Dies zeigt, dass die sog. Opt-Out-Lösung[926] im Internet unter der DSGVO endgültig der Vergangenheit angehört.[927]

(5) Einwilligungsfähigkeit

Neben den zuvor genannten Voraussetzungen des Art. 4 Nr. 11 DSGVO bedarf es für eine wirksame Einwilligung abschließend der Einwilligungsfähigkeit der

---

924 Vgl. ErwG 32 Satz 1 DS-GVO. Eine konkludente Einwilligung kann lediglich in eindeutigen Fällen, etwa durch klares Nicken oder durch ein Handzeichen, erfolgen *Krohm*, ZD 2016, 368, 371; Gola/*Schulz*, DS-GVO, Art. 7, Rn. 41; Simitis/Hornung/Spiecker gen. Döhmann/*Klement*, DS-GVO/BDSG, Art. 7, Rn. 35.; *Moos/Strassemeyer*, DSB 2020, 207, 207. Allerdings muss der Verantwortliche die Erteilung der Einwilligung stets nachweisen können, Art. 7 Abs. 1 DS-GVO. Siehe: *DSK*, Kurzpapier Nr. 20: Einwilligung, S. 1.

925 *EuGH*, Urt. v. 1.10.2019, C-673/17, ECLI:EU:C:2019:801, Rn. 60 ff. – *Planet49*; *Art.-29-Gruppe*, WP 259, S. 18; *DSK*, Kurzpapier Nr. 20: Einwilligung, S. 1. Die bloße Weiternutzung eines Diensts genügt nicht, *Lang*, K&R 2019, 698, 701; Brink/Wolff/*Stemmer*, BeckOK DSR, DS-GVO, Art. 7, Rn. 83.; *DSK*, Hinweise zum Einsatz von Google Analytics, S. 4; *Gierschmann*, MMR 2020, 609, 615; *Moos/Strassemeyer*, DSB 2020, 207, 207. Ebenso wenig das Scrollen, Streichen oder ähnliche Benutzeraktivitäten auf einer Webseite, vgl. *EDPD*, Stellungnahme 5/2020, Rn. 86. Im Zusammenhang mit Smart-TV genügt es beispielsweise nicht, dass der Nutzer bestätigt, die Datenschutzerklärung zur Kenntnis genommen zu haben, *Bundeskartellamt*, Sektoruntersuchung Smart-TV, S. 141. Siehe auch: *KG Berlin*, Urt. v. 21.03.2019, 23 U 268/13, juris Rn. 67.

926 Bei dieser musste der Nutzer per Voreinstellung bereits vorangekreuzte Häkchen wieder abwählen, damit keine Einwilligung vorlag. Bei Nichtabwahl des Häkchens galt die Einwilligung hingegen als erteilt. Vgl. *Krohm*, ZD 2016, 368, 372.

927 Siehe: *EuGH*, Urt. v. 1.10.2019, C-673/17, ECLI:EU:C:2019:801, Rn. 57, 63, 65 – *Planet49*; *BGH*, Urt. v. 28.5.2020, I ZR 7/16, *Cookie-Einwilligung II*, GRUR-RS 2020, 14332, Rn. 52; Gola/*Schulz*, DS-GVO, Art. 7, Rn. 42; *DSK*, Orientierungshilfe für Anbieter von Telemedien, S. 8.; *Lang*, K&R 2019, 698, 699.; Brink/Wolff/*Stemmer*, BeckOK DSR, DS-GVO, Art. 7, Rn. 83.; *DSK*, Hinweise zum Einsatz von Google Analytics, S. 4. Differenzierender: *Krohm*, ZD 2016, 368, 372 f.

betroffenen Person. Ob eine Person fähig ist, ihre Einwilligung zu erteilen, beurteilt sich generell nach ihrer Einsichtsfähigkeit.[928] Zweifelsohne ist diese gegeben, wenn eine Person voll geschäftsfähig ist.[929] Problematisch ist die Einsichtsfähigkeit hingegen bei Minderjährigen.[930] Im Zusammenhang mit Smart-TV kommt in der Regel jedoch Art. 8 DSGVO zum Tragen, welcher bei einem Angebot von Diensten der Informationsgesellschaft[931], das gegenüber einem Kind direkt gemacht wird, eine starre Altersgrenze normiert.[932] Im Anwendungsbereich der Norm wird die Einsichtsfähigkeit mit Vollendung des sechzehnten Lebensjahrs vermutet.[933] Bei Minderjährigen unter sechzehn Jahren wird dagegen vom Fehlen der Einsichtsfähigkeit ausgegangen, sodass die Einwilligung durch den Träger der elterlichen Verantwortung[934] oder mit dessen vorheriger Zustimmung erteilt werden muss.[935]

---

928 Die betroffene Person muss die Bedeutung und Tragweite ihrer Erklärung absehen können. Vgl. hierzu im Detail: *Ernst*, ZD 2017, 110, 111; Ehmann/Selmayr/*Heckmann/Paschke,* DS-GVO, Art. 7, Rn. 32; Kühling/Buchner/*Buchner/Kühling,* DS-GVO/BDSG, Art. 7, Rn. 67 ff.; Simitis/Hornung/Spiecker gen. Döhmann/*Klement,* DS-GVO/BDSG, Art. 7, Rn. 49; Taeger/Gabel/*Taeger,* DS-GVO/BDSG, Art. 7, Rn. 107; Brink/Wolff/*Stemmer,* BeckOK DSR, DS-GVO, Art. 7, Rn. 33 ff.

929 *Ernst*, ZD 2017, 110, 111.

930 Kinder genießen unter der DS-GVO einen besonderen Schutz, vgl. ErwG 38, 58, 65 DS-GVO.

931 Siehe Art. 4 Nr. 25 DS-GVO. Gemeint sind Dienstleistungen, die unmittelbar im Zusammenhang mit dem Internet stehen, *Art.-29-Gruppe,* WP 259, S. 29; Ehmann/Selmayr/*Heckmann/Paschke,* DS-GVO, Art. 8, Rn. 19; Gola/*Schulz,* DS-GVO, Art. 8, Rn. 13; Brink/Wolff/*Karg,* BeckOK DSR, DS-GVO, Art. 8, Rn. 47.

932 Den Mitgliedsstaaten steht es allerdings frei, eine niedrigere Altersgrenze festzusetzen, Art. 8 Abs. 1 Satz 3 DS-GVO. Hiervon hat Deutschland bislang jedoch keinen Gebrauch gemacht.

933 Ob diese Vermutung widerlegbar ist, ist umstritten, vgl. Gola/*Schulz,* DS-GVO, Art. 8, Rn. 11 und Fn. 15. Für eine unwiderlegbare Vermutung sind: *Buchner/Kühling,* DuD 2017, 544, 547; Kühling/Buchner/*Buchner/Kühling,* DS-GVO/BDSG, Art. 8, Rn. 19.; Taeger/Gabel/*Taeger,* DS-GVO/BDSG, Art. 8, Rn. 32. A.A. Ehmann/Selmayr/*Heckmann/Paschke,* DS-GVO, Art. 8, Rn. 4; Brink/Wolff/*Karg,* BeckOK DSR, DS-GVO, Art. 8, Rn. 35.

934 Dies ist der gesetzliche Vertreter, Ehmann/Selmayr/*Heckmann/Paschke,* DS-GVO, Art. 8, Rn. 26; Simitis/Hornung/Spiecker gen. Döhmann/*Klement,* DS-GVO/BDSG, Art. 8, Rn. 25.

935 Vgl. hierzu im Detail: Ehmann/Selmayr/*Heckmann/Paschke,* DS-GVO, Art. 8, Rn. 28 ff.; Simitis/Hornung/Spiecker gen. Döhmann/*Klement,* DS-GVO/BDSG, Art. 8, Rn. 26 f.

Die Norm greift insbesondere für die Online-Dienste auf einem Smart-TV, die sich explizit an Kinder richten.[936] Im Hinblick auf derartige Dienste müssen die Smart-TV-Akteure gewährleisten, dass die Voraussetzungen an die Einwilligung eines Kindes eingehalten werden. Dementsprechend sollten die Akteure zunächst das Alter der betroffenen Person feststellen;[937] ist diese jünger als sechzehn Jahre, muss der Verantwortliche mit Hilfe geeigneter, technischer Maßnahmen sicherstellen, dass ein gesetzlicher Vertreter der Einwilligung des Kindes

---

936 So zum Beispiel Angebote von Kinder-TV-Sendern, Online-Spiele für Kinder oder Lern-Apps; auch Streaming-Dienste wie *Disney+* fallen hierunter.
Darüber hinaus ist fraglich, ob die Norm für Angebote greift, die sich nicht ausschließlich, aber zumindest auch an Kinder richten. Dies könnte dazu führen, dass fast jedes Online-Angebot das Alter ihrer Nutzer feststellen müsste, um die Vorgaben des Art. 8 DS-GVO einhalten zu können. Ein solches Verständnis ist abzulehnen. Die Vorgaben des Art. 8 DS-GVO sind lediglich zu berücksichtigen, wenn sich Angebote primär an Kinder richten. Insofern ist eine etwaig kindgerechte Aufmachung eines Angebots oder etwa die an Kinder gerichtete Sprache eines Diensts zu beachten, *Buchner/Kühling*, DuD 2017, 544, 547; Ehmann/Selmayr/*Heckmann/Paschke*, DS-GVO, Art. 8, Rn. 22; Gola/*Schulz*, DS-GVO, Art. 8, Rn. 15; Kühling/Buchner/*Buchner/Kühling*, DS-GVO/BDSG, Art. 8, Rn. 16. Schließlich muss nach dem Wortlaut des Art. 8 Abs. 1 Satz 1 DS-GVO das Angebot einem Kind „direkt" gemacht werden. Fasste man jedes Angebot, auf das Kinder faktisch auf dem Smart-TV zugreifen können unter die Norm, führte dies nicht nur zu praktischen Umsetzungsschwierigkeiten für die Akteure, sondern auch zu unnötig vielen Datenerhebungen aufgrund der Altersfeststellung. Vgl. zu diesem Thema im Detail: *Gola/Schulz*, ZD 2013, 475, 478; Ehmann/Selmayr/*Heckmann/Paschke*, DS-GVO, Art. 8, Rn. 20 ff.; Gola/*Schulz*, DS-GVO, Art. 8, Rn. 15 ff.; Paal/Pauly/*Frenzel*, DS-GVO, Art. 8, Rn. 7; Sydow/*Kampert*, DSGVO, Art. 8, Rn. 9; Taeger/Gabel/*Taeger*, DS-GVO/BDSG, Art. 8, Rn. 16 ff. *Buchner/Kühling*, DuD 2017, 544, 547; Kühling/Buchner/*Buchner/Kühling*, DS-GVO/BDSG, Art. 8, Rn. 17 f. genügt für die Eröffnung des Anwendungsbereichs hingegen bereits eine faktische Zugriffsmöglichkeit von Minderjährigen auf ein Angebot. Ähnlich auch: Simitis/Hornung/Spiecker gen. Döhmann/*Klement*, DS-GVO/BDSG, Art. 8, Rn. 15; Brink/Wolff/*Karg*, BeckOK DSR, DS-GVO, Art. 8, Rn. 50 f.

937 Eine solche Altersverifikation muss aber eine hinreichende Sicherheit bieten. Die bloße Abfrage, bei der der Nutzer mit einem einfachen Klick ein bestimmtes Alter bestätigt, genügt nicht, Ehmann/Selmayr/*Heckmann/Paschke*, DS-GVO, Art. 8, Rn. 22. A.A. wohl: Gola/*Schulz*, DS-GVO, Art. 8, Rn. 20. Zu den Problemen rund um die Altersverifikation vgl. *Tinnefeld/Conrad*, ZD 2018, 391, 393.

zustimmt oder dieser für das Kind die Einwilligung erteilt.[938] Insofern könnte sich zukünftig das sog. Double-Opt-In-Verfahren bewähren, bei dem sowohl das Kind als auch die Eltern durch Angabe beider E-Mail-Adressen einzubeziehen sind.[939]

Richtet sich ein Online-Dienst auf dem Smart-TV ausschließlich an Erwachsene und ist dieser Umstand durch ein hinreichend sicheres Altersverifikationssystem garantiert, können die Akteure die Vorgaben des Art. 8 DSGVO vernachlässigen.[940]

b) Widerruflichkeit und Binnenverhältnis der Erlaubnistatbestände

Gemäß Art. 7 Abs. 3 Satz 1 DSGVO hat die betroffene Person das Recht, ihre Einwilligung jederzeit zu widerrufen. Der Verantwortliche muss insoweit sicherstellen, dass der Widerruf der Einwilligung so einfach ist wie ihre Erteilung.[941] Sofern ein Akteur beispielsweise im Zusammenhang mit einer Smart-TV-Applikation die Einwilligung in eine bestimmte Datenverarbeitung einholt, muss er gewährleisten, dass der Widerruf der Einwilligung ebenfalls innerhalb der Applikation selbst möglich ist. Daneben müssen die Hersteller und die Portalanbieter sicherstellen, dass der Widerruf der Einwilligung stets über das Smart-TV-Menü erfolgen kann. Schließlich holen die Hersteller die Einwilligungen in Datenverarbeitungen in der Regel bereits im Rahmen der Erstinbetriebnahme

---

938 Vgl. Art. 8 Abs. 2 DS-GVO; Ehmann/Selmayr/*Heckmann/Paschke*, DS-GVO, Art. 8, Rn. 37; Gola/*Schulz*, DS-GVO, Art. 8, Rn. 19 ff.; Kühling/Buchner/*Buchner/Kühling*, DS-GVO/BDSG, Art. 8, Rn. 23 f.

939 *Gola/Schulz*, ZD 2013, 475, 479 f.; Ehmann/Selmayr/*Heckmann/Paschke*, DS-GVO, Art. 8, Rn. 37; Gola/*Schulz*, DS-GVO, Art. 8, Rn. 22; Kühling/Buchner/*Buchner/Kühling*, DS-GVO/BDSG, Art. 8, Rn. 24. Taeger/Gabel/*Taeger*, DS-GVO/BDSG, Art. 8, Rn. 39 hält dieses Verfahren hingegen für untauglich.

940 Ähnlich: *Art.-29-Gruppe*, WP 259, S. 30; Ehmann/Selmayr/*Heckmann/Paschke*, DS-GVO, Art. 8, Rn. 22; Paal/Pauly/*Frenzel*, DS-GVO, Art. 8, Rn. 7; Simitis/Hornung/Spiecker gen. Döhmann/*Klement*, DS-GVO/BDSG, Art. 8, Rn. 14; Taeger/Gabel/*Taeger*, DS-GVO/BDSG, Art. 8, Rn. 18; Brink/Wolff/*Karg*, BeckOK DSR, DS-GVO, Art. 8, Rn. 48.

941 Art. 7 Abs. 3 Satz 4 DS-GVO. Sofern die Erteilung der Einwilligung bei einem Online-Dienst etwa durch das bloße Anklicken eines Kästchens erfolgt, darf der Verantwortliche den Widerruf zum Beispiel nicht ausschließlich auf telefonischem Wege oder per EMail fordern. Vgl. zu diesem Aspekt: *Art.-29-Gruppe*, WP 259, S. 25 f. Explizit für Smart-TV: *Bundeskartellamt*, Sektoruntersuchung Smart-TV, S. 140.

durch einen einfachen Klick ein, weshalb die Abwahl der Datenverarbeitung ebenfalls schnell und einfach möglich sein muss.[942]

Widerruft die betroffene Person ihre Einwilligung, berührt dies nach Art. 7 Abs. 3 Satz 2 DSGVO die Rechtmäßigkeit der aufgrund der Einwilligung bis zum Widerruf erfolgten Verarbeitung nicht. Die Verordnung statuiert mithin eine ex-nunc-Wirkung des Widerrufs.

Fraglich ist, ob ein Verantwortlicher eine Datenverarbeitung nach einem Widerruf der Einwilligung mit einem anderen Erlaubnistatbestand des Art. 6 Abs. 1 DS-GVO rechtfertigen kann, sofern dessen Tatbestandsvoraussetzungen erfüllt sind. Nach Ansicht der Datenschutzbehörden ist im Fall des Widerrufs einer Einwilligung der Wechsel zu einem anderen Erlaubnistatbestand nicht möglich.[943] Dagegen nimmt der überwiegende Teil der Literatur die Zulässigkeit eines solchen Wechsels an.[944] Demzufolge könnte sich ein Verantwortlicher nach dem Widerruf einer Einwilligung auf einen anderen Erlaubnistatbestand berufen, wenn dieser die betreffende Datenverarbeitung legitimiert. Diese Ansicht überzeugt. Denn dafür, dass der Widerruf einer Einwilligung eine Datenverarbeitung

942 Die Abwahlmöglichkeiten sollten sich einfach auffinden lassen. Insoweit bietet sich eine Einbettung unter dem Punkt „Datenschutz" an, vgl. *Bundeskartellamt,* Sektoruntersuchung Smart-TV, S. 140. Der Menüpunkt sollte sich mit nur einem oder zwei Klicks öffnen lassen und präsent dargestellt sein.

943 *Art.-29-Gruppe,* WP 259, S. 27 f.; *DSK,* Kurzpapier Nr. 20: Einwilligung, S. 3.; *EDPD,* Stellungnahme 5/2020, Rn. 122 f. Die Behörden begründen ihre Ansicht damit, dass gegenüber den betroffenen Personen ein rechtsmissbräuchliches Verhalten vorläge, wenn die Verantwortlichen ihnen durch die Einwilligung vorspielten, es in der Hand zu haben, über die Rechtmäßigkeit der Verarbeitung zu bestimmen; diese tatsächlich aber später noch auf einen anderen Erlaubnistatbestand gestützt werden könnte.

944 *Härting/Gössling/Dimov,* ITRB 2017, 169, 170; Schantz/Wolff/*Wolff,* Das neue Datenschutzrecht, D. II., Rn. 475; Gola/*Schulz,* DS-GVO, Art. 6, Rn. 11; *Golland,* Datenverarbeitung in sozialen Netzwerken, S. 194; *Golland,* MMR 2018, 130, 130; *Veil,* NJW 2018, 3337, 3342; Plath/*Plath,* DSGVO/BDSG, Artikel 6, Rn. 5 ff.; Sydow/*Reimer,* DSGVO, Art. 6, Rn. 8; Simitis/Hornung/Spiecker gen. Döhmann/*Klement,* DS-GVO/BDSG, Art. 7, Rn. 34; Taeger/Gabel/*Taeger,* DSGVO/BDSG, Art. 6, Rn. 41 ff.; Taeger/Gabel/*Taeger,* DS-GVO/BDSG, Art. 7, Rn. 72; Auernhammer/*Kramer,* DSGVO/BDSG, Art. 6, Rn. 23; Brink/Wolff/*Albers/Veit,* BeckOK DSR, DS-GVO, Art. 6, Rn. 27; Brink/Wolff/*Stemmer,* BeckOK DSR, DS-GVO, Art. 7, Rn. 91. A.A: Kühling/Buchner/*Buchner/Kühling,* DS-GVO/BDSG, Art. 7, Rn. 18; Kühling/Buchner/*Buchner/Petri,* DS-GVO/BDSG, Art. 6, Rn. 23 und 60.; *Uecker,* ZD 2019, 248, 249. Ein Rückgriffsverbot hinsichtlich der gesetzlichen Erlaubnistatbestände zumindest nicht ausschließend: *Schneider,* CR 2017, 568, 573.

zwingend rechtswidrig macht, finden sich in der DSGVO keine Anhaltspunkte. Ganz im Gegenteil zeigt sich dort gerade, dass sich eine Datenverarbeitung im Fall des Widerrufs sehr wohl auf eine andere Rechtsgrundlage stützen lässt. So verlangt Art. 17 Abs. 1 lit. b DSGVO die Löschung personenbezogener Daten nur, wenn es an einer anderweitigen Rechtsgrundlage für die Verarbeitung fehlt.[945] Daneben spricht die Konzipierung des Art. 6 Abs. 1 DSGVO für das Nebeneinander und die Gleichrangigkeit der Erlaubnistatbestände.[946] Dort heißt es nämlich lediglich, dass mindestens einer der nachstehenden Bedingungen erfüllt sein muss. Ein Rang- oder gar ein Alternativverhältnis im Sinne einer wechselseitigen Ausschließung der Erlaubnistatbestände lässt sich dem Wortlaut und der Systematik der Norm hingegen nicht entnehmen.[947]

Folglich sperrt die Einholung einer Einwilligung den späteren Rückgriff auf einen gesetzlichen Erlaubnistatbestand im Fall des Widerrufs nicht.

Allerdings muss der verantwortliche Akteur die betroffene Person spätestens unmittelbar nach Ausübung ihres Widerrufsrechts über den Wechsel der Rechtsgrundlage informieren.[948] Ihr ist insoweit vor Augen zu führen, dass die Verarbeitung auf Grundlage eines anderen Erlaubnistatbestands weiterhin möglich sein kann, selbst wenn sie ihre Einwilligung widerruft.

---

945 Auf diese Norm stützen sich ebenfalls: Gola/*Schulz*, DS-GVO, Art. 6, Rn. 11; Plath/*Plath*, DSGVO/BDSG, Artikel 6, Rn. 6; *Veil*, NJW 2018, 3337, 3342; Simitis/Hornung/Spiecker gen. Döhmann/*Klement*, DS-GVO/BDSG, Art. 7, Rn. 34; Taeger/Gabel/*Taeger*, DSGVO/BDSG, Art. 6, Rn. 41; Brink/Wolff/*Albers/Veit*, BeckOK DSR, DS-GVO, Art. 6, Rn. 27.

946 *Härting/Gössling/Dimov*, ITRB 2017, 169, 171; Gola/*Schulz*, DS-GVO, Art. 6, Rn. 10; Plath/*Plath*, DSGVO/BDSG, Artikel 6, Rn. 5 f.; Sydow/*Reimer*, DSGVO, Art. 6, Rn. 8; *Veil*, NJW 2018, 3337, 3338; Taeger/Gabel/*Taeger*, DSGVO/BDSG, Art. 6, Rn. 42; Brink/Wolff/*Albers/Veit*, BeckOK DSR, DS-GVO, Art. 6, Rn. 27. Für eine Vorrangigkeit der Einwilligung hingegen: *Sattler*, JZ 2017, 1036, 1040.

947 Vgl. hierzu allgemein: *EuGH*, Urt. v. 9.3.2017, C-398/15, ECLI:EU:C:2017:197, Rn. 42 f. – *Manni*.

948 Simitis/Hornung/Spiecker gen. Döhmann/*Schantz*, DS-GVO/BDSG, Art. 6 Abs. 1, Rn. 90; Taeger/Gabel/*Taeger*, DSGVO/BDSG, Art. 6, Rn. 41. Für eine Information über einen möglichen Normwechsel bereits im Zeitpunkt der Einwilligungseinholung: Schantz/Wolff/*Wolff*, Das neue Datenschutzrecht, D. II., Rn. 475; Gola/*Schulz*, DS-GVO, Art. 6, Rn. 12; Kühling/Buchner/*Buchner/Kühling*, DS-GVO/BDSG, Art. 7, Rn. 18. Vgl. auch: Plath/*Plath*, DSGVO/BDSG, Artikel 6, Rn. 7, der keine Informationspflicht annimmt. Eine Informationspflicht in Bezug auf die einschlägige Rechtsgrundlage folgt bereits aus Art. 13 Abs. 1 lit. c) DS-GVO bzw. Art. 14 Abs. 1 lit. c) DS-GVO.

c) Einholung einer wirksamen Einwilligung auf dem Smart-TV

Für die Einholung einer wirksamen Einwilligung auf dem Smart-TV müssen die Akteure die zuvor genannten Vorgaben der DS-GVO vollumfänglich beachten. Das dies aktuell noch nicht der Fall ist, zeigte jüngst der Bericht zur Sektoruntersuchung Smart-TVs des Bundeskartellamts.[949]

Um den Anforderungen der DS-GVO gerecht zu werden, bedarf es der Implementierung eines adäquaten Einwilligungsmechanismus. Erst wenn ein solcher gewährleistet ist, können die Akteure im Zusammenhang mit der Nutzung ihrer Angebote einwilligungsbasierte Datenverarbeitungen vornehmen.[950] Voraussetzung ist zunächst, dass die Einwilligung zum richtigen Zeitpunkt eingeholt und die Einwilligungserklärung auf dem Endgerät richtig platziert wird. In zeitlicher Hinsicht empfiehlt es sich, die Einwilligung bereits bei der ersten Verwendung des Geräts bzw. dem ersten Abruf eines Diensts einzuholen.[951] Für die Einholung sollten die Gerätehersteller und die anderen Anbieter von Smart-TV-Diensten idealerweise eine separate Seite, ein vorgeschaltetes Kästchen oder ein anderes, eigenständiges HTML-Element nutzen, welches den Mechanismus präsent und übersichtlich einbindet.[952] Keinesfalls sollte zur Einholung der Einwilligung lediglich die Datenschutzerklärung „en bloc“ vorgelegt werden.[953] Wichtig ist, die Einwilligungserklärung stets klar von anderen Erklärungen zu trennen, sodass der Nutzer die datenschutzrechtliche Einwilligung als solche bewusst wahrnehmen kann und diese nicht mit anderen Erklärungen zu verwechseln

---

949 *Bundeskartellamt,* Sektoruntersuchung Smart-TV, S. 134 ff.

950 Grundsätzlich ist es ratsam eine Einwilligung in eine Datenverarbeitung vornehmlich in den Fällen einzuholen, in denen es einer Einwilligung tatsächlich bedarf und kein anderer Erlaubnistatbestand aus Art. 6 Abs. 1 DS-GVO greift. Schließlich vertreten zumindest die Datenschutzbehörden aktuell noch das Verständnis, dass sich ein Akteur nach einem Widerruf der Einwilligung nicht auf einen anderen Erlaubnistatbestand berufen darf. Insoweit besteht das Risiko, dass die betroffene Datenverarbeitung nach einem Widerruf der Einwilligung eingestellt werden muss, auch wenn sie sich auf einen anderen Erlaubnistatbestand stützen ließe, siehe Kap. 4 F. I. 3. b).

951 Vgl. hierzu: *DSK,* Orientierungshilfe für Anbieter von Telemedien, S. 9. Die Gerätehersteller sollten die Einwilligungseinholung im Rahmen der Erstinbetriebnahme vornehmen; Die Anbieter von Applikationen und anderen Online-Diensten im Rahmen der Erstinstallation bzw. bei dem ersten Zugriff auf den jeweiligen Dienst.

952 Vgl. hierzu: *DSK,* Orientierungshilfe für Anbieter von Telemedien, S. 9.

953 Vgl. zu dieser Handhabung bei Smart-TV: *Bundeskartellamt,* Sektoruntersuchung Smart-TV, S. 132 f.

droht.[954] In diesem Zusammenhang bietet es sich an, die Einwilligungserklärung optisch auf dem TV-Bildschirm hervorzuheben. Beispielsweise kann die Erklärung grafisch umrahmt oder durch einen Fettdruck betont werden. Ebenso kann eine eindeutige Bezeichnung dazu beitragen, eine Einwilligungserklärung als solche erkennbar zu machen; etwa, indem die Erklärung ausdrücklich mit „*Datenschutzrechtlicher Einwilligung*" überschrieben wird.

Neben dem richtigen Zeitpunkt und der richtigen Platzierung muss der Einwilligungsmechanismus derart gestaltet sein, dass er dem Nutzer eine aktive Handlung abverlangt. Insoweit ist es ratsam, bei einem intelligenten Endgerät, wie einem Smart-TV, ein positives Klickverhalten des Nutzers zu fordern. Dementsprechend sollten die Akteure in den Einwilligungsprozess ein Element integrieren, welches der Nutzer bewusst anklicken muss, sofern er seine Einwilligung erteilen möchte.[955] Dabei muss technisch sichergestellt sein, dass personenbezogene Daten erst ab dem Zeitpunkt verarbeitet werden, wenn der Nutzer tatsächlich auf das Element geklickt hat.[956] In diesem Zusammenhang ist außerdem zu beachten, dass die DSGVO eine freiwillig erteilte Einwilligung voraussetzt. Die Zustimmung des Nutzers darf also nicht derart erzwungen werden, dass er gar keine andere Wahl hat, als auf das Zustimmungselement zu klicken, wenn er einen bestimmten Dienst nutzen möchte. Aufgrund dessen sollte grundsätzlich eine Verweigerungsmöglichkeit in Bezug auf die beabsichtigte Datenverarbeitung gegeben sein.[957] Insoweit ist es möglich, dem Nutzer entweder die freie Wahl zu überlassen, einen Dienst mit oder ohne entsprechender Datenverarbeitung zu verwenden oder ihm zumindest eine Alternativnutzung des Diensts gegen ein angemessenes Entgelt, dafür aber ohne die Verarbeitung

---

954 Die Einwilligungserklärung sollte insbesondere nicht in AGB versteckt sein, *Kugelmann*, DuD 2016, 566, 568; *Art.-29-Gruppe,* WP 259, S. 16. Vgl. auch Art. 7 Abs. 2 Satz 1 DS-GVO.

955 Zum Beispiel muss der Nutzer aktiv ein Häkchen setzen oder auf einen Button mit „*Ich stimme zu*" klicken. Die Auswahlmöglichkeit darf hingegen nicht „aktiviert" voreingestellt sein, sodass der Nutzer sie abwählen müsste, wenn er keine Einwilligung erteilen möchte, *DSK,* Orientierungshilfe für Anbieter von Telemedien, S. 9.

956 *DSK,* Orientierungshilfe für Anbieter von Telemedien, S. 9 f.; *Lang*, K&R 2019, 698, 702.

957 So im Zusammenhang mit dem Setzen von Cookies auch: *DSK,* Orientierungshilfe für Anbieter von Telemedien, S. 10.; *Lang*, K&R 2019, 698, 702.; *Baumgartner/Hansch*, ZD 2020, 435, 437.

seiner personenbezogenen Daten, anzubieten.[958] Die erste Option muss in der Praxis derart ausgestaltet sein, dass der Nutzer die Verweigerungsmöglichkeit ohne Schwierigkeiten erkennen kann.[959] Eine echte und freie Wahl besteht überdies nur, wenn der Nutzer nicht unterschwellig dazu verleitet wird, der Zustimmungsoption den Vorzug zu gewähren.[960] Daher ist es wichtig, die Auswahlmöglichkeiten optisch neutral darzustellen.[961]

Generell darf die Erbringung eines Diensts, beispielsweise die Nutzung einer Applikation auf dem Smart-TV, nicht zwangsweise von der Einwilligung des Nutzers abhängig gemacht werden, ohne ihm auf irgendeine Weise eine Alternative zu bieten.[962] Kostenlose Dienste können sich zwar mit Hilfe personenbezogener Daten finanzieren, sie dürfen den Nutzer aber nicht faktisch zur Hergabe seiner Daten zwingen.

Was den Inhalt anbetrifft, so muss der Einwilligungstext selbst die wesentlichen Informationen enthalten, die für ein grundlegendes Verständnis des

---

958 Von dem Nutzer kann verlangt werden, dass er das Entgelt für die Nutzung des betroffenen Diensts zahlt oder auf die Nutzung gänzlich verzichtet. Siehe zu dieser Thematik im Detail: Kap. 4 F. I. 3. a) (1).

959 Begrifflichkeiten wie „*Später*" verbieten sich, vgl. *Bundeskartellamt,* Sektoruntersuchung Smart-TV, S. 147 f. Der Nutzer kann nicht ohne Weiteres erkennen, dass die Alternative „*Später*" auch erfasst, dass er die Zustimmung vollends verweigern kann. Stattdessen sollten klare und deutliche Begrifflichkeiten wie etwa „*Nein*" oder „*Ich stimme nicht zu*" verwendet werden.

960 Das *Bundeskartellamt* behandelt diese Problematik unter dem Begiff des „*Digital Nudging*", vgl. *Bundeskartellamt,* Sektoruntersuchung Smart-TV, S. 142 ff. Es legt sich in Bezug auf die daran anküpfende Rechtsfolge aber nicht fest und lässt offen, ob eine Einwilligung trotz Nudging als freiwillig erteilt gelten kann, *Bundeskartellamt,* Sektoruntersuchung Smart-TV, S. 147. Nach hier vertretener Ansicht scheidet bei einer ojektiven Verleitung der Nutzers zur einer Zustimmung eine Freiwilligkeit aus.

961 Die Zustimmungsoption sollte insoweit nicht grafisch hervorgehoben werden, während die Verweigerungsmöglichkeit völlig in den Hintergrund rückt. Restriktiver: *Baumgartner/Hansch,* ZD 2020, 435, 437; *Moos/Strassemeyer,* DSB 2020, 207, 208. Vgl. dazu: *Bundeskartellamt,* Sektoruntersuchung Smart-TV, S. 144 ff.

962 Die Zulässigkeit einer solch alternativlosen Kopplung stellt die absolute Ausnahme dar. Lediglich in Bezug auf unwesentliche Zusatzfunktionen bzw. Dienste, auf die der Smart-TV-Nutzer in keiner Weise angewiesen ist, kann der Anbieter die Inanspruchnahme ausnahmsweise von der Einwilligung des Nutzers in die Verarbeitung personenbezogener Daten zwangsweise abhängig machen. Insoweit kommt es darauf an, dass der Verzicht auf die Funktion bzw. den Dienst für den Nutzer zu keinem spürbaren Nachteil führt, siehe: Kap. 4 F. I. 3. a) (1).

Nutzers erforderlich sind.[963] Dazu zählen neben den Verantwortlichen, die Zwecke der Datenverarbeitung, die Art der Daten sowie der Hinweis auf das Widerrufsrecht. Außerdem sollten die Akteure kurz und prägnant erläutern, wie sie die Daten des Nutzers verarbeiten wollen. Die Einwilligungstexte dürfen den Nutzer keinesfalls überfordern, weshalb statt langer, unübersichtlicher Ausführungen, kurze, prägnante Texte in einer einfachen und verständlichen Sprache zu verwenden sind. Einwilligungserklärungen, die den gesamten Smart-TV-Bildschirm mit einem Fließtext überlagern, sind strengstens zu vermeiden.[964] Damit der Nutzer trotz gebotener Kürze der Einwilligungserklärung komplizierte Datenverarbeitungen verstehen kann, sind weitergehende Ausführungen separat, beispielsweise in der Datenschutzerklärung, bereit zu halten. Dort müssen sämtliche Informationen enthalten sein, die für ein umfassendes Verständnis des Nutzers erforderlich sind.[965] Die Informationen sollten über einen direkten Link aus der Einwilligungserklärung heraus abrufbar sein. Wichtig ist an dieser Stelle, dass der Nutzer die Informationen, die im Zusammenhang mit der Einwilligungserteilung erforderlich sind, ohne Weiteres erkennen kann. Verweist der Link etwa auf die allgemeine Datenschutzerklärung, und nicht auf eine separate Informationsseite für die konkrete Einwilligung, müssen sich die relevanten Ausführungen von den übrigen Informationen aus Art. 13 und Art. 14 DSGVO deutlich absetzen und einfach zu erkennen sein.[966]

Neben den allgemeinen Vorgaben müssen Smart-TV-Dienste, die sich explizit an Kinder richten, den Besonderheiten des Art. 8 DSGVO gerecht werden.[967]

Zuletzt gilt es zu berücksichtigen, dass ein Smart-TV-Gerät nicht immer von einer Person allein genutzt wird. Die Akteure müssen demnach sicherstellen, dass sie eine Einwilligung von jedem Nutzer gesondert einholen, bevor sie dessen personenbezogene Daten verarbeiten. Schließlich dürfen sie personenbezogene Daten nur von der Person verarbeiten, die hierzu eingewilligt hat. Insofern

---

963 Siehe Kap. 4 F. I. 3. a) (2), (3).

964 Vgl. explizit zu einer Datenschutzerklärung auf einem Smart-TV: *LG Frankfurt a.M.*, Urt. v. 10.6.2016, 2-03 O 364/15, ZD 2016, 497.

965 Dabei muss aber auch die verlinkte Datenschutzerklärung übersichtlich gestaltet sein und darf keine zu langen Ausführungen enthalten, vgl. *LG Frankfurt a.M.*, Urt. v. 10.6.2016, 2-03 O 364/15, ZD 2016, 497. Siehe im Detail: Kap. 4 G. I. 1. a).

966 In diese Richtung auch: *Gierschmann*, MMR 2020, 609, 615 Insoweit können die Akteure grafische Hervorhebungen und andere Hilfsmittel verwenden, die für ein klares und strukturiertes Erscheinungsbild sorgen. Der Link sollte zudem direkt zu der relevanten Stelle der Datenschutzerklärung führen.

967 Siehe Kap. 4 F. I. 3. a) (5).

bietet es sich an, von jedem Einzelnen zu verlangen, dass er ein persönliches Nutzerprofil auf dem Smart-TV sowie innerhalb der verschiedenen Dienste anlegt.[968] Auf diese Weise kann von jedem einzelnen Nutzer gesondert eine Einwilligung eingeholt werden. Fehlt es einer entsprechenden Einwilligung eines Nutzers, dürfen die Akteure dessen Daten nicht verarbeiten, sofern es dafür einer Einwilligung bedürfte.

II. Verantwortungsbereich der Gerätehersteller

Zunächst sollen die Verarbeitungsvorgänge im Verantwortungsbereich der Gerätehersteller untersucht werden. Soweit ein Hersteller für die Verarbeitung personenbezogener Daten auf dem Smart-TV verantwortlich ist, muss er sich auf einen der Erlaubnistatbestände aus Art. 6 Abs. 1 DS-GVO berufen können.[969]

1. Inbetriebnahme des Smart-TV

Im Rahmen der Erstinbetriebnahme eines Smart-TV-Geräts erhebt, erfasst und speichert der Hersteller verschiedene personenbezogene Daten des Nutzers.[970] Zu diesen Daten zählen beispielsweise die Sprache des Nutzers, sein Standort, seine Zeitzone und seine Postleitzahl.[971] Teilweise fordert der Hersteller den Nutzer auf eine zusätzliche Applikation auf dem Smart-Phone zu installieren, um die beiden Endgeräte miteinander zu verknüpfen.[972] Die insoweit stattfindenden Verarbeitungsvorgänge sind regelmäßig von dem Erlaubnistatbestand der Vertragserfüllung gemäß Art. 6 Abs. 1 UAbs. 1 lit. b DS-GVO gedeckt. Zwischen dem Gerätehersteller und dem Smart-TV-Nutzer besteht nicht nur ein Kaufvertrag über die Hardware des Endgeräts, sondern der Nutzer erwirbt mit dem Kauf zugleich die auf dem Gerät enthaltende Standardsoftware.[973] Damit er den Fernseher entsprechend verwenden kann, sind bestimmte Daten erforderlich. Hierzu gehört vor allem die Sprache des Nutzers. Darüber hinaus bedarf es

968 *Zoche ua,* Forschungsbericht Smart-TV, S. 38.

969 Zu der Frage, wann ein Gerätehersteller die Rolle des Verantwortlichen einnimmt, siehe Kap. 4 E. IV. 1.

970 Siehe Kap. 4 C. II. 1., D.

971 Die erhobenen Daten variieren von Gerät zu Gerät, siehe Kap. 4 C. II. 1.

972 So etwa bei Smart-TVs der Marke *Samsung.*

973 *Weichert,* DuD 2014, 528, 533; *Wendehorst/Graf v. Westphalen,* NJW 2016, 3745, 3746; Kühling/Buchner/*Buchner/Petri,* DS-GVO/BDSG, Art. 6, Rn. 26 und Fußnote 54. Siehe allgemein auch: Westphalen/Thüsing/*Hoeren,* Vertragsrecht, Teil "Klauselwerke" - IT-Verträge, Rn. 8.

für das Angebot regionaler Fernsehsender gegebenenfalls der Postleitzahl des Nutzers. Daneben benötigt der Hersteller u.a. zur Bestimmung des anwendbaren Rechts seinen Standort.[974] Personenbezogene Daten, die tatsächlich benötigt werden, um die konkreten Verträge mit dem Nutzer zu erfüllen, darf der Hersteller auf Grundlage von Art. 6 Abs. 1 UAbs. 1 lit. b DS-GVO verarbeiten.

Allerdings verlangt die Norm explizit, dass die betroffene Person Vertragspartei ist. Sofern sich die erhobenen, personenbezogenen Daten auf einen Nutzer beziehen, der nicht Vertragspartei der Kauf- und Softwareverträge mit dem Hersteller ist, sind die genannten Datenverarbeitungsvorgänge jedoch nach Art. 6 Abs. 1 UAbs. 1 lit. f DS-GVO gerechtfertigt. Dies gilt zumindest, sofern die Daten für die Nutzung des Smart-TVs per se erforderlich sind und die betroffene Person die Datenverarbeitungsvorgänge somit vernünftigerweise erwarten kann. Insoweit stehen der Erhebung der personenbezogenen Daten keine überwiegenden Interessen des Nutzers entgegen. Vielmehr hat er selbst ein Interesse daran, den Smart-TV funktionsgerecht verwenden zu können.

Möchte ein Smart-TV-Hersteller im Rahmen der Erstinbetriebnahme darüberhinausgehende, nicht vertragsnotwendige, personenbezogene Daten, wie etwa den Namen oder das Geschlecht des Nutzers, abfragen, ist dies allenfalls mit der Einwilligung des Nutzers möglich. Zwar kann der Hersteller ein Interesse daran haben, derartige Daten beispielsweise wirtschaftlich zu verwerten, insoweit überwiegt aber regelmäßig das Interesse des Nutzers am Schutz seiner nicht per se erforderlichen personenbezogenen Daten.[975]

Eine Rechtfertigung über die Einwilligung des Nutzers kommt überdies nur in Betracht, wenn sichergestellt ist, dass der Nutzer seine Einwilligung auf freiwilliger Basis erteilt. In keinem Fall darf der Smart-TV-Hersteller die generelle Nutzung des Endgeräts von der Einwilligung in die Verarbeitung nicht erforderlicher Daten abhängig machen.[976] Mithin darf die Angabe solch personenbezogener Daten nicht verpflichtend sein. Eine Möglichkeit wäre es aber, dem Nutzer die Entscheidung zu überlassen, ob er etwaige Daten zusätzlich angibt. Entscheidet er sich gegen eine freiwillige Angabe und willigt er in die betreffenden

974 *Golland*, Datenverarbeitung in sozialen Netzwerken, S. 258.

975 Vgl. zu den Interessen des Herstellers im Detail: Kap. 4 F. I. 2 sowie Kap. 4 F. II. 2.

976 Vgl. hierzu im Detail: Kap. 4 F. I. 3., a) (1). In diesem Zusammenhang ist insbesondere zu beachten, dass der Nutzer den Smart-TV bereits gegen ein Entgelt kostenpflichtig erworben hat, *Bundeskartellamt*, Sektoruntersuchung Smart-TV, S. 123. Die Grundfunktionen eines Smart-TVs müssen folglich ohne zusätzliche Hürden nutzbar sein.

Datenverarbeitungsvorgänge nicht ein, muss eine Nutzung des Smart-TV dennoch ohne Einschränkungen möglich sein.

Im Verlauf der Erstinbetriebnahme ist es zudem möglich, dass der Hersteller bereits die Einwilligung des Nutzers für Datenverarbeitungen bestimmter Zusatzdienste oder Funktionen einholt.[977] Sofern es sich dabei um völlig unerhebliche Zusatzangebote handelt, auf die der Nutzer in keiner Weise angewiesen ist, kann der Hersteller die Einwilligung in nicht erforderliche Datenverarbeitungen ausnahmsweise alternativlos fordern. In einem solchen Fall ist es dem Nutzer zuzumuten auf einen Zusatzdienst zu verzichten, wenn er seine personenbezogenen Daten nicht herausgeben möchte. Voraussetzung ist jedoch stets, dass der Hersteller die Umstände der Datenverarbeitungsvorgänge transparent macht. Der Nutzer muss demnach klar erkennen können, dass er der Verarbeitung nicht erforderlicher Daten zustimmt, um einen Dienst nutzen zu können.[978] Darüber hinaus muss es für ihn ohne Schwierigkeiten möglich sein, den Zusatzdienst oder die Funktion abzulehnen.[979]

2. *Nutzerkontoerstellung*

Sofern der Nutzer bei dem Hersteller des Smart-TVs ein Nutzerkonto erstellt, besteht zwischen den beiden Parteien ein Vertragsverhältnis.[980] Für die im Rahmen der Kontoerstellung stattfindenden Verarbeitungsvorgänge personenbezogener Daten könnte daher der Erlaubnistatbestand des Art. 6 Abs. 1 UAbs. 1 lit. b DS-GVO greifen. Voraussetzung wäre, dass die bei der Kontoerstellung erhobenen Daten für die Erfüllung des konkreten Vertrags zwischen den Parteien

---

977 Vgl. hierzu auch: *Bundeskartellamt,* Sektoruntersuchung Smart-TV, S. 125 ff.

978 Dem Nutzer muss also klar sein, dass er seine personenbezogenen Daten „verkauft".

979 Zum Beispiel könnte dem Nutzer im Rahmen der Erstinbetriebnahme ein Dienst angeboten werden, der es ermöglicht, eigene Fotos auf dem Smart-TV zu bearbeiten und diese sodann als Bildschirmhintergrund zu verwenden. Ein solcher Zusatzdienst ist für die Nutzung des Smart-TV per se völlig unerheblich. Mithin ist der Nutzer auf den Dienst in keiner Weise angewiesen. In einem solchen Fall kann der Hersteller die Einwilligung des Nutzers in nicht erforderliche Datenverarbeitungen verlangen, ohne dem Nutzer eine Alternativnutzung ohne Datenverarbeitung zu bieten. Allerdings muss der Nutzer den Zusatzdienst ohne Umwege ablehnen können und es darf ihm in keinem Fall suggeriert werden, er müsse einen solchen Dienst in Anspruch nehmen, um den Smart-TV nutzen zu können.

980 *LG Berlin,* Urt. v. 19.11.2013, 15 O 402/12, MMR 2014, 563, 564; *Bräutigam,* MMR 2012, 635, 636; *Weichert,* DuD 2014, 528, 530; *Härting,* CR 2016, 735, 737; Gola/ *Schulz,* DS-GVO, Art. 6, Rn. 34.

erforderlich sind. Der Nutzer muss stets seine E-Mail-Adresse angeben sowie ein Passwort auswählen. Zudem fordern die Hersteller regelmäßig den Namen, das Geburtsdatum, das Geschlecht, die Adresse sowie die Kontodaten des Anmeldenden.[981]

Die Erhebung und Speicherung der E-Mail-Adresse ist bereits objektiv für ein derartiges Vertragsverhältnis erforderlich.[982] Der Hersteller muss den Nutzer kontaktieren können, um ihn beispielsweise über geänderte AGB zu informieren oder im Falle des Verlusts des Passworts das Nutzerkonto wiederherstellen zu können.

Dagegen benötigt der Hersteller im Zusammenhang mit dem Nutzerkonto weder den Klarnamen des Nutzers noch sein Geburtsdatum, sein Geschlecht, seine Adresse oder seine Kontodaten. Derartige personenbezogene Daten sind nicht erforderlich, um einen Vertrag über ein Smart-TV-Konto mit einem Nutzer zu erfüllen.[983] Zunächst ist die Identität des Nutzers für den Hersteller nicht von Relevanz. Schließlich kann ein Nutzerkonto auf dem Smart-TV unter einem Pseudonym geführt werden.[984] Weiter kann der Hersteller für den Nutzer ein Konto zur Verfügung stellen, ohne dass er Kenntnis von seinem Alter, Geschlecht oder seiner Adresse hat. Überdies ist ein Smart-TV-Konto in der Regel kostenlos, sodass der Hersteller keine Zahlungsdaten benötigt. Selbst, wenn der Gerätehersteller derartige personenbezogene Daten im konkreten Vertrag als Gegenleistung für die Zurverfügungstellung des Nutzerkontos konzipierte, griffe Art. 6 Abs. 1 UAbs. 1 lit. b DS-GVO nicht. Denn bei einem Nutzerkonto handelt es sich um eine kostenlose Dienstleistung des Herstellers, bei der der Erlaubnistatbestand teleologisch zu reduzieren ist, wenn die personenbezogenen Daten als Entgelt fungieren sollen.[985]

Im Ergebnis ist im Zusammenhang mit der Nutzerkontoerstellung bei Smart-TV lediglich die Erhebung und Verwendung der E-Mail-Adresse, des Nutzernamens, des Passworts und der IP-Adresse[986] des Nutzers nach

---

981 Siehe Kap. 4 C. II. 1.

982 *Golland,* Datenverarbeitung in sozialen Netzwerken, S. 258.

983 A.A. wohl: *Vogel,* K&R 2017, 441, 444.

984 Siehe allgemein für Online-Angebote: Kühling/Buchner/*Buchner/Petri,* DS-GVO/BDSG, Art. 6, Rn. 62; Simitis/Hornung/Spiecker gen. Döhmann/*Schantz,* DS-GVO/BDSG, Art. 6 Abs. 1, Rn. 34. Für soziale Netzwerke vgl. Splittgerber/*Splittgerber,* Hb. Rechtsfragen Social Media, Kap. 3, Rn. 35 ff.; *Golland,* Datenverarbeitung in sozialen Netzwerken, S. 306 ff. U.a. folgt dies aus dem Gebot der Datenminimierung nach Art. 5 Abs. 1 lit. c DS-GVO.

985 Siehe zu dieser Thematik im Detail Kap. 4 F. I. 1.

986 Zu der Verarbeitung der IP-Adresse siehe im Detail: Kap. 4 F. II. 4. a).

Art. 6 Abs. 1 UAbs. 1 lit. b DS-GVO zulässig.[987] In Bezug auf die Verarbeitung weiterer personenbezogener Daten greift diese Norm hingegen grundsätzlich nicht. Sofern der Hersteller solche Daten erhebt, müsste er sich auf einen anderen Erlaubnistatbestand berufen können. In Betracht kämen diesbezüglich Art. 6 Abs. 1 UAbs. 1 lit. f DS-GVO oder Art. 6 Abs. 1 UAbs. 1 lit. a DSGVO.

Art. 6 Abs. 1 UAbs. 1 lit. f DS-GVO scheidet aus, da bereits nicht ersichtlich ist, für welche berechtigten Interessen des Herstellers Daten wie der Name des Nutzers, sein Geburtsdatum, Geschlecht oder seine Adresse erforderlich sein sollten. Allenfalls könnte der Hersteller ein wirtschaftliches Interesse daran haben, sein Angebot auf dem Smart-TV etwa an das Alter und das Geschlecht eines jeweiligen Nutzers anzupassen und seinen Dienst auf diese Weise attraktiver zu gestalten. Darüber hinaus könnte er ein Interesse daran haben, die oben genannten personenbezogenen Daten für personalisierte Werbung zu verwenden.[988] Wie bereits erläutert,[989] wiegen rein kommerzielle Interessen des Herstellers im Zusammenhang mit Smart-TV aber nicht besonders hoch, sodass das Interesse eines Nutzers am Schutz seiner personenbezogenen Daten in diesen Fällen regelmäßig überwiegt. Für ein solches Überwiegen der Betroffeneninteressen spräche im Hinblick auf etwaige Datenverarbeitungsvorgänge zwecks Anpassung des Smart-TV-Angebots an den jeweiligen Nutzer, dass der Hersteller sein Angebot auf dem Smart-TV auch ohne eine solch persönliche Anpassung darstellen kann. Zudem rechnet der Nutzer mit einer derartigen Anpassung bei einer Smart-TV-Plattform in der Regel nicht, da eine solche nicht typischerweise mit dem Dienst des Herstellers einhergeht. Folglich kann ein Smart-TV-Hersteller die Verarbeitung von Daten, die für eine persönliche Anpassung des Smart-TV-Kontos erforderlich wären, allenfalls auf eine Einwilligung des Nutzers stützen. Bei der praktischen Umsetzung eines wirksamen Einwilligungsmechanismus hat die Freiwilligkeit der Einwilligung höchste Priorität. Der Nutzer muss mithin selbstbestimmt wählen können, ob er derartige Anpassungen wünscht. Eine persönliche Anpassung der Smart-TV-Dienste des Hersteller kommt somit lediglich als zusätzliche und frei wählbare Serviceleistung in Betracht, die unabhängig von der generellen Erstellung eines Nutzerkontos angeboten wird.[990] Wichtig ist,

---

987 Gola/*Schulz,* DS-GVO, Art. 6, Rn. 34.

988 Das Interesse an der Schaltung personalisierter Werbung auf einer Smart-TV-Plattform steigt stetig, *Bundeskartellamt,* Sektoruntersuchung Smart-TV, S. 221.

989 Siehe Kap. 4 F. I. 2 sowie Kap. 4 F. II. 4. c).

990 Die für die Anpassung erforderlichen Daten können auf freiwilliger Basis erhoben werden. Voraussetzung ist, dass der Nutzer weiß, wofür seine personenbezogenen Daten verwendet werden und sich aus freien Stücken für eine Datenverarbeitung

dass der Nutzer dabei umfassend über die gegebenenfalls stattfindenden Datenverarbeitungsvorgänge aufgeklärt wird.

Die vorstehenden Erwägungen im Zusammenhang mit der Anpassung des Smart-TV-Angebots an den jeweiligen Nutzer, gelten umso mehr für die Datenverarbeitungsvorgänge, die darauf abzielen im Ergebnis mit Hilfe des Nutzerkontos personalisierte Werbung zu schalten. Insoweit ist in der Regel ebenfalls eine Einwilligung des Nutzers erforderlich.[991] Schließlich stehen in diesem Fall die wirtschaftlichen Interessen der Hersteller noch stärker im Vordergrund. Zudem rechnet der Nutzer auf einem Fernseher nicht mit personalisierter Werbung.

3. *Software-Updates*

Im Zusammenhang mit dem Erwerb von Software für den Smart-TV kann ein Update-Service des Herstellers vereinbart sein.[992] Mit einem derartigen Dienstleistungsvertrag verbundene Datenverarbeitungen fallen in den Anwendungsbereich des Art. 6 Abs. 1 UAbs. 1 lit. b DS-GVO. Um die Software-Updates auf den Smart-TV einspielen zu können, muss der Verantwortliche zumindest die IP-Adresse und die Geräte-ID des Nutzers erheben und verwenden.[993] Diese Verarbeitungsvorgänge sind mithin für die Vertragserfüllung erforderlich.[994]

4. *Weitere Datenverarbeitungsvorgänge*

a) *Erhebung und Speicherung der IP-Adresse*

Ein beachtlicher Anteil der Datenverarbeitungsvorgänge auf dem Smart-TV betrifft die IP-Adresse eines Nutzers. Dieses Datum wird nicht allein von den Herstellern des TV-Geräts, sondern von sämtlichen bei Smart-TV in Erscheinung tretenden Akteuren erhoben und gespeichert.[995] Derartige Datenverarbeitungsvorgänge rund um die IP-Adresse müssen allerdings rechtmäßig sein.

---

entscheiden kann. Es gelten insoweit die allgemeinen Anforderungen im Hinblick auf die Einwilligung, siehe Kap. 4 F. I. 3. a).

991 Zu dieser Thematik siehe im Detail: Kap. 4. F. II. 4. c).

992 *Weichert*, DuD 2014, 528, 532 f.

993 *Düsseldorfer Kreis,* Orientierungshilfe Smart-TV, S. 23.

994 In diese Richtung wohl auch: *Düsseldorfer Kreis,* Orientierungshilfe Smart-TV, S. 24; *Zoche ua,* Forschungsbericht Smart-TV, S. 37.

995 An dieser Stelle wird auf die Verarbeitung der IP-Adresse im Zusammenhang mit Smart-TV einheitlich eingegangen.

Im Hinblick auf die Erhebung der IP-Adresse für den gewöhnlichen Betrieb von Online-Angeboten und -Diensten auf dem Smart-TV ist dies der Fall.[996] Die IP-Adresse wird benötigt, um die Webinhalte an den Nutzer auszuliefern.[997] Für diesen Zweck ist die Erhebung der IP-Adresse somit datenschutzrechtlich zulässig. Je nachdem, ob dem Onlineangebot ein Vertrag zugrunde liegt oder nicht, greift als Erlaubnistatbestand entweder Art. 6 Abs. 1 UAbs. 1 lit. b DS-GVO oder Art. 6 Abs. 1 UAbs. 1 lit. f DSGVO.[998] Über den Erhebungsvorgang hinaus darf der jeweilige Akteur die IP-Adresse aber grundsätzlich nicht speichern.[999]

Eine zeitlich begrenzte Speicherung der IP-Adresse kann allenfalls zur Gewährleistung von IT-Sicherheit zulässig sein.[1000] So können die Akteure mit Hilfe der IP-Adresse Angriffe auf den Smart-TV abwehren. In diesen Fällen müssen sie die jeweiligen Interessen jedoch sorgfältig im Einzelfall abwägen.

---

996 *BGH*, Urt. v. 16.5.2017, VI ZR 135/13, BGHZ 215, 55, Rn. 41.; *Düsseldorfer Kreis,* Orientierungshilfe Apps, S. 10; *Düsseldorfer Kreis,* Orientierungshilfe Smart-TV, S. 14; *Zoche ua,* Forschungsbericht Smart-TV, S. 35; *Vogel,* K&R 2017, 441, 444; Schwartmann/*Keber,* Praxishandbuch Medienrecht, 3. Teil, 20. Kap., Rn. 72; Gola/*Schulz,* DS-GVO, Art. 6, Rn. 34.

997 *Düsseldorfer Kreis,* Orientierungshilfe Apps, S. 10; *Düsseldorfer Kreis,* Orientierungshilfe Smart-TV, S. 14; *Zoche ua,* Forschungsbericht Smart-TV, S. 29; *Vogel,* K&R 2017, 441, 444; Schwartmann/*Keber,* Praxishandbuch Medienrecht, 3. Teil, 20. Kap., Rn. 72; Gola/*Schulz,* DS-GVO, Art. 6, Rn. 34; Jandt/Steidle/*Krasemann,* Datenschutz im Internet, B. III. 1. Webdienste, Rn. 8.; *Wenhold,* Nutzerprofilbildung, S. 152 f.

998 Gola/*Schulz,* DS-GVO, Art. 6, Rn. 34; Kühling/Buchner/*Buchner/Petri,* DS-GVO/BDSG, Art. 6, Rn. 61.

999 *Zoche ua,* Forschungsbericht Smart-TV, S. 35; Schwartmann/*Keber,* Praxishandbuch Medienrecht, 3. Teil, 20. Kap., Rn. 72.

1000 *BGH*, Urt. v. 16.5.2017, VI ZR 135/13, BGHZ 215, 55, Rn. 39 ff.; Jandt/Steidle/*Krasemann,* Datenschutz im Internet, B. III. 1. Webdienste, Rn. 9; Kühling/Buchner/*Buchner/Petri,* DS-GVO/BDSG, Art. 6, Rn. 61; *DSK,* Orientierungshilfe für Anbieter von Telemedien, S. 12. Kritisch dazu, ob die Speicherung der gesamten IP-Adresse erforderlich ist: Schantz/Wolff/*Wolff,* Das neue Datenschutzrecht, D. II., S. 667; Simitis/Hornung/Spiecker gen. Döhmann/*Schantz,* DS-GVO/BDSG, Art. 6 Abs. 1, Rn. 119. Zumindest ist aber keine dauerhafte Speicherung der Adresse erlaubt: *Zoche ua,* Forschungsbericht Smart-TV, S. 35; Schwartmann/*Keber,* Praxishandbuch Medienrecht, 3. Teil, 20. Kap., Rn. 72. Fraglich ist, wie lange die Akteure im Falle eines berechtigten Interesses eine IP-Adresse speichern dürfen. Teilweise werden Fristen von sieben Tagen vertreten, Jandt/Steidle/*Krasemann,* Datenschutz im Internet, B. III. 1. Webdienste, Rn. 9. Die Datenschutzbehörden nennen hingegen schlicht *„einen längeren Zeitraum"*, *DSK,* Orientierungshilfe für Anbieter von Telemedien, S. 12.

Überwiegen dabei im Ergebnis die Interessen des Nutzers, ist die Speicherung seiner IP-Adresse nicht nach Art. 6 Abs. 1 UAbs. 1 lit. f DSGVO gerechtfertigt.[1001]

b) Datenverarbeitung mittels Kameras und Mikrofonen

Die Smart-TV-Hersteller können personenbezogene Daten über die Sensoren ihres Geräts, d.h. über die Kamera oder das Mikrofon, erheben. Fraglich ist, ob derartige Datenverarbeitungsvorgänge rechtmäßig sind. Eine Rechtfertigung zu Zwecken der Vertragserfüllung scheidet von vorneherein aus. Für die Erfüllung der Verträge zwischen dem Hersteller und dem Nutzer ist die Erhebung der Stimme oder die Ablichtung der Person grundsätzlich nicht erforderlich.[1002]

Darüber hinaus sind keine berechtigten Interessen des Herstellers ersichtlich, für deren Wahrung derartige Verarbeitungen erforderlich wären. Zumindest überwiegten insofern stets die Interessen der Smart-TV-Nutzer. So wäre eine Datenerhebung zu Zwecken der Optimierung und Funktionsverbesserung der Sensoren denkbar. Allerdings greifen die Aufnahme des gesprochenen Worts und die Ablichtung einer Person, noch dazu innerhalb ihrer eigenen vier Wände, massiv in ihre Privat- bzw. Intimsphäre ein.[1003] Aufnahmen über das Mikrofon oder die Kamera eines Smart-TVs, um lediglich die Funktionen dieser Sensoren zu verbessern, sind daher nicht nach Art. 6 Abs. 1 UAbs. 1 lit. f DS-GVO zulässig.[1004] Ferner kann sich ein Smart-TV-Hersteller als Privatperson nicht auf Strafverfolgungsinteressen oder ähnliche öffentliche Belange berufen.

1001 So auch: Jandt/Steidle/*Krasemann,* Datenschutz im Internet, B. III. 1. Webdienste, Rn. 9; Kühling/Buchner/*Buchner/Petri,* DS-GVO/BDSG, Art. 6, Rn. 61. Diese Möglichkeit sieht auch: *EuGH,* Urt. v. 19.10.2016, C-582/14, ECLI:EU:C:2016:779, Rn. 60 – *Breyer.*

1002 Es sei denn, ein Dienst des Herstellers erfordert explizit die Aufnahme der Stimme und die Abbildung der Person. So etwa bei einem Videotelefonie-Dienst über den Smart-TV. Sofern der Hersteller derartige Dienste anbietet, wäre eine Rechtfertigung über Art. 6 Abs. 1 UAbs. 1 lit. b DS-GVO theoretisch denkbar, was im Einzelfall geprüft werden müsste.

1003 Vgl. hierzu die Diskussion rund um das Thema Sprachassistenten u.a.: *Der Hamburgische Beauftragte für Datenschutz und Informationsfreiheit,* Pressemitteilung v. 01.08.2019, abrufbar unter: https://datenschutz-hamburg.de/pressemitteilungen/2019/08/2019-08-01-google-assistant (Abruf v. 12.10.2020); *Der Hamburgische Beauftragte für Datenschutz und Informationsfreiheit,* 28. Tätigkeitsbericht, S. 59 f. Neben dem Grundrecht auf Datenschutz ist auch das Grundrecht auf Unverletzlichkeit der Wohnung betroffen, ZD-Aktuell 2019, 06780.

1004 Vgl. *Schaar, Peter,* EAID-Blog, Beitrag v. 15.08.2019, abrufbar unter: https://www.eaid-berlin.de/siri-alexa-und-das-ki-dilemma/ (Abruf v. 12.10.2020).

Gegebenenfalls kann ein Hersteller Datenerhebungen mittels Kameras und Mikrofonen zu Zwecken der Optimierung und Funktionsverbesserung der Sensoren jedoch auf eine Einwilligung des Nutzers stützen.[1005] Insoweit ist erforderlich, dass der Nutzer umfassend über die damit einhergehenden Datenverarbeitungsvorgänge aufgeklärt wird und er die Datenverarbeitungen verweigern kann, ohne etwaige Nachteile zu erleiden.[1006]

c) Tracking

Tracking-Methoden[1007] nutzen neben den Smart-TV-Herstellern und Anbietern von Online-Diensten insbesondere die HbbTV-Anbieter.[1008] Dennoch soll die Rechtmäßigkeit der beim Tracking stattfindenden Datenverarbeitungsvorgänge bereits an dieser Stelle zentral erläutert werden. Mit Hilfe verschiedener Tracking-Technologien können die genannten Akteure personenbezogene Daten eines Smart-TV-Nutzers erheben und dessen Verhalten auf dem Endgerät verfolgen.[1009] Die erhobenen Daten verwenden sie im Anschluss in der Regel dazu, umfassende Nutzerprofile zu erstellen.[1010] Häufig dienen derartige Profile dazu, personalisierte Werbung einzublenden.[1011] Daneben kommen weitere,

---

1005 Eine Einwilligung fordert auch: *Düsseldorfer Kreis,* Orientierungshilfe Smart-TV, S. 27.

1006 Kritisch zu der Einwilligungsmöglichkeit: ZD-Aktuell 2019, 06780 sowie *Schaar, Peter,* EAID-Blog, Beitrag v. 15.08.2019, abrufbar unter: https://www.eaid-berlin.de/siri-alexa-und-das-ki-dilemma/ (Abruf v. 12.10.2020).

1007 Cookies, Device Fingerprints etc., siehe hierzu: Kap. 4 D.

1008 *Ghiglieri ua,* HbbTV, S. 12; *Zoche ua,* Forschungsbericht Smart-TV, 11, 19 f.

1009 *Weichert,* DuD 2014, 528, 533; *Jaritz/Lo Iacono,* DuD 2016, 511, 513; *Schleipfer,* ZD 2017, 460, 461; *Perlitz/Kneuper,* DuD 2019, 502, 504.

1010 *Zoche ua,* Forschungsbericht Smart-TV, S. 19; *Schleipfer,* ZD 2017, 460, 461; Jandt/Steidle/*Karg,* Datenschutz im Internet, B. III. 5. Webanalyse, Rn. 134; *Perlitz/Kneuper,* DuD 2019, 502, 503.

1011 *Weichert,* DuD 2014, 528, 533; *Düsseldorfer Kreis,* Orientierungshilfe Smart-TV, S. 15 f.; *EAI,* Smart-TV, S. 63; *Jaritz/Lo Iacono,* DuD 2016, 511, 513; *Zoche ua,* Forschungsbericht Smart-TV, S. 19; *Schleipfer,* ZD 2017, 460, 461; *Vogel,* K&R 2017, 441, 444; Hoeren/Sieber/Holznagel/*Uphues,* Handbuch Multimedia-Recht, Teil 15.3, Rn. 54; Taeger/Gabel/*Arning/Rothkegel,* DSGVO/BDSG, Art. 4, Rn. 92; *Bundeskartellamt,* Sektoruntersuchung Smart-TV, S. 39 ff. Zur Bedeutung der zielgerichteten Werbung bei Smart-TV, vgl. *Bundeskartellamt,* Sektoruntersuchung Smart-TV, S. 39 ff. Das Interesse an der Schaltung personalisierter Werbung auf dem Smart-TV-Portal wächst stetig, *Bundeskartellamt,* Sektoruntersuchung Smart-TV, S. 221.

größtenteils kommerzielle, Verwendungsmöglichkeiten in Betracht.[1012] Für diese Zwecke werden die durch das Tracking gewonnenen Daten umfassend analysiert und ausgewertet.[1013] Regelmäßig sind Dritte in den Tracking-Prozess involviert, denen die Tracking-Daten u.a. zur eigenen Nutzung übermittelt werden.[1014] Das wohl prominenteste Beispiel in diesem Zusammenhang ist der Einsatz von *Google Analytics.*[1015]

(1) Die Rechtmäßigkeit von Tracking allgemein

Im Hinblick auf die Rechtmäßigkeit des Trackings muss zunächst differenziert werden, welches Verfahren die Akteure verwenden und zu welchen Zwecken sie das Verhalten der Nutzer verfolgen.[1016] Daneben ist ausschlaggebend, welches Gewicht die Nutzerverfolgung annimmt und ob Dritte in den Trackingprozess einbezogen sind.[1017] Spezifische Rechtsgrundlagen für das Webtracking normiert die DS-GVO nicht, sodass die allgemeinen Bestimmungen heranzuziehen sind.[1018] Zwar lässt sich der mit dem Tracking verbundene Prozess aus Datenerhebung und Speicherung sowie der Bildung von aussagekräftigen Nutzerprofilen zusammen mit einer umfänglichen Datenanalyse gebündelt unter den Begriff

---

1012 Die Ergebnisse der Analyse dienen u.a. der Gewinnmaximierung, der Angebotsverbesserung, der technologischen Weiterentwicklung, der Funktionsfähigkeit und der Nutzerfreundlichkeit, Jandt/Steidle/*Karg,* Datenschutz im Internet, B. III. 5. Webanalyse, Rn. 147; Simitis/Hornung/Spiecker gen. Döhmann/*Schantz,* DS-GVO/BDSG, Art. 6 Abs. 1, Rn. 120; *Bundeskartellamt,* Sektoruntersuchung Smart-TV, S. 39. Im Zusammenhang mit Smart-TV ist ferner die Personalisierung von Diensten von Bedeutung. So bietet es sich zum Beispiel an, über den TV-Bildschirm App- und Filmempfehlungen auszusprechen, *Bundeskartellamt,* Sektoruntersuchung Smart-TV, S. 39.

1013 *Härting,* CR 2014, 528, 531; *Schleipfer,* ZD 2017, 460, 461. Teilweise ist der einzige Zweck des Trackings detaillierte Informationen bezüglich des Nutzers zu gewinnen, um die eigenen Angebote entsprechend anpassen zu können und nutzerfreundlicher zu gestalten.

1014 *Schleipfer,* ZD 2017, 460, 461; Jandt/Steidle/*Karg,* Datenschutz im Internet, B. III. 5. Webanalyse, Rn. 135; *Perlitz/Kneuper,* DuD 2019, 502, 502

1015 Viele Smart-TV-Akteure verwenden *Google Analytics, Schmidtmann/Schwiering,* ZD 2014, 448, 451; *Weichert,* DuD 2014, 528, 533; *Zoche ua,* Forschungsbericht Smart-TV, S. 35. „Google Analytics ist eines der weitest verbreiteten Tools für Website-Betreiber“, *DSK,* Hinweise zum Einsatz von Google Analytics, S. 1.

1016 *Tavanti,* RDV 2016, 295, 305; *Jandt,* ZD 2018, 405, 408; *Lang,* K&R 2019, 698, 701.

1017 *Lang,* K&R 2019, 698, 701.

1018 Bislang existieren auch außerhalb der DS-GVO keine bereichsspezifischen Normen.

des Profilings subsumieren,[1019] allerdings stellt der Gesetzgeber an das Profiling per se noch keine erhöhten Rechtfertigungsanforderungen.[1020] Erst wenn die durch das Profiling erstellten Nutzerprofile für weitergehende Einwirkungen auf die betroffene Person genutzt werden sollen, setzt er zusätzliche Hürden.[1021] Einwirkungen von solchem Gewicht erfolgen beim Webtracking, welches primär der Schaltung von Werbung dient, jedoch in der Regel nicht.[1022] Mithin sind die Vorgaben des Art. 22 DS-GVO für das Tracking bei Smart-TV nicht von Relevanz und lediglich die allgemeinen Rechtmäßigkeitsvorgaben der DSGVO heranzuziehen.[1023] Darüber hinaus werden wohl in Zukunft die Vorschriften der ePrivacy-VO für Webtracking-Verfahren gelten.[1024]

Für die Datenverarbeitungsvorgänge im Zusammenhang mit dem Tracking kommen vornehmlich Art. 6 Abs. 1 UAbs. 1 lit. b DSGVO, Art. 6 Abs. 1 UAbs. 1 lit. f DSGVO sowie Art. 6 Abs. 1 UAbs. 1 lit. a DSGVO als Erlaubnistatbestände in Betracht.

Dabei spielt der Art. 6 Abs. 1 UAbs. 1 lit. b DS-GVO im Zusammenhang mit Tracking-Technologien eine eher untergeordnete Rolle. Allenfalls kann eine bestimmte Technologie, beispielsweise Cookies, zwingend erforderlich sein, um einen Dienst verfügbar zu machen bzw. einen Vertrag im Internet überhaupt abschließen zu können.[1025] Dies fällt aber nicht unter den Begriff des Trackings im eigentlichen Sinne. Die Verfolgung des Nutzerverhaltens und die damit

---

1019 *Härting*, CR 2014, 528, 530 ff.; *Schleipfer*, ZD 2017, 460, 462; Gierschmann/Schlender/Stentzel/Veil/*Veil*, DS-GVO, Art. 4 Nr. 4, Rn. 13 f.; Jandt/Steidle/*Karg*, Datenschutz im Internet, B. III. 5. Webanalyse, Rn. 141; Paal/Pauly/*Ernst*, DS-GVO, Art. 4, Rn. 39; Sydow/*Helfrich*, DSGVO, Art. 4 Nr. 4, Rn. 86; Simitis/Hornung/Spiecker gen. Döhmann/*Scholz*, DS-GVO/BDSG, Art. 4 Nr. 4, Rn. 6 f.

1020 *Kugelmann*, DuD 2016, 566, 569; *Schleipfer*, ZD 2017, 460, 462; Gierschmann/Schlender/Stentzel/Veil/*Veil*, DS-GVO, Art. 4 Nr. 4, Rn. 1; Simitis/Hornung/Spiecker gen. Döhmann/*Scholz*, DS-GVO/BDSG, Art. 4 Nr. 4, Rn. 10.

1021 *Kugelmann*, DuD 2016, 566, 569; Gola/*Gola*, DS-GVO, Art. 4, Rn. 36; Jandt/Steidle/*Karg*, Datenschutz im Internet, B. III. 5. Webanalyse, Rn. 144

1022 *Schleipfer*, ZD 2017, 460, 462; Gierschmann/Schlender/Stentzel/Veil/*Veil*, DS-GVO, Artikel 22, Rn. 65; Jandt/Steidle/*Karg*, Datenschutz im Internet, B. III. 5. Webanalyse, Rn. 144; *Drewes*, ZD 2019, 296, 298. In diese Richtung auch: *Galetzka*, K&R 2018, 675, 678 f.; Gola/*Schulz*, DS-GVO, Art. 22, Rn. 28.

1023 So im Ergebnis auch: *Golland*, Datenverarbeitung in sozialen Netzwerken, S. 290; Jandt/Steidle/*Karg*, Datenschutz im Internet, B. III. 5. Webanalyse, Rn. 144.

1024 Siehe zu der ePrivacy-VO: Kap. 4 B. II.

1025 Siehe Kap. 4 F. II. 4. c) (2). Siehe zudem: *Perlitz/Kneuper*, DuD 2019, 502, 505; *Schwäbe*, DuD 2019, 559, 561.

einhergehenden Datenerhebungen sind grundsätzlich nicht erforderlich, um einen bestimmten Vertrag mit einem Smart-TV-Nutzer zu erfüllen.[1026] Gleiches gilt für die Profilbildung und die Schaltung von Werbung.[1027] Für die schlichte Zurverfügungstellung der Fernsehfunktionen sowie der verschiedenen internetbasierten Angebote bedarf es keiner Daten über die spezifische Gerätenutzung. Ebenso wenig muss zwingend Werbung auf den Geräten geschaltet werden, damit diese funktionieren.

Selbst wenn ein konkreter Vertrag bestimmt, dass die Zurverfügungstellung des Smart-TV-Nutzungsverhaltens die Gegenleistung des Nutzers für die Verwendung eines kostenlosen Diensts darstellt, kommt Art. 6 Abs. 1 UAbs. 1 lit. b DSGVO als Rechtfertigung nicht in Betracht.[1028] In derartigen Fällen ist die Norm teleologisch zu reduzieren.[1029]

Von größerer Bedeutung im Zusammenhang mit dem Tracking ist der Erlaubnistatbestand des Art. 6 Abs. 1 UAbs. 1 lit. f DS-GVO. Es liegt auf der Hand, dass die Akteure bei Smart-TV ein großes Interesse daran haben, zu wissen, wie sich der Nutzer auf dem Endgerät genau verhält und welche Inhalte er konsumiert. Im Vordergrund stehen dabei wirtschaftliche Interessen, wie etwa die Schaltung von personalisierter Werbung; aber auch die stetige Bestrebung, die eigenen Dienste anzupassen und zu optimieren, nimmt einen hohen Stellenwert ein.[1030] Sofern die Smart-TV-Akteure eigenständig das Verhalten eines Nutzers analysieren, d.h. sich hierzu keines Drittanbieters bedienen, ist es je nach

---

1026 *Schmidtmann/Schwiering*, ZD 2014, 448, 450; *Zoche ua*, Forschungsbericht Smart-TV, S. 34; Jandt/Steidle/*Karg*, Datenschutz im Internet, B. III. 5. Webanalyse, Rn. 145; *EDPD*, Stellungnahme 2/2019, Rn. 56. In diese Richtung auch: *Jandt*, ZD 2018, 405, 408; *Wiebe ua*, BMJV Untersuchung zur DSGVO, S. 38.

1027 *Art.-29-Gruppe*, WP 217, S. 24; *Keppeler*, MMR 2015, 779, 782; Ehmann/Selmayr/*Heberlein*, DS-GVO, Art. 6, Rn. 13; *Gierschmann*, MMR 2018, 7, 8; Jandt/Steidle/*Karg*, Datenschutz im Internet, B. III. 5. Webanalyse, Rn. 145; *Lang*, K&R 2019, 698, 700; Simitis/Hornung/Spiecker gen. Döhmann/*Klement*, DS-GVO/BDSG, Art. 7, Rn. 57; Simitis/Hornung/Spiecker gen. Döhmann/*Schantz*, DS-GVO/BDSG, Art. 6 Abs. 1, Rn. 31; *Wiebe ua*, BMJV Untersuchung zur DSGVO, S. 38; *EDPD*, Stellungnahme 2/2019, Rn. 35, 51 ff. So auch schon: *Golland*, Datenverarbeitung in sozialen Netzwerken, S. 290; *Wenhold*, Nutzerprofilbildung, S. 151 f.

1028 So explizit auch: *EDPD*, Stellungnahme 2/2019, Rn. 35.

1029 Siehe Kap. 4 F. I. 1. A.A. *Heinzke/Engel*, ZD 2020, 189, 193.

1030 Vgl. *Düsseldorfer Kreis*, Orientierungshilfe Smart-TV, S. 24; Jandt/Steidle/*Karg*, Datenschutz im Internet, B. III. 5. Webanalyse, Rn. 147; *DSK*, Orientierungshilfe für Anbieter von Telemedien, S. 11 f.; *Bundeskartellamt*, Sektoruntersuchung Smart-TV, S. 39.

Ausgestaltung im Einzelfall möglich die Datenverarbeitungsvorgänge auf Art. 6 Abs. 1 UAbs. 1 lit. f DS-GVO zu stützen.[1031] Dies betrifft insbesondere den Fall, in dem die Akteure bloße Reichweitenmessungen zwecks Anpassung und Optimierung ihrer Dienste vornehmen.[1032] Insoweit fehlt es an einem Überwiegen der Betroffeneninteressen. An einer nutzerfreundlichen Gestaltung und Handhabung einer Smart-TV-Plattform bzw. eines Online-Diensts hat nicht nur der Akteur ein berechtigtes Interesse, sondern vor allem der Nutzer selbst. Zudem rechnet er heutzutage mit derartigen Reichweitenmessungen durch den Anbieter, wenn er internetbasierte Endgeräte und Dienste verwendet.[1033] Sofern die Datenerhebungsvorgänge von geringem Umfang sind und beispielsweise rein statistische Angaben betreffen, können die Akteure die Vorgänge auf Grundlage von Art. 6 Abs. 1 UAbs. 1 lit. f DSGVO rechtmäßig durchführen.

Schwieriger gestaltet es sich, Trackingmaßnahmen auf Art. 6 Abs. 1 UAbs. 1 l it. f DSGVO zu stützen, wenn diese vordergründlich dazu dienen, personalisierte Werbung zu schalten. Insbesondere bei intelligenten Alltagsgeräten, wie einem Smart-TV, scheidet eine Rechtfertigung der Nutzungsverfolgung und anschließender Profilbildung mit rein wirtschaftlichen Werbeinteressen aus.[1034] Zwar ist

---

1031 *Art.-29-Gruppe,* WP 217, S. 33; Gola/*Schulz,* DS-GVO, Art. 6, Rn. 87 f.; *Jandt,* ZD 2018, 405, 408; Jandt/Steidle/*Karg,* Datenschutz im Internet, B. III. 5. Webanalyse, Rn. 148 ff.; *DSK,* Orientierungshilfe für Anbieter von Telemedien, S. 13 ff.; *Schwäbe,* DuD 2019, 559, 561; *Wiebe ua,* BMJV Untersuchung zur DSGVO, S. 27; *DSK,* Hinweise zum Einsatz von Google Analytics, S. 3. Zudem spricht ErwG 29 DS-GVO dafür, dass eigenständige Analysemaßnahmen eines Verantwortlichen möglich sind. Die Rechtfertigung nach einer Interessenabwägung im Zusammenhang mit Analysemaßnahmen auf dem Smart-TV pauschal ablehnend: *Schmidtmann/Schwiering,* ZD 2014, 448, 450; *Zoche ua,* Forschungsbericht Smart-TV, S. 34.

1032 *Art.-29-Gruppe,* WP 217, S. 33; *Jandt,* ZD 2018, 405, 408; Jandt/Steidle/*Karg,* Datenschutz im Internet, B. III. 5. Webanalyse, Rn. 149; *DSK,* Orientierungshilfe für Anbieter von Telemedien, 13, 17; *Perlitz/Kneuper,* DuD 2019, 502, 505; *Wiebe ua,* BMJV Untersuchung zur DSGVO, S. 43. A.A. wohl: Schantz/Wolff/*Wolff,* Das neue Datenschutzrecht, D. II., Rn. 670; *Moos/Strassemeyer,* DSB 2020, 207, 209. Eine nutzerfreundliche Darstellung eines Online-Angebots ist ein berechtigtes Interesse, *Art.-29-Gruppe,* WP 217, S. 33; *DSK,* Orientierungshilfe für Anbieter von Telemedien, S. 11. Art. 6 Abs. 1 UAbs. 1 lit. b DS-GVO scheidet in diesem Fall aus, vgl. *EDPD,* Stellungnahme 2/2019, Rn. 48 f.; *Heinzke/Engel,* ZD 2020, 189, 192.

1033 So auch: *DSK,* Orientierungshilfe für Anbieter von Telemedien, S. 17.

1034 *Art.-29-Gruppe,* WP 223, S. 15; Schantz/Wolff/*Wolff,* Das neue Datenschutzrecht, D. II., Rn. 670; *DSK,* Kurzpapier Nr. 3: Werbung, S. 1 f.; *Perlitz/Kneuper,* DuD 2019, 502, 505 f.; Simitis/Hornung/Spiecker gen. Döhmann/*Schantz,* DS-GVO/BDSG, Art. 6 Abs. 1, Rn. 121; *Bundeskartellamt,* Sektoruntersuchung Smart-TV, S. 169. Eine

das wirtschaftliche Interesse, personalisierte Werbung auf einem Smart-TV zu schalten, berechtigt.[1035] Bei kostenlosen Angeboten auf dem Endgerät ist dieses Interesse zudem hoch zu gewichten, da solche Angebote sich in der Regel primär mit Hilfe derartiger Werbung finanzieren.[1036] Dennoch überwiegen die Interessen der betroffenen Nutzer.[1037] Gewiss kann der Nutzer selbst ein Interesse daran haben, Werbung auf sich persönlich zugeschnitten zu erhalten, anstatt bloß anonymer Werbeeinblendungen.[1038] Dieses Argument verfängt allerdings nicht. Denn ein bloß hypothetisches Interesse an personalisierter Werbung kann die umfangreiche Erhebung von personenbezogenen Nutzungsdaten und die daran anknüpfende Profilbildung allein nicht rechtfertigen. Trackingmaßnahmen zu Werbezwecken auf einem Smart-TV greifen derart tief in die Grundrechte[1039] der betroffenen Person ein, dass die Akteure für solche Maßnahmen die Einwilligung des Betroffenen benötigen.[1040] Für die auf einen spezifischen Nutzer zugeschnittene Werbeeinblendung bedarf es mehr als bloß einiger statistischer Daten, weshalb davon auszugehen ist, dass das Verhalten auf dem Smart-TV

Einwilligung für personalisierte Werbung fordern auch: *Schneider/Härting*, CR 2014, 306, 309; Auer-Reinsdorff/Conrad/*Conrad*, Hb. IT- und Datenschutzrecht, Teil F, § 34, Rn. 735. A.A. *Ettig*, K&R 2018, 669, 671; *Galetzka*, K&R 2018, 675, 677; Gola/*Schulz*, DS-GVO, Art. 6, Rn. 87 ff.; *Drewes*, ZD 2019, 296, 298 ff.

1035 Ebenso: *Tavanti*, RDV 2016, 295, 296 f.; *Ettig*, K&R 2018, 669, 671; *DSK*, Orientierungshilfe für Anbieter von Telemedien, Anhang I, I.

1036 *Düsseldorfer Kreis*, Orientierungshilfe Smart-TV, S. 15 f.; Auer-Reinsdorff/Conrad/*Conrad*, Hb. IT- und Datenschutzrecht, Teil F, § 34, Rn. 730.

1037 Hierzu tendierend auch: *Art.-29-Gruppe*, WP 223, S. 33; *DSK*, Kurzpapier Nr. 3: Werbung, S. 2; Jandt/Steidle/*Karg*, Datenschutz im Internet, B. III. 5. Webanalyse, Rn. 153; *DSK*, Orientierungshilfe für Anbieter von Telemedien, Beispiel, Anhang I. A.A.: *Ettig*, K&R 2018, 669, 671.

1038 Hiermit argumentieren: *Galetzka*, K&R 2018, 675, 677; Gola/*Schulz*, DS-GVO, Art. 6, Rn. 90.

1039 Betroffen sind, neben dem allgemeinen Persönlichkeitsrecht (Recht auf informationelle Selbstbestimmung), vor allem der Schutz personenbezogener Daten gemäß Art. 8 GRCh sowie die Vertraulichkeit der Kommunikation gemäß Art. 7 GRCh.

1040 So für das Webtracking allgemein: *Art.-29-Gruppe*, WP 217, S. 33; Schantz/Wolff/*Wolff*, Das neue Datenschutzrecht, D. II., S. 670; *Golland*, Datenverarbeitung in sozialen Netzwerken, S. 291; *Jandt*, ZD 2018, 405, 408; Jandt/Steidle/*Karg*, Datenschutz im Internet, B. III. 5. Webanalyse, Rn. 152; Auer-Reinsdorff/Conrad/*Conrad*, Hb. IT- und Datenschutzrecht, Teil F, § 34, Rn. 731, 735; *DSK*, Orientierungshilfe für Anbieter von Telemedien, S. 16 ff.; *Lang*, K&R 2019, 698, 701. Wenn die Nutzer tatsächlich ein Interesse an der Anpassung ihrer Werbung haben, werden sie in die Tracking-Maßnahmen auf dem Smart-TV ohne Weiteres einwilligen.

umfänglich verfolgt und analysiert wird. Erst bei Vorliegen aussagekräftiger Daten, können Interessen und Vorlieben einer Person vorhergesagt und die Werbung entsprechend angepasst werden. Doch nicht allein der quantitative Umfang an personenbezogenen Daten spricht für die Schwere des Eingriffs in die Rechte der Smart-TV-Nutzer und damit für das Überwiegen der Betroffeneninteressen, sondern vor allem die Tiefe des Einblicks in die Privatheit einer Person.

Im Zusammenhang mit der Verwendung eines smarten Fernsehgeräts ist speziell zu berücksichtigen, dass es sich dabei um einen Alltagsgegenstand in der privaten Wohnung handelt.[1041] Der individuelle Fernsehkonsum einer Person nimmt einen beachtlichen Anteil der persönlichen Freizeitgestaltung ein und lässt ferner erhebliche Rückschlüsse auf das Privatleben einer Person zu.[1042] Aus dem Fernsehverhalten lassen sich Interessen, individuelle Vorlieben, Geschlecht, Alter und sogar politische Meinungen oder kulturelle bzw. religiöse Hintergründe ableiten.[1043] Insofern ist nicht einmal ausgeschlossen, dass der Eingriff bis in die Intimsphäre des Nutzers reicht. Darüber hinaus befindet sich der Konsument in einem scheinbar vertraulichen Umfeld, zu Hause in den eigenen vier Wänden, wo er nicht damit rechnet, umfänglich ausspioniert zu werden.[1044] Aus diesen Gründen ist bei Trackingmaßnahmen auf einem Smart-TV ein besonders strenger Maßstab anzulegen.

Schlussendlich bedeutet das Nutzertracking auf einem Smart-TV mit dem Ziel personalisierter Werbung zu schalten, einen solch intensiven Eingriff in die Rechte der betroffenen Personen, dass die insoweit stattfindenden Datenverarbeitungsvorgänge auf einer privatautonomen Entscheidung gründen müssen.[1045]

Wie die vorstehenden Erwägungen zeigen, nimmt die Einwilligung in Bezug auf Tracking-Verfahren die bedeutendste Rolle ein. Eine detaillierte

---

1041 Die Rolle eines Alltagsgeräts berücksichtigen auch: Schantz/Wolff/*Wolff*, Das neue Datenschutzrecht, D. II., S. 669; Simitis/Hornung/Spiecker gen. Döhmann/*Schantz*, DS-GVO/BDSG, Art. 6 Abs. 1, Rn. 121. Vgl. zudem: *Art.-29-Gruppe*, WP 223, S. 15.

1042 Siehe Kap. 3 A. I.

1043 Siehe Kap. 3 A. I.

1044 Schantz/Wolff/*Wolff*, Das neue Datenschutzrecht, D. II., S. 670; Simitis/Hornung/Spiecker gen. Döhmann/*Schantz*, DS-GVO/BDSG, Art. 6 Abs. 1, Rn. 121.

1045 Für dieses Ergebnis sprechen die grundsätzlichen Wertungen. Allerdings kann eine pauschale Aussage nicht getroffen werden. Ob sich eine konkrete Maßnahme auf Art. 6 Abs. 1 UAbs. 1 lit. f DS-GVO stützen lässt, ist immer eine Frage des spezifischen Einzelfalls. Folglich müssen die Akteure die jeweiligen Interessen im Einzelfall gegeneinander abwägen.

Nachverfolgung des Nutzerverhaltens auf dem Smart-TV mit anschließender Profilbildung bedarf stets einer Einwilligung der betroffenen Person.[1046] Dies gilt ausnahmslos für die Fälle, in denen Drittanbieter das Tracking übernehmen und die gewonnen Ergebnisse für eigene Zwecke verwenden.[1047] Beabsichtigen Smart-TV-Akteure derartige Tracking-Maßnahmen einzusetzen, stehen sie vor der großen Herausforderung, die Anforderungen der DSGVO an eine wirksame Einwilligungseinholung vollumfänglich einzuhalten.[1048]

(2) Cookies

Eine beliebte Tracking-Methode stellt auch bei Smart-TV das Setzen von Cookies[1049] dar. Kürzlich erging zu dieser Thematik umfassende Rechtsprechung, was die erhebliche Bedeutung in der Praxis noch einmal hervorhebt.[1050] Daher soll auf dieses Thema gesondert eingegangen werden.

Im Zusammenhang mit Cookies muss zunächst differenziert werden, für welchen Zweck die Technologie eingesetzt wird. Denn nicht jede Art von Cookie dient per se der Verfolgung des Nutzerverhaltens. Cookies können ebenso zur technischen Unterstützung und Optimierung von Angeboten im Internet eingesetzt werden.[1051] Teilweise sind Cookies sogar zwingend erforderlich, um einen Online-Dienst nutzbar zu machen.[1052]

1046 *Art.-29-Gruppe,* WP 223, S. 24; Auer-Reinsdorff/Conrad/*Conrad,* Hb. IT- und Datenschutzrecht, Teil F, § 34, Rn. 731, 734; *Wiebe ua,* BMJV Untersuchung zur DSGVO, S. 26 f. Nach *Düsseldorfer Kreis,* Orientierungshilfe Smart-TV, 24, 29 f. bedarf die Erhebung und Analyse des Nutzerverhaltens auf dem Smart-TV stets einer Einwilligung. A.A. *Drewes*, ZD 2019, 296, 299. Dieser differenziert zwischen den verschiedenen Phasen des Trackings: *Drewes*, CR 2020, 602, 606 f.

1047 *Schmidtmann/Schwiering*, ZD 2014, 448, 451; *Jandt*, ZD 2018, 405, 408; *DSK,* Orientierungshilfe für Anbieter von Telemedien, S. 16 f.; *Wiebe ua,* BMJV Untersuchung zur DSGVO, S. 51.

1048 Siehe hierzu: Kap. 4 F. I. 3. a), c).

1049 Siehe: Kap. 4 C. II. 2. b).

1050 *EuGH*, Urt. v. 1.10.2019, C-673/17, ECLI:EU:C:2019:801 – *Planet49*; *BGH*, Urt. v. 28.5.2020, I ZR 7/16, *Cookie-Einwilligung II*, GRUR-RS 2020, 14332.

1051 *Art.-29-Gruppe,* WP 194, S. 7 ff.; *Lang*, K&R 2019, 698, 698.

1052 *BGH*, Urt. v. 28.5.2020, I ZR 7/16, *Cookie-Einwilligung II*, GRUR-RS 2020, 14332, Rn. 48 f.; *Wenhold,* Nutzerprofilbildung, S. 153; *Lang*, K&R 2019, 698, 700. Insbesondere sind Cookies erforderlich, um Video-Inhalte abspielen zu können (sog. „Flash-Cookies"), *Art.-29-Gruppe,* WP 194, S. 8. Welche Arten von Cookies technisch notwendig sind, ist aber noch nicht abschließend geklärt, vgl.: *Gierschmann*, MMR 2020, 609, 614. Vgl. zudem: *Babilon/Schönbrunn*, DSB 2020, 204.

Sofern Cookies die Erbringung eines Diensts erst ermöglichen, können die damit zusammenhängenden Datenverarbeitungsvorgänge auf Art. 6 Abs. 1 UAbs. 1 lit. b DS-GVO gestützt werden.[1053] Für Cookies, die der Optimierung von Angeboten dienen, kommt daneben Art. 6 Abs. 1 UAbs. 1 lit. f DS-GVO in Betracht.[1054] Abgesehen von diesen wenigen Ausnahmen bedarf die Setzung von Cookies in der Regel einer Einwilligung des betroffenen Nutzers.[1055] Dies gilt insbesondere für den Fall, dass Akteure mit Hilfe von Cookies das Nutzerverhalten auf dem Smart-TV tracken, um später personalisierte Werbung zu schalten.[1056]

(3) Google Analytics

Besonderer Beliebtheit erfreut sich der Webanalysedienst *Google Analytics*, den eine erhebliche Anzahl der Smart-TV-Akteure nutzt.[1057] Nach aktueller Ansicht der Datenschutzbehörden ist dieser Dienst nur mit der Einwilligung des betroffenen Nutzers einsetzbar.[1058] Dieser Ansicht ist zuzustimmen. Schließlich führt

---

1053 Eine Einwilligung ist nicht erforderlich, *Art.-29-Gruppe,* WP 194, S. 7 ff.; *Lang*, K&R 2019, 698, 700; *Schwäbe*, DuD 2019, 559, 561; *Wiebe ua,* BMJV Untersuchung zur DSGVO, S. 43. Alternativ kann Art. 6 Abs. 1 UAbs. 1 lit. f DSGVO herangezogen werden, sofern es an dem erforderlichen Vertragsschluss fehlt: *Schwäbe*, DuD 2019, 559, 561; *Wiebe ua,* BMJV Untersuchung zur DSGVO, S. 43.

1054 *Schwäbe*, DuD 2019, 559, 561; *Wiebe ua,* BMJV Untersuchung zur DSGVO, S. 45. A.A. *Babilon/Schönbrunn*, DSB 2020, 204, 205. Art. 6 Abs. 1 UAbs. 1 lit. b DSGVO scheidet hingegen aus, *EDPD,* Stellungnahme 2/2019, Rn. 48 f.

1055 *BGH*, Urt. v. 28.5.2020, I ZR 7/16, *Cookie-Einwilligung II*, GRUR-RS 2020, 14332, Rn. 47, 49; *Art.-29-Gruppe,* WP 194, S. 10 ff.; *EAI*, Smart-TV, S. 28; *Lang*, K&R 2019, 698, 701; *Wiebe ua,* BMJV Untersuchung zur DSGVO, S. 45; *EDPD,* Stellungnahme 2/2019, Rn. 55. A.A. *Ettig*, K&R 2018, 669, 671.

1056 *Art.-29-Gruppe,* WP 194, S. 11; *Wenhold,* Nutzerprofilbildung, S. 153; *Lang*, K&R 2019, 698, 701; *Babilon/Schönbrunn*, DSB 2020, 204, 204 f.

1057 *Schmidtmann/Schwiering*, ZD 2014, 448, 451; *Weichert*, DuD 2014, 528, 533; *Jaritz/Lo Iacono*, DuD 2016, 511, 515; *Zoche ua,* Forschungsbericht Smart-TV, S. 35.

1058 Pressemitteilungen der Bundes- und Landesdatenschutzbeauftragten u.a. Berlin, Hamburg und Rheinland-Pfalz v. 14.11.2019 z.B. abrufbar unter: https://www.datenschutz.rlp.de/de/aktuelles/detail/news/detail/News/google-analytics-und-aehnliche-dienste-nur-mit-einwilligung-nutzbar/ (Abruf v. 12.10.2020); *DSK,* Hinweise zum Einsatz von Google Analytics, S. 3 f. Ebenso: *Zoche ua,* Forschungsbericht Smart-TV, S. 36; *Schwartmann* in Praxishandbuch Medien-, IT- und Urheberrecht, Rn. 72; *DSK,* Orientierungshilfe für Anbieter von Telemedien, S. 13. A.A. wohl: Gola/*Schulz,* DS-GVO, Art. 6, Rn. 89; *Schwäbe*, DuD 2019, 559, 561 f.

bei dem Einsatz von *Google Analytics* ein Drittanbieter, namentlich die *Google LLC*, umfassende Datenverarbeitungsvorgänge auf dem Smart-TV aus.[1059] Zudem behält sich *Google* u.a. das Recht vor, die Daten umfassend zu verknüpfen und sie nach Beendigung des Tracking-Verfahrens weiter für eigene Zwecke zu nutzen.[1060] Das Tracking im Zusammenhang mit *Google Analytics* ist komplex und teilweise undurchsichtig, weshalb es die Rechte des Nutzers erheblich tangiert. Folglich kann ein solches Verfahren nicht allein mit wirtschaftlichen Interessen eines Smart-TV-Akteurs gerechtfertigt werden.[1061] Vielmehr bedarf es der Einwilligung des Nutzers.

III. Verantwortungsbereich der Anbieter von Online-Diensten

Neben den Geräteherstellern verarbeiten die Anbieter von Online-Diensten personenbezogene Daten im Zusammenhang mit Smart-TV auf mannigfaltige Weise, wobei sie regelmäßig die Rolle eines Verantwortlichen einnehmen.[1062] Auch diese Verarbeitungsvorgänge bedürfen einer Rechtfertigung.

1. Installation und Nutzung von Applikationen

Um eine Applikation auf dem Smart-TV installieren zu können, muss in der überwiegenden Anzahl der Fälle ein persönliches Nutzerkonto auf dem Smart-TV vorhanden sein.[1063] Ein solches ermöglicht den Download aus dem App-Store des Herstellers bzw. eines Diensteanbieters. Da der Nutzer die angebotenen Inhalte aus dem App-Store bezieht und nicht direkt von dem Anbieter der Applikation, ist fraglich, ob durch die Installation ein Vertragsverhältnis mit dem App-Store-Betreiber oder mit dem Diensteanbieter zustande kommt.[1064]

1059 Vgl. im Detail: Kap. 4 E. V. 1.

1060 *G. F. Schröder*, Datenschutzrecht für die Praxis, S. 162 ff. Pressemitteilungen der Bundes- und Landesdatenschutzbeauftragten u.a. Berlin, Hamburg und Rheinland-Pfalz v. 14.11.2019 z.B. abrufbar unter: https://www.datenschutz.rlp.de/de/aktuelles/detail/news/detail/News/google-analytics-und-aehnliche-dienste-nur-mit-einwilligung-nutzbar/ (Abruf v. 12.10.2020); *DSK*, Hinweise zum Einsatz von Google Analytics, S. 3.

1061 So auch: *DSK*, Hinweise zum Einsatz von Google Analytics, S. 3.

1062 Die Frage, wann dies der Fall ist, behandelt Kap. 4 E. IV. 2.

1063 Siehe hierzu: Kap. 4 F. II. 2.

1064 Vgl. hierzu: Taeger/Pohle/*Ewald*, Computerrechts-Hb., 1. Abschnitt, Teil 3, 32.7, Rn. 46 ff.; Auer-Reinsdorff/Conrad/*Conrad/Hausen*, Hb. IT- und Datenschutzrecht, Teil F, § 36, Rn. 248 ff.; Auer-Reinsdorff/Conrad/*Kremer*, Hb. IT- und Datenschutzrecht, Teil D., § 28, Rn. 15 ff. Sofern die Applikation gegen ein Entgelt angeboten

Im Rahmen der vorliegenden Arbeit muss diese Frage jedoch nicht beantwortet werden, da es für eine Rechtfertigung über Art. 6 Abs. 1 UAbs. 1 lit. b DS-GVO genügt, dass überhaupt ein Vertrag mit dem Nutzer besteht, für dessen Erfüllung personenbezogene Daten erforderlich sind.[1065] Der App-Store-Betreiber als Verantwortlicher[1066] kann sich demnach unabhängig von seiner Einordnung als Vertragspartei auf diese Norm berufen.

Für die Installation einer Applikation benötigt der App-Store-Betreiber zumindest die IP-Adresse des Nutzers.[1067] Die Erhebung der IP-Adresse ist folglich von Art. 6 Abs. 1 UAbs. 1 lit. b DSGVO gedeckt. Das personenbezogene Datum ist für die Erfüllung des Kauf- bzw. Schenkungsvertrags, mithin für die Zurverfügungstellung der Applikation, bereits objektiv erforderlich. Handelt es sich um eine kostenpflichtige Applikation ist überdies die Erhebung der Zahlungsdaten des Betroffenen gemäß Art. 6 Abs. 1 UAbs. 1 lit. b DSGVO erlaubt.[1068] Diese Norm kann ferner in Bezug auf die Erhebung des Geburtsdatums des Nutzers greifen.[1069] Insbesondere, wenn die Applikation frei zugängliche Inhalte enthält, die einer bestimmten Altersfreigabe unterliegen. Jedoch genügt in diesem Zusammenhang in der Regel die Bestätigung der Volljährigkeit.[1070]

Die Verarbeitung weiterer personenbezogener Daten, wie etwa die Erhebung der Geräte-ID,[1071] ist im Zusammenhang mit der Installation einer Applikation für die Vertragserfüllung generell nicht erforderlich. Erhebt der Diensteanbieter

---

wird, handelt es sich bei einem solchen Vertrag um einen Kaufvertrag. Kostenlose Applikationen sind vertragsrechtlich der Schenkung zuzuordnen, Taeger/Pohle/*Ewald,* Computerrechts-Hb., 1. Abschnitt, Teil 3, 32.7, Rn. 45; Auer-Reinsdorff/Conrad/*Kremer,* Hb. IT- und Datenschutzrecht, Teil D., § 28, Rn. 15.

1065 Siehe Kap. 4 F. I. 1.

1066 *Kremer*, CR 2012, 438, 439; *Düsseldorfer Kreis,* Orientierungshilfe Apps, S. 8; Auer-Reinsdorff/Conrad/*Kremer,* Hb. IT- und Datenschutzrecht, Teil D., § 28, Rn. 46.

1067 *Düsseldorfer Kreis,* Orientierungshilfe Apps, S. 10. Siehe zu dieser Thematik im Detail: Kap. 4 F. II. 4. a).

1068 Siehe hierzu bereits: *Schmidtmann/Schwiering*, ZD 2014, 448, 450; *Vogel*, K&R 2017, 441, 444; Gola/*Schulz,* DS-GVO, Art. 6, Rn. 34.

1069 Zur Angabe des Alters allgemein: Gola/*Schulz,* DS-GVO, Art. 6, Rn. 38; Kühling/Buchner/*Buchner/Petri,* DS-GVO/BDSG, Art. 6, Rn. 63; Taeger/Gabel/*Taeger,* DSGVO/BDSG, Art. 6, Rn. 55.

1070 Simitis/Hornung/Spiecker gen. Döhmann/*Schantz,* DS-GVO/BDSG, Art. 6 Abs. 1, Rn. 34. Damit festgestellt werden kann, wann welche Jugendschutzvorschriften greifen, muss die Angabe des Geburtsdatums bei Minderjährigen hingegen möglich sein: *Golland,* Datenverarbeitung in sozialen Netzwerken, S. 259.

1071 *Düsseldorfer Kreis,* Orientierungshilfe Smart-TV, S. 30.

dennoch weitere personenbezogene Daten, so ist eine Erforderlichkeit im Einzelfall anhand des konkreten Vertrags zu prüfen.[1072] Fehlt es an dieser, muss der Verantwortliche seine Datenverarbeitung auf einen anderen Erlaubnistatbestand stützen können oder von einer Verarbeitung gänzlich absehen.[1073]

Während der Nutzung einer Applikation erhebt der Diensteanbieter personenbezogene Daten des Nutzers und nimmt dabei die Rolle des Verantwortlichen ein.[1074] Für die insoweit stattfindenden Datenverarbeitungsvorgänge muss stets ein Erlaubnistatbestand aus Art. 6 Abs. 1 DSGVO greifen.

Im Zusammenhang mit Applikationen erheben die Diensteanbieter regelmäßig den Standort eines Endgeräts. Eine solche Datenverarbeitung mag im Zusammenhang mit einem Smartphone zum Teil noch gerechtfertigt sein, eine Applikation auf dem Smart-TV benötigt den Standort des Geräts für die Erbringung ihrer Dienste hingegen grundsätzlich nicht.[1075] Art. 6 Abs. 1 UAbs. 1 lit. b DSGVO scheidet mithin als Erlaubnistatbestand aus;[1076] ebenso Art. 6 Abs . 1 UAbs. 1 lit. f DSGVO. Es ist nicht ersichtlich, welches berechtigte Interesse des Diensteanbieters die Offenlegung des Standorts des Geräts erfordern sollte. Der Diensteanbieter könnte die Erhebung des Standorts allenfalls auf eine Einwilligung des Nutzers stützen. Dieser müsste die Einwilligung aber vor allem auf freiwilliger Basis erteilen, damit der Diensteanbieter die Vorgaben der DSGVO an eine wirksame Einwilligungseinholung erfüllt. Insoweit müsste der Nutzer frei entscheiden können, ob er seinen Standort angibt. Eine Verweigerung der Angabe müsste ohne negative Folgen möglich sein.

1072 Vgl. hierzu im Detail die Problematik der Anwendung des Art. 6 Abs. 1 UAbs. 1 lit. b DS-GVO, sofern der konkrete Vertrag die personenbezogenen Daten als Entgelt des Nutzers ausgestaltet, Kap. 4 F. I. 1.

1073 Zu der Verarbeitung objektiv nicht erforderlicher Daten siehe bereits: Kap. 4 F. II. 2. Die dortigen Ausführungen zu personenbezogenen Daten, wie der Identität des Nutzers, sein Alter oder seine Adresse, können hier sinngemäß herangezogen werden.

1074 Auer-Reinsdorff/Conrad/*Kremer*, Hb. IT- und Datenschutzrecht, Teil D., § 28, Rn. 48.

1075 Typischerweise benötigen Navigations-Apps den Standort eines Geräts, um den Nutzer zu einem gewünschten Ort navigieren zu können. Ein solcher Dienst macht bei einem festverwurzelten Smart-TV jedoch wenig Sinn. Entfernungen kann der Smart-TV-Nutzer auch nachschauen, ohne seinen Standort preisgeben zu müssen. Für Mobile-Apps siehe: *Düsseldorfer Kreis*, Orientierungshilfe Apps, S. 11.

1076 Dies gilt auch, wenn die Hergabe des Standorts im konkreten Vertrag als Gegenleistung des Nutzers ausgestaltet ist. Bei kostenlosen Applikationen, für die der Nutzer mit seinen personenbezogenen Daten bezahlt, ist Art. 6 Abs. 1 UAbs. 1 lit. b DS-GVO teleologisch zu reduzieren. Zu dieser Problematik siehe im Detail: Kap. 4 F. I. 1.

Bietet die Applikation auf dem Smart-TV hingegen sog. In-App-Käufe an, darf der Diensteanbieter die Zahlungsdaten des Nutzers, gestützt auf Art. 6 Abs. 1 UAbs. 1 lit. b DSGVO, verarbeiten.[1077] Dasselbe gilt in Bezug auf die Erhebung der IP-Adresse des Nutzers, denn diese ist erforderlich, um die App-Nutzung zu ermöglichen.[1078]

Weitere Datenverarbeitungsvorgänge sind im Einzelfall auf ihre Rechtmäßigkeit zu prüfen. Dabei darf der Erlaubnistatbestand der Vertragserfüllung gemäß Art. 6 Abs. 1 UAbs. 1 lit. b DSGVO allein dann herangezogen werden, wenn der Diensteanbieter die personenbezogenen Daten zur Erfüllung des konkreten Vertrags mit dem Nutzer benötigt.[1079] Kommt für einen Datenverarbeitungsvorgang ein berechtigtes Interesse des Diensteanbieters gemäß Art. 6 Abs. 1 UAbs. 1 lit. f DSGVO in Betracht, ist eine Abwägung im Einzelfall vorzunehmen, wobei im Ergebnis die Interessen der betroffenen Person nicht überwiegen dürfen.[1080]

Ist ein Rückgriff auf die genannten Erlaubnisnormen im konkreten Fall ausgeschlossen, bleibt die Option, eine wirksame Einwilligung des Nutzers einzuholen. Eine Rechtfertigung über die Einwilligung kommt allerdings lediglich in Betracht, wenn sichergestellt ist, dass der Nutzer seine Einwilligung auf freiwilliger Basis erteilt. Grundsätzlich sollte der Diensteanbieter die generelle Nutzung einer Applikation nicht von der Einwilligung in die Verarbeitung nicht erforderlicher Daten abhängig machen.[1081] Mithin darf die Angabe solch personenbezogener Daten nicht verpflichtend sein. Eine Möglichkeit wäre es aber, dem Nutzer die Entscheidung zu überlassen, ob er etwaige Daten zusätzlich angibt. Entscheidet er sich gegen eine freiwillige Angabe und willigt er in die betreffenden Datenverarbeitungsvorgänge nicht ein, sollte eine Nutzung der Applikation dennoch möglich sein.

Der Diensteanbieter muss dem Nutzer aber nicht zwangsweise die absolute Wahlfreiheit überlassen. Es genügt ebenfalls, wenn er ihm eine Alternative zur Datenhergabe bietet, die für den Nutzer ebenfalls mit einer Einbuße verbunden ist. So etwa die Nutzung der Applikation gegen ein entsprechendes Entgelt,

---

1077 Vgl. etwa: *Düsseldorfer Kreis,* Orientierungshilfe Smart-TV, S. 16; *Vogel,* K&R 2017, 441, 444. Zum Vertragsschluss siehe: Auer-Reinsdorff/Conrad/*Kremer,* Hb. IT- und Datenschutzrecht, Teil D., § 28, Rn. 36 ff.

1078 *Düsseldorfer Kreis,* Orientierungshilfe Apps, S. 10; *Düsseldorfer Kreis,* Orientierungshilfe Smart-TV, S. 14; *Vogel,* K&R 2017, 441, 444; Gola/*Schulz,* DS-GVO, Art. 6, Rn. 34. Siehe im Detail: Kap. 4 F. II. 4. a).

1079 Vgl. Kap. 4 F. I. 1.

1080 Vgl. Kap. 4 F. I. 2.

1081 Vgl. Kap. 4 F. I. 3. a) (1).

dafür aber ohne Verarbeitung nicht erforderlicher Daten. Auf diese Weise kann es der Anbieter dem Nutzer überlassen, selbst zu wählen, ob er die Applikation gegen Hergabe seiner personenbezogenen Daten oder gegen ein entsprechendes Entgelt verwendet.[1082] Eine gänzlich kostenlose Nutzung wäre somit ausgeschlossen, weshalb diese Lösung einen fairen Ausgleich zwischen dem Schutz des Nutzers und den wirtschaftlichen Interessen der Anbieter schafft.

Hingegen sollte eine alternativlose und zwangsweise Kopplung von Einwilligung und Applikationsnutzung die absolute Ausnahme sein. Eine solche „take it or leave it"-Konstellation ist zwar in bestimmten Einzelfällen zulässig, sofern der Nutzer auf die Applikation in keiner Weise angewiesen ist. Wann dies bei einer Applikation der Fall ist, ist in der Praxis jedoch schwer zu bestimmen.[1083]

2. *Registrierung und Kontoerstellung*

Häufig muss der Nutzer nicht nur bei dem Smart-TV-Hersteller bzw. dem App-Store-Betreiber, sondern auch bei dem Anbieter einer Applikation ein Nutzerkonto anlegen. Insofern kommt ein Vertrag zwischen dem Nutzer und dem App-Anbieter zustande.[1084] Auf die Datenverarbeitungsvorgänge im Rahmen der Erstellung eines solchen Nutzerkontos sind die obigen Ausführungen[1085] bei den Herstellern sinngemäß zu übertragen.

3. *Verfolgung des Nutzerverhaltens*

Wie bereits ausgeführt,[1086] setzen nicht nur die Smart-TV-Hersteller, sondern auch die Diensteanbieter Tracking-Methoden ein, um das Verhalten der Nutzer auf dem Smart-TV zu verfolgen. Die Rechtmäßigkeit des Nutzer-Trackings wurde bereits ausführlich im Rahmen der Datenverarbeitungsvorgänge im Verantwortungsbereich der Gerätehersteller behandelt.[1087] Die dortigen Ausführungen gelten ebenso für die Diensteanbieter.

1082 Vgl. hierzu im Detail: Kap. 4 F. I. 3. a) (1).

1083 Insoweit kommt es darauf an, ob der Verzicht auf die Applikation für den Nutzer zu einem spürbaren Nachteil führt. Dabei ist einzubeziehen, ob die Applikation für die Nutzung des Smart-TVs wesentlich ist oder ob es sich z.B. um eine beliebte Applikation handelt.

1084 Vgl. *Härting*, CR 2016, 735, 737 f.

1085 Kap. 4 F. II. 2.

1086 Kap. 4 F. II. 4. c).

1087 Kap. 4 F. II. 4. c).

4. Datenverarbeitung mittels Kameras und Mikrofonen

Neben den Smart-TV-Herstellern können die Diensteanbieter auf die Sensoren des Endgeräts zugreifen und auf diese Weise personenbezogene Daten über die Kamera oder das Mikrofon des Smart-TVs erheben. Derartige Datenverarbeitungsvorgänge wären allenfalls zulässig, wenn ein Erlaubnistatbestand aus Art. 6 Abs. 1 DS-GVO einschlägig wäre.

Im Zusammenhang mit Online-Diensten und Applikationen ist es möglich, dass ein Angebot auf dem Smart-TV die Nutzung der Kamera oder des Mikrofons erfordert. Etwa ist ein Videotelefonie-Dienst ohne die Erhebung der Stimme oder der Ablichtung der Person nicht umsetzbar. Daneben benötigen beispielsweise Onlinespiele teilweise den Zugriff auf die Sensoren des Endgeräts. In diesen Fällen, in denen der Zugriff auf die Sensoren des Smart-TVs für die Erbringung des jeweiligen Diensts erforderlich ist, kommt eine Rechtfertigung zu Zwecken der Vertragserfüllung gemäß Art. 6 Abs. 1 UAbs. 1 lit. b DSGVO in Betracht. Dies muss jedoch im Einzelfall anhand des jeweiligen Diensts geprüft werden.

IV. Verantwortungsbereich der HbbTV-Anbieter

Neben den Geräteherstellern und Anbietern von Online-Diensten nehmen die HbbTV-Anbieter für bestimmte Datenverarbeitungsvorgänge auf dem Smart-TV die Rolle eines Verantwortlichen ein.[1088] Dies betrifft insbesondere die Verarbeitungsvorgänge im Zusammenhang mit der Schaltung der HbbTV-Zusatzangebote.

Zunächst erheben die HbbTV-Anbieter zum Zwecke der Auslieferung ihrer Zusatzangebote die IP-Adresse der Nutzer.[1089] Die insoweit stattfindenden Datenerhebungsvorgänge sind gemäß Art. 6 Abs. 1 UAbs. 1 lit. b bzw. Art. 6 Ab s. 1 UAbs. 1 lit. f DSGVO gerechtfertigt, sofern der Smart-TV-Nutzer die Auslieferung der Angebote ausdrücklich wünscht.[1090] Schließlich ist eine Zustellung

---

1088 Siehe Kap. 4 E. IV. 3.

1089 *Düsseldorfer Kreis,* Orientierungshilfe Smart-TV, S. 28 f.

1090 D.h. lediglich, wenn der Nutzer den sog. Red-Button aktiviert. Problematisch ist, dass einige HbbTV-Anbieter ihre Angebote auch ausspielen, ohne dass der Red-Button geklickt wird. Dies ist unbedingt zu verhindern, da es insoweit an einer Erlaubnis fehlt, vgl. *Ghiglieri ua,* HbbTV, S. 4; *Düsseldorfer Kreis,* Orientierungshilfe Smart-TV, S. 28 f.; *Zoche ua,* Forschungsbericht Smart-TV, S. 34 f.

der Inhalte an den jeweiligen Zuschauer ohne die IP-Adresse nicht möglich.[1091] Abgesehen von der Erhebung der IP-Adresse ist eine Verarbeitung personenbezogener Daten des Nutzers aber allein mit dessen Einwilligung möglich.

Dies betrifft vor allem die Datenverarbeitungsvorgänge im Zusammenhang mit Tracking-Verfahren. Derartige Methoden verwenden auch die HbbTV-Anbieter, um den Fernsehkonsum des einzelnen Zuschauers im Detail nachvollziehen zu können und diese Erkenntnisse wirtschaftlich fruchtbar zu machen.[1092] Für die Verfolgung des Zuschauerverhaltens und die sich daran anschließende Profilbildung benötigen die HbbTV-Anbieter die Einwilligung des Nutzers.[1093] Dies gilt nicht zuletzt vor dem Hintergrund, dass die Sender für das Tracking auf dem Smart-TV fast ausschließlich Drittanbieter einschalten.

G. Weitere Anforderungen mit spezifischer Relevanz für Smart-TV

Neben dem datenschutzrechtlichen Erlaubnisprinzip[1094] aus Art. 6 Abs. 1 DSGVO müssen die Smart-TV-Akteure weitere Vorgaben der DS-GVO beachten. So normiert die Verordnung in Art. 5 DSGVO wesentliche Grundsätze, die in Bezug auf die Verarbeitung personenbezogener Daten einzuhalten sind.[1095] Diese Grundsätze werden zum Teil durch weitere Vorschriften der DSGVO näher ausgestaltet.[1096] Im Zusammenhang mit Smart-TV-Geräten sind

1091 *Düsseldorfer Kreis,* Orientierungshilfe Smart-TV, S. 14; *Zoche ua,* Forschungsbericht Smart-TV, S. 35; Schwartmann/*Keber,* Praxishandbuch Medienrecht, 3. Teil, 20. Kap., Rn. 72. Siehe im Detail zu der Verarbeitung der IP-Adresse: Kap. 4 F. II. 4. a).

1092 *Ghiglieri ua,* HbbTV, S. 12; *Weichert,* DuD 2014, 528, 533; *Zoche ua,* Forschungsbericht Smart-TV, S. 11, 19 f. Siehe auch: *Bundeskartellamt,* Sektoruntersuchung Smart-TV, S. 38. Im Zusammenhang mit HbbTV gewinnt das Phänomen *Adressable TV* immer mehr an Bedeutung, vgl. *Bundeskartellamt,* Sektoruntersuchung Smart-TV, S. 41 f. Siehe zudem: Kap. 4 E. IV. 3.

1093 *Düsseldorfer Kreis,* Orientierungshilfe Smart-TV, S. 29 f.; *Zoche ua,* Forschungsbericht Smart-TV, S. 34 f. Vgl. im Detail zum Tracking auf dem Smart-TV: Kap. 4 F. II. 4. c).

1094 Siehe: Kap. 4 B., F.

1095 Bei den Vorgaben aus Art. 5 DSGVO handelt es sich um „verbindliche Regelungen", so: Schantz/Wolff/*Wolff,* Das neue Datenschutzrecht, D. I., Rn. 382; Paal/Pauly/*Frenzel,* DS-GVO, Art. 5, Rn. 1; Brink/Wolff/*Schantz,* BeckOK DSR, DS-GVO, Art. 5, Rn. 2. Siehe auch: Simitis/Hornung/Spiecker gen. Döhmann/*Roßnagel,* DS-GVO/BDSG, Art. 5, Rn. 1, 23.

1096 Vgl. Simitis/Hornung/Spiecker gen. Döhmann/*Roßnagel,* DS-GVO/BDSG, Art. 5, Rn. 16, 26.

vor allem der technische Datenschutz sowie eine datenschutzfreundliche Systemkonzipierung relevant.[1097] Daneben ist die Schaffung von Transparenz im Hinblick auf die Datenverarbeitungsvorgänge fundamental.

I. Transparenz

Der Grundsatz der Transparenz gemäß Art. 5 Abs. 1 lit. a Var. 3 DSGVO ist eines der wesentlichen Prinzipen im Datenschutzrecht.[1098] Personenbezogene Daten müssen in einer für die betroffene Person nachvollziehbaren Weise verarbeitet werden. Denn allein, wer nachvollziehen kann, inwiefern Informationen über seine Person verarbeitet werden, kann in Bezug auf den Datenumgang autonom entscheiden und damit sein Recht auf informationelle Selbstbestimmung entsprechend ausüben.[1099] Ferner kann eine Person ihre Betroffenenrechte nur geltend machen oder sie betreffende Datenverarbeitungsvorgänge überprüfen, wenn sie positive Kenntnis von einem Datenumgang hat.[1100]

Eine grundlegende Konkretisierung erfährt der Grundsatz der Transparenz durch die Vorgaben in Art. 12 bis 15 DSGVO.[1101]

1097 Der Gedanke des Datenschutzes durch Technik tritt vor allem in Art. 25 und 32 DSGVO zu Tage.

1098 *Art.-29-Gruppe,* WP 260 rev. 01, Rn. 2; Ehmann/Selmayr/*Heberlein,* DS-GVO, Art. 5, Rn. 11; Gola/*Pötters,* DS-GVO, Art. 5, Rn. 11; Sydow/*Greve,* DSGVO, Art. 12, Rn. 1; Brink/Wolff/*Schantz,* BeckOK DSR, DS-GVO, Art. 5, Rn. 10. Laut *Bundeskartellamt* kommt dem Erfordernis einer transparenten Verbraucherinformation im Zusammenhang mit Smart-TV eine zentrale Bedeutung zu, *Bundeskartellamt,* Sektoruntersuchung Smart-TV, S. 47.

1099 *BVerfG,* Urt. v. 15.12.1983, 1 BvR 209/83 u.a., BVerfGE 65, 1, 43; *Art.-29-Gruppe,* WP 260 rev. 01, Rn. 4; *Kühling/Klar/Sackmann,* Datenschutzrecht, Rn. 336; Kühling/Buchner/*Herbst,* DS-GVO/BDSG, Art. 5, Rn. 18 f.. Vgl. zudem: *Bundeskartellamt,* Sektoruntersuchung Smart-TV, S. 61.

1100 *DSK,* Kurzpapier Nr. 10: Informationspflichten, S. 1; Gola/*Pötters,* DS-GVO, Art. 5, Rn. 11; *Kühling/Klar/Sackmann,* Datenschutzrecht, Rn. 336; Simitis/Hornung/Spiecker gen. Döhmann/*Roßnagel,* DS-GVO/BDSG, Art. 5, Rn. 50. Die Betroffenenrechte normiert die DS-GVO in Art. 15 ff. DS-GVO. Darunter fallen insbesondere das Auskunftsrecht gemäß Art. 15 DS-GVO, die Rechte auf Berichtigung und Löschung gemäß Art. 16 und 17 DS-GVO, das Recht auf Einschränkung der Verarbeitung nach Art. 18 DS-GVO, das Recht auf Datenübertragbarkeit nach Art. 20 DS-GVO sowie das Widerspruchsrecht nach Art. 21 DS-GVO. Vgl. zu den Betroffenenrechten: *Kühling/Klar/Sackmann,* Datenschutzrecht, Rn. 572 ff.

1101 Daneben konkretisieren einzelne Erwägungsgründe das Transparenzgebot. So etwa ErwG 39 DSGVO, der festschreibt, dass die betroffene Person Kenntnis von der Verarbeitung per se sowie dem Umfang der Verarbeitung haben soll. Zudem soll die

1. *Informationspflichten der DS-GVO*

Die Regelungen in Art. 12 bis 15 DS-GVO statuieren u.a. umfassende Informationspflichten.[1102] Sie geben zum einen vor, welche Informationen der betroffenen Person zu erteilen sind und zum anderen, auf welche Art und Weise diese Informationserteilung zu erfolgen hat.

a) *Art und Weise der Informationserteilung*

Nach Art. 12 Abs. 1 Satz 1 DSGVO[1103] hat der Verantwortliche die erforderlichen Informationen in präziser, transparenter, verständlicher und leicht zugänglicher Form in einer klaren und einfachen Sprache zu übermitteln.[1104] Diese Vorgaben haben erhebliche Auswirkung auf die Gestaltung der Datenschutzerklärung der Smart-TV-Akteure.[1105] So müssen sie ihre Erklärung prägnant und möglichst einfach formulieren.[1106] Das Ziel ist es, dass der durchschnittliche

---

Person Informationen über die Identität des Verantwortlichen, die Verarbeitungszwecke und sonstige Informationen, die eine faire und transparente Verarbeitung im Hinblick auf die betroffenen natürlichen Personen gewährleisten, sowie deren Recht, eine Bestätigung und Auskunft darüber zu erhalten, welche sie betreffende personenbezogene Daten verarbeitet werden, erhalten (ErwG 39 Satz 4 DSGVO). Nach ErwG 39 Satz 3 setzt der Grundsatz der Transparenz voraus, dass alle Informationen und Mitteilungen zur Verarbeitung dieser personenbezogenen Daten leicht zugänglich und verständlich sind sowie in klarer und einfacher Sprache abgefasst sind.

1102 Art. 13 und 14 DSGVO.

1103 Die Norm gilt allgemein für jegliche Mitteilungen an die betroffene Person und nicht nur für die Informationserteilung nach Art. 13 und 14 DS-GVO. Vgl. zum Anwendungsbereich: Paal/Pauly/*Paal/Hennemann*, DS-GVO, Art. 12, Rn. 1, 3; Simitis/Hornung/Spiecker gen. Döhmann/*Dix*, DS-GVO/BDSG, Art. 12, Rn. 13; Brink/Wolff/*Quaas*, BeckOK DSR, DS-GVO, Art. 12, Rn. 9 ff.

1104 Vgl. hierzu im Detail: *Art.-29-Gruppe*, WP 260 rev. 01, Rn. 8 ff.

1105 Teilweise wird für die Informationserteilung nach Art. 13 und 14 DS-GVO anstelle „Datenschutzerklärung" der Begriff „Datenschutzhinweis", „Datenschutzbestimmung" o.ä. verwendet, *Art.-29-Gruppe*, WP 260 rev. 01, Rn. 24. Kritisch zu dem Begriff „Datenschutzerklärung": Ehmann/Selmayr/*Heckmann/Paschke*, DS-GVO, Art. 12, Rn. 14. Vgl. zu intransparenten Datenschutzbestimmungen auf einem Smart-TV: *LG Frankfurt a.M.*, Urt. v. 10.6.2016, 2-03 O 364/15, ZD 2016, 494, 497 f.

1106 *Art.-29-Gruppe*, WP 260 rev. 01, Rn. 8; Ehmann/Selmayr/*Heckmann/Paschke*, DS-GVO, Art. 12, Rn. 12. Offene Formulierungen wie „möglicherweise" und „beispielsweise" beeinträchtigen die geforderte Transparenz, *LG Frankfurt a.M.*, Urt. v. 10.6.2016, 2-03 O 364/15, ZD 2016, 494, 497 f.; *Art.-29-Gruppe*, WP 260 rev. 01, Rn. 12; *Bundeskartellamt*, Sektoruntersuchung Smart-TV, S. 63 f.

Nutzer[1107] die Texte versteht.[1108] Dieser muss nachvollziehen können, was mit seinen personenbezogenen Daten auf dem Smart-TV passiert.[1109] Eine klare Strukturierung und Gliederung der Texte fördern das Verständnis.[1110] Schließlich sind lange und unübersichtliche Fließtexte schwer zu durchdringen.[1111] Überdies führt eine Flut an Informationen schnell zu einer Überforderung des Nutzers.[1112] Damit die Länge der Informationserteilung nicht ausufert, sind unwesentliche Informationen sowie Wiederholungen zu vermeiden.[1113] Darüber hinaus ist der Gebrauch einer einfachen Sprache ein wesentliches Mittel, um Verständlichkeit herzustellen.[1114] Es gilt, dass der durchschnittliche Nutzer die Sprache verstehen muss.[1115] Mithin ist im Hinblick auf Smart-TVs,

---

1107 Auf einen durchschnittlichen Empfänger stellen ebenso ab: *Art.-29-Gruppe*, WP 260 rev. 01, Rn. 9; Paal/Pauly/*Paal/Hennemann*, DS-GVO, Art. 12, Rn. 26; Sydow/*Greve*, DSGVO, Art. 12, Rn. 12; Brink/Wolff/*Quaas*, BeckOK DSR, DS-GVO, Art. 12, Rn. 12. A.A. Ehmann/Selmayr/*Heckmann/Paschke*, DS-GVO, Art. 12, Rn. 13.

1108 *Art.-29-Gruppe*, WP 260 rev. 01, Rn. 9; *Bundeskartellamt*, Sektoruntersuchung Smart-TV, S. 56. „Die Unverständlichkeit von Datenschutzbestimmungen wird häufig angeprangert", *Bundeskartellamt*, Sektoruntersuchung Smart-TV, S. 62.

1109 Vgl. *Bundeskartellamt*, Sektoruntersuchung Smart-TV, S. 63.

1110 Vgl. *Art.-29-Gruppe*, WP 260 rev. 01, Rn. 12; Ehmann/Selmayr/*Heckmann/Paschke*, DS-GVO, Art. 12, Rn. 12; Sydow/*Greve*, DSGVO, Art. 12, Rn. 14; *Bundeskartellamt*, Sektoruntersuchung Smart-TV, S. 70. Insoweit bietet sich eine Schichtung der Informationen an. Vgl. hierzu: Kap. 4 G. I. 3. b). Ebenso eine Verlinkung: *LG Frankfurt a.M.*, Urt. v. 10.6.2016, 2-03 O 364/15, ZD 2016, 494, 497.

1111 Vgl. zu diesem Thema: *LG Frankfurt a.M.*, Urt. v. 10.6.2016, 2-03 O 364/15, ZD 2016, 494, 497 f. Danach sind Datenschutzbestimmungen über eine Länge von mehr als 50 Bildschirmseiten zu lang.

1112 Vgl. Schantz/Wolff/*Schantz*, Das neue Datenschutzrecht, F., III., Rn. 1155; Ehmann/Selmayr/*Heckmann/Paschke*, DS-GVO, Art. 12, Rn. 12; Gola/*Franck*, DS-GVO, Art. 13, Rn. 40; Paal/Pauly/*Paal/Hennemann*, DS-GVO, Art. 12, Rn. 5; Sydow/*Greve*, DSGVO, Art. 12, Rn. 14; *Bundeskartellamt*, Sektoruntersuchung Smart-TV, S. 104.

1113 *Härting*, DSGVO, Rn. 67; Ehmann/Selmayr/*Heckmann/Paschke*, DS-GVO, Art. 12, Rn. 12; Paal/Pauly/*Paal/Hennemann*, DS-GVO, Art. 12, Rn. 28; *Bundeskartellamt*, Sektoruntersuchung Smart-TV, S. 64 f.

1114 Daher sind Fachtermini, Fremdwörter und Schachtelsätze zu vermeiden, *Art.-29-Gruppe*, WP 260 rev. 01, Rn. 12; Ehmann/Selmayr/*Heckmann/Paschke*, DS-GVO, Art. 12, Rn. 17; Gola/*Franck*, DS-GVO, Art. 12, Rn. 22; Paal/Pauly/*Paal/Hennemann*, DS-GVO, Art. 12, Rn. 33; Sydow/*Greve*, DSGVO, Art. 12, Rn. 13; Brink/Wolff/*Quaas*, BeckOK DSR, DS-GVO, Art. 12, Rn. 19.

1115 *Art.-29-Gruppe*, WP 260 rev. 01, Rn. 12; Kühling/Buchner/*Bäcker*, DS-GVO/BDSG, Art. 12, Rn. 11; Paal/Pauly/*Paal/Hennemann*, DS-GVO, Art. 12, Rn. 33; Brink/Wolff/*Quaas*, BeckOK DSR, DS-GVO, Art. 12, Rn. 18. Strenger: Ehmann/Selmayr/

die auf dem deutschen Markt angeboten werden, die deutsche Sprache zu verwenden.[1116]

Eine leicht zugängliche Form bedeutet, dass der Smart-TV-Nutzer die erforderlichen Informationen ohne Weiteres auf dem Endgerät bzw. innerhalb eines Smart-TV-Diensts auffinden können muss.[1117] Insofern sind die Informationen eindeutig zu kennzeichnen[1118] sowie deutlich auf dem TV-Bildschirm hervorzuheben.[1119]

In Bezug auf die Form der Informationserteilung steht den Smart-TV-Akteuren ein verhältnismäßig großer Spielraum zu.[1120] Art. 12 Abs. 1 Satz 2 DSGVO legt lediglich fest, dass die Übermittlung der Informationen schriftlich oder in anderer Form, gegebenenfalls auch elektronisch zu erfolgen hat. Im Zusammenhang mit Smart-TV bietet sich vor allem eine elektronische Informationserteilung über den TV-Bilderschirm an.[1121] Insofern sollte die Datenschutzerklärung unmittelbar auf dem Endgerät abrufbar sein.[1122] Neben der Darstellung eines reinen Texts auf dem TV-Bildschirm ist es möglich, die erforderlichen Informationen

---

Heckmann/Paschke, DS-GVO, Art. 12, Rn. 17, die auf Menschen mit einem niedrigen Bildungsniveau abstellen wollen.

1116 *Bundeskartellamt,* Sektoruntersuchung Smart-TV, 67. Im Hinblick auf die Sprache ist maßgeblich, in welchem Land ein Dienst angeboten wird, Ehmann/Selmayr/*Heckmann/Paschke,* DS-GVO, Art. 12, Rn. 19; Gola/*Franck,* DS-GVO, Art. 12, Rn. 20; Paal/Pauly/*Paal/Hennemann,* DS-GVO, Art. 12, Rn. 35; Sydow/*Greve,* DSGVO, Art. 12, Rn. 15; Brink/Wolff/*Quaas,* BeckOK DSR, DS-GVO, Art. 12, Rn. 20; *Bundeskartellamt,* Sektoruntersuchung Smart-TV, S. 66 f..

1117 *Art.-29-Gruppe,* WP 260 rev. 01, Rn. 11; Ehmann/Selmayr/*Heckmann/Paschke,* DS-GVO, Art. 12, Rn. 14; Gola/*Franck,* DS-GVO, Art. 12, Rn. 21; Paal/Pauly/*Paal/Hennemann,* DS-GVO, Art. 12, Rn. 32; Brink/Wolff/*Quaas,* BeckOK DSR, DS-GVO, Art. 12, Rn. 16.

1118 Insoweit bietet sich z.B. der Begriff „Datenschutzerklärung" an, da er bereits dem breiten Publikum bekannt ist.

1119 *Art.-29-Gruppe,* WP 260 rev. 01, Rn. 11; Ehmann/Selmayr/*Heckmann/Paschke,* DS-GVO, Art. 12, Rn. 14; Paal/Pauly/*Paal/Hennemann,* DS-GVO, Art. 12, Rn. 32a. Vgl. im Detail: Kap. 4 G. I. 3. d).

1120 Kühling/Buchner/*Bäcker,* DS-GVO/BDSG, Art. 12, Rn. 16; Sydow/*Greve,* DSGVO, Art. 12, Rn. 18.

1121 Zu der elektronischen Form vgl. *Art.-29-Gruppe,* WP 260 rev. 01, Rn. 18.

1122 Medienbrüche sind vor allem im Online-Bereich zu vermeiden. So auch: Jandt/Steidle/*Selzer,* Datenschutz im Internet, B. IV. 3. Informationspflichten, Rn. 140; *Lorenz,* VuR 2019, 213, 220. Allgemein gegen Medienbrüche: Taeger/Gabel/*Mester,* DS-GVO/BDSG, Art. 13, Rn. 36.

mit Hilfe von Bildsymbolen oder Videos zu übermitteln.[1123] In dieser Hinsicht sind der Kreativität der Smart-TV-Akteure kaum Grenzen gesetzt.[1124]

Ein grundlegendes Problem im Zusammenhang mit der Informationserteilung bei Smart-TV ist, dass der Nutzer die Datenschutzinformationen erst wahrnehmen kann, nachdem er das Smart-TV-Gerät bereits gekauft hat.[1125] Sofern er mit bestimmten Datenverarbeitungsvorgängen nicht einverstanden ist oder er den Datenumgang auf dem Smart-TV als zu umfangreich empfindet, müsste er das Gerät zurückgeben. Ein solcher Umstand ist dem Nutzer nicht zuzumuten. Transparenz ist ein wesentliches Gebot des Datenschutzrechts und sollte bereits vor der Kaufentscheidung eines Endgeräts hergestellt werden.[1126] Der Nutzer sollte nachvollziehen können, was mit seinen personenbezogenen Daten auf dem Smart-TV-Gerät geschieht und seine Kaufentscheidung hiervon abhängig machen können. Aufgrund dessen sind die erforderlichen Informationen nach Art. 13 DSGVO den Nutzern bereits vor dem Kauf des Endgeräts zur Verfügung zu stellen.[1127] Insoweit könnten die Akteure die spezifische Datenschutzerklärung für das Smart-TV-Angebot permanent auf ihrer Webseite zur Verfügung stellen.[1128] Zudem sollten sie auf der Verkaufsverpackung der TV-Geräte

---

1123 Siehe bereits: Art. 12 Abs. 7 DSGVO und ErwG 58 Satz 1 DSGVO. Ferner: *Art.-29-Gruppe,* WP 260 rev. 01, Rn. 18 , Rn. 49 ff.; Ehmann/Selmayr/*Heckmann/Paschke,* DS-GVO, Art. 12, Rn. 20; Sydow/*Greve,* DSGVO, Art. 12, Rn. 18. Eine reine Bilddarstellung könnte sich in der Praxis allerdings als schwierig gestalten, vgl. Kühling/Buchner/*Bäcker,* DS-GVO/BDSG, Art. 12, Rn. 21.

1124 *Heckmann/Paschke* schlagen insoweit die Integration spielerischer Elemente vor, vgl. Ehmann/Selmayr/*Heckmann/Paschke,* DS-GVO, Art. 12, Rn. 20.

1125 Vgl. zu diesem Problem umfassend: *Bundeskartellamt,* Sektoruntersuchung Smart-TV, S. 91 ff.

1126 So auch: *Bundeskartellamt,* Sektoruntersuchung Smart-TV, S. 91. Nach Ansicht der *Artikel-29-Datenschutzgruppe* sollte die betroffene Person den Umfang und die Folgen der Verarbeitung ebenfalls bereits im Vorfeld ermitteln können, *Art.-29-Gruppe,* WP 260 rev. 01, Rn. 10.

1127 So auch: *Bundeskartellamt,* Sektoruntersuchung Smart-TV, S. 97. Art. 13 Abs. 1 DSGVO verlangt explizit jedoch lediglich eine Mitteilung der Informationen zum Zeitpunkt der Erhebung der Daten. Ebenso müssen die erforderlichen Informationen in Bezug auf die Datenverarbeitungen im Zusammenhang mit Applikationen und Smart-TV-Dienste bereits vor deren Installation zugänglich sein. So auch: *Art.-29-Gruppe,* WP 260 rev. 01, Rn. 11; Ehmann/Selmayr/*Heckmann/Paschke,* DS-GVO, Art. 12, Rn. 14; Gola/*Franck,* DS-GVO, Art. 13, Rn. 36; Simitis/Hornung/Spiecker gen. Döhmann/*Dix,* DS-GVO/BDSG, Art. 13, Rn. 19.

1128 So handhaben die Akteure es teilweise mit anderen Geräteinformationen vgl. *Bundeskartellamt,* Sektoruntersuchung Smart-TV, S. 91 f. *Samsung* stellt zumindest

sowie im Online-Verkaufsbereich deutlich auf die Datenschutzinformationen hinweisen.[1129]

b) Inhalt der Informationserteilung

Erhebt ein Smart-TV-Akteur personenbezogene Daten der Nutzer, ist er gemäß Art. 13 DSGVO verpflichtet, diese über die in Art. 13 Abs. 1 und Abs. 2 DSGVO aufgelisteten Pflichtangaben[1130] zu informieren.[1131] Diese Pflicht gilt unabhängig von einem Antrag der betroffenen Person.[1132]

Gemäß Art 13 Abs. 1 DSGVO muss der Verantwortliche grundsätzlich den Namen und die Kontaktdaten des Verantwortlichen sowie die Zwecke[1133] und die Rechtsgrundlage der Datenverarbeitung mitteilen; gegebenenfalls sind daneben Angaben zu einem etwaigen Datenschutzbeauftragten zu machen. Sofern ein Datenverarbeitungsvorgang der Wahrung berechtigter Interessen nach Art. 6 Abs. 1 lit. f DSGVO dient, müssen diese Interessen konkret genannt werden.[1134] Gleiches gilt für die Mitteilung von Empfängern bzw. Kategorien künftiger Empfänger, falls eine Übermittlung der Daten in Aussicht steht. Beabsichtigt

„Ergänzungen für Smart-TV“ in ihrer globalen Datenschutzrichtlinie auf der Webseite zur Verfügung: abrufbar unter: https://www.samsung.com/de/info/privacy/ (Abruf v. 12.10.2020). Vgl. auch: *Bundeskartellamt,* Sektoruntersuchung Smart-TV, S. 92, FN. 198 sowie S. 111.

1129 Beispielsweise mittels eindeutiger Links im Online-Verkaufsbereich oder QR-Codes auf den Verpackungen. In diese Richtung auch: *Bundeskartellamt,* Sektoruntersuchung Smart-TV, S. 111. Ehmann/Selmayr/*Heckmann/Paschke,* DS-GVO, Art. 12, Rn. 14; Gola/*Franck,* DS-GVO, Art. 12, Rn. 21 fordern ebenfalls die Verwendung von QR-Codes auf Druckwerken.

1130 Vgl. ausführlich zu den Pflichtinformationen: *Art.-29-Gruppe,* WP 260 rev. 01, S. 43 ff.; *DSK,* Kurzpapier Nr. 10: Informationspflichten, S. 1 f.; *Lorenz,* VuR 2019, 213; *Bundeskartellamt,* Sektoruntersuchung Smart-TV, S. 56 f., 71 ff.

1131 Bei Smart-TV findet in der Regel eine Direkterhebung der personenbezogenen Daten bei der betroffenen Person statt, sodass von einer Auseinandersetzung mit Art. 14 DSGVO abgesehen wird. Vgl. *Art.-29-Gruppe,* WP 260 rev. 01, S. 17 f. Auch das *Bundeskartellamt* legt den Fokus auf Art. 13 DS-GVO: *Bundeskartellamt,* Sektoruntersuchung Smart-TV, S. 56.

1132 Im Sinne einer „Bringschuld“, so: Simitis/Hornung/Spiecker gen. Döhmann/*Dix,* DS-GVO/BDSG, Art. 13, Rn. 1.

1133 Siehe zum Zweckbindungsgrundsatz: Kap. 4 G. II.

1134 Vgl. Simitis/Hornung/Spiecker gen. Döhmann/*Dix,* DS-GVO/BDSG, Art. 13, Rn. 10.

der Verantwortliche die Daten später in ein Drittland zu übermitteln, muss er dies gegenüber der betroffenen Person offenlegen.[1135]

Darüber hinaus nennt Art. 13 Abs. 2 DSGVO weitere Informationen, die der betroffenen Person ebenfalls zwingend mitzuteilen sind.[1136] Darunterfallen zum einen Hinweise auf das Bestehen der Rechte der betroffenen Person;[1137] zum anderen die Angabe weiterer Umstände der Verarbeitung. Namentlich die konkrete Dauer, für die die Daten gespeichert werden sollen, oder falls dies unmöglich ist, zumindest die Kriterien für die Festlegung der Speicherdauer. Daneben muss die betroffene Person darüber informiert werden, ob die Datenerhebung gesetzlich oder vertraglich vorgeschrieben oder für den Abschluss eines Vertrages erforderlich ist bzw. ob die betroffene Person zur Bereitstellung der Daten verpflichtet ist und welche Folgen eine Weigerung, die Daten bereitzustellen, hätte.

Letztlich muss der Verantwortliche im Falle des Bestehens einer automatisierten Entscheidungsfindung einschließlich Profiling hierüber informieren sowie Informationen über die involvierte Logik sowie die Tragweite und die angestrebten Auswirkungen einer derartigen Verarbeitung für die betroffene Person nennen.

Neben der Berücksichtigung der ausdrücklich normierten Pflichten muss der jeweilige Akteur stets im Auge behalten, dass die betroffene Person verstehen muss, wie ihre personenbezogenen Daten verarbeitet werden. Schließlich geht es nicht allein um die förmliche Einhaltung der rechtlichen Vorgaben. Insoweit muss er gegebenenfalls weitere Informationen zur Verfügung stellen, die für das Verständnis des Nutzers erforderlich sind.[1138] Beispielsweise kann ein Nutzer

---

1135 In diesem Zusammenhang sind zudem das Vorhandensein oder Fehlen eines Angemessenheitsbeschlusses, ein Verweis auf die geeigneten oder angemessenen Garantien bei Datenübermittlungen gemäß Art. 46, 47 oder 49 Abs. 1 UAbs. 2 DSGVO und die Information, wie eine Kopie von ihnen zu erhalten ist, oder wo sie verfügbar sind, Art. 13 Abs. 1 lit. f DSGVO, mitzuteilen.

1136 Vgl. *Art.-29-Gruppe,* WP 260 rev. 01, Rn. 23; Simitis/Hornung/Spiecker gen. Döhmann/*Dix,* DS-GVO/BDSG, Art. 13, Rn. 13.

1137 Dies umfasst einen Hinweis auf die Rechte auf Auskunft (Art. 15 DS-GVO), Berichtigung (Art. 16 DS-GVO), Löschung (Art. 17 DS-GVO), Einschränkung der Verarbeitung (Art. 18 DS-GVO), Datenübertragbarkeit (Art. 20 DS-GVO) sowie auf das Widerspruchsrecht (Art. 21 DS-GVO). Zudem einen Hinweis auf das Recht, eine einmal erteilte Einwilligung jederzeit mit Wirkung für die Zukunft widerrufen zu können sowie auf das Beschwerderecht bei einer Aufsichtsbehörde.

1138 Hierfür spricht ErwG 60 Satz 2 DSGVO. So auch: Gola/*Franck,* DS-GVO, Art. 13, Rn. 30. A.A.: Brink/Wolff/*Schmidt-Wudy,* BeckOK DSR, DS-GVO, Art. 14, Rn. 38.

einen Datenverarbeitungsvorgang nicht vollends nachvollziehen, wenn er gar nicht weiß, welche personenbezogenen Daten davon betroffen sind. Folglich ist die Angabe der betroffenen Daten zwingend geboten.[1139]

2. Einhaltung der Transparenzvorgaben in der Praxis

Die Sektoruntersuchung Smart-TVs hat jüngst offenbart, dass die Smart-TV-Akteure die Transparenzvorgaben der DSGVO nicht ansatzweise einhalten.[1140] Demnach weisen die Datenschutzerklärungen sämtlicher vom Bundeskartellamt untersuchter Smart-TV-Akteure[1141] erhebliche „Transparenzmängel" auf.[1142] Datensouveränität sei unter diesen Rahmenbedingungen eine Illusion.[1143]

Die Untersuchungen des Bundeskartellamts haben gezeigt, dass die Datenschutzerklärungen der Smart-TV-Akteure viele Nutzer überfordern und ein Großteil die Erklärungen nicht versteht.[1144] Ein Grund für die mangelnde Verständlichkeit sei nach Ansicht des Kartellamts die sog. „one fits all"-Architektur.[1145] Viele Akteure konzipieren ihre Datenschutzerklärung nicht spezifisch für den Bereich Smart-TV, sondern für eine Vielzahl von Diensten sowie Konstellationen.[1146] In der Folge fehlen die nötigen Informationen, die für ein Verständnis des Nutzers hinsichtlich der Datenverarbeitungsvorgänge bei Smart-TV erforderlich wären.[1147] Laut Bundeskartellamt sei bei kaum einer der untersuchten Datenschutzbestimmungen zweifelsfrei nachvollziehbar, welches Datum auf welcher Rechtsgrundlage für welchen Zweck erhoben und wie lange gespeichert werde.[1148]

1139 So auch: *Bundeskartellamt,* Sektoruntersuchung Smart-TV, S. 71.

1140 *Bundeskartellamt,* Sektoruntersuchung Smart-TV, S. 47 ff. Vgl. zu dieser Thematik bereits: *LG Frankfurt a.M.*, Urt. v. 10.6.2016, 2-03 O 364/15, ZD 2016, 494, 497 f.

1141 Siehe zu den untersuchten Akteuren: *Bundeskartellamt,* Sektoruntersuchung Smart-TV, S. 67.

1142 *Bundeskartellamt,* Sektoruntersuchung Smart-TV, S. 90 f.

1143 So wörtlich: *Bundeskartellamt,* Sektoruntersuchung Smart-TV, S. 91.

1144 *Bundeskartellamt,* Sektoruntersuchung Smart-TV, S. 52 ff. Die Nutzer empfinden die Erklärungen als zu lang und zu komplex, *Bundeskartellamt,* Sektoruntersuchung Smart-TV, S. 54.

1145 *Bundeskartellamt,* Sektoruntersuchung Smart-TV, S. 58 ff., 90.

1146 *Bundeskartellamt,* Sektoruntersuchung Smart-TV, S. 58 f., 90.

1147 *Bundeskartellamt,* Sektoruntersuchung Smart-TV, S. 60, 90.

1148 So wortwörtlich: *Bundeskartellamt,* Sektoruntersuchung Smart-TV, S. 59 f.

Abgesehen von diesem Grundsatzproblem, weisen die Datenschutzerklärungen der Akteure generell eine zu hohe Länge sowie Komplexität auf.[1149] Hinzu kommen pauschale sowie relativierende Formulierungen.[1150] Eine solche Ausgestaltung steht im klaren Widerspruch zu der geforderten präzisen, transparenten, verständlichen und leicht zugänglichen Form nach Art. 12 Abs. 1 Satz 1 DSGVO.

Überdies fehlt es durchgängig an einer vollständigen Angabe der Pflichtinformationen gemäß Art. 13 DSGVO. Diese werden allenfalls rudimentär genannt.[1151]

Im Ergebnis verstoßen die untersuchten Datenschutzerklärungen gegen die DSGVO und entsprechen nicht dem Grundsatz der Transparenz. Ein Nutzer kann den Inhalt derart gestalteter Erklärungen nicht hinreichend nachvollziehen. Sofern maßgebliche Informationen fehlen, ist es dem Nutzer nicht möglich, die stattfindenden Datenverarbeitungsvorgänge zu überprüfen. Zudem kann er seine Betroffenenrechte nicht entsprechend ausüben.

Es bleibt abzuwarten, ob die Smart-TV-Akteure ihre Datenschutzerklärungen auf Grundlage der Sektoruntersuchung Smart-TVs zukünftig anpassen werden. Die Samsung-Datenschutzrichtlinie vom 30. Juni 2020, welche auf dem in dieser Arbeit untersuchten Smart-TV-Gerät verfügbar war, gilt noch für alle *Samsung* Dienste und nicht spezifisch für Smart-TV.[1152] Eine solche „Eine-für-alles-Lösung“ ist in Zukunft nicht mehr hinnehmbar. Die Akteure müssen ihre Erklärung spezifisch auf Smart-TV beziehen.[1153] Ohne eine solche Spezifikation bleibt echte Transparenz ein bloßes Wunschdenken. Denn wie soll der Nutzer bei einer solch abstrakten Darstellungsweise nachvollziehen können, was konkret auf seinem Smart-TV-Gerät passiert?

1149 *Bundeskartellamt,* Sektoruntersuchung Smart-TV, 63 ff., 67 f. Ein Großteil der Erklärungen enthält Wiederholungen und Dopplungen, *Bundeskartellamt,* Sektoruntersuchung Smart-TV, S. 64 f. *Googles* Datenschutzerklärung umfasst z.B. 32 DIN-A4-Seiten, *Bundeskartellamt,* Sektoruntersuchung Smart-TV, S. 68.

1150 *Bundeskartellamt,* Sektoruntersuchung Smart-TV, S. 63 f.

1151 Vgl. im Detail: *Bundeskartellamt,* Sektoruntersuchung Smart-TV, S. 71 ff.

1152 „Diese Datenschutzrichtlinie gilt für all unsere Dienste“, so wörtlich die Samsung-Datenschutzrichtlinie v. 30.06.2020, abrufbar unter: https://www.samsung.com/de/info/privacy/ (Abruf v. 12.10.2020).

1153 So allgemein: *Art.-29-Gruppe,* WP 260 rev. 01, Rn. 11.

3. *Praktische Umsetzung der Transparenzvorgaben bei Smart-TV*

Mithin ist die praktische Konsequenz der Transparenzvorgaben der DSGVO, dass jeder Akteur eine spezifische Datenschutzerklärung für seinen Smart-TV-Dienst zur Verfügung stellen muss. Eine Erklärung, die für sämtliche Dienste unabhängig von der Nutzung eines Smart-TVs gilt, kann keine ausreichende Transparenz schaffen.

Die Akteure müssen im Zusammenhang mit der Informationserteilung sämtliche Vorgaben aus Art. 12 Abs. 1 Satz 1 DSGVO und Art. 13 DSGVO beachten. Das Ziel ist es, den Smart-TV-Nutzer umfassend über die Verarbeitung seiner personenbezogenen Daten aufzuklären. In dieser Hinsicht konfligiert die Forderung an eine vollständige Informationsvermittlung nach Art. 13 DSGVO in gewissem Maße mit den Formvorgaben des Art. 12 Abs. 1 Satz 1 DSGVO. Sämtliche Pflichtinformationen verständlich, präzise und einfach zu vermitteln, ist insbesondere in Bezug auf die Datenverarbeitungsvorgänge bei internetbasierten Endgeräten, wie einem Smart-TV, eine große Herausforderung. Schließlich ist die digitale Welt für den non-technikaffinen Laien schwer verständlich.

a) *Neue Wege der Informationsvermittlung*

Auf der anderen Seite bietet diese smarte Umgebung vielfältige Möglichkeiten, die Informationen verständlich zu übermitteln.[1154] Die Akteure können sich die intelligente Oberfläche des Smart-TVs zunutze machen. So können sie sich beispielsweise digitaler Helfer bedienen oder Bilder und Videodateien für die Informationsvermittlung verwenden bzw. ergänzend heranziehen.[1155]

Sofern die Akteure hingegen auf klassische Texte zurückgreifen, müssen sie diese verständlich formulieren. Bei Smart-TV handelt es sich um ein Alltagsgerät, das sich an die gesamte Bevölkerung richtet. Das Fernsehen

---

1154 In diese Richtung auch: *Art.-29-Gruppe,* WP 260 rev. 01, Rn. 37.

1155 Vgl. zu etwaigen digitalen Helfern im Detail *Art.-29-Gruppe,* WP 260 rev. 01, Rn. 39 ff.; *Bundeskartellamt,* Sektoruntersuchung Smart-TV, S. 104 ff. In diesem Zusammenhang spielt Legal Tech eine wesentliche Rolle. Applikationen, die Hilfestellung bieten oder Datenschutzerklärungen erstellen, sind technisch umsetzbar und sollten gefördert werden, vgl. *Bundeskartellamt,* Sektoruntersuchung Smart-TV, S. 105 f. Siehe zu der Verwendung von Bildern und Videodateien: Art. 12 Abs. 7 DSGVO und ErwG 58 Satz 1 DSGVO sowie *Art.-29-Gruppe,* WP 260 rev. 01, Rn. 50 ff.; *Bundeskartellamt,* Sektoruntersuchung Smart-TV, S. 109 ff.

besitzt in Deutschland generell eine erhebliche Breitenwirkung.[1156] Aufgrund dessen ist verstärkt auf eine einfache Sprache zu achten. Darüber hinaus sollten die Texte klar strukturiert und gegliedert werden. Lange Fließtexte ohne Abschnitte und Überschriften sind zu vermeiden.[1157] Für mehr Übersichtlichkeit bietet sich neben der Einteilung in einzelne Abschnitte, die Verwendung einer Tabelle an.[1158] Diese kann dem eigentlichen Text der Datenschutzerklärung vorangestellt werden und auf diese Weise einen ersten Überblick vermitteln.

Anstelle bzw. zur Ergänzung einer Tabelle empfehlen sowohl öffentliche Stellen als auch Teile der Literatur ferner die Einbeziehung eines sog. One-Pagers.[1159] Dieser soll ebenfalls dazu dienen, dem Nutzer einen ersten Überblick zu verschaffen, indem er die Datenschutzerklärung verkürzt zusammenfasst.[1160] Für diesen Zweck wird ein One-Pager dem Nutzer in der Regel angezeigt, bevor er zu der eigentlichen Datenschutzerklärung gelangt. Die vollständige Informationserteilung kann eine solche Übersicht allerdings nicht ersetzen; One-Pager oder ähnliche Zusammenfassungen dienen lediglich dazu, das Nutzerverständnis zu fördern.

Im Zusammenhang mit Smart-TV ist der Einsatz einer dem One-Pager entsprechenden Zusammenfassung sehr gut umsetzbar. Insbesondere die Smart-TV-Hersteller könnten spezifische Übersichten für den Fernsehbildschirm kreieren. Dabei bietet der große TV-Bildschirm eine ideale Fläche, um dem Bürger die Datenverarbeitungen transparent zu machen. Solche Übersichten könnten neben Bildsymbolen und Piktogrammen sogar einzelne Videosequenzen enthalten, die dem Nutzer Datenschutz anschaulich erklären. Außerdem wäre

---

1156 *BVerfG*, Urt. v. 22.2.1994, 1 BvL 30/88, BVerfGE 90, 60, 87; *BT-Drucks.*, 17/11959. Siehe hierzu im Detail: Kap. 2 B. I.

1157 Für die Verwendung von Abschnitten und Überschriften ebenfalls: Paal/Pauly/*Paal/Hennemann*, DS-GVO, Art. 12, Rn. 31.

1158 Auch das *Bundeskartellamt* erwägt die Einbeziehung einer tabellarischen Darstellung, *Bundeskartellamt*, Sektoruntersuchung Smart-TV, S. 112 f.

1159 Vgl. hierzu die Pressemitteilung des *Bundesministeriums der Justiz und für Verbraucherschutz* v. 19.11.2016, abrufbar unter: https://www.bmjv.de/SharedDocs/Pressemitteilungen/DE/2015/11192915_Vorstellung_OnePager.html;jsessionid=50A97531DE13FCA061B8D0E4D654C28D.2_cid297 (Abruf v. 12.10.2020) sowie die Ausführungen bei: *Pollmann/Kipker*, DuD 2016, 378, 379; *Auer-Reinsdorff*, ZD 2017, 149; *Bundeskartellamt*, Sektoruntersuchung Smart-TV, S. 112.

1160 *Bundeskartellamt*, Sektoruntersuchung Smart-TV, S. 112. Zu der Wirksamkeit solcher One-Pager vgl. *Kettner ua*, Wege zur besseren Informiertheit.

eine virtuelle Präsentation denkbar, durch die sich der Nutzer klicken muss. Dabei könnte man ihn auch interaktiv einbeziehen.

Ein Problem der digitalen Welt ist die häufige Konfrontation des Nutzers mit langen juristischen Texten. Studien zeigen, dass ein hoher Anteil der Nutzer derartig gestaltete Datenschutzbestimmungen ungelesen wegklickt.[1161] Insofern bieten intelligente Endgeräte, wie Smart-TV, einiges an Potential, um Datenschutz kreativ zu vermitteln und damit neue Wege zu beschreiten.

b) Gestufte Informationserteilung[1162]

Letztlich müssen sich die Akteure nicht auf eine Art der Informationsvermittlung beschränken. Vielmehr sollten sie die genannten Möglichkeiten kombinieren. Insofern bietet es sich an, die Informationen stufenweise zu übermitteln.[1163] Eine solche Vorgehensweise kann die Menge an Informationen verständlich machen.

Auf der ersten Stufe können Bildsymbole und Prüfzeichen auf der Verkaufsverpackung oder im Onlineshop des Smart-TVs einen ersten Aufschluss über die Intensität der Verarbeitung personenbezogener Daten geben.[1164]

Auf der zweiten Stufe sollte im Rahmen der Erstinbetriebnahme eine kurze Übersicht über die Datenverarbeitungsvorgänge auf dem Smart-TV angezeigt werden.[1165] Wie bereits unter Punkt a) ausgeführt, bietet der TV-Bildschirm die Möglichkeit derartige Übersichten kreativ zu gestalten. Ein solcher One-Pager bzw. Informationszusammenfassung sollte auf die vollständige Datenschutzerklärung mittels eines direkten Links verweisen.

Diese vollständige Datenschutzerklärung stellt sodann die dritte und letzte Stufe der Informationsvermittlung dar. Sie muss sämtliche Informationen

---

1161 *Bundeskartellamt,* Sektoruntersuchung Smart-TV, S. 48 ff.

1162 Die Stufen orientieren sich an: *Bundeskartellamt,* Sektoruntersuchung Smart-TV, S. 113.

1163 Vgl. zu diesem Mehrebenen-Ansatz: *Art.-29-Gruppe,* WP 260 rev. 01, Rn. 35 f.; Paal/Pauly/*Paal/Hennemann,* DS-GVO, Art. 12, Rn. 31; Sydow/*Greve,* DSGVO, Art. 12, Rn. 14; Simitis/Hornung/Spiecker gen. Döhmann/*Dix,* DS-GVO/BDSG, Art. 12, Rn. 20; *Bundeskartellamt,* Sektoruntersuchung Smart-TV, S. 113.

1164 *Bundeskartellamt,* Sektoruntersuchung Smart-TV, S. 113. Für Datenschutzsiegel und -prüfzeichen sind generell auch: *Art.-29-Gruppe,* WP 260 rev. 01, Rn. 53; *Bundeskartellamt,* Sektoruntersuchung Smart-TV, S. 106 ff.

1165 Für die Verschaffung eines ersten Überblicks ist generell auch: *Art.-29-Gruppe,* WP 260 rev. 01, Rn. 35.

enthalten, die für ein umfassendes Verständnis erforderlich sind. Die Erklärung selbst ist in Abschnitte einzuteilen und übersichtlich zu gestalten.[1166]

c) Exkurs: Etablierung einer Datenschutz-Ampel

Im Zusammenhang mit der ersten Stufe wäre es wünschenswert, wenn sich in Zukunft eine Art Ampelsystem, ähnlich der Energieverbrauchskennzeichnung[1167] von Geräten, etabliert.[1168] Dabei könnten Smart-TVs und andere Endgeräte beispielsweise auf die folgende Art und Weise eingeteilt werden:

1166 Siehe Kap. 4 G. I. 1. a).

1167 In diesem Zusammenhang hat sich in den letzten Jahren das EU-Energielabel für Elektrogeräte bewährt, vgl. dazu die Ausführungen der *EU-Kommission*, abrufbar unter: https://ec.europa.eu/info/energy-climate-change-environment/standards-tools-and-labels/products-labelling-rules-and-requirements/energy-label-and-ecodesign/about_de (Abruf v. 12.10.2020).

1168 Ähnlich: *Pollmann/Kipker*, DuD 2016, 378, 380; *Bundeskartellamt*, Sektoruntersuchung Smart-TV, S. 107. Das Bundeskartellamt gibt bereits ein Beispiel vor: *Bundeskartellamt*, Sektoruntersuchung Smart-TV, S. 107. Für weitere Beispiele siehe: *Bundeskartellamt*, Sektoruntersuchung Smart-TV, S. 108 f.

Bereich	Mögliche Bewertungsfaktoren[1169]
Grün	• Das Gerät enthält keine vorinstallierten Applikationen, die der Nutzer nicht löschen kann. • Lediglich der Verantwortliche selbst erhält personenbezogene Datenund • die Daten dienen allein der Bereitstellung des Smart-TV-Diensts per se.
	• Eine datensparsame Nutzung des Geräts ist möglich. • Dem Gerät liegt ein umfassendes IT-Sicherheitskonzept zugrunde,das den Schutz personenbezogener Daten gewährleistet.[1170]
Gelb	• Das Gerät enthält vorinstallierte Applikationen, die der Nutzer nicht löschen kann. • Personenbezogene Daten werden an Dritte übermittelt und • die Daten dienen wirtschaftlichen Zwecken. • Eine datensparsame Nutzung des Geräts ist nur in Ansätzen möglich. • Das IT-Sicherheitskonzept enthält Lücken. Z.B. finden keine regelmäßigen Updates statt.
Rot	Zu den Faktoren aus dem gelben Bereich kommt ggf. hinzu, dass: • die Akteure das Nutzerverhalten auf dem Smart-TV umfassend tracken. • sie eine erhebliche Anzahl an personenbezogenen Daten, teils auch sensiblen Daten, erheben. • die Daten als wirtschaftliches Handelsgut fungieren • die Daten in Drittländer übermittelt werden. • dem Gerät kein IT-Sicherheitskonzept zugrunde liegt, sodass der Schutz personenbezogener Daten nicht gewährleistet ist.

Abb. 2: Datenschutz-Ampel

Eine solche Einteilung ist für den Nutzer einfach zu begreifen und bietet ihm daher einen erheblichen Vorteil. Darüber hinaus kann ein Ampelsystem aber auch für die Unternehmen vorteilhaft sein und einen starken Wettbewerbsfaktor darstellen.

1169 Auch Pollmann/Kipker, DuD 2016, 378, 380 f. wollen derartige Bewertungskriterien einbeziehen. Zu etwaigen Bewertungsfaktoren siehe ferner: Bundeskartellamt, Sektoruntersuchung Smart-TV, S. 107 f.

1170 Siehe hierzu: Kap. 4 G. V.

d) Leichte Zugänglichkeit der Informationen

Neben der formalen Gestaltung der Datenschutzinformationen ist es wichtig, dass diese leicht zugänglich sind. Mithin muss der Nutzer die Datenschutzerklärung des Smart-TV-Herstellers jederzeit über das Smart-TV-Menü abrufen können. Dort sollte sie deutlich als „*Datenschutzerklärung*" o.ä. gekennzeichnet sein. Überdies darf der Nutzer nicht mehr als zwei Klicks benötigen, um die Erklärung zu erreichen.[1171] Dies gilt auch im Hinblick auf die Datenschutzerklärungen der Diensteanbieter, welche ebenfalls innerhalb der jeweiligen Anwendung verfügbar sein müssen.[1172]

II. Zweckbindung

Art. 5 Abs. 1 lit. b DSGVO normiert einen wesentlichen Eckpfeiler des europäischen Datenschutzrechts – den Grundsatz der Zweckbindung.[1173] Danach dürfen personenbezogene Daten ausschließlich für festgelegte, eindeutige und legitime Zwecke erhoben und nicht in einer mit diesen Zwecken nicht zu vereinbarenden Weise weiterverarbeitet werden. Die Zweckfestlegung und Zweckbindung geben vor, inwieweit die Verantwortlichen personenbezogene Daten verarbeiten dürfen.[1174] Damit die Grenzen der Verarbeitung klar gezogen sind, müssen die Akteure die Zwecke eines Verarbeitungsvorgangs im Vorhinein präzise bestimmen.[1175] Diese eindeutige Zweckbestimmung muss nach außen

1171 Ehmann/Selmayr/*Heckmann/Paschke*, DS-GVO, Art. 12, Rn. 14. So für mobile Apps: *Art.-29-Gruppe*, WP 260 rev. 01, Rn. 11; Ehmann/Selmayr/*Heckmann/Paschke*, DS-GVO, Art. 12, Rn. 14; Simitis/Hornung/Spiecker gen. Döhmann/*Dix*, DS-GVO/BDSG, Art. 13, Rn. 19. Die schnelle Erreichbarkeit ist aktuell nicht gewährleistet. Die Datenschutzrichtlinie von *Samsung* ist etwa erst nach drei Klicks und mit einem erhöhten Suchaufwand auffindbar.

1172 Vgl. *Art.-29-Gruppe*, WP 260 rev. 01, Rn. 11.

1173 Simitis/Hornung/Spiecker gen. Döhmann/*Roßnagel*, DS-GVO/BDSG, Art. 5, Rn. 63 bezeichnet die Zweckbindung als „den zentralen Grundsatz des Datenschutzrechts in der Union und in Deutschland".

1174 *Albrecht/Jotzo*, Datenschutzrecht der EU, Teil 2, Rn 5; Gola/*Pötters*, DS-GVO, Art. 5, Rn. 13; Kühling/Buchner/*Herbst*, DS-GVO/BDSG, Art. 5, Rn. 21; Simitis/Hornung/Spiecker gen. Döhmann/*Roßnagel*, DS-GVO/BDSG, Art. 5, Rn. 64 ff.

1175 Siehe ErwG 39 Satz 6 DS-GVO sowie Gola/*Pötters*, DS-GVO, Art. 5, Rn. 16; *Kühling/Klar/Sackmann*, Datenschutzrecht, Rn. 338; Simitis/Hornung/Spiecker gen. Döhmann/*Roßnagel*, DS-GVO/BDSG, Art. 5, Rn. 64; Brink/Wolff/*Schantz*, BeckOK DSR, DS-GVO, Art. 5, Rn. 14. Eine bloß abstrakte und allgemeine Umschreibung der Zwecke genügt nicht, Gola/*Pötters*, DS-GVO, Art. 5, Rn. 14; *Kühling/Klar/Sackmann*, Datenschutzrecht, Rn. 339; Simitis/Hornung/Spiecker gen. Döhmann/

hinreichend in Erscheinung treten, um eine ausreichende Nachvollziehbarkeit für die betroffenen Personen zu gewährleisten.[1176]

Der Zweckbindungsgrundsatz ist im Hinblick auf die Datenverarbeitungsvorgänge bei Smart-TV vollumfänglich zu beachten.[1177] Er setzt den potentiellen Möglichkeiten, welche eine solch moderne Technik eröffnet, Grenzen. Zwar könnten die Akteure mit Hilfe der Smart-TV-Technologie Unmengen an Daten sammeln,[1178] die Zweckbindung schränkt ein solches Vorgehen jedoch signifikant ein. Denn dieser Grundsatz verbietet es, personenbezogene Daten von Smart-TV-Nutzern lediglich auf Vorrat für noch unbekannte Zwecke zu erheben.[1179] Darüber hinaus dürfen die Akteure bereits erhobene Daten nicht entgegen der ursprünglichen Zwecke verwenden.[1180] Sobald der festgelegte Zweck erreicht ist, sind die personenbezogenen Daten in der Regel zu löschen.[1181]

Roßnagel, DS-GVO/BDSG, Art. 5, Rn. 78; Spindler/Schuster/*Spindler/Dalby,* Recht der elektr. Medien, Art. 5 DS-GVO, Rn. 8; Brink/Wolff/*Schantz,* BeckOK DSR, DS-GVO, Art. 5, Rn. 15. Die Zweckbestimmung ist eng zu verstehen, Simitis/Hornung/Spiecker gen. Döhmann/*Roßnagel,* DS-GVO/BDSG, Art. 5, Rn. 86; Brink/Wolff/*Schantz,* BeckOK DSR, DS-GVO, Art. 5, Rn. 15.

1176 *Kühling/Klar/Sackmann,* Datenschutzrecht, Rn. 338. Der Zweckbindungsgrundsatz dient u.a. der Schaffung von Transparenz, Paal/Pauly/*Frenzel,* DS-GVO, Art. 5, Rn. 27; Simitis/Hornung/Spiecker gen. Döhmann/*Roßnagel,* DS-GVO/BDSG, Art. 5, Rn. 64, 73; Brink/Wolff/*Schantz,* BeckOK DSR, DS-GVO, Art. 5, Rn. 15 f. Die betroffenen Personen sind über die Zwecke der Verarbeitung zu informieren, Art. 13 Abs. 1 lit. c DSGVO. Im Rahmen der Informationserteilung müssen die Zwecke präzise und eindeutig genannt werden. Eine solch eindeutige Zweckbestimmung gilt auch in Bezug auf die Einwilligungserklärung, siehe Kap. 4 F. I. 3. a) (2).

1177 *Düsseldorfer Kreis,* Orientierungshilfe Smart-TV, S. 19 ff.

1178 *Bundeskartellamt,* Sektoruntersuchung Smart-TV, S. 221 ff.

1179 *Kühling/Klar/Sackmann,* Datenschutzrecht, Rn. 338; Kühling/Buchner/*Herbst,* DS-GVO/BDSG, Art. 5, Rn. 22; Simitis/Hornung/Spiecker gen. Döhmann/*Roßnagel,* DS-GVO/BDSG, Art. 5, Rn. 72; Brink/Wolff/*Schantz,* BeckOK DSR, DS-GVO, Art. 5, Rn. 13. Explizit für Smart-TV: *Düsseldorfer Kreis,* Orientierungshilfe Smart-TV, S. 20 f.

1180 Simitis/Hornung/Spiecker gen. Döhmann/*Roßnagel,* DS-GVO/BDSG, Art. 5, Rn. 96 ff.; Brink/Wolff/*Schantz,* BeckOK DSR, DS-GVO, Art. 5, Rn. 18 ff. Eine Zweckänderung ist lediglich unter engen Voraussetzungen möglich, Gola/*Pötters,* DS-GVO, Art. 5, Rn. 18; *Kühling/Klar/Sackmann,* Datenschutzrecht, Rn. 340; Kühling/Buchner/*Herbst,* DS-GVO/BDSG, Art. 5, Rn. 24.

1181 Siehe Art. 17 Abs. 1 lit. a DS-GVO. Für Smart-TV: *Düsseldorfer Kreis,* Orientierungshilfe Smart-TV, S. 21.

III. Datenminimierung und Speicherbegrenzung

Eine weitere Eingrenzung erfährt die Datenverarbeitung durch die Grundsätze der Datenminimierung und Speicherbegrenzung.[1182] Wie bereits im Rahmen der Zweckbindung ausgeführt, eröffnen die technischen Gegebenheiten eines Smart-TVs das Potential Unmengen an Daten zu sammeln. Aufgrund der stetig fortschreitenden Ausstattung, die Vernetzung verschiedener Medien und die hohe Nutzungsintensität können auf einem Endgerät eine Vielzahl personenbezogener Daten fließen.[1183] Nach den datenschutzrechtlichen Grundsätzen der Datenminimierung und Speicherbegrenzung müssen die Akteure die Anzahl und Nutzung dieser Daten sowie die zeitliche Dauer ihrer Speicherung jedoch auf ein notwendiges Maß beschränken.[1184] Die Gebote kommen bereits ab der technischen Konzipierung der Endgeräte[1185] zum Tragen und sind bis zu einer frühzeitigen Löschung der personenbezogenen Daten stets im Auge zu behalten.[1186] Insoweit sind die Smart-TV-Akteure angehalten penibel zu prüfen, ob die erhobenen Daten für die Erreichung ihrer Zwecke tatsächlich in der erhobenen Form erforderlich sind.[1187] Wenn möglich, ist auf die Erhebung personenbezogener Daten gänzlich zu verzichten. Scheidet ein solcher Verzicht aus, ist zumindest eine Anonymisierung bzw. Pseudonymisierung der Daten in Betracht zu

---

1182 Art. 5 Abs. 1 lit. c DSGVO normiert den Grundsatz der Datenminimierung. Danach müssen personenbezogene Daten dem Zweck angemessen und erheblich sowie auf das für die Zwecke der Verarbeitung notwendige Maß beschränkt sein. Daneben befindet sich in Art. 5 Abs. 1 lit. e DS-GVO die Legaldefinition der Speicherbegrenzung. Sie besagt, dass personenbezogene Daten in einer Form gespeichert werden müssen, die die Identifizierung der betroffenen Personen nur so lange ermöglicht, wie es für die Zwecke, für die sie verarbeitet werden, erforderlich ist. Beide Grundsätze sind Teil des technischen Datenschutzes und Ausdruck des Verhältnismäßigkeitsprinzips. Der *EuGH* entwickelte aus den Grundsätzen das Recht auf Vergessenwerden, *Albrecht/Jotzo,* Datenschutzrecht der EU, Teil 2, Rn. 7.

1183 Siehe Kap. 3.

1184 Gola/*Pötters,* DS-GVO, Art. 5, Rn. 22; *Kühling/Klar/Sackmann,* Datenschutzrecht, Rn. 345; Specht/Mantz/*Schneider,* Hb. Datenschutzrecht, Teil B. § 15, Rn. 18 f. So bereits: *Düsseldorfer Kreis,* Orientierungshilfe Smart-TV, S. 20 unter der Rechtslage des BDSG.

1185 *Düsseldorfer Kreis,* Orientierungshilfe Smart-TV, S. 20; Gola/*Pötters,* DS-GVO, Art. 5, Rn. 23; *Kühling/Klar/Sackmann,* Datenschutzrecht, Rn. 345. Siehe im Detail: Kap. 4 G. IV.

1186 Die Pflicht personenbezogene Daten frühzeitig zu löschen, wird etwa in Art. 17 Abs. 1 lit. a DS-GVO deutlich.

1187 Vgl. Jandt/Steidle/*Krasemann,* Datenschutz im Internet, B. III. 1. Webdienste, Rn. 22.

ziehen.[1188] Eine weitere Folge des Grundsatzes der Speicherbegrenzung ist, dass es der Implementierung umfassender Speicher- und Löschkonzepte bedarf.[1189]

IV. Datenschutz durch Technikgestaltung und datenschutzfreundliche Voreinstellungen

Eng verbunden mit den Grundsätzen der Datenminimierung und Speicherbegrenzung sind die Gebote des Datenschutzes durch Technikgestaltung und durch datenschutzfreundliche Voreinstellung nach Art. 25 DSGVO.[1190] Diese nehmen insbesondere bei technischen Endgeräten, wie Smart-TV, eine elementare Rolle ein. So muss der Verantwortliche gemäß Art. 25 Abs. 1 DSGVO bereits zum Zeitpunkt der Festlegung der Mittel für die Verarbeitung geeignete technische und organisatorische Maßnahmen treffen, die dafür ausgelegt sind, die Datenschutzgrundsätze wie etwa Datenminimierung wirksam umzusetzen. Dementsprechend ist schon bei der technischen Entwicklung eines Smart-TV-Geräts sowie der Smart-TV-Angebote der Schutz personenbezogener Daten zu priorisieren.[1191] Die Technik des Endgeräts sollte derart konzipiert sein, dass möglichst

---

1188 Ehmann/Selmayr/*Heberlein*, DS-GVO, Art. 5, Rn. 22; Gola/*Pötters*, DS-GVO, Art. 5, Rn. 23; *Kühling/Klar/Sackmann*, Datenschutzrecht, Rn. 343; *G. F. Schröder*, Datenschutzrecht für die Praxis, S. 20.

1189 Ehmann/Selmayr/*Heberlein*, DS-GVO, Art. 5, Rn. 25; Gola/*Pötters*, DS-GVO, Art. 5, Rn. 25. Nach ErwG 39 Satz 10 sollte der Verantwortliche Fristen für die Löschung personenbezogener Daten oder regelmäßige Überprüfung vorsehen, um sicherzustellen, dass die personenbezogenen Daten nicht länger als nötig gespeichert werden. Vgl. im Detail: Specht/Mantz/*Schneider*, Hb. Datenschutzrecht, Teil B. § 15, Rn. 21 ff.

1190 Art. 25 DSGVO konkretisiert den Grundsatz der Integrität und Vertraulichkeit aus Art. 5 Abs. 1 lit. f DSGVO, Gola/*Pötters*, DS-GVO, Art. 5, Rn. 29. Danach müssen personenbezogene Daten in einer Weise verarbeitet werden, die eine angemessene Sicherheit der personenbezogenen Daten gewährleistet, einschließlich Schutz vor unbefugter oder unrechtmäßiger Verarbeitung und vor unbeabsichtigtem Verlust, unbeabsichtigter Zerstörung oder unbeabsichtigter Schädigung durch geeignete technische und organisatorische Maßnahmen.

1191 *Baumgartner/Gausling*, ZD 2017, 308, 309; *Kühling/Klar/Sackmann*, Datenschutzrecht, Rn. 758; Paal/Pauly/*Martini*, DS-GVO, Art. 25, Rn. 10; Simitis/Hornung/Spiecker gen. Döhmann/*Hansen*, DS-GVO/BDSG, Art. 25, Rn. 19. Problematisch ist insoweit, dass Art. 25 DSGVO lediglich den Verantwortlichen adressiert. Dies muss nicht zwingend der Hersteller des Smart-TVs sein. Schließlich nimmt der Hersteller nur für einen Bruchteil der Datenverarbeitungsvorgänge die Rolle des Verantwortlichen ein, siehe Kap. 4 E. IV. 1. Auf der anderen Seite ist es aber allein der Hersteller, der Einfluss auf die technische Konzipierung und die Voreinstellungen seines Produkts

wenig personenbezogene Daten verarbeitet werden können.[1192] Daneben sind die Grundeinstellungen eines Smart-TVs datenschutzfreundlich zu konfigurieren, um die Datenverarbeitungen auf ein Mindestmaß zu reduzieren.[1193] Diese Vorgabe folgt aus Art. 25 Abs. 2 DSGVO, wonach der Verantwortliche geeignete technische und organisatorische Maßnahmen treffen soll, die sicherstellen, dass durch Voreinstellung grundsätzlich nur personenbezogene Daten, deren Verarbeitung für den jeweiligen bestimmten Verarbeitungszweck erforderlich ist, verarbeitet werden. Darüber hinaus sollte es die betroffene Person in der Hand haben, welche sie betreffenden Daten zusätzlich auf dem SmartTV verarbeitet werden. Der Nutzer sollte stets die Verfügungsmacht über seine personenbezogenen Daten haben.[1194]

Die Grundsätze des Datenschutzes durch Technikgestaltung und datenschutzfreundliche Voreinstellung haben erhebliche Auswirkungen auf die verantwortlichen Smart-TV-Akteure. Beispielsweise dürfen die HbbTV-Anbieter ihre HbbTV-Angebote erst ausspielen, und damit personenbezogene Daten erst verarbeiten, wenn die Zuschauer solche Angebote aktiv fordern.[1195] Von einer automatischen Einblendung der HbbTV-Angebote sollte hingegen Abstand genommen werden, wenn die Anbieter den Anforderungen des Art. 25 DSGVO

---

hat. In diesem Zusammenhang beinhaltet aber zumindest ErwG 78 Satz 4 DSGVO die Aufforderung, Hersteller generell zu ermutigen, das Recht auf Datenschutz bei der Entwicklung und Gestaltung der Produkte zu berücksichtigen. Hersteller sollten generell darauf hinwirken, dass Smart-TVs datenschutzfreundlich konzipiert werden. Vgl. zu dieser Problematik: *Baumgartner/Gausling*, ZD 2017, 308, 311; Sydow/*Mantz*, DSGVO, Art. 25, Rn. 65; Simitis/Hornung/Spiecker gen. Döhmann/*Hansen*, DS-GVO/BDSG, Art. 25, Rn. 20 ff.; *Specht-Riemenschneider*, MMR 2020, 73.

1192 *Düsseldorfer Kreis*, Orientierungshilfe Smart-TV, S. 20. Zum Beispiel bietet sich der Einbau von Privacy Enhancing Technologien an, Paal/Pauly/*Martini*, DS-GVO, Art. 25, Rn. 10; Simitis/Hornung/Spiecker gen. Döhmann/*Hansen*, DS-GVO/BDSG, Art. 25, Rn. 16.

1193 *Düsseldorfer Kreis*, Orientierungshilfe Smart-TV, S. 20; *Baumgartner/Gausling*, ZD 2017, 308, 312 f.; *Kühling/Klar/Sackmann*, Datenschutzrecht, Rn. 759; Simitis/Hornung/Spiecker gen. Döhmann/*Hansen*, DS-GVO/BDSG, Art. 25, Rn. 46 ff. Beispielsweise sollten Applikationen im Werkzustand ausschließlich Daten erheben, die für ihr Funktionieren erforderlich sind, *Baumgartner/Gausling*, ZD 2017, 308, 311. Die Erhebung darüber hinausgehender Daten muss der Nutzer aktiv veranlassen.

1194 Insofern kann der Nutzer Anpassungen in dem Smart-TV-Menü vornehmen.

1195 *Düsseldorfer Kreis*, Orientierungshilfe Smart-TV, S. 20, 26; Sydow/*Mantz*, DSGVO, Art. 25, Rn. 61.

gerecht werden wollen.[1196] Überdies sollten die Gerätehersteller Komponenten, wie Kameras und Mikrofone, den Werkseinstellungen nach stets deaktivieren.[1197] Es ist dem Nutzer nicht zumutbar, sich vor der ersten Verwendung des Endgeräts zunächst durch das Fernsehmenü klicken zu müssen, um derartige Sensoren zu deaktivieren. Die generelle Voraktivierung von Sensoren widerspricht einer datenschutzfreundlichen Voreinstellung und dem Grundsatz der Datenminimierung.

Vor dem Hintergrund des Art. 25 DSGVO ist zudem die Nichtlöschbarkeit vorinstallierter Software und Applikationen kritisch zu hinterfragen.[1198] Smart-TVs, die einem Nutzer bestimmte Anwendungen zwangsweise aufdrängen, verstoßen gegen die Prinzipien einer datenschutzfreundlichen Konzipierung und Voreinstellung. Schließlich ist davon auszugehen, dass Anwendungen, die fest auf einem Endgerät installiert sind, in einem gewissen Umfang personenbezogene Daten verarbeiten.[1199] Solch potentielle Verarbeitungen kann der Nutzer lediglich sicher ausschließen, wenn er die Anwendungen löschen kann. Darüber hinaus stellen die vorinstallierten Angebote per se ein Sicherheitsrisiko dar,[1200] weshalb deren Nichtlöschbarkeit einer datenschutzfreundlichen Konzipierung eines Endgeräts entgegensteht.

In Bezug auf die vorinstallierten Inhalte ist eine gemeinsame Verantwortlichkeit von Hersteller und Dienstanbieter für bestimmte Datenverarbeitungsvorgänge anzunehmen.[1201] Aufgrund dessen haben beide Akteure darauf hinzuwirken, dass der Nutzer die vorinstallierten Anwendungen deinstallieren kann.[1202] Gleiches gilt für auf dem Smart-TV

1196 Zu dieser Problematik vgl. allgemein *Ghiglieri ua,* HbbTV, S. 4; *Düsseldorfer Kreis,* Orientierungshilfe Smart-TV, S. 28 f.; *Zoche ua,* Forschungsbericht Smart-TV, S. 34 f.

1197 *Düsseldorfer Kreis,* Orientierungshilfe Smart-TV, S. 20, 27.

1198 Vgl. zu der Nichtlöschbarkeit von Applikationen: *Berger,* CR 2012, 306, 310; *die medienanstalten,* Systematisches Monitoring von Connected TV Benutzeroberflächen, S. 24; *Naumann,* Connected-TV, S. 36; *Bundeskartellamt,* Sektoruntersuchung Smart-TV, 152, 207 ff.

1199 Eine Verarbeitung ist bereits möglich, bevor die Anwendung aktiv angeklickt wird. Ein solches Risiko sieht auch das *Bundeskartellamt,* Sektoruntersuchung Smart-TV, S. 209.

1200 *Bundeskartellamt,* Sektoruntersuchung Smart-TV, S. 209.

1201 Siehe Kap. 4 E. V. 3.

1202 Dies gilt zumindest für nicht systemrelevante Anwendungen. Für die Möglichkeit einer Löschung plädiert im Ergebnis auch: *Bundeskartellamt,* Sektoruntersuchung

gespeicherte Cookies. Diese sollte der Nutzer verwalten bzw. löschen können.[1203]

V. Datensicherheit[1204]

Wie zu Beginn dieser Arbeit ausgeführt,[1205] eröffnet der internetbasierte Rückkanal eines Smart-TVs Dritten potentiell den Zugriff auf die Daten im Endgerät.[1206] Aufgrund dessen entsteht durch Smart-TV ein erhebliches Sicherheitsrisiko für die Persönlichkeitsrechte des Nutzers.[1207] Da die Daten im TV-Gerät zudem eine hohe Aussagekraft besitzen, sind sie beispielsweise für Werbetreibende äußerst interessant. Für diese und andere Akteure stellen die personenbezogenen Daten ein wertvolles Handelsgut dar, welches sich profitabel nutzen lässt. Folglich stellt Smart-TV ein attraktives Ziel für Angreifer dar.[1208]

Neben der Einhaltung der regulatorischen Vorgaben des allgemeinen Datenschutzrechts muss daher die Gewährleistung von Informationssicherheit für die Smart-TV-Akteure höchste Priorität einnehmen. Gefahren durch externe Angriffe können mit Hilfe einer effektiven Datensicherheit eingedämmt

---

Smart-TV, S. 210. Das Amt zieht einen Verstoß gegen Art. 25 DSGVO aber nicht in Betracht, *Bundeskartellamt,* Sektoruntersuchung Smart-TV, S. 212.

1203 *Düsseldorfer Kreis,* Orientierungshilfe Smart-TV, S. 20.

1204 Diese Arbeit beschränkt sich auf die IT-Sicherheit im Zusammenhang mit Systemen, die personenbezogene Daten verarbeiten. „Auch unabhängig von der Verarbeitung personenbezogener Daten können Betreiber von IT-Systemen aber zur Herstellung von Sicherheit verpflichtet sein, insbesondere nach dem deutschen IT-Sicherheitsgesetz (ITSiG) und auf europäischer Ebene nach der Richtlinie zur Netz- und Informationssicherheit (NIS-Richtlinie)" Sassenberg/Faber/*Mantz/Spittka,* Rechtshandbuch Industrie 4.0, Kap. 2, § 6, Rn. 146. Die allgemeinen Vorgaben zur IT-Sicherheit nach dem ITSiG sowie der NIS bleiben im Rahmen dieser Arbeit außer Betracht. Vgl. dazu: Sassenberg/Faber/*Mantz/Spittka,* Rechtshandbuch Industrie 4.0, Kap. 2, § 6, Rn. 155. Vgl. zur Datensicherheit im Detail: Kipker/*Voskamp,* Cybersecurity, Kapitel 5. Datenschutz.

1205 Siehe Kap. 3.

1206 *Ghiglieri ua,* HbbTV, S. 2; *EAI,* Smart-TV, S. 1; Schneider/*Schneider,* Handbuch EDV-Recht, Allg. Teil, A., I., 2., Rn. 87.

1207 *Weichert,* DuD 2014, 528, 528 ff.; *EAI,* Smart-TV, S. 1; *Geminn,* DuD 2016, 575, 576; *Jaritz/Lo Iacono,* DuD 2016, 511, 511; *Zoche ua,* Forschungsbericht Smart-TV, S. 19; *Vogel,* K&R 2017, 441, 443. Das Risikopotential von Applikationen zeigt: Solmecke/Taeger/Feldmann/*Taeger,* Mobile Apps, Kap. 5 Datenschutz, S. 215 ff.

1208 So auch: *Geminn,* DuD 2016, 575, 576; *Zoche ua,* Forschungsbericht Smart-TV, S. 12

werden.[1209] Bis dato weisen die Smart-TV-Geräte noch Schwachstellen auf und sind angreifbar.[1210] Dementsprechend müssen die Smart-TV-Akteure technische und organisatorische Maßnahmen ergreifen, um unter anderem den Zugriff Dritter auf die sensiblen Daten im Endgerät zu verhindern.

Die Pflicht für eine angemessene Sicherheit von personenbezogenen Daten zu sorgen, statuiert die DSGVO in Art. 5 Abs. 1 lit. f DSGVO. Die Norm besagt, dass die Verantwortlichen durch geeignete technische und organisatorische Maßnahmen die personenbezogenen Daten vor unbefugter oder unrechtmäßiger Verarbeitung sowie unbeabsichtigtem Verlust, unbeabsichtigter Zerstörung oder unbeabsichtigter Schädigung schützen müssen. Dieser Grundsatz der Integrität und Vertraulichkeit wird durch ErwG 39 Satz 12, ErwG 83 sowie Art. 32 DSGVO weiter konkretisiert.[1211] Nach ErwG 39 Satz 12 DSGVO sollte beispielsweise gewährleistet sein, dass Unbefugte keinen Zugang zu den Daten haben und weder die Daten noch die Geräte, mit denen diese verarbeitet werden, benutzen können.

Die Maßnahmen, um die Sicherheit der Verarbeitung zu garantieren, spezifiziert Art. 32 DSGVO. Danach kommen zum Beispiel die Pseudonymisierung und Verschlüsselung von personenbezogenen Daten als Sicherheitsmaßnahmen in Betracht.[1212] Die Verantwortlichen müssen im Einzelfall abwägen, welche konkreten Maßnahmen geeignet sind, um ein dem Risiko angemessenes Schutzniveau zu garantieren.[1213] Im Zusammenhang mit dem Angebot von Telemedien

---

1209 *Düsseldorfer Kreis,* Orientierungshilfe Smart-TV, S. 21 f.

1210 *Eikenberg,* c´t 2014, 78, 78; *Zoche ua,* Forschungsbericht Smart-TV, S. 14 ff.; *Stark,* com! professional 24.3.2017, abrufbar unter: https://www.com-magazin.de/news/smart-tv/so-einfach-hackt-smart-tv-1207946.html (Abruf v. 12.10.2020); *Rüscher,* NStZ 2018, 687, 687. Für Applikationen siehe: Solmecke/Taeger/Feldmann/*Taeger,* Mobile Apps, Kap. 5 Datenschutz, S. 216 ff. Beispielsweise bieten die Smart-TV-Hersteller lediglich 24 bis 36 Monate nach dem ersten Inverkehrbringen Software-Updates für die TV-Geräte an, *Bundeskartellamt,* Sektoruntersuchung Smart-TV, S. 184. Nach Ablauf dieses Zeitraums können die Smart-TVs angreifbar werden. Nach Ansicht des *Bundeskartellamts* sei aktuell jedoch ein Bemühen der Hersteller um ein hohes Datensicherheitsniveau erkennbar, *Bundeskartellamt,* Sektoruntersuchung Smart-TV, S. 210.

1211 Simitis/Hornung/Spiecker gen. Döhmann/*Hansen,* DS-GVO/BDSG, Art. 32, Rn. 1; Specht/Mantz/*Schneider,* Hb. Datenschutzrecht, Teil B. § 15, Rn. 98.

1212 Art. 32 Abs. 1 lit. lit. a DSGVO.

1213 Kühling/Buchner/*Jandt,* DS-GVO/BDSG, Art. 32, Rn. 8; Paal/Pauly/*Martini,* DS-GVO, Art. 32, Rn. 26, 30, 46 ff.; Sydow/*Mantz,* DSGVO, Art. 32, Rn. 8 ff.; Simitis/Hornung/Spiecker gen. Döhmann/*Hansen,* DS-GVO/BDSG, Art. 32, Rn. 19 ff.; Specht/

verpflichten ferner § 13 Abs. 4 und Abs. 7 TMG den Diensteanbieter technische und organisatorische Vorkehrungen zu treffen, damit Telemedien unter anderem gegen die Verletzungen des Schutzes personenbezogener Daten gesichert sind.[1214]

In der Praxis resultiert aus der Vorgabe, geeignete technische und organisatorische Maßnahmen zu treffen, für die Smart-TV-Akteure die Pflicht, ein ausreichendes IT-Sicherheitskonzept aufzustellen.[1215] Dieses sollte Vorkehrungen und Methoden beinhalten, um die Funktionsfähigkeit der Smart-TV-Systeme sicherzustellen sowie externe Angriffe zu verhindern.[1216] In diesem Zusammenhang empfiehlt es sich, sämtliche Maßnahmen, die der Herstellung von Datensicherheit dienen, umfassend zu dokumentieren.[1217]

Mantz/*Schneider,* Hb. Datenschutzrecht, Teil B. § 15, Rn. 102 f.; Brink/Wolff/*Paulus,* BeckOK DSR, DS-GVO, Art. 32, Rn. 7. Siehe zudem: Art. 32 Abs. 2 DSGVO.

1214 Bei diesen TMG-Vorgaben handelt es sich nicht um datenschutzspezifische, sondern um allgemeine IT-Sicherheitsvorschriften. Sie sind daher weiterhin neben der DSGVO anwendbar. Siehe zu dem Verhältnis von TMG und DSGVO: Kap. 4 B. III. 2.

1215 Gola/*Piltz,* DS-GVO, Art. 32, Rn. 35 ff.; Laue/Kremer/*Laue,* Hb. Datenschutzrecht, § 7, Rn. 33 ff.; Simitis/Hornung/Spiecker gen. Döhmann/*Hansen,* DS-GVO/BDSG, Art. 32, Rn. 18, 57; Specht/Mantz/*Schneider,* Hb. Datenschutzrecht, Teil B. § 15, Rn. 99; Sassenberg/Faber/*Kuß,* Rechtshandbuch Industrie 4.0, Kap. 3, § 12, Rn. 83. Siehe zudem: Art. 32 Abs. 1 lit. d DS-GVO. Umfassende Qualitätssicherungssysteme über alle Marktstufen hinweg sind in der Praxis die Ausnahme, *Bundeskartellamt,* Sektoruntersuchung Smart-TV, S. 179. Solche Systeme mit festgeschriebenen Abläufen nutzen nur wenige Unternehmen, *Bundeskartellamt,* Sektoruntersuchung Smart-TV, S. 181.

1216 Für die Sicherheitsanforderungen und mögliche Sicherheitsmaßnahmen spezifisch für Smart-TV, vgl. insbesondere: *DIN, Deutsches Institut für Normung e. V.*, Informationstechnik - IoT-fähige Geräte - Mindestanforderungen zur Informationssicherheit, DIN SPEC 27072:2019-05, Mai 2019. In Bezug auf geeignete Maßnahmen bieten allgemein die BSI-Standards eine Orientierung, abrufbar unter: https://www.bsi.bund.de/DE/Themen/ITGrundschutz/ITGrundschutzStandards/ITGrundschutzStandards_node.html;jsessionid=7B462155689DB970DEBE069249881FFA.1_cid502 (Abruf v. 12.10.2020), *Düsseldorfer Kreis,* Orientierungshilfe Smart-TV, S. 22. Vgl. zu weiteren Maßnahmenkatalogen: Simitis/Hornung/Spiecker gen. Döhmann/*Hansen,* DS-GVO/BDSG, Art. 32, Rn. 78; Sassenberg/Faber/*Mantz/Spittka,* Rechtshandbuch Industrie 4.0, Kap. 2, § 6, Rn. 146. Zudem kann sich an § 9 BDSG a.F. sowie der zugehörigen Anlage orientiert werden, Sydow/*Mantz,* DSGVO, Art. 32, Rn. 36; Brink/Wolff/*Paulus,* BeckOK DSR, DS-GVO, Art. 32, Rn. 6; Sassenberg/Faber/*Mantz/Spittka,* Rechtshandbuch Industrie 4.0, Kap. 2, § 6, Rn. 154.

1217 Gola/*Piltz,* DS-GVO, Art. 32, Rn. 36; Laue/Kremer/*Laue,* Hb. Datenschutzrecht, § 7, Rn. 33 f.; *G. F. Schröder,* Datenschutzrecht für die Praxis, S. 213 ff.

Die Smart-TV-Akteure haben die Datensicherheit bereits bei der Entwicklung der Endgeräte und Dienste ins Auge zu fassen. Demnach sollten sie bereits in die eingebaute Hard- und Software ausreichende Sicherheitsvorkehrungen implementieren.[1218] Mit Hilfe einer angemessenen IT-Sicherheitsarchitektur kann Sicherheitsvorfällen, wie dem unbefugten Zugriff Dritter, wirkungsvoll begegnet werden.[1219] Konkrete Maßnahmen, welche sich im Hinblick auf Smart-TV anbieten, sind etwa die Verschlüsselung personenbezogener Daten während ihrer Übertragung oder der Einsatz automatischer Viren-Scans.[1220] Zudem sollten lediglich vertrauenswürdige und autorisierte Anwendungen auf dem Smart-TV zugänglich sein.[1221]

Neben dieser konzeptionellen Vorsorge ist die stetige Überprüfung der bereits getroffenen Maßnahmen sowie die Durchführung regelmäßiger Kontrollen der Systeme hinsichtlich etwaiger Schwachstellen unausweichlich.[1222] Eng verbunden mit der Aufspürung von Schwachstellen, ist die Zurverfügungstellung von Sicherheitsupdates nach dem Inverkehrbringen der Endgeräte.[1223] In Bezug auf Smart-TVs, die die Hersteller offiziell auf dem Markt anbieten, muss gewährleistet sein, dass die Geräte noch für einen hinreichenden Zeitraum mit Updates versorgt werden.[1224] Allein dadurch ist ein ausreichender Schutz der

---

1218 Sog. „built-in-security", Simitis/Hornung/Spiecker gen. Döhmann/*Hansen,* DS-GVO/BDSG, Art. 32, Rn. 11. Zu den Sicherheitsvorkehrungen in der Praxis vgl. *Bundeskartellamt,* Sektoruntersuchung Smart-TV, S. 179.

1219 Vgl. *Düsseldorfer Kreis,* Orientierungshilfe Smart-TV, S. 21 f.

1220 Vgl. *Düsseldorfer Kreis,* Orientierungshilfe Smart-TV, S. 22; *Bundeskartellamt,* Sektoruntersuchung Smart-TV, S. 179.

1221 *Bundeskartellamt,* Sektoruntersuchung Smart-TV, S. 179.

1222 Kühling/Buchner/*Jandt,* DS-GVO/BDSG, Art. 32, Rn. 9; Laue/Kremer/*Laue,* Hb. Datenschutzrecht, § 7, Rn. 25; *Bundeskartellamt,* Sektoruntersuchung Smart-TV, S. 179. Beispielsweise können die Hersteller ihre Produkte anhand der gelisteten Schwachstellen auf der CVE-Webseite überprüfen oder Penetrationstests durchführen, vgl. *Bundeskartellamt,* Sektoruntersuchung Smart-TV, S. 180. Ein konkreter Hersteller nutzt hierzu ein automatisches Tool, welches prüft, ob die gelisteten Probleme für den Smart-TV von Relevanz sind, *Bundeskartellamt,* Sektoruntersuchung Smart-TV, S. 180.

1223 *Düsseldorfer Kreis,* Orientierungshilfe Smart-TV, S. 21. Ob die Hersteller der SmartTVs verpflichtet sind, solche Sicherheitsupdates anzubieten, problematisiert das *Bundeskartellamt,* vgl. *Bundeskartellamt,* Sektoruntersuchung Smart-TV, S. 184 ff.

1224 Dies ist in der Praxis aber nicht der Fall. So bieten die Smart-TV-Hersteller regelmäßig lediglich 24 bis 36 Monate nach dem ersten Inverkehrbringen Software-Updates für die TV-Geräte an, *Bundeskartellamt,* Sektoruntersuchung Smart-TV, S. 184. Diese

personenbezogenen Daten im Endgerät und damit eine gefahrlose Nutzung des Smart-TVs sichergestellt. Sofern Sicherheitsmängel in Bezug auf die verkauften Smart-TVs anderweitig bekanntwerden, müssen die Akteure diese aktiv beheben.[1225] Eine solche Behebung ist ebenfalls mit Hilfe von Updates möglich.[1226]

Außerdem müssen die Akteure aufgrund der Verflechtung ihrer Dienste mit Drittangeboten dafür sorgen, dass auch die fremden Angebote IT-Sicherheitsvorkehrungen treffen. Dies gilt vor allem für den Fall, in dem Dienste Dritter fest eingebunden sind. Insofern sollten die Akteure stets Datensicherheitsvereinbarungen abschließen.[1227]

Eine Möglichkeit die Erfüllung der Anforderungen des Art. 32 Abs. 1 und 2 DSGVO nachzuweisen, ist die Einhaltung eines genehmigten Zertifizierungsverfahrens gemäß Art. 42 DSGVO.[1228] Ein solches Verfahren nutzen die Smart-TV-Akteure allerdings selten.[1229] Dabei ist die Durchführung von Zertifizierungsverfahren ein effektives Mittel, um Datenschutz sowie Datensicherheit zu fördern. Aufgrund dessen sollten die Smart-TV-Akteure verstärkt auf dieses Mittel zurückgreifen.

VI. Konsequenzen einer gemeinsamen Verantwortlichkeit

Nach Inkrafttreten der DSGVO sind an das Bestehen einer gemeinsamen Verantwortlichkeit besondere Pflichten geknüpft. Diese zusätzlichen Vorgaben statuiert Art. 26 DSGVO. Die Norm verlangt in Abs. 1 Satz 2 den Abschluss einer Vereinbarung in transparenter Form, in der die gemeinsam Verantwortlichen festlegen, wer von ihnen welche Verpflichtung gemäß der Verordnung erfüllt.[1230]

Problematik behandelt das *Bundeskartellamt*, *Bundeskartellamt*, Sektoruntersuchung Smart-TV, S. 184 ff. im Detail.

1225 *Bundeskartellamt*, Sektoruntersuchung Smart-TV, S. 180. Wie die Hersteller Sicherheitsmängel aufspüren können, beschreibt *Bundeskartellamt*, Sektoruntersuchung Smart-TV, S. 180.

1226 *Bundeskartellamt*, Sektoruntersuchung Smart-TV, S. 180.

1227 So auch: *Bundeskartellamt*, Sektoruntersuchung Smart-TV, S. 182. Siehe zu derartigen Vereinbarungen in der Praxis: *Bundeskartellamt*, Sektoruntersuchung Smart-TV, S. 182 f.

1228 Art. 32 Abs. 3 DSGVO.

1229 *Bundeskartellamt*, Sektoruntersuchung Smart-TV, S. 181. Dabei gibt es bereits einige Möglichkeiten eine solche Zertifizierung durchzuführen, vgl. *Bundeskartellamt*, Sektoruntersuchung Smart-TV, S. 181.

1230 Die gemeinsam Verantwortlichen müssen insbesondere festlegen, wer von ihnen welchen Informationspflichten gemäß den Artikeln 13 und 14 DS-GVO nachkommt.

Dabei steht es ihnen nach Art. 26 Abs. 1 Satz 3 DSGVO frei, in dieser Vereinbarung eine Anlaufstelle für die betroffenen Personen anzugeben. In Bezug auf die Form einer solchen Vereinbarung macht die Norm keine konkreten Vorgaben.[1231] Die Vereinbarung muss lediglich transparent sein.[1232] Dennoch empfiehlt es sich, diese dauerhaft zu verkörpern, etwa schriftlich oder zumindest elektronisch.[1233]

In inhaltlicher Hinsicht muss die Vereinbarung gemäß Art. 26 Abs. 2 Satz 1 DSGVO die jeweiligen tatsächlichen Funktionen und Beziehungen der gemeinsam Verantwortlichen gegenüber betroffenen Personen gebührend widerspiegeln. Zudem ist es Pflicht das Wesentliche[1234] der Vereinbarung der betroffenen Person zur Verfügung zu stellen.[1235] Diese Anforderungen machen deutlich, dass die zusätzlichen Vorgaben in Art. 26 DSGVO dazu dienen, Transparenz zu schaffen sowie den betroffenen Personen die Durchsetzung ihrer Rechte zu erleichtern.[1236] Mithin soll die Norm den Schutz der betroffenen

---

Das Fehlen einer Vereinbarung nach Art. 26 Abs. 1 Satz 2 DSGVO kann gemäß Art. 83 Abs. 4 lit. a DSGVO mit einer Geldbuße geahndet werden.

1231 Gola/*Piltz,* DS-GVO, Art. 26, Rn. 14; Kühling/Buchner/*Hartung,* DS-GVO/BDSG, Art. 26, Rn. 52; Taeger/Gabel/*Lang,* DSGVO/BDSG, Art. 26, Rn. 41; *EDPB,* Guidlines 07/2020, Rn. 169.

1232 Dies erfordert nach ErwG 58 DSGVO u.a. eine einfache und präzise Sprache. Gegebenenfalls können zusätzlich visuelle Elemente verwendet werden.

1233 Auernhammer/*Schreibauer,* DSGVO/BDSG, Art. 26, Rn. 15; Kühling/Buchner/*Hartung,* DS-GVO/BDSG, Art. 26, Rn. 52; Taeger/Gabel/*Lang,* DSGVO/BDSG, Art. 26, Rn. 41 f.; *EDPB,* Guidlines 07/2020, Rn. 171. Daneben genügt auch die Textform, Däubler/Wedde/Weichert/Sommer/*Däubler,* EU-DSGVO/BDSG, Art. 26, Rn. 9.

1234 Was genau unter das „Wesentliche" der Vereinbarung fällt, ist bislang nicht abschließend geklärt. Die *Datenschutzkonferenz* geht davon aus, dass zumindest eine nachvollziehbare Beschreibung des Zusammenwirkens und der Rollen der Beteiligten und ihrer jeweiligen Beziehung zur betroffenen Person sowie die Angabe, welcher der gemeinsam Verantwortlichen welche Betroffenenrechte und Informationspflichten erfüllen soll, den betroffenen Personen zur Verfügung zu stellen ist, *DSK,* Kurzpapier Nr. 16: Gemeinsam Verantwortliche, S. 4. Siehe auch: *EDPB,* Guidlines 07/2020, Rn. 178.

1235 Art. 26 Abs. 2 Satz 2 DSGVO.

1236 Gola/*Piltz,* DS-GVO, Art. 26, Rn. 2; Kühling/Buchner/*Hartung,* DS-GVO/BDSG, Art. 26, Rn. 10; Simitis/Hornung/Spiecker gen. Döhmann/*Petri,* DS-GVO/BDSG, Art. 26, Rn. 2; *DSK,* Kurzpapier Nr. 16: Gemeinsam Verantwortliche, S. 3.

Personen erhöhen;[1237] die Verantwortlichen selbst privilegiert die Norm dagegen nicht.[1238] Art. 26 DSGVO stellt keinen Erlaubnistatbestand dar.[1239] Vielmehr gelten die allgemeinen Rechtmäßigkeitsanforderungen, sodass die gemeinsame Verarbeitung einer gesetzlichen Erlaubnisgrundlage oder einer Einwilligung der betroffenen Person bedarf.[1240] Jeder der gemeinsam Verantwortlichen hat für die Rechtmäßigkeit der gemeinsamen Datenverarbeitung Sorge zu tragen.[1241]

In Anbetracht der Art. 26 Abs. 3 DSGVO sowie Art. 82 Abs. 2 und Abs. 4 DSGVO besteht für eine nicht der Verordnung entsprechenden Verarbeitung eine gesamtschuldnerische Haftung der gemeinsam Verantwortlichen.[1242] Ferner kann die betroffene Person, ungeachtet der Einzelheiten der Vereinbarung, ihre Rechte im Rahmen der Verordnung bei und gegenüber jedem einzelnen der Verantwortlichen geltend machen.[1243]

1237 So auch: Ehmann/Selmayr/*Bertermann,* DS-GVO, Art. 26, Rn. 1; Taeger/Gabel/*Lang,* DSGVO/BDSG, Art. 26, Rn. 37; Brink/Wolff/*Spoerr,* BeckOK DSR, DS-GVO, Art. 26, Rn. 13b. Siehe zudem: ErwG 79 DS-GVO.

1238 *Dovas,* ZD 2016, 512, 514; Schantz/Wolff/*Schantz,* Das neue Datenschutzrecht, C. IV., Rn. 375; *DSK,* Kurzpapier Nr. 16: Gemeinsam Verantwortliche, S. 1; *Uecker,* ZD-Aktuell 2018, 6247; Bussche/Voigt/*Voigt,* Konzerndatenschutz RechtsHb, Teil 3, Kap. 5, Rn. 17; *Golland,* K&R 2019, 533, 534; Laue/Kremer/*Laue,* Hb. Datenschutzrecht, § 1, Rn. 57. A.A. Gola/*Piltz,* DS-GVO, Art. 26, Rn. 8; Paal/Pauly/*Martini,* DS-GVO, Art. 26, Rn. 3a; *Kremer,* CR 2019, 225, 231; Taeger/Gabel/*Lang,* DSGVO/BDSG, Art. 26, Rn. 53

1239 *Dovas,* ZD 2016, 512, 515; Auernhammer/*Schreibauer,* DSGVO/BDSG, Art. 26, Rn. 6; Ehmann/Selmayr/*Bertermann,* DS-GVO, Art. 26, Rn. 11; Simitis/Hornung/Spiecker gen. Döhmann/*Petri,* DS-GVO/BDSG, Art. 26, Rn. 1.

1240 Schantz/Wolff/*Schantz,* Das neue Datenschutzrecht, C. IV., Rn. 375; Auernhammer/*Schreibauer,* DSGVO/BDSG, Art. 26, Rn. 6; *DSK,* Kurzpapier Nr. 16: Gemeinsam Verantwortliche, S. 1; Ehmann/Selmayr/*Bertermann,* DS-GVO, Art. 26, Rn. 11; Kühling/Buchner/*Hartung,* DS-GVO/BDSG, Art. 26, Rn. 62; Bussche/Voigt/*Voigt,* Konzerndatenschutz RechtsHb, Teil 3, Kap. 5, Rn. 18; Brink/Wolff/*Spoerr,* BeckOK DSR, DS-GVO, Art. 26, Rn. 13b.

1241 Siehe Art. 5 Abs. 2 DS-GVO. Siehe zudem: *EuGH,* Urt. v. 29.7.2019, C-40/17, ECLI:EU:C:2019:629, Rn. 92 ff. – *Fashion ID; Moos/Rothkegel,* MMR 2019, 584, 586; *EDPB,* Guidlines 07/2020, Rn. 162 ff.

1242 So auch: *DSK,* Kurzpapier Nr. 16: Gemeinsam Verantwortliche, S. 2; Ehmann/Selmayr/*Bertermann,* DS-GVO, Art. 26, Rn. 16; Kühling/Buchner/*Hartung,* DS-GVO/BDSG, Art. 26, Rn. 63; Plath/*Plath,* DSGVO/BDSG, Artikel 26, Rn. 18.

1243 Für den Fall etwaiger Regressansprüche sollten die gemeinsam Verantwortlichen im Innenverhältnis klare Verhältnisse schaffen, vgl. *DSK,* Kurzpapier Nr. 16: Gemeinsam Verantwortliche, S. 4; Laue/Kremer/*Laue,* Hb. Datenschutzrecht, § 1, Rn. 60 f.

Sofern für einen Datenverarbeitungsvorgang auf dem Smart-TV eine gemeinsame Verantwortlichkeit gegeben ist,[1244] müssen die involvierten Akteure auf die Einhaltung sämtlicher Anforderungen der DS-GVO hinwirken.

In der Praxis stellt dies vor allem die Akteure, die datenerhebende Dienste fest einbinden, vor große Herausforderungen.[1245] Verwendet beispielsweise ein Diensteanbieter Tracking-Tools, wie *Google Analytics*, so ist vor der ersten Erhebung personenbezogener Daten durch das Tool die Einwilligung des Nutzers einzuholen.[1246] Diese Voraussetzung kann de facto nur erfüllt werden, wenn der Diensteanbieter die Einwilligung des Nutzers bereits bei dem ersten Aufruf des Diensts einholt.[1247] Schließlich ist es der Diensteanbieter, der das Tool einbindet und damit den Datenverarbeitungsvorgang bereits unmittelbar auslöst. Er tritt dem Nutzer als Erstes gegenüber. Die Einholung einer bestimmten und informierten Einwilligung gestaltet sich für den Diensteanbieter als bloßer Verarbeitungsermöglicher[1248] jedoch als schwierig. Oftmals kennt er die genauen Umstände der Datenverarbeitungen nicht im Detail und weiß nicht, welche konkreten Zwecke beispielsweise die *Google LLC* mit der Verarbeitung verfolgt.[1249]

Gleiches gilt für die Smart-TV-Hersteller, die bestimmte Applikationen auf ihren Geräten fest vorinstallieren.[1250] Insbesondere für den Fall, dass eine Applikation personenbezogene Daten ohne Zutun des Nutzers im Hintergrund erheben sollte, müsste der Hersteller zuvor in der Regel eine wirksame Einwilligung einholen.[1251] Zum großen Teil wissen die Hersteller aber nicht, welche personenbezogenen Daten die Applikation erhebt und wofür der Diensteanbieter diese später verwenden möchte.[1252]

1244 Siehe Kap. 4 E. V.

1245 Siehe zu dieser Konstellation: Kap. 4 E. V. 1., 3.

1246 Siehe zu der gemeinsamen Verantwortlichkeit beim Tracking: Kap. 4 E. V. 1., zu der Rechtmäßigkeit des Trackings auf dem Smart-TV: Kap. 4 F. II. 4. c) und zu den Anforderungen an eine wirksame Einwilligung: Kap. 4 F. I. 3. a).

1247 *EuGH*, Urt. v. 29.7.2019, C-40/17, ECLI:EU:C:2019:629, Rn. 102 – *Fashion ID; Moos/Rothkegel*, MMR 2019, 584, 587; *Sattler*, GRUR 2019, 1023, 1025; Brink/Wolff/*Spoerr*, BeckOK DSR, DS-GVO, Art. 26, Rn. 13b.

1248 Zu diesem Begriff siehe: Kap. 4 E. VI. 2.

1249 Dies bereits anmerkend: *OLG Düsseldorf*, Beschl. v. 19.1.2017, I-20 U 40/16, ECLI:DE:OLGD:2017:0119.I20U40.16.00, Rn. 55.

1250 Siehe hierzu: Kap. 4 E. V. 3.

1251 Sofern die Applikation hingegen erst Daten erhebt, wenn diese aktiv angeklickt wird, kann auch der Diensteanbieter die Einwilligung einholen. Jedoch hat der Hersteller für die Richtigkeit dieser Einwilligung einzustehen.

1252 Siehe *Bundeskartellamt*, Sektoruntersuchung Smart-TV, S. 151 f.

Die Unkenntnis der Hersteller befreit diese jedoch nicht von ihrer Verantwortung. Möchten sie Applikationen auf ihrer Smart-TV-Plattform fest einbinden, müssen sie sich vorab über die dort stattfindenden Datenverarbeitungsvorgänge informieren. In diesem Zusammenhang sollten sie aufklären, ob die Applikation bereits im Hintergrund, d.h. ohne eine Aktivierung durch den Nutzer, personenbezogene Daten erhebt. Ist dies der Fall, müssen sie für diese Datenverarbeitungsvorgänge die Einwilligung des Nutzers einholen;[1253] es sei denn, es greift bereits ein gesetzlicher Erlaubnistatbestand.

Die vorstehenden Ausführungen verdeutlichen, dass die Anforderungen an eine gemeinsame Verantwortlichkeit auf einem Smart-TV nicht einfach umzusetzen sind. Wie eine solche Umsetzung in der Praxis gelingen kann, behandelt Kapitel 5 dieser Arbeit.[1254]

VII. Exkurs: Folgen unrechtmäßiger Datenverarbeitung

Ein Datenverarbeitungsvorgang, für den kein Erlaubnistatbestand gegeben ist, ist unrechtmäßig. Sofern bereits zu Beginn einer geplanten Datenverarbeitung keine gesetzliche Ermächtigungsgrundlage aus Art. 6 Abs. 1 DSGVO greift und keine wirksame Einwilligung des Nutzers vorliegt, ist die Erhebung von personenbezogenen Daten verboten. Fallen im Laufe der Zeit die Voraussetzungen eines Erlaubnistatbestands weg,[1255] ist die Datenverarbeitung einzustellen und die erhobenen Daten sind zu löschen. Eine solche Löschpflicht folgt bereits aus dem Grundsatz der Speicherbegrenzung nach Art. 5 Abs. 1 lit. e DSGVO.[1256]

Verstoßen die Smart-TV-Akteure gegen die Vorgaben der DSGVO, können die Datenschutzbehörden Maßnahmen nach Art. 58 DSGVO treffen.[1257] Zu diesen Maßnahmen zählen zum Beispiel die Verwarnung nach Art. 58 Abs. 2 lit. b DSGVO, die Untersagung der Verarbeitung nach Art. 58 Abs. 2 lit. f DSGVO oder die Anordnung der Löschung personenbezogener Daten nach Art. 58 Abs. 2 lit. g DSGVO. Eine herausragende Rolle nimmt

---

1253 Für die Anforderungen an eine solche Einwilligung siehe: Kap. 4 F. I. 3. a). sowie: *DSK*, Hinweise zum Einsatz von Google Analytics, S. 4 f.

1254 Kap. 5 B. II. 1.

1255 Beispielsweise, weil der Zweck der Datenverarbeitung bereits erreicht wurde oder die betroffene Person ihre Einwilligung widerrufen hat. Vgl. *Kühling/Klar/Sackmann*, Datenschutzrecht, Rn. 623 ff.

1256 So wörtlich: *Kühling/Klar/Sackmann*, Datenschutzrecht, Rn. 622.

1257 Zu den Befugnissen der Aufsichtsbehörden vgl. *DSK*, Kurzpapier Nr. 2: Aufsichtsbefugnisse/Sanktionen.

zudem die Verhängung von Geldbußen gemäß Art. 83 DSGVO ein.[1258] Unter Geltung der DSGVO hat die Höhe der zu verhängenden Geldbußen erheblich zugenommen. Diese können je nach Verstoß bis zu 10 Mio. bzw. 20 Mio. Euro oder im Fall eines Unternehmens bis zu 2 % bzw. 4 % seines gesamten weltweit erzielten Vorjahresumsatzes betragen, je nachdem, welcher der Beträge höher ist.[1259] Betrachtet man die großen Global Player[1260], die bei SmartTV in Erscheinung treten,[1261] sind Geldbußen in Milliardenhöhe denkbar.

Weitere Rechtsfolgen bei Verstößen gegen die Vorgaben der DSGVO sind in den Art. 77 ff. DSGVO normiert. Neben der Verhängung von Bußgeldern, ist der datenschutzrechtlich Verantwortliche gemäß Art. 82 DSGVO den betroffenen Personen schadensersatzpflichtig.[1262] Darüber hinaus sind nach Art. 84 DSGVO strafrechtliche Sanktionen möglich. Insoweit obliegt es den Mitgliedsstaaten entsprechende Vorschriften zu schaffen. Der deutsche Gesetzgeber ist dem Regelungsauftrag der DSGVO nachgekommen und hat strafrechtliche Normen in den §§ 41 bis 43 BDSG eingeführt. Nach § 42 Abs. 1 BDSG ist beispielsweise die gewerbsmäßige und wissentliche Zugänglichmachung von personenbezogenen Daten einer großen Zahl von Personen strafbar.[1263] Datenschutzrechtliche Einordnung von Smart-TVVerantwortliche im Sinne der DS-GVO

1258 Die Geldbußen können gemäß Art. 83 Abs. 2 Satz 1 DSGVO je nach den Umständen des Einzelfalls zusätzlich zu oder anstelle von Maßnahmen nach Art. 58 Abs. 2 lit. a bis h und i verhängt werden. Zu den Bußgeldern vgl. u.a. *Beukelmann*, NJW-Spezial 2020, 120.

1259 Vgl. Art. 83 Abs. 4 und 5 DSGVO.

1260 Konzern, Unternehmen mit weltweitem Wirkungskreis, das sich an internationalen Produktions- und Absatzmärkten ausrichtet, in diesem Sinne: Duden-online, abrufbar unter: https://www.duden.de/rechtschreibung/Global_Player (Abruf. v. 14.10.2020).

1261 Allein der Smart-TV-Hersteller *Samsung Electronis Co., Ltd.* gehört zu den größten Elektronikkonzernen der Welt. Daneben sind große Online-Anbieter wie *Google*, *Amazon* und *Netflix* zu nennen, die allesamt auf SmartTVs vertreten sind.

1262 Vgl. zu den Schadensersatzansprüche bei Datenschutzverstößen *Paal*, MMR 2020, 14.

1263 Vgl. *Kühling/Klar/Sackmann*, Datenschutzrecht, Rn. 767.

Kapitel 5: Schlussbetrachtung

Das Ziel dieser Arbeit war es, die datenschutzrechtlichen Anforderungen an den rechtskonformen Einsatz intelligenter Fernsehgeräte herauszuarbeiten, deren Einhaltung zu analysieren und letztlich zu bewerten, ob die Anforderungen dem Schutz personenbezogener Daten sowie dem Recht des Nutzers auf informationelle Selbstbestimmung im digitalen Zeitalter hinreichend Rechnung tragen.

Im Zuge dessen hat die vorliegende Dissertation untersucht, inwiefern personenbezogene Daten bei SmartTV verarbeitet werden und wer für diese Datenverarbeitungsvorgänge die Verantwortung trägt. Die stattfindenden Datenverarbeitungsvorgänge wurden sodann auf ihre Rechtmäßigkeit sowie die Einhaltung weiterer Datenschutzgrundsätze geprüft.

Im Rahmen der Untersuchung hat sich gezeigt, dass die Smart-TV-Akteure die rechtlichen Vorgaben der DSGVO nur defizitär umsetzen.

A. Zusammenfassung der Ergebnisse

Die Arbeit ist zu den folgenden Ergebnissen gelangt:

I. Smart-TV birgt großes Gefährdungspotential

Dem Schutz personenbezogener Daten und damit zusammenhängend dem Recht auf informationelle Selbstbestimmung kommt im Zusammenhang mit Smart-TV erhebliche Bedeutung zu. Der Smart-TV-Technologie ist ein großes Gefährdungspotential in Bezug auf die informationelle Selbstbestimmung inhärent. Durch den internetbasierten Rückkanal wird SmartTV zum potentiellen Spion im Wohnzimmer, der eine weitgehende Ausforschung des Nutzers möglich macht.

Die Analye hat ergeben, dass die Gefährdung durch Smart-TV deutlich höher ist als durch andere intelligente Endgeräte. Aus diesem Grund bedürfen die personenbezogenen Daten im Zusammenhang mit SmartTV in besonderem Maße Schutz. Der Grund für die stärkere Gefährdung ist zum einen die hervorgehobene Stellung des Fernsehens in Deutschland[1264] und zum anderen, dass das Fernsehverhalten eines Nutzers in hohem Maße Rückschlüsse auf seine

1264 Das Fernsehen ist nach wie vor das Leitmedium in Deutschland, vgl. Kap. 2. B. Zudem erfreuen sich Smart-TVs immer größerer Beliebtheit, vgl. Kap. 2. C. II.

Persönlichkeit preisgibt. Hinzu kommt die Funktion eines Fernsehers als altbewährter Alltagsgegenstand: Smarte Fernsehgeräte befinden sich in der überwiegenden Anzahl der Fälle in der privaten Wohnung eines Nutzers. In dieser vertraulichen Sphäre rechnet er nicht mit einer umfassenden Überwachung seines Verhaltens. Die Verarbeitung personenbezogener Daten findet bei SmartTV häufig unbemerkt statt, weshalb die Beeinflussbarkeit des Nutzers, beispielsweise mangels des Wissens um eine etwaige Personalisierung, signifikant erhöht ist.

Aufgrund der fortschreitenden Ausstattung, der Vernetzung verschiedener Dienste sowie der intensiven und generationsübergreifenden Nutzung des Mediums Smart-TV sammelt sich auf nur einem Gerät eine Vielzahl an aufschlussreichen Daten. Dies verleiht Smart-TV eine besondere Attraktivität. So eröffnet die Vielfalt an Daten ein enormes Wertschöpfungspotential. Personenbezogene Daten lassen sich, etwa durch die Schaltung personalisierter Werbung, lukrativ nutzen. Daneben droht die Gefahr externer Angriffe auf das Endgerät.[1265] Neben der Beachtung der normativen Vorgaben, hat daher die Gewährleistung von Informationssicherheit höchste Priorität.

II. Die DSGVO als (weites) Maß aller Dinge

Im Datenschutzrecht gilt das sog. „Erlaubnisprinzip", wonach personenbezogene Daten nur verarbeitet werden dürfen, wenn eine gesetzliche Ermächtigungsgrundlage eine solche Datenverarbeitung legitimiert oder der Nutzer in eine solche eingewilligt hat. Entsprechende Erlaubnisnormen für die Datenverarbeitungsvorgänge auf SmartTV bietet allein die DSGVO. Daneben kann in Zukunft die sich in Bearbeitung befindende europäische ePrivacy-VO von Relevanz werden.

Das nationale Datenschutzrecht bietet hingegen keine bereichspezifischen Vorschriften, die auf intelligente Endgeräte, wie Smart-TV, anwendbar wären. Die Arbeit ist zu dem Ergebnis gekommen, dass die datenschutzrechtlichen Vorschriften des TMG nicht weiter anzuwenden sind. Bei den §§ 11 ff. TMG handelt es sich weder um Umsetzungen der ePrivacy-Richtlinie, noch können diese richtlinienkonform ausgelegt werden. Dies betrifft primär § 15 Abs. 3 TMG, der im klaren Widerspruch zu dem Einwilligungserfordernis des Art. 5 Abs. 3 ePrivacy-Richtlinie steht.

1265 Aktuelle Fälle zeigen, dass diese Bedenken in Bezug auf die Sicherheit nicht bloß theoretischer Natur sind, vgl. Kap. 3 C.

Die Analyse der Vorschriften der DSGVO hat ihren denkbar weiten Anwendungsbereich zu Tage gebracht. Darauf basierend wurde festgestellt, dass ein Großteil der Daten auf dem TVGerät unter den Begriff des personenbezogenen Datums zu subsumieren ist. Die Informationen geben regelmäßig Aufschluss über die Identität des betroffenen SmartTVNutzers. Für die Annahme eines Personenbezugs genügt es, wenn eine Information die Möglichkeit eröffnet, in Kombination mit zusätzlichen Daten eine Person zu identifizieren. Es konnte gezeigt werden, dass eine solche Identifizierbarkeit bereits gegeben ist, wenn Dritte mit Hilfe ihres Zusatzwissens sowie anderer Mittel einen Personenbezug herstellen könnten. Diese Arbeit folgt damit dem absoluten Verständnis im Hinblick auf die Identifizierbarkeit. Im Zeitalter von Big Data und dem Internet der Dinge ist nicht absehbar, welche Daten ein Akteur noch erhält und welche Informationen sie sich eventuell beschaffen kann. Die technischen Möglichkeiten einer Verknüpfung von Daten sind mannigfaltig. Der individuelle Kenntnisstand eines Verantwortlichen ist daher schwer zu bestimmen. Die absolute Theorie schafft Rechtssicherheit und vermeidet willkürliche Lücken durch die relative Theorie. Dies haben die Beispiele der dynamischen IPAdressen sowie Cookies besonders anschaulich verdeutlicht. So ist in Bezug auf derartige Daten regelmäßig nicht erkennbar, ob sich ein Personenbezug herstellen lässt. Die Verantwortlichen wissen beispielsweise nicht, welche Informationen der Nutzer im weiteren Verlauf noch eingeben wird. Die grundsätzliche Einordnung von Daten als personenbezogen gilt umso mehr, da die SmartTV-Nutzung häufig mit einem persönlichen Konto verbunden ist.

Die personenbezogenen Daten werden bei Smart-TV auf vielfältige Weise verarbeitet. Die hiesige Untersuchung hat ergeben, dass nahezu jeder Datenumgang auf dem SmartTV den Anforderungen der DSGVO entsprechen muss.

III. Die Bestimmung der Verantwortlichen oder eine Odyssee durch das Datenschutzrecht

Für die Einhaltung der Vorgaben der DSGVO haben die Verantwortlichen Sorge zu tragen. SmartTV vereint die Angebote verschiedenster Akteure auf nur einem Gerät, sodass mehrere Stellen als Verantwortliche in Betracht kommen. Vor diesem Hintergrund hat die Verfasserin den Begriff des datenschutzrechtlich Verantwortlichen einer umfassenden rechtsdogmatischen Analyse unterzogen. Das Ziel dieser Abhandlung war es vor allem, den Begriff der gemeinsam Verantwortlichen greifbarer zu machen. Zu diesem Zweck hat die Arbeit ein Modell zur Bestimmung gemeinsam Verantwortlicher bei Smart-TV und anderen intelligenten Endgeräten konzipiert. Danach kann ein Akteur bereits verantwortlich sein, der zwar selbst keine personenbezogenen Daten verarbeitet, jedoch einen fremden Datenverarbeitungsvorgang ermöglicht. Die in diesem Rahmen entwickelte Figur des sog. Verarbeitungsermöglichers ist eine Art Zweckveranlasser sui generis, der eine Verantwortung trägt, da er einen Datenverarbeitungsvorgang verursacht. Der Verarbeitungsermöglicher ist regelmäßig gemeinsam mit dem Akteur, der die Verarbeitung unmittelbar ausführt, verantwortlich.

Im Rahmen der Analyse des Rechtsinstituts der gemeinsamen Verantwortlichkeit hat sich jedoch gezeigt, dass Voraussetzung für eine solch gemeinsame Verantwortlichkeit ist, dass der Verarbeitungsvorgang ohne den Verarbeitungsermöglicher nicht stattfinden könnte. Daneben muss der Verarbeitungsermöglicher den Vorgang unmittelbar, d.h. ohne wesentliche Zwischenschritte, bewusst ermöglichen und ein eigenes Interesse an dem konkreten Vorgang haben. Ein Interesse an den erhobenen Daten selbst bewertet diese Arbeit hingegen nicht als zwingende Voraussetzung der Verantwortlichkeit des Verarbeitungsermöglichers.

Die Auslegung des Verantwortlichenbegriffs der DSGVO hat im Ergebnis ein weites Verständnis der datenschutzrechtlichen Verantwortlichkeit offenbart. Verantwortlich ist bereits, wer einen wesentlichen Einfluss sowohl auf die Zwecke als auch die Mittel eines Datenverarbeitungsvorgangs ausübt.

Auf diesen Erkenntnissen basierend wurden die einzelnen Datenverarbeitungsvorgänge im Zusammenhang mit SmartTV daraufhin untersucht, wer die Zwecke und Mittel dieser Vorgänge hinreichend bestimmt. Dabei zeigte sich, dass neben den Geräteherstellern die Anbieter von Online-Diensten und Applikationen für einen Großteil der Datenverarbeitungen allein die Verantwortung tragen. Dies betrifft etwa die Vorgänge im Rahmen der Erstinbetriebnahme des TVGeräts. Daneben sind die HbbTV-Anbieter für die Datenverarbeitungsvorgänge zwecks Auslieferung ihrer Zusatzangebote allein verantwortlich.

Die Untersuchung hat aber auch Konstellationen einer gemeinsamen Verantwortlichkeit bei SmartTV identifiziert. So ist eine gemeinsame Entscheidung über die Zwecke und Mittel einer Verarbeitung zum einen im Falle der Einbindung von Trackingtools Dritter, beispielsweise *Google Analytics*, anzunehmen; zum anderen im Falle der Vorinstallation von Applikationen oder anderen Diensten auf der Smart-TV-Plattform. Schließlich könnten die eingebundenden Dienste ohne die unmittelbare Implementierung auf dem Smart-TV keine personenbezogenen Daten der Nutzer erheben. Zwischen den Akteuren besteht mithin die für eine gemeinsame Entscheidung erforderliche Abhängigkeit. Daneben wurde sowohl in Bezug auf den ermöglichenden Akteur als auch in Bezug auf den verarbeitenden Akteur eine hinreichende Einwirkungsintensität auf bestimmte Datenverarbeitungsvorgänge festgestellt.

Neben den Smart-TV-Herstellern, den verschiedenen Dienste- sowie den HbbTV-Anbietern kommen die privaten Eigentümer und Nutzer der Geräte als Verantwortliche in Betracht. Die vorliegende wissenschaftliche Abhandlung ist jedoch zu dem Ergebnis gekommen, dass eine Verantwortlichkeit Privater bei Smart-TV in der Regel ausscheidet. Die private SmartTVNutzung ist der Inbegriff persönlicher Freizeitgestaltung; Privatpersonen verfolgen mit der Nutzung keinerlei wirtschaftliche Interessen. Aufgrund dessen greift in dieser Konstellation die Haushaltsausnahme gemäß Art. 2 Abs. 2 lit. c DSGVO.

In Bezug auf den räumlichen Anwendungsbereich der DSGVO wurde konstatiert, dass selbst wenn es sich bei den Smart-TV-Akteuren häufig um international agierende Konzerne handelt, die DSGVO stets Anwendung findet.

IV. Keine grenzenlose Ausnutzung des Potentials smarter Fernsehgeräte

Die SmartTVAkteure müssen die Datenverarbeitungsvorgänge in ihrem Verantwortungsbereich stets auf eine Erlaubnisnorm stützen können. Welche Rechtfertigungstatbestände für die Datenverarbeitungsvorgänge bei Smart-TV greifen, hat die vorliegende Arbeit eingehend analysiert. Dabei hat sich gezeigt, dass sich zwar ein Teil der Verarbeitungsvorgänge durch gesetzliche Erlaubnistatbestände rechtfertigen lässt, die Verarbeitung personenbezogener Daten auf dem SmartTV aber häufig einer wirksamen Einwilligung des Nutzers bedarf. Dies gilt insbesondere im Hinblick auf das Geschäftsmodell „Leistung gegen Daten". Demnach sind dem Angebot scheinbar kostenloser Online-Dienste und Applikationen, bei denen die personenbezogenen Daten des Nutzers als Entgelt für die Inanspruchnahme des Diensts fungieren, enge Grenzen gesetzt:

Art. 6 Abs. 1 UAbs. 1 lit. b DSGVO scheidet als Rechtfertigungstatbestand a priori aus. Sinn und Zweck der Erlaubnisnorm ist es nicht, personenbezogene Daten des Nutzers als vertragliche Gegenleistung zu etablieren, weshalb die Norm in einem solchen Fall teleologisch zu reduzieren ist.

In Bezug auf die Einwilligung stehen die Akteure vor der Hürde, wie sie ihre datengetriebenen Geschäftsmodelle ausgestalten, damit noch von einer Freiwilligkeit der Einwilligung die Rede sein kann. Die Verfasserin hat die aktuelle Praxis, wonach dem Nutzer in der Regel allein die Möglichkeit bleibt einen Diensts oder eine Zusatzfunktion zu nutzen, wenn er dafür seine personenbezogenen Daten „verkauft", in der überwiegenden Anzahl der Fälle als unzulässig evaluiert. Statt den Nutzer faktisch zur Hergabe seiner personenbezogenen Daten zu zwingen, sollte ihm eine alternative Nutzungsmöglichkeit zur Wahl gestellt werden. Insofern kann insbesondere das parallele Angebot des Diensts bzw. der Funktion ohne die Verarbeitung nicht per se erforderlicher Daten, dafür aber gegen ein monetäres Entgelt, als Lösung dienen.[1266] Ein solches Alternativmodell bringt die Interessen der Wirtschaft sowie den Schutz der Nutzer in einen angemessenen Ausgleich; Daneben führt es dem Nutzer den Wert seiner personenbezogenen Daten vor Augen.

In einzelnen Fällen kann eine Datenverarbeitung auf dem SmartTVGerät zur Wahrung berechtigter Interessen nach Art. 6 Abs. 1 UAbs. 1 lit. f DSGVO erforderlich sein. Allerdings sind die Interessen der Nutzer bei einem Alltagsgegenstand, welcher sich noch dazu in der privaten Wohnung befindet, hoch zu gewichten. Vor diesem Hintergrund wurde aufgezeigt, dass eine Rechtfertigung von Trackingmaßnahmen mit rein wirtschaftlichen Werbeinteressen ausscheidet.

V. Datensouveränität als oberstes Gebot

Die hiesige Untersuchung hat im Zusammenhang mit intelligenten Fernsehgeräten neben der generellen Gewährleistung der Rechtmäßigkeit vor allem die Schaffung von Transparanz sowie den technischen Datenschutz als die elementaren Eckpfeiler des Schutzes der SmartTVNutzer und ihrer Daten identifiziert.

Der Nutzer muss nachvollziehen können, inwiefern seine personenbezogenen Daten auf dem SmartTV verarbeitet werden. Insbesondere muss er erkennen können, in welche Datenverarbeitungsvorgänge er einwilligt. Schließlich ist eine hinreichende Transparenz die Basis autonomer Entscheidungen. Datensouveräntität kann nur erreicht werden, wenn der Nutzer es maßgeblich in der Hand hat, ob und wofür seine personenbezogenen Daten verarbeitet werden. Dies bedeutet im Ergebnis auch, dass Zusatzdienste, wie HbbTV-Angebote, personenbezogene Daten erst verarbeiten dürfen, wenn der Nutzer einen solchen Dienst aktiv fordert. Daneben müssen die Grundeinstellungen eines Smart-TVs datenschutzfreundlich vorkonfiguriert sein und die weitere Anpassung dem Nutzer überlassen.

B. Empfehlungen und Gestaltungsoptionen für die Praxis

Die Arbeit bewertet die Umsetzung der Vorgaben der DSGVO im Ergebnis als defizitär. Dies betrifft insbesondere die Nichtberücksichtigung von

1266 Grundlegende Funktionen des SmartTVs, wie etwa die Fernsehnutzung per se, dürfen hingegen weder die Hergabe personenbezogener Daten, die für die Funktion per se nicht erforderlich sind, noch ein zusätzliches Entgelt erfordern.

Konstellationen einer gemeinsamen Verantwortlichkeit, mangelhafte Einwilligungsmechanismen sowie die fehlende Transparenz.

Zweifelsohne ist die korrekte Umsetzung sämtlicher Vorgaben der DSGVO ein komplexes Unterfangen. Dennoch müssen die Verantwortlichen für einen rechtskonformen Einsatz intelligenter Fernsehgeräte Sorge tragen. Gelingt es ihnen nicht, die Datenverarbeitungsvorgänge auf dem SmartTV in den Einklang mit der DSGVO zu bringen, drohen empfindliche Konsequenzen. In Anbetracht dessen werden im Folgenden zunächst zwölf Empfehlungen für die Praxis gegeben. Daraufhin werden konkrete Gestaltungsoptionen für den SmartTV aufgezeigt. Die Hinweise können den Akteuren als Richtschnur auf dem Weg zu einem rechtskonformen Einsatz intelligenter Fernsehgeräte dienen und die Umsetzung der Vorgaben der DSGVO im Zusammenhang mit SmartTV erleichtern.

I. Empfehlungen

(1) Die Akteure sollten nahezu jegliches Datum auf dem SmartTV als personenbezogen behandeln und unter den Schutz der DSGVO stellen. Denn selbst wenn ein Akteur im Einzelfall davon ausgeht, dass ein Datum keine Identifizierung ermöglicht, ist ein Personenbezug im Zeitalter von Big Data und dem Internet der Dinge selten mit hundertprozentiger Sicherheit auszuschließen.

(2) Vor dem Hintergrund der weiten Auslegung des Verantwortlichenbegriffs sollten die Akteure genauestens prüfen, ob sie als Verantwortliche bzw. als gemeinsam Verantwortliche in Betracht kommen. Dies gilt insbesondere für Akteure, die fremde Dienste auf der SmartTVPlattform vorinstallieren oder Trackingtools Dritter einbinden. Bei der Prüfung kann das in dieser Arbeit konzipierte Modell zur Bestimmung gemeinsam Verantwortlicher als Hilfestellung dienen.

(3) Sofern eine gemeinsame Verantwortlichkeit identifiziert wurde, müssen die Akteure sämtliche Konsequenzen des Rechtsinstituts beachten. Insoweit sollten sie nicht nur eine Vereinbarung mit den anderen gemeinsam Verantwortlichen abschließen, sondern diesen Umstand auch den Nutzern offenlegen. In Bezug auf die Aufklärung der Nutzer empfiehlt es sich, die gemeinsame Verantwortlichkeit unmittelbar auf dem SmartTV-Gerät, beispielsweise im Rahmen der Erstinbetriebnahme, deutlich zu machen.

(4) Dienste bzw. Applikationen Dritter, (a) bei denen ein Akteur nicht absehen kann, inwiefern personenbezogene Daten verarbeitetet werden und ob dies gegebenenfalls schon ohne das Zutun der Nutzer geschieht; (b) die den Datenschutz nicht hinreichend zu beachten scheinen; (c) die keine

hinreichenden Sicherheitsstandards erfüllen, sollte ein Akteur nicht einbinden bzw. sich nicht mit diesen verknüpfen.

(5) Trackingmaßnahmen bzw. die insoweit stattfindenden Datenverarbeitungsvorgänge, die dazu dienen, Nutzerprofile zu bilden, um später personalisierte Werbung zu schalten, sollte ein Akteur nur mit der wirksamen Einwilligung des Nutzers vornehmen. Dies gilt insbesondere für die Einbindung von Trackingtools von Drittanbietern.

(6) Smart-TV-Dienste bzw. Funktionen sollten grundsätzlich ohne die Hergabe personenbezogener Daten nutzbar sein, sofern diese Daten für die Inanspruchnahme des Diensts bzw. der Funktion per se nicht erforderlich sind. Anstatt die kostenlose Nutzung eines Diensts bzw. einer Funktion generell von der Einwilligung des Nutzers abhängig zu machen, sollte ihm eine alternative Nutzungsmöglichkeit ohne die Verarbeitung seiner personenbezogenen Daten zur Wahl gestellt werden. Für diese Alternativnutzung kann der Anbieter zum Ausgleich seiner wirtschaftlichen Interessen ein monetäres Entgelt verlangen. Für die Zurverfügungstellung grundlegender Funktionen des SmartTVs sollten die Akteure hingegen weder die Hergabe personenbezogener Daten noch ein zusätzliches Entgelt fordern.

(7) Die Datenschutzerklärungen sind verständlich und übersichtlich zu gestalten, sodass der Nutzer die Datenverarbeitungsvorgänge auf dem SmartTV nachvollziehen kann. Für diesen Zweck empfiehlt sich neben der Verwendung einer einfachen Alltagssprache, eine schichtweise Zugänglichmachung der notwendigen Informationen. In Bezug auf die Informationsvermittlung sollten die Akteure nicht auf lange, unübersichtliche Fließtexte zurückgreifen, sondern neue, kreative Wege einschlagen.

(8) Die nach der DSGVO zu erteilenden Informationen sollten den Nutzern bereits vor dem Kauf des TV-Geräts zugänglich sein. Die für SmartTV spezifischen Datenschutzerklärungen können beispielsweise auf der Webseite der Anbieter permanent zur Verfügung gestellt werden. Auf diese Erklärungen sollten die Akteure im Online-Shop bzw. auf den Verpackungen der Geräte verweisen.

(9) Die Akteure sollten ein umfassendes IT-Sicherheitskonzept aufstellen, welches die Sicherheit der Daten auf dem TV-Gerät in technischer Hinsicht gewährleistet.

(10) Zwecks Gewährleistung von Informationssicherheit sollten die Akteure regelmäßige Sicherheitsupdates anbieten. Dies gilt auch in Bezug auf ältere Smart-TV-Modelle, solange der Hersteller die Geräte offiziell auf dem Markt anbietet. Insofern sollte sichergestellt sein, dass die Geräte noch für einen hinreichenden Zeitraum mit Updates versorgt werden.

(11) Die SmartTV-Geräte sowie ihre Technik sollten datenschutzfreundlich konzipiert sein. Hierzu gehört, dass die Grundeinstellungen der TVGeräte datensparsam vorkonfiguriert sind und technisch sichergestellt ist, dass personenbezogene Daten regelmäßig erst verarbeitet werden, wenn der Nutzer dies aktiv fordert. Vorinstallierte Applikationen sollten zudem stets löschbar sein.

(12) Ob eine datenschutzfreundliche Konzipierung der SmartTVs eingehalten wird und Datensicherheit gewährleistet ist, sollte nach außen erkennbar sein. Insoweit empfiehlt sich die Verwendung von Bildsymbolen oder Prüfzeichen etwa auf den Verpackungen der TVGeräte. Derartige Labels können den Absatz von Produkten immens fördern. Vor diesem Hintergrund sollten die Akteure Datenschutz als potentiellen Wettbewerbsfaktor verstehen.[1267]

II. Gestaltungsoptionen

1. Umsetzung der Vorgaben des Art. 26 DSGVO

Neben dem Abschluss einer transparenten Vereinbarung müssen die gemeinsam Verantwortlichen die Vorgabe aus Art. 26 Abs. 2 Satz 2 DSGVO beachten. Eine Möglichkeit, diese Vorgabe praktisch umzusetzen, ist es, die gemeinsame Verantwortlichkeit unmittelbar auf dem SmartTV-Gerät deutlich zu machen. Insofern bietet sich eine Übersicht über alle eingebundenen und verwendeten Dienste an, die auf dem SmartTV-Bildschirm eingeblendet wird. Beispielsweise kann der SmartTV-Hersteller eine Übersicht mit sämtlichen vorinstallierten Applikationen erstellen, welche dem Nutzer im Rahmen der Erstinbetriebnahme angezeigt wird.[1268] Eine solche Übersicht sollte neben dem Namen der Applikation, etwa in Form eines Kachel-Symbols[1269], die verantwortlichen Akteure nennen. Zudem sollte sie deutlich machen, bei wem der Nutzer seine Rechte geltend machen kann und bestenfalls einen kurzen Überblick über die stattfindenden Datenverarbeitungsvorgänge sowie die jeweiligen Zwecke geben. Schließlich sollte die Übersicht einen Link auf die Datenschutzerklärungen der

1267 Datenschutz als Wettbewerbsparameter möchte auch das *Bundeskartellamt* etablieren, *Bundeskartellamt,* Sektoruntersuchung Smart-TV, S. 10, 231 ff.

1268 Eine transparente Angabe der vorinstallierten Apps wünscht sich gernerell auch das *Bundeskartellamt, Bundeskartellamt,* Sektoruntersuchung Smart-TV, S. 210.

1269 Applikationen werden als sog. Widgets auf dem SmartTVPortal eingebunden und als Kachelsymbol angezeigt, vgl. Kap. 2 C. I. 1. Dies wäre auch im Rahmen der Übersicht möglich.

App-Anbieter einbinden. Eine datenschutzfreundliche Gestaltung wäre ferner gewährleistet, wenn der Nutzer die Applikationen, die er nicht verwenden möchte, an dieser Stelle bereits deinstallieren könnte.

Sofern die Applikationen bereits ohne Zutun der Nutzer personenbezogene Daten auf dem SmartTV erheben, muss der Hersteller bereits zu diesem frühen Zeitpunkt die Einwilligung des Nutzers einholen. Diese Einwilligung müsste sämtliche Anforderungen der DSGVO an eine wirksame Einholung erfüllen.[1270]

2. *Etablierung einer standardisierten Einwilligungsbox*

Die SmartTVAkteure müssen einen Einwilligungsmechanismus implementieren, der den Anforderungen der DSGVO vollumfänglich gerecht wird. In diesem Zusammenhang könnte sich auf Dauer eine Art standardisierte Einwilligungsbox bewähren, die auf smarten Endgeräten mit einem Bildschirm genutzt werden könnte. Eine solche Musterbox könnten die Akteure zusammen mit den Datenschutzbehörden entwickeln. Der Vorteil eines derartigen Musters wäre, dass es die äußere Form eines adäquaten Einwilligungsmechanismus gewährleistete und die Akteure die vorgegebene Box lediglich inhaltlich mit Text füllen müssten.

Bei der Gestaltung einer standardisierten Einwilligungsbox sind die folgenden Punkte zu berücksichtigen:

- Es sollte sich um ein eigenständiges, grafisches HTML-Element handeln, welches die Akteure auf einer SmartTV-Plattform einbinden können.
- Die Box sollte mit „*Datenschutzrechtliche Einwilligung*" überschrieben sein.
- Sie sollte einen Button enthalten, den der Nutzer aktiv anklicken muss, wenn er seine Einwilligung erteilen möchte.
- Neben diesem ersten Button sollte sich in gleicher Darstellungsform ein zweiter Button zur Verweigerung der Einwilligung befinden, der optisch nicht in den Hintergrund rückt.
- Dieser zweite Button sollte nicht mit Begriffen wie „*später*" oder „*Einstellungen*" bezeichnet sein, sondern vielmehr mit einem Ausdruck eindeutiger Ablehnung, wie zum Beispiel „*Nein*".[1271]

1270 Wie dies zum Beispiel bei *Google Analytics* gelingen kann, zeigt die *Datenschutzkonferenz* in ihren Hinweisen zu *Google Analytics*: *DSK*, Hinweise zum Einsatz von Google Analytics, S. 4 f.

1271 Der Nutzer sollte keineswegs durch die grafische Gestaltung einer Einwilligungserklärung bereits in die Richtung der Einwilligungserteilung gelenkt werden. Die Einwilligungsbox ist neutral zu gestalten.

- Bei kostenlosen Diensten oder Funktionen, die sich mit Hilfe personenbezogener Daten finanzieren, kann anstatt des „*Nein*" eine Nutzungsmöglichkeit gegen ein monetäres Entgelt zur Wahl gestellt werden.
- Die Box sollte stets die Implementierung eines direkten Links zu den detaillierten Informationen in Bezug auf die einwilligungsbasierten Datenverarbeitungen vorsehen. Z.B. auf die relevante Stelle in der Datenschutzerklärung des Anbieters.

Während die standardisierte Einwilligungsbox die Einhaltung eines Großteils der rechtlichen Vorgaben gewährleistet, werden die wirtschaftlichen Interessen der Akteure dadurch hinreichend bedacht, dass den Akteuren in Bezug auf die inhaltliche Gestaltung ihrer Texte ein gewisser Spielraum verbleibt. Sie können ihre Texte kreativ formulieren und den Nutzer dadurch von den Vorteilen ihres Geschäftsmodells überzeugen. So könnte beispielsweise mit der Verbesserung des „TV-Erlebnisses" geworben werden oder individuell auf den Nutzer zugeschnittene Inhalte angepriesen werden, wodurch der Zuschauer genau das auf dem TV-Bildschirm sieht, was ihm wirklich gefällt.

3. *Schaffung von Transparenz auf kreative Weise*

Die smarte Umgebung eines intelligenten Fernsehgeräts bietet vielfältige Möglichkeiten, um Informationen verständlich zu übermitteln. So können Bildsymbole oder Videodateien dabei helfen, Datenverarbeitungsvorgänge nachvollziehbar zu machen.[1272] Daneben können speziell für einen TVBildschirm kreierte Übersichten das Verständnis der Nutzer fördern. Die Akteure sollten das Potential der modernen Umgebung nutzen. Insoweit bietet sich insbesondere bei intelligenten Endgeräten, wie SmartTV, eine gestufte Informationsvermittlung an, durch die dem Nutzer die Menge an Informationen verständlich gemacht wird. Der Nutzer sollte bereits vor dem Kauf erkennen können, bei welchen Anbietern das Thema Datenschutz angemessen priorisiert wird. Auf der ersten Stufe könnten daher Bildsymbole und Prüfzeichen auf der Verkaufsverpackung oder im Onlineshop des Smart-TVs einen ersten Aufschluss über

1272 Allgemeine Vorschläge für Bildymbole und Piktogramme zur Informationsvermittlung im Zusammenhang mit SmartTV haben bereits das *Bundeskartellamt* sowie die *Deutsche TV-Plattform* entwickelt: *Bundeskartellamt*, Sektoruntersuchung Smart-TV, S. 107 ff., 232; *Deutsche TV-Plattform*, Deutsche TV-Plattform entwickelt Datenschutz-Piktogramme, abrufbar unter: https://www.tv-plattform.de/de/service/thema/thema-smart-media (Abruf v. 12.10.2020).

die Intensität der Verarbeitung personenbezogener Daten geben.[1273] In diesem Zusammenhang wäre es wünschenswert, wenn sich in Zukunft eine Art Ampelsystem, ähnlich der Energieverbrauchskennzeichnung von Geräten, etabliert. Dabei könnten Smart-TVs und andere Endgeräte nach bestimmten Kriterien in farbliche Bereiche eingeteilt werden.[1274] Eine solche Einteilung wäre für den Nutzer einfach zu begreifen und böte ihm daher einen erheblichen Vorteil. Darüber hinaus kann ein Ampelsystem zugleich für die Unternehmen vorteilhaft sein und einen absatzfördernden Wettbewerbsfaktor darstellen.[1275]

Auf der zweiten Stufe sollte sodann, beispielsweise im Rahmen der Erstinbetriebnahme, die speziell kreierte Übersicht über die Datenverarbeitungsvorgänge auf dem Smart-TV angezeigt werden. Diese hat das Potential das Thema Datenschutz anschaulich und kreativ zu vermitteln. Letztlich sollte im Rahmen dieser Übersicht auf die vollständige Datenschutzerklärung verwiesen werden, welche die dritte Stufe der Informationsvermittlung darstellen sollte. Sie muss sämtliche Informationen enthalten, die für ein umfassendes Verständnis erforderlich sind. Die Erklärung selbst ist in Abschnitte einzuteilen und übersichtlich zu gestalten.

C. Bewertung der aktuellen Rechtslage und Ausblick

Abschließend soll der Frage nachgegangen werden, ob die herausgearbeiteten Anforderungen der DSGVO dem Schutz personenbezogener Daten sowie dem Recht des Nutzers auf informationelle Selbstbestimmung im Zusammenhang mit SmartTV hinreichend Rechnung tragen oder etwaiger Anpassungsbedarf besteht.

I. Etwaiger Anpassungsbedarf im Hinblick auf die Vorschriften de lege lata

Im Ergebnis sieht die hiesige Arbeit im Hinblick auf die Vorschriften der DSGVO keinen akuten Regelungsbedarf. Die technologieneutrale Ausgestaltung der DSGVO eröffnet die Möglichkeit, auch neue Angebote der digitalen Welt

1273 Erste Vorschläge für derartige Bildsymbole und Prüfzeichen bietet das *Bundeskartellamt*: *Bundeskartellamt,* Sektoruntersuchung Smart-TV, S. 107 ff.

1274 Siehe im Detail: Kap. 4 G. I. 3. c). Die maßgeblichen Kriterien könnten z.B. die Datenschutzbehörden zusammen mit anderen Fachgremien entwickeln.

1275 Datenschutz als Wettbewerbsparameter möchte generell auch das *Bundeskartellamt* etablieren, *Bundeskartellamt,* Sektoruntersuchung Smart-TV, S. 10, 231 ff.

zu erfassen und sich den spezifischen Gegebenheiten einer Vielzahl von Fällen anzupassen. Mit Regelungen wie der Datenverarbeitung auf Grundlage einer Interessenabwägung in Art. 6 Abs. 1 UAbs. 1 lit. f DSGVO oder der weiten Formulierung der gemeinsamen Verantwortlichkeit in Art. 26 Abs. 1 Satz 1 DSGVO bietet die Verordnung hinreichende Flexibilität. Dies ist begrüßenswert, da auf diese Weise gänzlich unterschiedliche Verarbeitungskonstellationen bei sich ständig wandelnder Technik im Einzelfall individuell bewertet werden können.

Die andere Seite der Medaille ist jedoch, dass die Verordnung aufgrund ihrer offen gehaltenen Normierung zu einer Konturlosigkeit neigt. Detaillierte Vorgaben für den spezifischen Einzelfall fehlen. Dies lässt viele Fragen offen und führt zu Rechtsunsicherheit bei den Anwendern.

Die bestehende Rechtsunsicherheit in Bezug auf die DSGVO vermag aber nicht der Gesetzgeber zu nehmen. Vielmehr sind Exekutive und Judikative gefragt, Auslegungshilfen zu erlassen sowie die allgemein gehaltenen Normen der DSGVO auf die spezifischen Einzelfälle anzuwenden, wodurch sie der Verordnung schrittweise eine klare Kontur verleihen.

Handlungsbedarf besteht hingegen, was die datenschutzrechtlichen Vorgaben des TMG anbelangt. Insofern muss der nationale Gesetzgeber einschreiten und diese klarstellend abschaffen.

II. Erforderlichkeit von Vorschriften de lege ferenda

Die Verfasserin sieht kein Bedürfnis nach spezifischen Vorschriften de lege ferenda. Die allgemeinen Bestimmungen de lege lata können den Schutz personenbezogener Daten im Zusammenhang mit SmartTV bereits angemessen garantieren.

Dies gilt auch in Bezug auf die Reglementierung des Trackings auf Endgeräten. Die Untersuchung hat gezeigt, dass die DSGVO bereits einen verlässlichen Rechtsrahmen für diesen spezifischen Bereich bietet. Vor diesem Hintergrund bewertet die hiesige Abhandlung die bereichsspezifischen Vorgaben der ePrivacy-VO in Bezug auf das Tracking als überflüssig. Die bislang erfolglosen Verhandlungen der Legislativorgane der Europäischen Union führen vor Augen, dass die Normierung detaillierter Spezialvorschriften ein langwieriger Prozess ist, der mit dem ständigen Wandel der Technik nicht Schritt halten kann.

Der Gesetzgeber sollte entweder von einer bereichsspezifischen Normierung des Trackings gänzlich absehen oder zumindest einen weitestgehenden Gleichlauf mit den Vorgaben der DSGVO in diesem Bereich anstreben. Mithin ist das Festhalten an einem generellen Einwilligungserfordernis innerhalb der ePrivacyVO geboten. Schließlich konnte gezeigt werden, dass es trotz der strengen

Vorgaben, die die DSGVO an eine wirksame Einwilligung stellt, Lösungen gibt, die nicht nur einen hinreichenden Datenschutz bieten, sondern auch die Interessen der Wirtschaft berücksichtigen.

Statt den Fokus auf die Entwicklung spezifischer Vorgaben zu legen, sollte für eine ausreichende Umsetzung der Vorgaben der DSGVO gesorgt werden. Auf die Einhaltung der gesetzlichen Vorgaben hinzuwirken ist Aufgabe der Datenschutzbehörden sowie der Rechtsprechung. Sie müssen den Akteuren auf intelligenten Endgeräten, wie einem SmartTV, klare Grenzen setzen.

Ohne solch klare Grenzen birgt SmartTV ein großes Gefährdungspotential. Die schrankenlose Ausnutzung der vielfältigen Möglichkeiten intelligenter Fernsehgeräte ist zu verhindern, damit sich Smart-TV nicht zu einem undurchschaubaren oder gar manipulierenden Spion im Wohnzimmer aufschwingt.

Literaturverzeichnis

Albers, Marion, Informationelle Selbstbestimmung, Baden-Baden 2005 (zitiert: *Albers*, Informationelle Selbstbestimmung).

Albrecht, Jan Philipp/Jotzo, Florian, Das neue Datenschutzrecht der EU. Grundlagen, Gesetzgebungsverfahren, Synopse, Baden-Baden 2017 (zitiert: *Albrecht/Jotzo*, Datenschutzrecht der EU).

ARTIKEL-29-DATENSCHUTZGRUPPE, Stellungnahme 4/2007 zum Begriff „personenbezogene Daten“, 2007, 01248/07/DE WP 136 (zitiert: *Art.-29-Gruppe*, WP 136).

ARTIKEL-29-DATENSCHUTZGRUPPE, Stellungnahme 1/2008 zu Datenschutzfragen im Zusammenhang mit Suchmaschinen, 2008, 00737/DE WP 148 (zitiert: *Art.-29-Gruppe*, WP 148).

ARTIKEL-29-DATENSCHUTZGRUPPE, Stellungnahme 1/2010 zu den Begriffen „für die Verarbeitung Verantwortlicher“ und „Auftragsverarbeiter“, 2010, 00264/10/DE WP 169 (zitiert: *Art.-29-Gruppe*, WP 169).

ARTIKEL-29-DATENSCHUTZGRUPPE, Stellungnahme 2/2010 zur Werbung auf Basis von Behavioural Targeting, 2010, 00909/10/DE WP 171 (zitiert: *Art.-29-Gruppe*, WP 171).

ARTIKEL-29-DATENSCHUTZGRUPPE, Stellungnahme 15/2011 zur Definition von Einwilligung, 13.7.2011, 01197/11/DE WP187 (zitiert: *Art.-29-Gruppe*, WP 187).

ARTIKEL-29-DATENSCHUTZGRUPPE, Stellungnahme 04/2012 zur Ausnahme von Cookies von der Einwilligungspflicht, 2012, 00879/12/DE WP 194 (zitiert: *Art.-29-Gruppe*, WP 194).

ARTIKEL-29-DATENSCHUTZGRUPPE, Arbeitsunterlage 02/2013 mit Leitlinien für die Einholung der Einwilligung zur Verwendung von Cookies, 2013, 1676/13/DE WP 208 (zitiert: *Art.-29-Gruppe*, WP 208).

ARTIKEL-29-DATENSCHUTZGRUPPE, Stellungnahme 02/2013 zu Apps auf intelligenten Endgeräten, 27.2.2013, 00461/13/DE WP 202 (zitiert: *Art.-29-Gruppe*, WP 202).

ARTIKEL-29-DATENSCHUTZGRUPPE, Opinion 8/2014 on the on Recent Developments on the Internet of Things, 2014, 14/EN WP 223 (zitiert: *Art.-29-Gruppe*, WP 223).

ARTIKEL-29-DATENSCHUTZGRUPPE, Stellungnahme 06/2014 zum Begriff des berechtigten Interesses des für die Verarbeitung Verantwortlichen gemäß

Artikel 7 der Richtlinie 95/46/EG, 2014, 844/14/EN WP 217 (zitiert: *Art.-29-Gruppe,* WP 217).

ARTIKEL-29-DATENSCHUTZGRUPPE, Leitlinien in Bezug auf die Einwilligung gemäß Verordnung 2016/679, 10.4.2018, 17/DE WP259 rev.01 (zitiert: *Art.-29-Gruppe,* WP 259).

ARTIKEL-29-DATENSCHUTZGRUPPE, Leitlinien für Transparenz gemäß der Verordnung 2016/679, 11.4.2018, 17/DE WP 260 rev.01 (zitiert: *Art.-29-Gruppe,* WP 260 rev. 01).

Auer-Reinsdorff, Astrid, Transparente Datenschutzhinweise – den inhärenten Widerspruch auflösen!, ZD 2017, 149–150.

Auer-Reinsdorff, Astrid/Conrad, Isabell (Hrsg.), Handbuch IT- und Datenschutzrecht, 3. Aufl., München 2019 (zitiert: Auer-Reinsdorff/Conrad/*Bearbeiter*).

Baacke, Dieter, Medienpädagogik, Tübingen 1997 (zitiert: *Baacke,* Medienpädagogik).

Babilon, Tobias/Schönbrunn, Benedikt, Unbedingt erforderliche Cookies i.S.v. Art. 5 Abs. 3 ePrivacy-Richtlinie, DSB 2020, 204–206.

Baumgartner, Ulrich/Gausling, Tina, Datenschutz durch Technikgestaltung und datenschutzfreundliche Voreinstellung. Was Unternehmen jetzt nach der DS-GVO beachten müssen, ZD 2017, 308–313.

Baumgartner, Ulrich/Hansch, Guido, Onlinewerbung und Real-Time-Bidding. Datenschutzrechtliche Fragen im Lichte der BGH-Entscheidung Cookie-Einwilligung II, ZD 2020, 435–439.

Bayerisches Landesamt für Datenschutzaufsicht, 6. Tätigkeitsbericht des Bayerischen Landesamtes für Datenschutzaufsicht für die Jahre 2013 und 2014, 2014, abrufbar unter: https://www.lda.bayern.de/media/baylda_report_06.pdf (Stand: 12.10.2020) (zitiert: *Bayerisches Landesamt für Datenschutzaufsicht,* Tätigkeitsbericht 2013/14).

Beaujean, Daniela, Gewinner und Verlierer der Medienkonvergenz. Rückt ein Level-Playing-Field wieder in weite Ferne?, MMR 2018, 3–6.

Becker, Jürgen, Rechtliche Herausforderungen des Hybridfernsehens. Einführung zur Arbeitssitzung des Instituts für Urheber- und Medienrecht am 25. März 2011 Herrn Prof. Dr. Günter Herrmann zum 80. Geburtstag gewidmet, ZUM 2011, 449.

Beisch, Natalie/Schäfer, Carmen, Internetnutzung mit großer Dynamik: Medien, Kommunikation, Social Media. Ergebnisse der ARD/ZDF-Onlinestudie 2020, MP 2020, 462–481.

Berger, Ernst Georg, Von Fernsehgeräten und Torwächtern zu regulatorischer Divergenz, CR 2012, 306–312.

Berghofer, Simon, Aktueller Stand der Digitalisierung der TV-Empfangswege und digitalen Fernseh- und Videonutzung in Deutschland, in: *die medienanstalten* (Hrsg.), Digitalisierungsbericht 2018 Video. Digitalisierung vollendet – Wie linear bleibt das Fernsehen?, Berlin August 2018, S. 34–53 (zitiert: *Berghofer*, in: *die medienanstalten* (Hrsg.), Stand der Digitalisierung 2018).

Berghofer, Simon, Aktueller Stand der Digitalisierung der TV-Empfangswege und digitalen Fernseh- und Videonutzung in Deutschland, in: *die medienanstalten* (Hrsg.), Digitalisierungsbericht 2019. Video, Berlin Oktober 2019, S. 32–52 (zitiert: *Berghofer*, in: *die medienanstalten* (Hrsg.), Stand der Digitalisierung 2019).

Bergt, Matthias, Die Bestimmbarkeit als Grundproblem des Datenschutzrechts. Überblick über den Theorienstreit und Lösungsvorschlag, ZD 2015, 365–371.

Beukelmann, Stephan, Geldbußenverhängung bei Datenschutzverstößen, NJW-Spezial 2020, 120.

Binder, Reinhart/Vesting, Thomas (Hrsg.), Beck'scher Kommentar zum Rundfunkrecht. Rundfunkstaatsvertrag, Jugendmedienschutz-Staatsvertrag, Rundfunkbeitragsstaatsvertrag, Rundfunkfinanzierungsstaatsvertrag, 4. Aufl., München 2018 (zitiert: Binder/Vesting/*Bearbeiter*).

BITKOM Bundesverband Informationswirtschaft, Telekommunikation und neue Medien e.V., Die Zukunft der Consumer Electronics – 2012, Berlin, 2012, abrufbar unter: https://www.bitkom.org/Bitkom/Publikationen/Die-Zukunft-der-Consumer-Electronics-2012.html (Stand: 12.10.2020) (zitiert: *BITKOM*, Die Zukunft der Consumer Electronics).

Bizer, Johann, Web-Cookies - datenschutzrechtlich, DuD 1998, 277–281.

Blaue, Andreas, Meinungsrelevanz und Mediennutzung. Zu Konvergenz und Regulierung elektronischer Medien, ZUM 2005, 30–41.

Blechschmitt, Lisa, Strafverfolgung im digitalen Zeitalter. Auswirkungen des stetigen Datenaustauschs auf das strafrechtliche Ermittlungsverfahren, MMR 2018, 361–366.

Blöbaum, Bernd, Bezugspunkte von Medienvertrauen. Ergebnisse einer explorativen Studie, MP 2018, 601–607.

Blödorn, Sascha/Mohr, Inge, HbbTV: Mehr als nur Internet auf dem Fernseher. Ergebnisse einer ARD-Usability-Studie zu GbbTV 2011, MP 2011, 242–250.

Boos, Carina, Divergenter Rechtsrahmen für Inhalte im konvergenten Fernsehgerät Vorschläge zum gesetzlichen Umgang mit dem Hybrid-TV, MMR 2012, 364–369.

Boos, Carina, Technische Konvergenz im Hybrid-TV und divergenter Rechtsrahmen für Fernsehen und Internet, Kassel 2012 (zitiert: *Boos*, Hybrid-TV).

Bräutigam, Peter, Das Nutzungsverhältnis bei sozialen Netzwerken. Zivilrechtlicher Austausch von IT-Leistung gegen personenbezogene Daten, MMR 2012, 635–641.

Breda, Britt/Eijk, Nico/Irion, Kristina ua, Smart TV und Datenschutz - IRIS-Spezial, Straßburg, 2016, abrufbar unter: https://rm.coe.int/1680783dc9 (Stand: 12.10.2020) (zitiert: *EAI*, Smart-TV).

Brennscheidt, Kirstin, Cloud Computing und Datenschutz, Baden-Baden 2013 (zitiert: *Brennscheidt*, Cloud Computing).

Breunig, Christian, IPTV und Web-TV im digitalen Fernsehmarkt, MP 2007, 478–491.

Breunig, Christian/Handel, Marlene/Kessle, Bernhard, Massenkommunikation 1964-2020: Mediennutzung im Langzeitvergleich. Ergebnisse der ARD/ZDF-Langzeitstudie, MP 2020, 410–432.

Breyer, Patrick, Personenbezug von IP-Adressen. Internetnutzung und Datenschutz, ZD 2014, 400–405.

Breyer, Patrick, Datenschutz im Internet: Zwangsidentifizierung und Surfprotokollierung bleiben verboten. Warum Internetnutzer auch in Zukunft einen besonderen Datenschutz brauchen, ZD 2018, 302–303.

Brink, Stefan/Eckhardt, Jens, Wann ist ein Datum ein personenbezogenes Datum? Anwendungsbereich des Datenschutzrechts, ZD 2015, 205–212.

Brink, Stefan/Wolff, Heinrich Amadeus (Hrsg.), BeckOK Datenschutzrecht, 33. Aufl., München 2020 (zitiert: Brink/Wolff/*Bearbeiter*).

Broemel, Roland, Hybrid-TV als Regulierungsproblem? Medien-, urheber- und wettbewerbsrechtliche Rahmenbedingungen hybriden Fernsehens, ZUM 2012, 866–877.

Buchner, Benedikt, Grundsätze und Rechtmäßigkeit der Datenverarbeitung unter der DS-GVO, DuD 2016, 155–161.

Buchner, Benedikt/Kühling, Jürgen, Die Einwilligung in der Datenschutzordnung 2018, DuD 2017, 544–548.

Bundeskartellamt, Sektoruntersuchung Smart-TVs - Bericht gemäß § 32e GWB, Bonn, Juli 2020, Az. V-22/17, abrufbar unter: https://www.bundeskartellamt.de/SharedDocs/Publikation/DE/Sektoruntersuchungen/Sektoruntersuchung_SmartTVs_Bericht.pdf?__blob=publicationFile&v=5 (Stand: 12.10.2020) (zitiert: *Bundeskartellamt*, Sektoruntersuchung Smart-TV).

Bund-Länder-Kommission, Bericht Bund-Länder-Kommission zur Medienkonvergenz, Juni 2016, abrufbar unter: https://www.bundesregierung.de/resource/blob/997532/473870/07ba875e860ada4556526641bd9151b6/2016-06-14-medienkonvergenz-bericht-blk-data.pdf?download=1 (Stand: 12.10.2020) (zitiert: *Bund-Länder-Kommission*, Bericht zur Medienkonvergenz 2016).

Bussche, Axel von dem/*Voigt, Paul* (Hrsg.), Konzerndatenschutz. Rechtshandbuch, 2. Aufl., München 2019 (zitiert: Bussche/Voigt/*Bearbeiter*).

Chardon, Carine/Heyeckhaus, Katrin, Plattformregulierung aus Sicht der Unterhaltungselektronik. Regulierungsbedarf vernetzter Endgeräte zur Vielfaltsicherung?, ZUM 2015, 21–26.

Conrad, Conrad Sebastian, Die Verantwortlichkeit in der Realität. Ist das DS-GVO-Modell noch zeitgemäß?, DuD 2019, 563–568.

Dammann, Ulrich, Erfolge und Defizite der EU-Datenschutzgrundverordnung. Erwarteter Fortschritt, Schwächen und überraschende Innovationen, ZD 2016, 307–314.

Däubler, Wolfgang/Wedde, Peter/Weichert, Thilo/Sommer, Imke (Hrsg.), EU-Datenschutz-Grundverordnung und BDSG-neu. Kompaktkommentar: EU-Datenschutz-Grundverordnung (EU-DSGVO), neues Bundesdatenschutzgesetz (BDSG-neu), weitere datenschutzrechtliche Vorschriften, 2. Aufl., Frankfurt am Main 2020 (zitiert: Däubler/Wedde/Weichert/Sommer/*Bearbeiter*).

Dauses, Manfred A./Ludwigs, Markus (Hrsg.), Handbuch des EU-Wirtschaftsrechts, 49. Aufl., München 2020 (zitiert: Dauses/Ludwigs/*Bearbeiter*).

Der Hamburgische Beauftragte für Datenschutz und Informationsfreiheit, 28. Tätigkeitsbericht Datenschutz 2019, Hamburg, 2019, abrufbar unter: https://datenschutz-hamburg.de/assets/pdf/28._Taetigkeitsbericht_Datenschutz_2019_HmbBfDI.pdf (Stand: 12.10.2020) (zitiert: *Der Hamburgische Beauftragte für Datenschutz und Informationsfreiheit*, 28. Tätigkeitsbericht).

Deutsche TV-Plattform, White Book - Hybrid-TV / Smart-TV, Frankfurt am Main, 2012, abrufbar unter: https://www.tv-plattform.de/images/stories/pdf/hybrid-tv_white-book_2012.pdf (Stand: 12.10.2020) (zitiert: *Deutsche TV-Plattform e.V.*, White Book).

Deutsche TV-Plattform, Marktanalyse Smart-TV - Eine Bestandsaufnahme der Deutschen TV-Plattform, Frankfurt am Main, 2014, abrufbar unter: https://tv-plattform.de/images/stories/pdf/marktanalyse_smart-tv_2013.pdf (Stand: 12.10.2020) (zitiert: *Deutsche TV-Plattform e.V.*, Marktanalyse Smart-TV).

die medienanstalten – ALM GbR, Wie smart ist die Konvergenz? - Markt und Nutzung von Connected TV, Berlin, 2014, abrufbar unter: https://www.die-medienanstalten.de/fileadmin/user_upload/die_medienanstalten/Publikationen/Weitere_Veroeffentlichungen/Connected_TV.pdf (Stand: 12.10.2020) (zitiert: *die medienanstalten – ALM GbR*, Wie smart ist die Konvergenz?).

die medienanstalten – ALM GbR, Systematisches Monitoring von Connected TV Benutzeroberflächen - Eine Studie von Facit Digital im Auftrag der Medienanstalten, Berlin, Mai 2017, abrufbar unter: https://www.die-medienanstalten.de/fileadmin/user_upload/die_medienanstalten/Themen/Plattformregulierung/Abschlussbericht_Facit_Digital_Monitoring_Benutzeroberflaechen_final.pdf (Stand: 12.10.2020) (zitiert: *die medienanstalten,* Systematisches Monitoring von Connected TV Benutzeroberflächen).

die medienanstalten – ALM GbR, Digitalisierungsbericht 2018 Video - Digitalisierung vollendet – Wie linear bleibt das Fernsehen?, Berlin, August 2018, abrufbar unter: https://www.die-medienanstalten.de/publikationen/digitalisierungsbericht-video (Stand: 12.10.2020) (zitiert: *die medienanstalten,* Digitalisierungsbericht 2018).

die medienanstalten – ALM GbR, Forschungsaktivitäten der Landesmedienanstalten – ergänzende und aktualisierte Befunde zum Medien- und Kommunikationsbericht der Bundesregierung, Berlin, 10.12.2018, abrufbar unter: https://www.bundesregierung.de/resource/blob/975226/1567558/118f01eb03fdd8b1b2c566a7ed5013d0/2019-01-09-medienbericht-breg-2018--data.pdf (Stand: 12.10.2020) (zitiert: *die medienanstalten,* Medien- und Kommunikationsbericht 2018).

die medienanstalten – ALM GbR, Digitalisierungsbericht 2019 - Video, Berlin, Oktober 2019, abrufbar unter: https://www.die-medienanstalten.de/publikationen/digitalisierungsbericht-video?tx_news_pi1%5Bnews%5D=4743&cHash=bd0394e5660dd6afdd36a41fff073947 (Stand: 12.10.2020) (zitiert: *die medienanstalten,* Digitalisierungsbericht 2019).

die medienanstalten – ALM GbR, Mediengewichtungsstudie 2020-I - Gewichtungsstudie zur Relevanz der Medien für die Meinungsbildung in Deutschland, Berlin, 2020, abrufbar unter: https://www.die-medienanstalten.de/fileadmin/user_upload/die_medienanstalten/Themen/Forschung/Mediengewichtungsstudie/Die_Medienanstalten_Mediengewichtungsstudie_2020-I.pdf (Stand: 12.10.2020) (zitiert: *die medienanstalten,* Mediengewichtungsstudie 2020-I).

Dörr, Dieter, Der neue Medienstaatsvertrag und die verfassungsrechtlichen Vorgaben für das duale Rundfunksystem, ZUM 2015, 6–14.

Dovas, Maria-Urania, Joint Controllership - Möglichkeiten oder Risiken der Datennutzung? Regelung der gemeinsamen datenschutzrechtlichen Verantwortlichkeit in der DS-GVO, ZD 2016, 512–517.

Dregelies, Max, Wohin laufen meine Daten? Datenschutz bei Sportuhren und Fitnesstrackern, VuR 2017, 256–262.

Drewes, Stefan, Kritische Betrachtung der DSK-Orientierungshilfe zu Direktwerbung. Interessenabwägung und Direktmarketing, ZD 2019, 296–300.

Drewes, Stefan, Was von § 15 Abs. 3 TMG übrig bleibt, CR 2020, 602–607.

DSK Datenschutzkonferenz, Kurzpapier Nr. 10 - Informationspflichten bei Dritt- und Direkterhebung, 16.1.2018, abrufbar unter: https://www.datenschutzkonferenz-online.de/media/kp/dsk_kpnr_10.pdf (Stand: 12.10.2020) (zitiert: *DSK*, Kurzpapier Nr. 10: Informationspflichten).

DSK Datenschutzkonferenz, Kurzpapier Nr. 16 - Gemeinsam für die Verarbeitung Verantwortliche, Art. 26 DS-GVO, 19.3.2018, abrufbar unter: https://www.datenschutzkonferenz-online.de/media/kp/dsk_kpnr_16.pdf (Stand: 12.10.2020) (zitiert: *DSK*, Kurzpapier Nr. 16: Gemeinsam Verantwortliche).

DSK Datenschutzkonferenz, Kurzpapier Nr. 2 - Aufsichtsbefugnisse/Sanktionen, 17.12.2018, abrufbar unter: https://www.datenschutzkonferenz-online.de/media/kp/dsk_kpnr_2.pdf (Stand: 12.10.2020) (zitiert: *DSK*, Kurzpapier Nr. 2: Aufsichtsbefugnisse/Sanktionen).

DSK Datenschutzkonferenz, Kurzpapier Nr. 3 - Verarbeitung personenbezogener Daten für Werbung, 17.12.2018, abrufbar unter: https://www.datenschutzkonferenz-online.de/media/kp/dsk_kpnr_3.pdf (Stand: 12.10.2020) (zitiert: *DSK*, Kurzpapier Nr. 3: Werbung).

DSK Datenschutzkonferenz, Kurzpapier Nr. 7 - Marktortprinzip: Regelungen für außereuropäische Unternehmen, 17.12.2018, abrufbar unter: https://www.datenschutzkonferenz-online.de/media/kp/dsk_kpnr_7.pdf (Stand: 12.10.2020) (zitiert: *DSK*, Kurzpapier Nr. 7: Marktortprinzip).

DSK Datenschutzkonferenz, Kurzpapier Nr. 20 - Einwilligung nach der DS-GVO, 22.2.2019, abrufbar unter: https://www.datenschutzkonferenz-online.de/media/kp/dsk_kpnr_20.pdf (Stand: 12.10.2020) (zitiert: *DSK*, Kurzpapier Nr. 20: Einwilligung).

DSK Datenschutzkonferenz, Orientierungshilfe der Aufsichtsbehörden für Anbieter von Telemedien, März 2019, abrufbar unter: https://www.datenschutzkonferenz-online.de/media/oh/20190405_oh_tmg.pdf (Stand: 12.10.2020) (zitiert: *DSK*, Orientierungshilfe für Anbieter von Telemedien).

DSK Datenschutzkonferenz, Hinweise zum Einsatz von Google Analytics im nicht-öffentlichen Bereich - Beschl. der Konferenz der unabhängigen Datenschutzaufsichtsbehörden des Bundes und der Länder, 12.5.2020, abrufbar unter: https://www.datenschutzkonferenz-online.de/media/dskb/20200526_beschluss_hinweise_zum_einsatz_von_google_analytics.pdf (Stand: 12.10.2020) (zitiert: *DSK*, Hinweise zum Einsatz von Google Analytics).

Düsseldorfer Kreis, Beschl. der obersten Aufsichtsbehörden für den Datenschutz im nicht-öffentlichen Bereich am 26./27. November 2009 - Datenschutzkonforme

Ausgestaltung von Analyseverfahren zur Reichweitenmessung bei Internet-Angeboten, Stralsund, 26.11.2009, abrufbar unter: https://www.bfdi.bund.de/DE/Infothek/Entschliessungen/DuesseldorferKreis/functions/DKreis_table.html;jsessionid=4CD5C68C5FF8EC0E73A07CEE45C7AB4A.1_cid344?nn=5217016&cms_gts=5208402_list%253DdateOfIssue_dt%252Basc (Stand: 12.10.2020) (zitiert: *Düsseldorfer Kreis,* Beschl. v. 26./27.11.2009 in Bezug auf IP-Adressen).

Düsseldorfer Kreis, Beschl. der obersten Aufsichtsbehörden für den Datenschutz im nicht-öffentlichen Bereich - Umsetzung der Datenschutzrichtlinie für elektronische Kommunikationsdienste, 24.11.2010, abrufbar unter: https://www.baden-wuerttemberg.datenschutz.de/wp-content/uploads/2013/03/Beschl.-des-D%C3%BCsseldorfer-Kreises-2010-Umsetzung_der_Datenschutzrichtlinie_f%C3%BCr_elektronische_Kommunikationsdienste.pdf (Stand: 12.10.2020) (zitiert: *Düsseldorfer Kreis,* Beschl. v. 24./25.11.2010, Umsetzung der Datenschutzrichtlinie für elektronische Kommunikationsdienste).

Düsseldorfer Kreis, Orientierungshilfe zu den Datenschutzanforderungen an App-Entwickler und App-Anbieter, Ansbach, Juni 2014, abrufbar unter: https://www.lda.bayern.de/media/oh_apps.pdf (Stand: 12.10.2020) (zitiert: *Düsseldorfer Kreis,* Orientierungshilfe Apps).

Düsseldorfer Kreis, Orientierungshilfe zu den Datenschutzanforderungen an Smart-TV-Dienste, Ansbach, September 2015, abrufbar unter: https://www.datenschutzkonferenz-online.de/media/oh/20150917_oh_smart_tv.pdf (Stand: 12.10.2020) (zitiert: *Düsseldorfer Kreis,* Orientierungshilfe Smart-TV).

Eckhardt, Jens, IP-Adresse als personenbezogenes Datum - neues Öl ins Feuer. Personenbezug im Datenschutzrecht - Grenzen der Bestimmbarkeit am Beispiel der IP-Adresse, CR 2011, 339–344.

Eckhardt, Jens, Anwendungsbereich des Datenschutzrechts - Geklärt durch den EuGH? Der europarechtliche Grundsatz des Personenbezugs, CR 2016, 786–790.

Ehmann, Eugen/Selmayr, Martin (Hrsg.), DS-GVO. Datenschutz-Grundverordnung: Kommentar, 2. Aufl., München, Wien 2018 (zitiert: Ehmann/Selmayr/*Bearbeiter*).

Eikenberg, Ronald, Spion im Wohnzimmer. Privacy und Sicherheit bei Internet-fähigen TVs, c't 2014, 78–81.

Eimeren, Birgit/Frees, Beate, 76 Prozent der Deutschen online - neue Nutzungssituationen durch mobile Endgeräte. Ergebnisse der ARD/ZDF-Onlinestudie 2012, MP 2012, 362–379.

Engel, Bernhard/Mai, Lothar/Müller, Thorsten, Massenkommunikation Trends 2018: Intermediale Nutzungsportfolios. Ergebnisse aus der Studienreihe "Medien und ihr Publikum", MP 2018, 330–347.

Engel, Bernhard/Meys, Sandra, Nutzungstrends und Technologieentwicklung in der konvergenten Medienwelt. Ergebnisse aus dem Convergence Monitor 2008 bis 2018, MP 2018, 532–543.

Engeler, Malte, Das überschätzte Kopplungsverbot. Die Bedeutung des Art. 7 Abs. 4 DS-GVO in Vertragsverhältnissen, ZD 2018, 55–62.

Engeler, Malte/Felber, Wolfram, Entwurf der ePrivacy-VO aus Perspektive der aufsichtsbehördlichen Praxis. Reguliert der Entwurf an der technischen Realität vorbei?, ZD 2017, 251–257.

Ernst, Stefan, Die Einwilligung nach der Datenschutzgrundverordnung. Anmerkungen zur Definition nach Art. 4 Nr. 11 DS-GVO, ZD 2017, 110–114.

Eßer, Martin/Kramer, Philipp/Lewinski, Kai von (Hrsg.), DSGVO/BDSG. Datenschutz-Grundverordnung, Bundesdatenschutzgesetz und Nebengesetze: Kommentar, 7. Aufl., Köln 2020 (zitiert: Eßer/Kramer/Lewinski/*Bearbeiter*).

Ettig, Diana, Nichts geht mehr? - Das Online-Marketing nach Wirksamwerden der DSGVO, K&R 2018, 669–675.

Europäische Kommission, Grünbuch zur Konvergenz der Branchen Telekommunikation, Medien und Informationstechnologie und ihren ordnungspolitischen Auswirkungen - Ein Schritt in Richtung Informationsgesellschaft, Brüssel, 3.12.1997, KOM-(97) 623, abrufbar unter: http://ec.europa.eu/archives/information_society/avpolicy/docs/library/legal/com/greenp_97_623_de.pdf (Stand: 12.10.2020) (zitiert: *EU-Kommission,* Grünbuch Konvergenz, KOM (97) 623).

Europäische Kommission, Mitteilung der Kommission an das Europäische Parlament, den Rat, den Europäischen Wirtschafts- und Sozialausschuss und den Ausschuss der Regionen - Ein europäisches Konzept für die Medienkompetenz im digitalen Umfeld, Brüssel, 20.12.2007, KOM(2007) 833 endg., abrufbar unter: https://eur-lex.europa.eu/LexUriServ/LexUriServ.do?uri=CELEX:52007DC0833:DE:HTML (Stand: 12.10.2020) (zitiert: *EU-Kommission,* Mitteilung Kompetenz, KOM (2007) 833 endg.).

Europäische Kommission, Grünbuch über die Vorbereitung auf die vollständige Konvergenz der audiovisuellen Welt: Wachstum, Schöpfung und Werte, Brüssel, 24.4.2013, COM(2013) 231, abrufbar unter: https://eur-lex.europa.eu/LexUriServ/LexUriServ.do?uri=COM:2013:0231:FIN:DE:PDF (Stand: 12.10.2020) (zitiert: *EU-Kommission,* Grünbuch vollständige Konvergenz, COM (2013) 231).

European Commission, ePrivacy Directive: assessment of transposition, effectiveness and copmatibility with the proposed data protection regulation - Final report, Brussels, 31.1.2015, abrufbar unter: https://ec.europa.eu/digital-single-market/en/news/eprivacy-directive-assessment-transposition-effectiveness-and-compatibility-proposed-data (Stand: 12.10.2020) (zitiert: *European Commission,* ePrivacy Directive: assessment of transposition).

European Data Protection Board, Guidelines 2/2019 on the processing of personal data under Article 6(1)(b) GDPR in the context of the provision of online services to data subjects, 8.10.2019, abrufbar unter: https://edpb.europa.eu/sites/edpb/files/consultation/edpb_draft_guidelines-art_6-1-b-final_public_consultation_version_en.pdf (Stand: 12.10.2020) (zitiert: *EDPD,* Stellungnahme 2/2019).

European Data Protection Board, Guidelines 05/2020 on consent under Regulation 2016/679, 4.5.2020, abrufbar unter: https://edpb.europa.eu/sites/edpb/files/files/file1/edpb_guidelines_202005_consent_en.pdf (Stand: 12.10.2020) (zitiert: *EDPD,* Stellungnahme 5/2020).

European Data Protection Board, Guidelines 07/2020 on the concepts of controller and processor in the GDPR, 2.9.2020, Nr. 1.0, abrufbar unter: https://edpb.europa.eu/sites/edpb/files/consultation/edpb_guidelines_202007_controllerprocessor_en.pdf (Stand: 12.10.2020) (zitiert: *EDPB,* Guidlines 07/2020).

European Data Protection Supervisor, Leitlinien des EDSB zu den Begriffen „Verantwortlicher", „Auftragsverarbeiter" und „gemeinsam Verantwortliche" nach der Verordnung (EU) 2018/1725, Brüssel, 7.11.2019, abrufbar unter: https://edps.europa.eu/sites/edp/files/publication/19-11-07_edps_guidelines_on_controller_processor_and_jc_reg_2018_1725_de.pdf (Stand: 12.10.2020) (zitiert: *EDSB,* Leitlinien zu den Begriffen „Verantwortlicher", „Auftragsverarbeiter" und „gemeinsam Verantwortliche").

Faust, Florian, Digitale Wirtschaft - Analoges Recht: Braucht das BGB ein Update? Gutachten A zum 71. Deutschen Juristentag, in: *Ständige Deputation des Deutschen Juristentages* (Hrsg.), Verhandlungen des 71. Deutschen Juristentages, München 2016, S. 1–92 (zitiert: *Faust*, in: *Ständige Deputation des Deutschen Juristentages* (Hrsg.), Gutachten: Digitale Wirtschaft).

Fechner, Frank, Medienrecht. Lehrbuch des gesamten Medienrechts unter besonderer Berücksichtigung von Presse, Rundfunk und Multimedia, 20. Aufl., Tübingen 2019 (zitiert: *Fechner,* Medienrecht).

Flatau, Kai, Neue Verbreitungsformen für Fernsehen und ihre rechtliche Einordnung: IPTV aus technischer Sicht*, ZUM 2007, 1–7.

Forgó, Nikolaus/Helfrich, Marcus/Schneider, Jochen (Hrsg.), Betrieblicher Datenschutz. Rechtshandbuch, 3. Aufl., München 2019 (zitiert: Forgó/Helfrich/Schneider/*Bearbeiter*).

Franck, Johannes, Smart Grids und Datenschutz, Frankfurt am Main 2015 (zitiert: *Franck*, Smart Grids).

Frees, Beate/Eimeren, Birgit, Multioptionales Fernsehen in digitalen Medienumgebungen. Ergebnisse der ARD/ZDF-Onlinestudie 2013, MP 2013, 373–385.

Frees, Beate/Koch, Wolfgang, ARD/ZDF-Onlinestudie 2018: Zuwachs bei medialer Internetnutzung und Kommunikation. Ergebnisse aus der Studienreihe "Medien und ihr Publikum", MP 2018, 398–413.

Freund, Bernhard/Schnabel, Christoph, Bedeutet IPv6 das Ende der Anonymität im Internet? Technische Grundlagen und rechtliche Beurteilung des neuen Internet-Protokolls, MMR 2011, 495–499.

Galetzka, Christian, Web-Analytics/Retargeting und automatisierte Einzelfallentscheidung, K&R 2018, 675–680.

Geminn, Christian, Das Smart Home als Herausforderung für das Datenschutzrecht. Enthält die DSGVO risikoadäquate Regelungen?, DuD 2016, 575–580.

Gerlach, Carsten, Personenbezug von IP-Adressen. Praktische Konsequenzen aus dem Urt. des LG Berlin vom 31.1.2013, CR 2013, 478–484.

Ghiglieri, Marco, Smart TV Privacy Risks and Protection Measures. Smart-TV Datenschutz- und Privatsphärenrisiken und Schutzmaßnahmen, Darmstadt 2017 (zitiert: *Ghiglieri*, Smart-TV).

Ghiglieri, Marco/Oswald, Florian/Tews, Erik, HbbTV - I Know What You Are Watching, 2013, abrufbar unter: https://www.bsi.bund.de/SharedDocs/Downloads/DE/BSI/Veranstaltungen/ITSiKongress/13ter/Marco_Ghiglieri_15052013.html (Stand: 12.10.2020) (zitiert: *Ghiglieri ua.*, HbbTV).

Gierschmann, Sibylle, Was "bringt" deutschen Unternehmen die DS-GVO? Mehr Pflichten, aber die Rechtsunsicherheit bleibt, ZD 2016, 51–55.

Gierschmann, Sibylle, Gestaltungsmöglichkeiten bei Verwendung von personenbezogenen Daten in der Werbung. Auslegung des Art. 6 Abs. 1 lit. f DS-GVO und Lösungsvorschläge, MMR 2018, 7–12.

Gierschmann, Sibylle, Positionsbestimmung der DSK zur Anwendbarkeit des TMG. Ist ein deutscher Sonderweg wirklich die Lösung?, ZD 2018, 297–301.

Gierschmann, Sibylle, Gemeinsame Verantwortlichkeit in der Praxis. Systematische Vorgehensweise zur Bewertung und Festlegung, ZD 2020, 69–73.

Gierschmann, Sibylle, Verwendung personenbezogener Daten – Cookie-Einwilligung II. Anmerkung zu dem BGH, Urt. vom 28.5.2020 – I ZR 7/16, MMR 2020, 609–617.

Gierschmann, Sibylle/Schlender, Katharina/Stentzel, Rainer/Veil, Winfried (Hrsg.), Kommentar Datenschutz-Grundverordnung, Köln 2018 (zitiert: Gierschmann/Schlender/Stentzel/Veil/*Bearbeiter*).

Gola, Peter (Hrsg.), Datenschutz-Grundverordnung. VO (EU) 2016/679: Kommentar, 2. Aufl., München 2018 (zitiert: Gola/*Bearbeiter*).

Gola, Peter/Schulz, Sebastian, DS-GVO – Neue Vorgaben für den Datenschutz bei Kindern? Überlegungen zur einwilligungsbasierten Verarbeitung von personenbezogenen Daten Minderjähriger, ZD 2013, 475–481.

Golland, Alexander, Das Kopplungsverbot in der Datenschutz-Grundverordnung. Anwendungsbereich, ökonomische Auswirkungen auf Web 2.0-Dienste und Lösungsvorschlag, MMR 2018, 130–135.

Golland, Alexander, Datenverarbeitung in sozialen Netzwerken, Frankfurt am Main 2018 (zitiert: *Golland*, Datenverarbeitung in sozialen Netzwerken).

Golland, Alexander, Der räumliche Anwendungsbereich der DS-GVO, DuD 2018, 351–357.

Golland, Alexander, Gemeinsame Verantwortlichkeit in mehrstufigen Verarbeitungsszenarien. Zugleich Kommentar zu EuGH, Urt. vom 5.6.2018 - C-210/16, K&R 2018, 475 ff., K&R 2018, 433–438.

Golland, Alexander, Reichweite des "Joint Controllership": Neue Fragen der gemeinsamen Verantwortlichkeit. Zugleich Kommentar zu EuGH, Urt. vom 29.7.2019 - C-40/17, K&R 2019, 562 ff., K&R 2019, 533–537.

Gottberg, Joachim/Graubner, Camilla/Chardon, Carine, Konvergenz zweier Welten im Hybrid-TV. Konsequenzen für Finanzierung und Regulierung, tv diskurs 2011, 54–60.

Gounalakis, Georgios, Konvergenz der Medien - Sollte das Recht der Medien harmonisiert werden? Gutachten C zum 64. Deutschen Juristentag, München 2002 (zitiert: *Gounalakis*, Konvergenz der Medien).

Grabitz, Eberhard/Hilf, Meinhard/Nettesheim, Martin (Hrsg.), Das Recht der Europäischen Union. Band I EUV/AEUV, 70. Aufl., München 2020 (zitiert: Grabitz/Hilf/Nettesheim/*Bearbeiter*).

Graf v. Westphalen, Friedrich/Wendehorst, Christiane, Hergabe personenbezogener Daten für digitale Inhalte - Gegenleistung, bereitzustellendes Material oder Zwangsbeitrag zum Datenbinnenmarkt?, BB 2016, 2179–2187.

Grigorjew, Olga/Nebel, Maxi, Forschungsprojekt "Forum Privatheit und selbstbestimmtes Leben in der Digitalen Welt", ZD-Aktuell 2017, 5532.

Hain, Karl-E., Regulierung in den Zeiten der Konvergenz, K&R 2006, 325–337.

Hain, Karl-E., Medienmarkt im Wandel: Technische Konvergenz und Anbieterkonkurrenz als Herausforderung an Verfassungsrecht und Regulierung, AfP 2012, 313–328.

Hanloser, Stefan, Einwilligung und Cookie Consent nur durch aktive, gesonderte und ausdrückliche Erklärung – Planet49. Anmerkung zum EuGH, Urt. vom 1.10.2019 – C-673/17, ZD 2019, 556–562.

Hanloser, Stefan, Keine gemeinsame Verantwortlichkeit für Datenspeicherung durch Facebook – Fashion ID. Anmerkung zu EuGH, Urt. v. 29.7.2019 - C-40/17, ZD 2019, 455–460.

Hanloser, Stefan, Umsetzungslücken bei der ePrivacy-RL – Planet49. EuGH, Schlussanträge vom 21.3.2019 – C-673/17, ZD 2019, 264–266.

Hansen, Hauke/Struwe, Dario, Speicherung von IP-Adressen zur Abwehr von Cyberattacken zulässig, GRUR-Prax 2016, 503.

Härting, Niko, Profiling: Vorschläge für eine intelligente Regulierung. Was aus der Zweistufigkeit des Profiling für die Regelung des nicht-öffentlichen Datenschutzbereichs folgt, CR 2014, 528–536.

Härting, Niko, Datenschutz-Grundverordnung, Köln 2016 (zitiert: *Härting*, DSGVO).

Härting, Niko, Digital Goods und Datenschutz - Daten sparen oder monetarisieren? Die Reichweite des vom DinhRL-E erfassten Geschäftsmodells, CR 2016, 735–740.

Härting, Niko, Internetrecht, 6. Aufl., Köln 2017 (zitiert: *Härting*, Internetrecht).

Härting, Niko, Gemeinsame Verantwortlichkeit bei einer Facebook-Fanpage, NJW 2018, 2523–2526.

Härting, Niko/Gössling, Patrick/Dimov, Vitorio, „Berechtigte Interessen“ nach der DSGVO, ITRB 2017, 169–172.

Hasebrink, Uwe/Schmidt, Jan-Hinrik, Informationsrepertoires der deutschen Bevölkerung - Konzept für eine regelmäßig durchzuführende bevölkerungsrepräsentative Befragung im Rahmen des Vorhabens „Erfassung und Darstellung der Medien- und Meinungsvielfalt in Deutschland“, Hamburg, Juni 2012, abrufbar unter: https://www.hans-bredow-institut.de/uploads/media/Publikationen/cms/media/59105af0016943f9b8b29e1525b1b37e699c444f.pdf (Stand: 12.10.2020) (zitiert: *Hans-Bredow-Institut*, Informationsrepertoires).

Hasebrink, Uwe/Schulz, Wolfgang/Deterding, Sebastian ua, Leitmedium Internet? - Mögliche Auswirkungen des Aufstiegs des Internets zum Leitmedium für das deutsche Mediensystem, Oktober 2013, abrufbar unter: https://www.hans-bredow-institut.de/uploads/media/Publikationen/cms/media/544ac8d85f1c6d65e631302d30c12d8f55d1452d.pdf (Stand: 12.10.2020) (zitiert: *Hans-Bredow-Institut*, Leitmedium Internet).

Hasebrink, Uwe/Schulz, Wolfgang/Dreyer, Stephan ua, ZUR ENTWICKLUNG DER MEDIEN IN DEUTSCHLAND ZWISCHEN 2013 UND 2016 - Wissenschaftliches Gutachten zum Medien- und Kommunikationsbericht der Bundesregierung, Hamburg, Februar 2017, abrufbar unter: https://www.bundesregierung.de/resource/blob/997532/752272/cfbcb2bc28dd2a6fc33eb5f5c2a437b0/2017-06-27-medienbericht-data.pdf?download=1 (Stand: 12.10.2020) (zitiert: *Hans-Bredow-Institut,* Entwicklung der Medien 2013-2016).

Heidrich, Joerg/Wegener, Christoph, Datenschutzrechtliche Aspekte bei der Weitergabe von IP-Adressen, DuD 2010, 172–177.

Heinzke, Philippe/Engel, Lennart, Datenverarbeitung zur Vertragserfüllung - Anforderungen und Grenzen. Reichweite des Art. 6 Abs. 1 1. Unterabs. lit. b DS-GVO, ZD 2020, 189–194.

Hemmert-Halswick, Maximilian, Das (vorläufige?) Ende der e-Privacy-VO, MMR-Aktuell 2019, 422777.

Hemmert-Halswick, Maximilian, Unternehmen sprechen sich für ePrivacy-Verordnung aus, MMR-Aktuell 2020, 425643.

Hennemann, Moritz, Personalisierte Medienangebote im Datenschutz- und Vertragsrecht. Vortrag auf dem interdisziplinären Symposium »Der Code als Gatekeeper: Vielfaltsicherung in Zeiten von Such- und Entscheidungsalgorithmen, Personalisierung und Fake-News« des Instituts für Urheber- und Medienrecht am 28.4.2017 in München, ZUM 2017, 544–552.

Herzog, Roman/Scholz, Rupert/Herdegen, Matthias/Klein, Hans (Hrsg.), Grundgesetz. Kommentar, München 2020 (zitiert: Herzog/Scholz/Herdegen/Klein/*Bearbeiter*).

Hoeren, Thomas, Urheberrechtliche Fragen rund um IP-TV und Handy-TV, MMR 2008, 139–144.

Hoeren, Thomas, Google Analytics – datenschutzrechtlich unbedenklich? Verwendbarkeit von Webtracking-Tools nach BDSG und TMG, ZD 2011, 3–6.

Hoeren, Thomas, Google Analytics – datenschutzrechtlich unbedenklich? Verwendbarkeit von Webtracking-Tools nach BDSG und TMG, ZD 2011, 3–6.

Hoeren, Thomas/Neurauter, Sebastian/Golla, Christoph, IPTV - die wichtigsten Rechtsfragen aus Sicht der Anbieter, Berlin, Münster 2010 (zitiert: *Hoeren/Neurauter/Golla,* IPTV).

Hoeren, Thomas/Sieber, Ulrich/Holznagel, Bernd (Hrsg.), Handbuch Multimedia-Recht. Rechtsfragen des elektronischen Geschäftsverkehrs, 52. Aufl., München 2020 (zitiert: Hoeren/Sieber/Holznagel/*Bearbeiter*).

Hoffmann-Riem, Wolfgang/Schulz, Wolfgang/Held, Thorsten, Konvergenz und Regulierung. Optionen für rechtliche Regelungen und Aufsichtsstrukturen im Bereich Information, Kommunikation und Medien, Baden-Baden 2000 (zitiert: *Hoffmann-Riem/Schulz/Held,* Konvergenz und Regulierung).

Hofmann, Johanna/Johannes, Paul, DS-GVO: Anleitung zur autonomen Auslegung des Personenbezugs. Begriffsklärung der entscheidenden Frage des sachlichen Anwendungsbereichs, ZD 2017, 221–226.

Hölig, Sascha/Hasebrink, Uwe, Nachrichtennutzung und soziale Medien. Befunde aus dem Reuters Institute Digital News Survey 2018, MP 2018, 574–582.

Holtmann, Frank, Zur rechtlichen Unterscheidung von Rundfunk und Telemedien bei Hybrid-TV, Hamburg 2015 (zitiert: *Holtmann,* Hybrid-TV).

Holznagel, Bernd, Konvergenz der Medien - Herausforderungen an das Recht, NJW 2002, 2351–2356.

Indenhuck, Moritz/Britz, Thomas, Vom Datenschutzrecht zum Datenschuldrecht - Neue Leitlinien zur Verarbeitung personenbezogener Daten bei Online-Dienstleistungen, BB 2019, 1091–1096.

Jandt, Silke, Spezifischer Datenschutz für Telemedien und die DS-GVO. Zwischen Rechtssetzung und Rechtsanwendung, ZD 2018, 405–408.

Jandt, Silke/Steidle, Roland (Hrsg.), Datenschutz im Internet. Rechtshandbuch zu DSGVO und BDSG, Baden-Baden 2018 (zitiert: Jandt/Steidle/*Bearbeiter*).

Jarass, Hans d./*Pieroth, Bodo* (Hrsg.), GG - Grundgesetz für die Bundesrepublik Deutschland. Kommentar, 16. Aufl., München 2020 (zitiert: Jarass/Pieroth/*Bearbeiter*).

Jaritz, Aline/Lo Iacono, Luigi, Untersuchung des Datenverkehrs aktueller Smart-TVs, DuD 2016, 511–518.

Johannes, Paul, EDSA: Leitlinien 2/2019 zur Vertragsdatenverarbeitung veröffentlicht, ZD-Aktuell 2019, 6821.

Jung, Alexander/Hansch, Guido, Die Verantwortlichkeit in der DS-GVO und ihre praktischen Auswirkungen. Hinweis zur Umsetzung im Konzern- oder Unternehmensumfeld, ZD 2019, 143–148.

Kammerevert, Petra, Konvergenz mit innovativer Regulierung pro-aktiv begleiten, promedia 2013, 13–14.

Karg, Moritz, BGH: Speicherung dynamischer IP-Adressen. Anmerkung zu BGH, Urt. v. 13.1.2011, III ZR 146/10, MMR 2011, 345–346.

Karg, Moritz, VG Schleswig: Verbot von Facebook-Fanseiten. Anmerkung zu dem Urt., ZD 2014, 51–56.

Karg, Moritz, Anonymität, Pseudonyme und Personenbezug revisited?, DuD 2015, 520–526.

Karg, Moritz/Kühn, Ulrich, Datenschutzrechtlicher Rahmen für "Device Fingerprinting". Das klammheimliche Ende der Anonymität im Internet, ZD 2014, 285–290.

Kartheuser, Ingemar/Nabulsi, Selma, Abgrenzungsfragen bei gemeinsam Verantwortlichen. Kritische Analyse der Voraussetzungen nach Art. 26 DS-GVO, MMR 2018, 717–721.

Kaufmanns, Ralf, Der Smart TV-Markt: Akteure, Strategien, Geschäftsmodelle, in: *die medienanstalten – ALM GbR* (Hrsg.), Wie smart ist die Konvergenz? Markt und Nutzung von Connected TV, Berlin 2014, S. 7–24 (zitiert: *Kaufmanns*, in: *die medienanstalten – ALM GbR* (Hrsg.), Smart-TV).

Keber, Tobias O., Big Data im Hybrid-TV - Mit dem Zweiten sieht das Erste besser, RDV 2013, 236–243.

Keppeler, Lutz Martin, Was bleibt vom TMG-Datenschutz nach der DS-GVO? Lösung und Schaffung von Abgrenzungsproblemen im Multimedia-Datenschutz, MMR 2015, 779–783.

Kettner, Sara Elisa/Thorun, Christian/Vetter, Max, Wege zur besseren Informiertheit - Verhaltenswissenschaftliche Ergebnisse zur Wirksamkeit des OnePager-Ansatzes und weiterer Lösungsansätze im Datenschutz, Berlin, 28.2.2018, abrufbar unter: https://www.conpolicy.de/data/user_upload/Studien/Bericht_ConPolicy_2018_02_Wege_zur_besseren_Informiertheit.pdf (Stand: 12.10.2020) (zitiert: *Kettner ua.*, Wege zur besseren Informiertheit).

Kipker, Dennis-Kenji (Hrsg.), Cybersecurity, München 2020 (zitiert: Kipker/*Bearbeiter*).

Kipker, Dennis-Kenji/Kubis, Marcel, BGH: Dynamische IP-Adresse als personenbezogenes Datum für Online-Mediendienstanbieter, MMR 2017, 605–610.

Kitz, Volker, Hybride Empfangsgeräte: Prüfstein für eine moderne Medienordnung, in: *Kleist/Roßnagel/Scheuer* (Hrsg.), Europäisches und nationales Medienrecht im Dialog. Recht - Politik - Kultur - Technik - Nutzung ; Festschrift aus Anlass des 20-jährigen Bestehens des Instituts für Europäisches Medienrecht e.V. (EMR), Baden-Baden 2010, S. 337–344 (zitiert: *Kitz*, in: *Kleist/Roßnagel/Scheuer* (Hrsg.), Hybride Empfangsgeräte).

Klein, Florian, Personenbilder im Spannungsfeld von Datenschutzgrundverordnung und Kunsturhebergesetz, Frankfurt a.M 2017 (zitiert: *Klein*, Personenbilder).

Klickermann, Paul H., Hybrides Fernsehen - Die Verschmelzung von Rundfunk und Internet, in: *Taeger* (Hrsg.), Die Welt im Netz. Folgen für Wirtschaft und Gesellschaft - Tagungsband Herbstakademie 2011, Edewecht 2011, S. 707–721 (zitiert: *Klickermann*, in: *Taeger* (Hrsg.), Hybrides Fernsehen).

Klickermann, Paul H./Lotz, Sascha, Hybrid-TV in der Plattformregulierung Vorgaben zum chancengleichen und diskriminierungsfreien Zugang, MMR 2012, 801–805.

Kluth, Winfried/Schulz, Wolfgang, Konvergenz und regulatorische Folgen - Gutachten im Auftrag der Rundfunkkommission der Länder, Hamburg, Oktober 2014, abrufbar unter: https://www.hans-bredow-institut.de/uploads/media/Publikationen/cms/media/d74b139d80000c12483526a23a55bf89f9d971c6.pdf (Stand: 12.10.2020) (zitiert: *Hans-Bredow-Institut*, Konvergenz).

Kommission zur Ermittlung der Konzentration im Medienbereich, Zwölfter Jahresbericht - Berichtszeitraum 1. Juli 2008 bis 30. Juni 2009, Potsdam, 2009, abrufbar unter: https://www.kek-online.de/fileadmin/user_upload/KEK/Publikationen/Jahresberichte/12._Jahresbericht.pdf (Stand: 12.10.2020) (zitiert: *KEK*, Jahresbericht 2008/2009).

Kremer, Sascha, Datenschutz bei Entwicklung und Nutzung von Apps für Smart Devices, CR 2012, 438–446.

Kremer, Sascha, Gemeinsame Verantwortlichkeit: Die neue Auftragsverarbeitung? Analyse der tatsächlichen Lebenssachverhalte zur Abgrenzung zwischen gemeinsamer Verantwortlichkeit und Auftragsverarbeitung, CR 2019, 225–234.

Kring, Markus/Marosi, Johannes, Ein Elefant im Porzellanladen - Der EuGH zu Personenbezug und berechtigtem Interesse. Zugleich Kommentar zu EuGH, Urt. vom 19.10.2016 - C-582/14, K&R 2016, 811 ff., K&R 2016, 773–777.

Krogmann, Carrie P., ZDF zur Richtlinie Kollektives Rechtemanagement (CRMD), ZUM 2013, 180–182.

Krohm, Niclas, Abschied vom Schriftformgebot der Einwilligung. Lösungsvorschläge und künftige Anforderungen, ZD 2016, 368–373.

Krohm, Niclas/Müller-Peltzer, Philipp, Auswirkungen des Kopplungsverbots auf die Praxistauglichkeit der Einwilligung. Das Aus für das Modell "Service gegen Daten"?, ZD 2017, 551–556.

Kugelmann, Dieter, Polizei- und Ordnungsrecht, Berlin Heidelberg 2012 (zitiert: *Kugelmann*, Polizei- und Ordnungsrecht).

Kugelmann, Dieter, Datenfinanzierte Internetangebote. Regelungs- und Schutzmechanismen des DSGVO, DuD 2016, 566–570.

Kühling, Jürgen/Buchner, Benedikt (Hrsg.), DS-GVO/BDSG. Datenschutz-Grundverordnung Bundesdatenschutzgesetz Kommentar, 3. Aufl., München 2020 (zitiert: Kühling/Buchner/*Bearbeiter*).

Kühling, Jürgen/Klar, Manuel, Unsicherheitsfaktor Datenschutzrecht – Das Beispiel des Personenbezugs und der Anonymität, NJW 2013, 3611–3617.

Kühling, Jürgen/Klar, Manuel, Speicherung von IP-Adressen beim Besuch einer Internetseite. EuGH, Urt. vom 19.10.2016 – C-582/14 – Breyer, ZD 2017, 24–29.

Kühling, Jürgen/Klar, Manuel/Sackmann, Florian, Datenschutzrecht, 4. Aufl., Heidelberg 2018 (zitiert: *Kühling/Klar/Sackmann*, Datenschutzrecht).

Kühling, Jürgen/Martini, Mario/Heberlein, Johanna ua, Die Datenschutz-Grundverordnung und das nationale Recht. Erste Überlegungen zum innerstaatlichen Regelungsbedarf, Münster 2016 (zitiert: *Kühling/Martini/Heberlein* ua, DS-GVO und das nationale Recht).

Kupferschmitt, Thomas/Müller, Thorsten, ARD/ZDF-Massenkommunikation 2020: Mediennutzung im Intermediavergleich. Aktuelle Ergebnisse der repräsentativen Langzeitstudie, MP 2020, 390–409.

Kurp, Matthias, Zappen zwischen TV und World Wide Web, TENDENZ 2011, 6–11.

Ladeur, Karl-Heinz/Gostomzyk, Tobias, Medienkollisionsrecht: Der Rundfunk im Netzwerk der Netzwerke. Kollision und Symbiose von Telemedien und Rundfunk am Beispiel des Werberechts, CR 2014, 28–35.

Lang, Markus, Gemeinsame Verantwortlichkeit in der Praxis - Zugleich Besprechung von EuGH C-40/17 ("Fashion ID"), DSB 2019, 206–208.

Lang, Markus, Rechtskonformer Einsatz von Cookies. Zugleich Kommentar zu EuGH, Urt. vom 1.10.2019 - C-673/17, K&R 2019, 705 ff., K&R 2019, 698–702.

Lang, Markus, Cookie-Einwilligung II: Keine wirksame Einwilligung bei voreingestellten Häkchen. Kommentar zum BGH, Urt. vom 28.5.2020 - I ZR 7/16, K&R 2020, 611–618.

Langhanke, Carmen/Schmidt-Kessel, Martin, Consumer Data as Consideration, EuCML 2015, 218–223.

Latzer, Michael, Mediamatik - Die Konvergenz von Telekommunikation, Computer und Rundfunk, Wiesbaden 1997 (zitiert: *Latzer*, Mediamatik).

Laue, Philip/Kremer, Sascha (Hrsg.), Das neue Datenschutzrecht in der betrieblichen Praxis, 2. Aufl., Baden-Baden 2019 (zitiert: Laue/Kremer/*Bearbeiter*).

Lee, Lauren/Cross, Samuel, (Gemeinsame) Verantwortlichkeit beim Einsatz von Drittinhalten auf Websites. Wird das Rad unnötig neu erfunden?, MMR 2019, 559–563.

Leinemann, Franziska, Personenbezogene Daten als Entgelt. Eine Untersuchung anhand schulvertrags-, datenschutz- und kartellrechtlicher Fragestellungen, Berlin ua 2020 (zitiert: *Leinemann*, Personenbezogene Daten als Entgelt).

Leuschen, Johanna, Internetfernsehen. Eine angebots- und akteurszentrierte Analyse und Kategorisierung onlinevermittelter Bewegtbildinhalte in ihrer

Einführungsphase (2005-2011) und ihre Auswirkungen auf die traditionelle Fernsehlandschaft in Deutschland, Münster 2016 (zitiert: *Leuschen*, Internetfernsehen).

Lezzi, Lukas/Oberlin, Jutta Sonja, Gemeinsam Verantwortliche in der konzerninternen Datenverarbeitung. Eine praxisorientierte Darstellung möglicher Konstellationen, ZD 2018, 398–404.

Lorenz, Bernd, Datenschutzrechtliche Informationspflichten, VuR 2019, 213–221.

Luch, Anika, Das neue „IT-Grundrecht". Grundbedingung einer „Online-Handlungsfreiheit", MMR 2011, 75–79.

Marosi, Johannes/Matthé, Luisa, Gemeinsame Verantwortlichkeit eines Fanpage-Betreibers und des dazugehörigen sozialen Netzwerks. Anmerkung zu EuGH, Urt. vom 5.6.2018 – C-210/16 – ULD Schleswig-Holstein/Wirtschaftsakademie Schleswig-Holstein, ZD 2018, 361–363.

Maurer, Torsten/Wagner, Matthias/Weiß, Hans-Jürgen, Fernsehnachrichten: Mehr als Klimawandel, Brexit, Europa- und Landtagswahlen. Ergebnisse des Nachrichtenmonitors 2019, MP 2020, 62–86.

Menzel, Hans-Joachim, Datenschutzrechtliche Einwilligungen. Plädoyer für eine Rückkehr zur Selbstbestimmung, DuD 2008, 400–408.

Metze-Mangold, Verena, Konvergenz, in: *Schiwy/Schütz/Dörr* (Hrsg.), Medienrecht. Lexikon für Praxis und Wissenschaft, 5. Aufl., Köln 2010, S. 300–312 (zitiert: *Metze-Mangold*, in: *Schiwy/Schütz/Dörr* (Hrsg.), Konvergenz).

Meyerdierks, Per, Sind IP-Adressen personenbezogene Daten?, MMR 2009, 8–13.

Meyerdierks, Per, Personenbeziehbarkeit statischer IP-Adressen. Datenschutzrechtliche Einordnung der Verarbeitung durch Betreiber von Webseiten, MMR 2013, 705–708.

Möhrke-Sobolewski, Christine/Klas, Benedikt, Datenschutzkonformes Webtracking, ITRB 2016, 182–185.

Monreal, Manfred, Der Rahmen der Verantwortung und die klare Linie in der Rechtsprechung des EuGH zu gemeinsam Verantwortlichen. Auswirkungen der europarechtlichen Konzeption des Verantwortlichen, CR 2019, 797–808.

Moos, Flemming, Unmittelbare Anwendbarkeit der Cookie-Richtlinie - Mythos oder Wirklichkeit, K&R 2012, 635–640.

Moos, Flemming/Rothkegel, Tobias, „Gefällt mir"-Button von Facebook – Fashion ID. Anmerkung zu EuGH Urt. vom 29.7.2019 – C-40/17, MMR 2019, 584–587.

Moos, Flemming/Rothkegel, Tobias, Setzen von Cookies erfordert aktive Einwilligung des Internetnutzers – Planet49. Anmerkung zu EuGH Urt. vom 1.10.2019 - C-673/17, MMR 2019, 732–740.

Moos, Flemming/Strassemeyer, Laurenz, Der gestalterische Spielraum für Einwilligungserklärungen nach BGH Cookie-Einwilligung II, DSB 2020, 207–210.

Möstl, Markus/Kugelmann, Dieter (Hrsg.), Polizei- und Ordnungsrecht Nordrhein-Westfalen, München 2020 (zitiert: Möstl/Kugelmann/*Bearbeiter*).

Müller, Marion, Konsumtrends in der Consumer- und Home Electronics-Branche, AG 2018, R228-R229.

Müller-Broich, Jan (Hrsg.), Telemediengesetz. Nomos Kommentar, Baden-Baden 2012 (zitiert: Müller-Broich/*Bearbeiter*).

Naumann, Michael, Connected-TV. Eine Analyse von Gatekeeper-Regulierung sowie Investitions- und Integritätsschutz, Wiesbaden 2019 (zitiert: *Naumann*, Connected-TV).

Paal, Boris/Hennemann, Moritz, Big Data im Recht. Wettbewerbs- und daten(schutz)rechtliche Herausforderungen, NJW 2017, 1697–1701.

Paal, Boris/Pauly, Daniel (Hrsg.), Datenschutz-Grundverordnung, Bundesdatenschutzgesetz, 2. Aufl., München 2018 (zitiert: Paal/Pauly/*Bearbeiter*).

Paal, Boris P., Schadensersatzansprüche bei Datenschutzverstößen. Voraussetzungen und Probleme des Art. 82 DS-GVO, MMR 2020, 14–19.

Pahlen-Brandt, Ingrid, Datenschutz braucht scharfe Instrumente Beitrag zur Diskussion um „personenbezogene Daten“, DuD 2008, 34–40.

Pahlen-Brandt, Ingrid, Zur Personenbezogenheit von IP-Adressen. Zugleich eine Replik auf Eckhardt, K&R 2007, 602 ff., K&R 2008, 288–291.

Perlitz, Mark/Kneuper, Ralf, Datenschutz bei nutzungsbasierter Online-Werbung, DuD 2019, 502–506.

Piltz, Carlo, Die Datenschutz-Grundverordnung. Teil 1: Anwendungsbereich, Definitionen und Grundlagen der Datenverarbeitung, K&R 2016, 557–567.

Plath, Kai-Uwe (Hrsg.), DSGVO/BDSG. Kommentar zu DSGVO, BDSG und den Datenschutzbestimmungen des TMG und TKG, 3. Aufl., Köln 2018 (zitiert: Plath/*Bearbeiter*).

Pollmann, Maren/Kipker, Dennis-Kenji, Informierte Einwilligung in der Online-Welt, DuD 2016, 378–381.

Prensky, Marc, Digital Natives, Digital Immigrants Part 1, On the Horizon 2001, 1–6.

Pscheida, Daniela, Das Internet als Leitmedium der Wissensgesellschaft und dessen Auswirkungen auf die gesellschaftliche Wissenskultur, in: *Ligensa/Müller/Gendolla* (Hrsg.), Leitmedien. Konzepte - Relevanz - Geschichte, Band 1,

Bielefeld 2009, S. 247–267 (zitiert: *Pscheida*, in: *Ligensa/Müller/Gendolla* (Hrsg.), Internet als Leitmedium).

Rauer, Nils/Ettig, Diana, Aktuelle Entwicklungen zum rechtskonformen Einsatz von Cookies. Die Rechtslage auf dem Prüfstand von Kommission und Gerichten, ZD 2016, 423–427.

Rauer, Nils/Ettig, Diana, Rechtskonformer Einsatz von Cookies. Aktuelle Rechtslage und Entwicklungen, ZD 2018, 255–258.

Reitze, Helmut/Ridder, Christa-Maria, Massenkommunikation VIII. Eine Langzeitstudie zur Mediennutzung und Medienbewertung 1964 - 2010, Baden-Baden 2011 (zitiert: *Reitze/Ridder*, Massenkommunikation VIII).

Ricke, Thorsten, Die rundfunkrechtliche Plattformregulierung auf dem Prüfstand. Wird den neuen Entwicklungen richtig Rechnung getragen?, MMR 2011, 642–648.

Ricke, Thorsten, IPTV und Mobile TV. Neue Plattformanbieter und ihre rundfunkrechtliche Regulierung, Baden-Baden 2011 (zitiert: *Ricke*, IPTV und Mobile TV).

Roßnagel, Alexander (Hrsg.), Europäische Datenschutz-Grundverordnung. Vorrang des Unionsrechts - Anwendbarkeit des nationalen Rechts, Baden-Baden 2017 (zitiert: Roßnagel/*Bearbeiter*).

Roßnagel, Alexander, Kein „Verbotsprinzip“ und kein „Verbot mit Erlaubnisvorbehalt“ im Datenschutzrecht. Zur Dogmatik der Datenverarbeitung als Grundrechtseingriff, NJW 2019, 1–5.

Roßnagel, Alexander/Kleist, Thomas/Scheuer, Alexander, Die Reform der Regulierung elektronischer Medien in Europa. Dargestellt am Beispiel der EG, Belgiens, Deutschlands, Frankreichs, Italiens und des Vereinigten Königreichs, Berlin 2007 (zitiert: *Roßnagel/Kleist/Scheuer*, Regulierung).

Roßnagel, Alexander/Kroschwald, Steffen, Was wird aus der Datenschutzgrundverordnung? Die Entschließung des Europäischen Parlaments über ein Verhandlungsdokument, ZD 2014, 495–500.

Roßnagel, Alexander/Scholz, Philip, Datenschutz durch Anonymität und Pseudonymität Rechtsfolgen der Verwendung anonymer und pseudonymer Daten, MMR 2000, 721–731.

Rüscher, Daniel, Alexa, Siri und Google als digitale Spione im Auftrag der Ermittlungsbehörden? Zur Abgrenzung von Quellen-TKÜ, Onlinedurchsuchung und akustischer Wohnraumüberwachung, NStZ 2018, 687–692.

Sachs, Michael (Hrsg.), Grundgesetz. Kommentar, 8. Aufl., München 2018 (zitiert: Sachs/*Bearbeiter*).

Säcker, Franz Jürgen/Rixecker, Roland/Oetker, Hartmut/Limperg, Bettina (Hrsg.), Münchener Kommentar zum Bürgerlichen Gesetzbuch, München 2019 (zitiert: Säcker/Rixecker/Oetker/Limperg/*Bearbeiter*).

Sassenberg, Thomas/Faber, Tobias (Hrsg.), Rechtshandbuch Industrie 4.0 und Internet of Things. Praxisfragen und Perspektiven der digitalen Zukunft, 2. Aufl., München, [München] 2020 (zitiert: Sassenberg/Faber/*Bearbeiter*).

Sattler, Andreas, Personenbezogene Daten als Leistungsgegenstand. Die Einwilligung als Wegbereiter des Datenschuldrechts, JZ 2017, 1036–1046.

Sattler, Andreas, Gemeinsame Verantwortlichkeit - getrennte Pflichten. Zugleich Besprechung von EuGH "Fashion ID / Verbaucherzentrale NRW", GRUR 2019, 1023–1026.

Schaar, Peter, Datenschutz im Internet. Die Grundlagen, München 2002 (zitiert: *Schaar*, Datenschutz im Internet).

Schaffland, Hans-Jürgen, Datenschutz und Bankgeheimnis bei Fusion - (k)ein Thema?, NJW 2002, 1539–1542.

Schaffland, Hans-Jürgen/Wiltfang, Noeme (Hrsg.), Datenschutz-Grundverordnung (DS-GVO)/Bundesdatenschutzgesetz (BDSG). Kommentar, Berlin 2017 (zitiert: Schaffland/Wiltfang/*Bearbeiter*).

Schantz, Peter, Die Datenschutz-Grundverordnung – Beginn einer neuen Zeitrechnung im Datenschutzrecht, NJW 2016, 1841–1847.

Schantz, Peter/Wolff, Heinrich Amadeus (Hrsg.), Das neue Datenschutzrecht. Datenschutz-Grundverordnung und Bundesdatenschutzgesetz in der Praxis, München 2017 (zitiert: Schantz/Wolff/*Bearbeiter*).

Schanze, Helmut, Die Macht des Fernsehens - Leit- und/oder Dominanzmedium?, in: *Ligensa/Müller/Gendolla* (Hrsg.), Leitmedien. Konzepte - Relevanz - Geschichte, Band 2, Bielefeld 2009, S. 53–67 (zitiert: *Schanze*, in: *Ligensa/Müller/Gendolla* (Hrsg.), Macht des Fernsehens).

Schleipfer, Stefan, Datenschutzkonformes Webtracking nach Wegfall des TMG. Was bringen die DS-GVO und die ePrivacy-Verordnung?, ZD 2017, 460–466.

Schmid, Tobias, Rechtliche Herausforderungen des Hybridfernsehens aus der Sicht des privaten Rundfunks, ZUM 2011, 457–462.

Schmidt, Bernd/Babilon, Tobias, Anforderungen an den Einsatz von Cookies, Browser-Fingerprinting und ähnlichen Techniken im deutschen Recht, K&R 2016, 86–91.

Schmidtmann, Karin/Schwiering, Sebastian, Datenschutzrechtliche Rahmenbedingungen bei Smart-TV Zulässigkeit von HbbTV-Applikationen, ZD 2014, 448–453.

Schneider, Jochen (Hrsg.), Handbuch EDV-Recht. IT-Recht mit IT-Vertragsrecht, Datenschutz, Rechtsschutz und E-Buisness, 5. Aufl., Köln 2017 (zitiert: Schneider/*Bearbeiter*).

Schneider, Jochen/Härting, Niko, Datenschutz in Europa – Plädoyer für einen Neubeginn. Zehn „Navigationsempfehlungen", damit das EU-Datenschutzrecht internettauglich und effektiv wird., CR 2014, 306–312.

Schneider, Mathias, Zum Verhältnis zwischen Einwilligung und gesetzlicher Erlaubnis am Beispiel von Arbeitnehmerdaten, CR 2017, 568–573.

Scholz, Philip, Datenschutz beim Internet-Einkauf. Gefährdung - Anforderungen - Gestaltungen, Baden-Baden 2003 (zitiert: *Scholz*, Internet-Einkauf).

Schreiber, Kristina, Gemeinsame Verantwortlichkeit gegenüber Betroffenen und Aufsichtsbehörden. Anwendungsbereiche, Vertragsgestaltung und Folgen nicht gleichwertiger Verantwortung, ZD 2019, 55–60.

Schröder, Georg F., Datenschutzrecht für die Praxis. Grundlagen - Datenschutzbeauftragte Audit - Handbuch - Haftung etc., 3. Aufl., München 2019 (zitiert: *Schröder*, Datenschutzrecht für die Praxis).

Schröder, Markus, Die Einwilligungspflichtigkeit von Cookies, DSB 2019, 285–286.

Schultz, Tanjev/Ziegele, Marc/Jakobs, Ilka/Jackob, Nikolaus ua, Medienzynismus weiterhin verbreitet, aber mehr Menschen widersprechen, MP 2020, 322–330.

Schütz, Raimund, Plattformregulierung: Schafft Transparenz!, MMR 2017, 437–438.

Schütz, Raimund, Regulierung in der digitalen Medienwelt. Fünf aktuelle Herausforderungen, MMR 2018, 36–39.

Schwäbe, Sebastian, Technische Umsetzung beim Webtracking. Technische Anforderungen nach Einführung der Datenschutz-Grundverordnung, DuD 2019, 559–562.

Schwartmann, Rolf (Hrsg.), Praxishandbuch Medien-, IT- und Urheberrecht, 4. Aufl., Heidelberg 2018 (zitiert: Schwartmann/*Bearbeiter*).

Schwartmann, Rolf/Jaspers, Andreas/Thüsing, Gregor/Kugelmann, Dieter (Hrsg.), DS-GVO/BDSG. Datenschutz-Grundverordnung, Bundesdatenschutzgesetz, 2. Aufl., Heidelberg 2020 (zitiert: Schwartmann/Jaspers/Thüsing/Kugelmann/*Bearbeiter*).

Sesing, Andreas, Eine Bestandsaufnahme zum bereichsspezifischen Datenschutz für Telemedien. Die Anwendbarkeit der §§ 11-15a TMG unter Geltung der DS-GVO, MMR 2019, 347–350.

Seufert, Wolfgang/Gundlach, Hardy, Medienregulierung in Deutschland. Ziele, Konzepte, Maßnahmen, 2. Aufl., Baden-Baden 2017 (zitiert: *Seufert/Gundlach*, Medienregulierung).

Sewczyk, Jürgen, Das Fernsehen wächst über sich hinaus. Eine Einführung in die Technik des Hybrid-TV, tv diskurs 2011, 32–37.

Siara, Carsten, Der Medienstaatsvertrag und die „neuen" Medien. Rundfunk und rundfunkähnliche Telemedien im Internet, MMR 2020, 370–373.

Simitis, Spiros, Datenschutz – Rückschritt oder Neubeginn?, NJW 1998, 2473–2479.

Simitis, Spiros/Hornung, Gerrit/Spiecker gen. Döhmann, Indra (Hrsg.), Datenschutzrecht. DSGVO mit BDSG, Baden-Baden 2019 (zitiert: Simitis/Hornung/Spiecker gen. Döhmann/*Bearbeiter*).

Simon, Erk, Glaubwürdigkeit deutscher Medien gestiegen. Ergebnisse bundesweiter Repräsentativbefragungen aus den Jahren 2015, 2016 und 2018, MP 2018, 210–215.

Skistims, Hendrik, Smart Homes. Rechtsprobleme intelligenter Haussysteme unter besonderer Beachtung des Grundrechts auf Gewährleistung der Vertraulichkeit und Integrität informationstechnischer Systeme, Baden-Baden 2016 (zitiert: *Skistims*, Smart Homes).

Solmecke, Christian/Taeger, Jürgen/Feldmann, Thorsten (Hrsg.), Mobile Apps. Rechtsfragen und rechtliche Rahmenbedingungen, Berlin/Boston 2013 (zitiert: Solmecke/Taeger/Feldmann/*Bearbeiter*).

Specht, Louisa, Daten als Gegenleistung. Verlangt die Digitalisierung nach einem neuen Vertragstypus?, JZ 2017, 763–770.

Specht, Louisa/Mantz, Reto (Hrsg.), Handbuch Europäisches und deutsches Datenschutzrecht. Bereichsspezifischer Datenschutz in Privatwirtschaft und öffentlichem Sektor, München 2019 (zitiert: Specht/Mantz/*Bearbeiter*).

Specht, Louisa/Müller-Riemenschneider, Severin, Dynamische IP-Adressen: Personenbezogene Daten für den Webseitenbetreiber? Aktueller Stand der Diskussion um den Personenbezug, ZD 2014, 71–75.

Specht-Riemenschneider, Louisa, Herstellerhaftung für nicht-datenschutzkonform nutzbare Produkte – Und er haftet doch! Überlegungen zur Anwendbarkeit der deliktischen Produzentenhaftung bei Inverkehrbringens datenschutzrechtlich relevanter Produkte, MMR 2020, 73–78.

Specht-Riemenschneider, Louisa/Dehmel, Susanne/Kenning, Peter ua, Stellungnahme: Grundlegung einer verbrauchergerechten Regulierung interaktionsmittelnder Plattformfunktionalitäten, Berlin, Juni 2020, abrufbar unter: https://www.svr-verbraucherfragen.de/wp-content/uploads/SVRV_Stellungnahme_Regulierung_Plattformfunktionalit%C3%A4ten.pdf (Stand: 12.10.2020) (zitiert: *Specht-Riemenschneider ua.*, Stellungnahme: Grundlegung einer verbrauchergerechten Regulierung).

Specht-Riemenschneider, Louisa/Schneider, Ruben, Die gemeinsame Verantwortlichkeit im Datenschutzrecht. Rechtsfragen des Art. 26 DS-GVO am Beispiel "Facebook-Fanpages", MMR 2019, 503–509.

Spiecker gen. Döhmann, Indra, Datenschutzrechtliche Fragen und Antworten in Bezug auf Panorama-Abbildungen im Internet. Google Street View und die Aussichten, CR 2010, 311–318.

Spindler, Gerald, Klarheit für Cookies, NJW 2020, 2513–2517.

Spindler, Gerald/Schmitz, Peter/Liesching, Marc (Hrsg.), Telemediengesetz mit Netzwerkdurchsetzungsgesetz. Kommentar, 2. Aufl., München 2018 (zitiert: Spindler/Schmitz/Liesching/*Bearbeiter*).

Spindler, Gerald/Schuster, Fabian (Hrsg.), Recht der elektronischen Medien, 4. Aufl., München 2019 (zitiert: Spindler/Schuster/*Bearbeiter*).

Splittgerber, Andreas (Hrsg.), Praxishandbuch Rechtsfragen Social Media, Berlin/Boston 2014 (zitiert: Splittgerber/*Bearbeiter*).

Stark, Jens, So einfach hackt man einen Smart-TV, com! professional 24.3.2017 (abrufbar unter https://www.com-magazin.de/news/smart-tv/so-einfach-hackt-smart-tv-1207946.html).

Steinhoff, Astrid, "Recht auf anonymes Fernsehen" - datenschutzrechtliche Forderung in den Grenzen der technischen Möglichkeiten, jurisPR-DSR 2015, Anm. 3 (abrufbar unter https://www.juris.de/r3/document).

Stender-Vorwachs, Jutta/Theißen, Natalia, Die Revision der Fernsehrichtlinie. Ist die Revision eine Reform?, ZUM 2006, 362–370.

Sydow, Gernot (Hrsg.), Europäische Datenschutzgrundverordnung. Handkommentar, 2. Aufl., Baden-Baden, Wien, Zürich 2018 (zitiert: Sydow/*Bearbeiter*).

Taeger, Jürgen/Gabel, Detlev (Hrsg.), DSGVO - BDSG. Kommentar, 3. Aufl., Frankfurt am Main 2019 (zitiert: Taeger/Gabel/*Bearbeiter*).

Taeger, Jürgen/Pohle, Jan (Hrsg.), Computerrechts-Handbuch. Informationstechnologie in der Rechts- und Wirtschaftspraxis, 34. Aufl., München 2018 (zitiert: Taeger/Pohle/*Bearbeiter*).

Tavanti, Pascal, Datenverarbeitung zu Werbezwecken nach der Datenschutz-Grundverordnung (Teil 2), RDV 2016, 295–306.

Thaenert, Wolfgang, Der Einfluss der EU-Medienpolitik auf die nationale Rundfunkordnung, MMR 2005, 279–284.

Tinnefeld, Marie-Theres/Conrad, Isabell, Die selbstbestimmte Einwilligung im europäischen Recht. Voraussetzungen und Probleme, ZD 2018, 391–398.

Uecker, Philip, Gemeinsame Verantwortlichkeit – eine Bestandsaufnahme, ZD-Aktuell 2018, 6247.

Uecker, Philip, Die Einwilligung im Datenschutzrecht und ihre Alternativen. Mögliche Lösungen für Unternehmen und Vereine, ZD 2019, 248–251.

Veil, Winfried, Einwilligung oder berechtigtes Interesse? - Datenverarbeitung zwischen Skylla und Charybdis, NJW 2018, 3337–3344.

Venzke, Sven, Die Personenbezogenheit der IP-Adresse Lange diskutiert und immer noch umstritten?, ZD 2011, 114–117.

Vogel, Benedikt, Datenschutzrechtliche Fragen um Smart TV-Dienste, K&R 2017, 441–447.

Voigt, Paul, Datenschutz bei Google, MMR 2009, 377–382.

Wagner, Bernd, Disruption der Verantwortlichkeit. Private Nutzer als datenschutzrechtliche Verantwortliche im Internet of Things, ZD 2018, 307–312.

Wagner, Michael, Hybrides Fernsehen und das Europäische Medienrecht, in: *Kleist/Roßnagel/Scheuer* (Hrsg.), Europäisches und nationales Medienrecht im Dialog. Recht - Politik - Kultur - Technik - Nutzung ; Festschrift aus Anlass des 20-jährigen Bestehens des Instituts für Europäisches Medienrecht e.V. (EMR), Baden-Baden 2010, S. 325–337 (zitiert: *Wagner*, in: *Kleist/Roßnagel/Scheuer* (Hrsg.), Hybrides Fernsehen).

Wagner, Michael, Europäische Perspektive des Hybridfernsehens, ZUM 2011, 462–465.

Wambach, Tim/Schulte, Laura/Knorr, Konstantin, Einbettung von Drittinhalten im Web. Eine technische und rechtliche Betrachtung, DuD 2016, 523–527.

Wandte, Artur-Axel, Ökonomischer Wert von persönlichen Daten. Diskussion des „Warencharakters“ von Daten aus persönlichkeits- und urheberrechtlicher Sicht, MMR 2017, 6–12.

Weber, Peter, Hybridfernsehen aus der Sicht des öffentlich-rechtlichen Rundfunks, ZUM 2011, 452–457.

Wegener, Christoph/Heidrich, Joerg, Neuer Standard - Neue Herausforderungen: IPv6 und Datenschutz, CR 2011, 479–484.

Weichert, Thilo, Der Personenbezug von Geodaten, DuD 2007, 113–119.

Weichert, Thilo, Datenschutz bei Internetveröffentlichungen, VuR 2009, 323–330.

Weichert, Thilo, Internet-TV und Datenschutz, DuD 2014, 528–535.

Weiden, Henrike, Aktuelle Berichte – September 2020. Deutsche Ratsspitze treibt ePrivacy-Verordnung voran, GRUR 2020, 958–960.

Wellhausen, Henning, Die Veranstaltung staatsfernen Rundfunks durch Telekommunikationsunternehmen im lokalen/regionalen Raum. Eine Untersuchung zu einer Beteiligung von TK-Unternehmen an der Meinungsvielfalt unter besonderer Berücksichtigung von verfassungs- und gesellschaftsrechtlichen Fragestellungen bei einer Beteiligung von Zweckverbänden, Berlin 2016 (zitiert: *Wellhausen,* Staatsferner Rundfunk durch Telekommunikationsunternehmen).

Wendehorst, Christiane/Graf v. Westphalen, Friedrich, Das Verhältnis zwischen Datenschutz-Grundverordnung und AGB-Recht, NJW 2016, 3745–3750.

Wenhold, Céline, Nutzerprofilbildung durch Webtracking. Zugleich eine Untersuchung zu den Defiziten des Datenschutzrechts im Zeitalter von Big Data-Anwendungen, Baden-Baden 2018 (zitiert: *Wenhold,* Nutzerprofilbildung).

Westphalen, Friedrich von/*Thüsing, Gregor* (Hrsg.), Vertragsrecht und AGB-Klauselwerke, München 2020 (zitiert: Westphalen/Thüsing/*Bearbeiter*).

Wichert, Michael, Web-Cookies - Mythos und Wirklichkeit, DuD 1998, 273–276.

Wiebe, Andreas/Helmschrot, Céline, Untersuchung der Umsetzung der Datenschutz Grundverordnung (DSGVO) durch Online Dienste, 30.9.2019, abrufbar unter: https://www.bmjv.de/SharedDocs/Downloads/DE/News/Artikel/112919_DSGVO_Studie.pdf;jsessionid=51B24FCCACCB7CF-8389F97ACB569549B.2_cid289?__blob=publicationFile&v=2 (Stand: 12.10.2020) (zitiert: *Wiebe ua.,* BMJV Untersuchung zur DSGVO).

Wybitul, Tim/Ströbel, Lukas/Ruess, Marian, Übermittlung personenbezogener Daten in Drittländer. Überblick und Checkliste für die Prüfung nach der DS-GVO, ZD 2017, 503–509.

Zagouras, Georgios, Konvergenz und Kartellrecht. Die Regulierung des Wettbewerbs im Bereich der Medien und Kommunikationsplattformen nach GWB, TKG und RStV sowie Optionen für eine Umstrukturierung, München 2002 (zitiert: *Zagouras,* Konvergenz und Kartellrecht).

Zdanowiecki, Konrad, Data is Cash - Daten als Entgelt, DSRITB 2018, 559–577.

Zerdick, Axel/Picot, Arnold/Schrape, Klaus ua, Die Internet-Ökonomie. Strategien für die digitale Wirtschaft, 3. Aufl., Berlin 2001 (zitiert: *Zerdick/Picot/Schrape* ua, Internet-Ökonomie).

Ziegele, Marc/Schultz, Tanjev/Jackob, Nikolaus/Granow, Viola ua, Lügenpresse-Hysterie ebbt ab. Mainzer-Langzeitstudie "Medienvertrauen", MP 2018, 150–162.

Zoche, Peter/Ammicht Quinn, Regina/Hansen, Marit ua, White Paper - Das versteckte Internet - Zu Hause - Im Auto - Am Körper, Karlsruhe, Juli 2015, abrufbar unter: https://www.forum-privatheit.de/aktuelles/white-paper-zum-thema-das-versteckte-internet-online/ (Stand: 12.10.2020) (zitiert: *Zoche ua.,* White Paper - Das versteckte Internet).

Zoche, Peter/Ammicht Quinn, Regina/Hansen, Marit ua, Forschungsbericht Smart-TV und Privatheit - Bedrohungspotenziale und Handlungsmöglichkeiten,

Eggenstein, Februar 2016, abrufbar unter: https://www.forum-privatheit.de/wp-content/uploads/Forschungsbericht-Smart-TV-und-Privatheit_Druckfassung-1.pdf (Stand: 12.10.2020) (zitiert: *Zoche ua.*, Forschungsbericht Smart-TV).

Zubayr, Camille/Gerhard, Heinz, Tendenzen im Zuschauerverhalten, MP 2013, 130–142.

Zubayr, Camille/Gerhard, Heinz, Tendenzen im Zuschauerverhalten. Fernsehgewohnheiten und Fernsehreichweiten im Jahr 2017, MP 2018, 102–117.

Zubayr, Camille/Haddad, Denise/Hartmann, Lea, Tendenzen im Zuschauerverhalten. Nutzungsgewohnheiten und Reichweiten im Jahr 2019, MP 2020, 110–125.

Weitere Anforderungen mit spezifischer Relevanz für Smart-TV

www.ingramcontent.com/pod-product-compliance
Ingram Content Group UK Ltd.
Pitfield, Milton Keynes, MK11 3LW, UK
UKHW021130041026
8980IPUK00034B/1547